VOLLSTANDIG MENSCHLICH

/

VOLLSTANDIG LEBENDIG

Lyle Simpson

Studio of Books LLC
5900 Balcones Drive Suite 100
Austin, Texas 78731
www.studioofbooks.org
Hotline: (254) 800-1183

Informationen zur Bestellung:
Mengenrabatte. Unternehmen, Verbände und andere Einrichtungen können von besonderen Rabatten beim Kauf großer Mengen profitieren. Für weitere Informationen wenden Sie sich bitte an den Verlag unter der oben genannten Adresse.

Gedruckt in den Vereinigten Staaten von Amerika.

ISBN-13: Softcover   978-1-964928-19-7
          eBook   978-1-964928-07-4
          Hardback   978-1-964928-20-3

INDEX

Sie haben die Macht, Ihr Leben vollständig zu erfahren, indem Sie
all Ihre widersprüchlichen Wünsche aufgeben und einfach leben und
die Umstände, in denen Sie sich befinden, vollständig erfahren.

Auch heute noch stellen jüngere Generationen eine sehr berechtigte
kulturelle Frage: Habe ich mein Leben selbst in der Hand oder hat
Gott die Kontrolle über mich? Diese Frage wird schon seit Tausenden
von Jahren gestellt. In der Vergangenheit wurde uns die Antwort von
kontrollierenden Menschen diktiert. Für viele der jüngeren Menschen
in unserer Gesellschaft gilt das heute nicht mehr. Heute wollen viel
mehr Menschen ihr Leben selbst in die Hand nehmen. Wie können
wir das? Der unitarische Pfarrer Lester Mondale und seine Frau Maria
Mondale haben uns ihren genussvollen Weg gezeigt.

Die Geschichte der Philosophie des Humanismus beginnt mit
Epikur, der in Athen, Griechenland, lebte. Er wurde im Jahr 341
v. Chr. geboren und starb 270 v. Chr. Zu dieser Zeit glaubten fast
alle Menschen, dass Gott ihr tägliches Leben lenkte. Epikur glaubte,
dass wir die Verantwortung für unser eigenes Leben übernehmen
sollten und Gott nicht für alles verantwortlich machen konnten,
was uns widerfuhr. Außerdem sah er keinen Grund, an ein Leben
nach dem Tod zu glauben. Unser Ziel sollte daher sein, das Beste
aus unserem Leben zu machen, solange wir auf der Erde leben. Und
der beste Weg, dies zu erreichen, war, im Einklang mit der Natur zu
leben, nichts zu wünschen und wenig zu brauchen. Die epikureische
Philosophie wird von kulturellen Memen übertönt seiner Zeit,
wobei Gott zurückkehrte, um die hellenistischen Menschen zu
kontrollieren. Das epikureische Denken wäre in Vergessenheit
geraten, und niemand hätte von seiner Existenz gewusst, wenn nicht

Lukrez um 100 v. Chr. sein 2 000 Seiten umfassendes Dokument verfasst hätte, in dem er das epikureische Denken beschreibt. Dieses Dokument wurde von einem Freund von Cosmos Medici aus Florenz in einem deutschen Kloster entdeckt. Dieses Dokument wurde in einem deutschen Kloster von einem Freund von Cosmos Medici aus Florenz entdeckt. Er gab es Cosmos weiter, der es ins Italienische übersetzte. Sie übernahmen diese Philosophie im 15. Jahrhundert für den Stadtstaat Florenz, wodurch die Renaissance entstand, die die europäische Zivilisation aus der Enge der katholischen Kontrolle herausführte. Als die Kirche ihren Status wiedererlangte, teilte sie ihre Kontrolle mit den Protestanten.

Die epikureische Philosophie entstand im ersten Jahrzehnt des 20. Jahrhunderts in Spokane, Washington. Der Name "Humanismus" wurde 1917, also vor kaum hundert Jahren, in Des Moines, Iowa, als Bezeichnung für die epikureische Philosophie geprägt. Heute beeinflusst die American Humanist Association (AHA) jeden Tag das Leben von mehr als vier Millionen Amerikanern, und die Philosophie des Humanismus ist auf der ganzen Welt zu hören.

Unsere Welt ist im Umbruch, und viele halten an überholten Glaubensvorstellungen fest, während mehr als siebenundzwanzig Prozent der Amerikaner auf die Frage nach ihrer Religionszugehörigkeit "keine" angeben. Mehr als vierzig Prozent der Millennials oder Jüngeren sagen "keine", was zeigt, dass sich unsere Kultur schnell verändert. Die AHA hat eine wichtige Gelegenheit, eine positive Alternative zu unserem derzeitigen kulturellen Wachstum zu beeinflussen.

Sind wir wirklich allein in unserem Universum? Wenn ja, warum bin ich dann hier? Vielleicht gibt es keine Antwort auf die Frage "Warum?"

Warum glaube ich, was ich glaube? Wie kann ich herausfinden, was für mich wahr ist? Jeder von uns muss selbst herausfinden, was für ihn wahr ist. Nicht akzeptieren, was eine Kontrollperson uns aufgrund von „blindem Glauben" sagt.

Wer sind die Kontrolleure und warum akzeptiere und erschaffe ich einen von ihnen?

Der Psychologe Abraham Maslow zeigt uns einen Weg auf, wie wir unsere eigene Existenz in unserem heutigen Leben hier auf der Erde verwirklichen können. Die Logik seiner Bedürfnishierarchie liefert uns ein Modell zum Verständnis von Menschen, Nationen und Institutionen aller Art, wenn wir den höchsten Lebensstandard für unser eigenes Leben anstreben. Maslow entdeckte, dass unsere Bedürfnisse nach ihrer treibenden Kraft klassifiziert werden können und dass es sechs verschiedene Stufen gibt. Aber die meisten Amerikaner kommen über die dritte Stufe nicht hinaus. Lassen Sie uns herausfinden, warum. Maslow zeigt uns den Weg zum Ziel, unser eigenes Leben in vollen Zügen zu leben.

Wir leben in einer Welt der Gewalt. Wir schützen unsere Überzeugungen mit Skatomen, das sind blinde Flecken, die uns daran hindern, gegenteilige Informationen wahrzunehmen. Wir können unsere eigenen blinden Flecken nicht sehen.

Charles Darwin gab eine ziemlich dramatische Antwort auf die Frage, wie wir entstanden sind: Wir haben uns aus Meereslebewesen entwickelt. Gott hatte mit unserer Schöpfung nichts zu tun. Der Mensch hat sich aus sehr ursprünglichem Leben entwickelt.

Die kulturellen Bedingungen, die bei unserer Geburt herrschten, prägen unsere Werte. Sie haben einen viel größeren Einfluss als unsere Eltern, das Gebiet, in dem wir leben, das Gebiet, in dem wir leben, das Gebiet, in dem wir leben. in dem wir leben, oder der Status unserer . Wir sind mehr von der Wissenschaft und der Technologie geprägt, die wir in unseren ersten Lebensjahren kennen, als von den Werten unserer Familie. Die Werte eines jeden zu verstehen und was sie verursacht hat, ist unerlässlich, wenn man die Denkweise eines anderen Menschen beeinflussen will.

Unsere Einstellung ist das Zugangsventil zu unserem Gehirn. Eine negative Einstellung verhindert, dass wir etwas Neues lernen. Mit einer positiven Einstellung sind wir offen für neue Ideen und Lernen. Die meisten Menschen akzeptieren ihre Überzeugungen von denen, die einer Gruppe angehören, mit der sie sich identifizieren. Wir sehen das in unserer Grundschulzeit, in unserer politischen Zugehörigkeit und in der Kirche, zu der wir "gehören". Man nennt es "Gruppendenken", weil die Gruppe für einen denkt und man nicht für sich selbst denken muss. Wenn man die Verantwortung für das übernimmt, was man zu glauben bereit ist, dann kann man die Qualität seines eigenen Lebens verbessern.

Der Weg zum Glücklichsein besteht darin, seine Erwartungen zu senken und Ereignisse im Leben zu akzeptieren, die sich seiner Kontrolle entziehen, und gleichzeitig den Weg zur Erreichung seiner Lebensziele zu schätzen. Dies erfordert einen freien Geist, der seine Erwartungen und seine Reaktion auf die Umstände, die ihm begegnen, unter Kontrolle hat.

Das Beispiel, warum wir überhaupt die Vorstellung haben, dass es ein Leben nach unserem Tod gibt, zeigt die Auswirkungen des historischen Denkens und die Kontrolle, die Meme über unsere Überzeugungen haben. Nur sehr wenige unserer Überzeugungen sind ursprüngliche Gedanken - warum halten wir an einigen fest und lehnen andere ab? Die Millionen neuer Gedanken, die jeden Tag in unseren Köpfen entstehen, sind ein wichtiges Forschungsgebiet. Am Beispiel des Lebens nach dem Tod wird deutlich, warum wir an vielen unserer Überzeugungen festhalten. Mit dieser Analysemethode können Sie alle Ihre Überzeugungen betrachten.

Vierzehntes Kapitel: Mythen des Glaubens, die Rolle der Religion, variiert innerhalb unserer Kultur

Obwohl in einigen Kulturen, wie z. B. in China, das tägliche Verhalten nicht durch den religiösen Glauben bestimmt wird, ist die Religion für den größten Teil der westlichen Welt unser „sozialer Klebstoff". In China kommt ein „Gesichtsverlust" gegenüber jemandem, der einem vertraut, einer Todsünde gleich. Für diejenigen, die sich auf die Bibel als Quelle der Wahrheit verlassen, akzeptieren viele, was ihnen gesagt wird, ohne zu hinterfragen. Viele, ohne sich bewusst zu sein, dass sie die Bibel lesen.

aus einer kurzsichtigen Perspektive. Sie akzeptieren jeden Vers als absolute Wahrheit und ignorieren die widersprüchlichen Bestimmungen in anderen Kapiteln. Die Bibel wurde von vielen Menschen geschrieben, die in einer sehr viel primitiveren Kultur lebten und nur wenig über die Mittel wussten, um zu bestimmen, was wahr ist.

Im Neuen Testament setzten sie alles daran, das Leben Jesu für die jüdische Gemeinschaft relevant zu machen. Jesus wurde höchstwahrscheinlich vom Heiligen Paulus zum Christus gemacht. Er ist Jesus nie begegnet. Paulus wusste aber, dass er besser davon leben konnte, über Jesus zu predigen, als ein Steuereintreiber zu sein. Das Neue Testament enthält absichtlich Parallelen zu vielen Prophezeiungen des Alten Testaments. Viele der kulturellen religiösen Überzeugungen, die wir heute haben, haben keine Grundlage in der Realität.

Wenn Sie die Religion als einen Mythos betrachten, der Ihnen Symbole liefert, um Ihr Leben zu verbessern, und nicht als einen Glauben, der auf ihrer Wahrheit beruht, müssen diese Unterschiede nicht sein. Die Religion spielt im Leben vieler Menschen eine sehr wichtige Rolle. Es gibt keinen triftigen Grund, ihre religiösen

Überzeugungen anzugreifen.

Fünfzehntes Kapitel: Wie geht es weiter?

Wenn wir versuchen, das Beste aus unserem Leben zu machen, während wir hier auf der Erde sind, stoßen wir auf viele Hindernisse. Wie messen wir unser eigenes Leben, welche Skatome verhindern, dass widersprüchliche Informationen meine Ohren erreichen?

Sechzehntes Kapitel: Was ist mit der Religion?

Was hat die Religion mit dieser Diskussion zu tun? Braucht jeder Mensch Religion? E.O. Wilson sagt uns, dass jeder Mensch ein biologisches Bedürfnis hat, sich mit der Natur zu verbinden, ein Bedürfnis, das wir als Spiritualität bezeichnen. Es handelt sich um ein Grundbedürfnis, von dem die Religiösen glauben machen wollen, es sei ihr alleiniges Revier. Der pensionierte Bischof der Episkopalkirche John Shelby Spong sagt uns, dass der Humanismus von den meisten religiösen Menschen übernommen werden kann. Er könnte das Christentum in der Zukunft relevant machen.

Kapitel siebzehn: Was ist die Antwort Gottes

Wie können wir Gott definieren? Aristoteles sagt, die philosophische Frage sei, "warum etwas geschieht" oder existiert. Nun können wir akzeptieren, dass es vielleicht nicht auf alle "Warum"-Fragen eine Antwort gibt. Wir diskutieren Es gibt keinen gültigen Beweis für ein . Unser Verstand kann das, was wir wahrnehmen, austricksen. Wenn es kein Leben nach dem Tod gibt, sollte unser Ziel sein, das Beste aus diesem Leben zu machen.

Kapitel achtzehn: Was geschieht mit denen, die behaupten Atheisten zu sein?

Betrachtet man die Definition von Gott aus der Sicht von Maslow, so hängt das Gotteskonzept der Menschen von der Ebene ab, auf der sie hauptsächlich leben. Auf der grundlegenden Ebene dominiert das Konzept des Angstgottes, während auf der sozialen Ebene das Konzept des Vatergottes dominiert. Aber wenn ein Mensch verwirklicht ist, ist seine Vorstellung von Gott im Allgemeinen abstrakt. Wenn Ihre Definition von Gott die Natur ist, Wie könnten Sie Atheist sein? Das würde keinen Sinn mehr ergeben. Atheisten können den Theismus mit Recht ablehnen, und die meisten Theologen würden ihnen heute zustimmen. Es gibt keine Notwendigkeit für eine übernatürliche Sicht von Gott.

Die Religion wurde zu unserem "sozialen Klebstoff", als unsere Kultur von Ackerbau und Viehzucht dominiert wurde. Wie kontrollieren wir unser Verhalten? Jäger- und Sammlergesellschaften mit weniger als 150 Personen konnten negatives Verhalten durch Ansehen kontrollieren. Ab einer solchen Größe brauchte die Gesellschaft ein Kontrollsystem. In der Frühzeit hatte jede Stadt-Staat-Gemeinschaft der Sumerer ihren eigenen Gott. Für die Verwaltung ihrer Religion wurden Priester eingesetzt. Sie wurden so mächtig, dass sie sogar ihre Könige salbten, um zu zeigen, dass sie durch die Macht ihres Gottes regierten.

Es gibt keinen gültigen Beweis für ein Leben nach dem Tod. Unser Verstand kann das, was wir wahrnehmen, austricksen. Wenn es kein Leben nach dem Tod gibt, sollte unser Ziel sein, das Beste aus diesem Leben zu machen.

Wir haben die Grundschule beim ersten Mal genossen. Aber wir würdennicht gerne zurückgehen und noch einmal von vorne anfangen. So wie wir ein erfülltes Leben gelebt haben, müssen wir auch den Tod nicht mehr fürchten. Es ist so natürlich akzeptieren, wie unser Leben verlaufen ist. Wenn unser Körper uns im Stich lässt, ist der Tod vielleicht sogar willkommen. Wenn wir ein erfülltes Leben gelebt haben, ist der Tod kein Thema mehr. Der Schutz unserer Lieben kann das Einzige sein, was für uns zählt.

Wir erweitern unseren Horizont, wenn wir neue und andere Kulturen und Persönlichkeiten kennenlernen. Humanisten sollten die

Gelegenheit nutzen, das Leben aus allen Perspektiven zu betrachten, um ihr eigenes Leben zu bereichern.

Von dem Tag an, an dem wir geboren werden, sind wir auf andere angewiesen. Wenn wir älter werden, ändern sich unsere Bedürfnisse, aber das Teilen unseres Lebens mit anderen ist nicht weniger wichtig für unser Wachstum. Nach der Meyers-Briggs-Psychologie gibt es vier primäre Temperamentstypen mit unterschiedlichen Arten der Informationsverarbeitung. Die Linse, die wir benutzen, um das Leben zu betrachten, macht einen Unterschied in dem, was wir sehen.

Wenn es kein Leben nach dem Tod gibt, liegt der wahre Wert unseres Lebens in dem, was wir tun und was weiterlebt. Das wird zu unserer eigenen Unsterblichkeit.

Diejenigen, die ihre eigene Existenz verwirklichen wollen, stoßen auf alle möglichen Hindernisse für ihr Wachstum. Unsere Gesellschaft ist immer noch sehr primitiv in ihren Glaubensvorstellungen. Der Humanismus kann Brücken über kulturelle Barrieren bauen

Für mich sind nur zwei Aspekte des Lebens wirklich wichtig. Mein Leben ist in dem Maße "sinnvoll", in dem ich meine Existenz verwirklichen kann; und mein Leben ist in dem Maße "sinnvoll", in dem die Welt ein besserer Ort ist, weil ich hier gewesen bin. Der gesunde Mensch hält beides im Gleichgewicht. Es gibt nichts Wichtigeres.

Sie können nach Gelegenheiten suchen, bei denen Ihre einzigartigen Talente und Lebenserfahrungen einen bedeutenden Unterschied in der Welt machen können. Es gibt jeden Tag alle möglichen Gelegenheiten um uns herum, wir müssen nur nach ihnen suchen.

Sie könnten der American Humanist Association beitreten, um neue Möglichkeiten zu finden und Literatur zu erhalten, die Ihre humanistische Bildung fördert. Ich habe zahlreiche Alternativen zum "Anzapfen der Pumpe" dargelegt. Sie können Ihre eigenen schaffen. Die Verfolgung von Zielen kann Ihrem Leben einen besonderen Reiz verleihen.

In diesem Kapitel geht es darum, dies alles zusammenzufassen. Diese Aufgabe ist unmöglich. Wir lassen uns am besten in der letzten Aussage des Humanistischen Manifests III zusammenfassen. "Die Verantwortung für unser Leben und die Welt, in der wir leben, liegt bei uns und nur bei uns".

Vorwort

Es ist erstaunlich, welche Wirkung das Innehalten, um an den Rosen zu riechen, auf uns haben kann. Während ich diese Zeilen schreibe, liege ich in meiner Wohnung begraben, jetzt, wo es auf zwei Wochen zugeht, und es könnte noch länger dauern. Ich flog ein, als das Coronavirus sich auszubreiten begann. Das Leben in unserer Gemeinschaft ist einfach zum Stillstand gekommen, obwohl ich einige Aspekte davon genieße. Es erlaubt mir, mein Leben aus einer ganz anderen Perspektive zu betrachten. Ich sehe das Leben jetzt so, wie die Epikureer das ihre sahen. Ihr Ziel im Leben war es, nichts zu wollen und wenig zu brauchen und jeden Augenblick in vollen Zügen zu genießen. . Sie gewinnen noch mehr, wenn Sie erleben, wo immer Sie sind und wer immer Sie mit einer positiven Einstellung begleitet. Vielleicht möchten Sie das auch einmal ausprobieren. Für mich befreit es mich von unnötigen Problemen, die mich sonst geplagt hätten.

Ich habe sogar meine Beziehung zu meinem Welpen, der jetzt zehn Jahre alt ist, verbessert. Das isolierte Leben in unserer Wohnung ist gar nicht so schlecht. Wir wohnen obersten Stockwerk unseres Gebäudes, das auf einem hohen Hügel liegt, und wir können die ganze Stadt überblicken. Das sollte ich öfter tun. Um meine Zeit besser zu nutzen, werde ich wohl ein Buch darüber schreiben, was das alles für jeden von uns wirklich bedeutet.

Mein Thema ist, wie wir das Beste aus unserem Leben machen können und warum wir das tun sollten. Das ist kein neues Thema für mich. Die alten griechischen Philosophen haben diesen Gedanken schon vor mehr als einem Jahrhundert entwickelt.

2.500 Jahre. Ihre Vorstellung vom Leben war neu und anders. Doch alles Neue macht den Menschen mit älteren Lebensauffassungen Angst. Niemand möchte, dass seine bisherigen Überzeugungen in Frage gestellt werden. Sie sind unser Sicherheitsnetz und geben uns ein Gefühl der

Sicherheit. Daher ist es bedrohlich, seine Überzeugungen in Frage zu stellen. Da die Ansichten dieser Philosophen nicht allgemein anerkannt waren, wurden auch ihre Ideen nicht allgemein akzeptiert.

Sie gerieten bald in Vergessenheit - oder wurden vielmehr von den Priestern und Bürgern, die ihrer Führung folgten, überstimmt, so dass es so aussah, als hätte es diese Vision des Lebens nie gegeben. Dasselbe tun wir auch heute noch. In der Psychologie wird ein solches Verhalten als "Gruppendenken" bezeichnet. Der Einzelne braucht nicht für sich selbst zu denken, seine Gruppe denkt für ihn.

Aus dieser Perspektive betrachtet werden Überzeugungen zu einem Abwehrmechanismus. Viele akzeptieren das, was ihre Gruppe denkt, einfach weil alle anderen es auch denken und es deshalb wahr sein muss. Das ist auch der einfachste Weg, den man gehen kann. Jeder. Es ist nicht notwendig, selbst zu denken. Das in Ordnung, wenn das alles ist, was wir in diesem Bereich wollen, denn es ist die Mühe nicht wert, für sich selbst zu denken. Aber wenn wir unsere eigene Existenz maximieren wollen, für alles, was unser eigenes Leben über diesen Moment hinaus betrifft, verdienen diese Überzeugungen eine sorgfältige Prüfung, bevor wir sie als unsere dauerhafte Wahrheit akzeptieren.

Das epikureische Denken ist in der Geschichte der Menschheit dreimal wiederentdeckt worden. Die ersten drei Male geschah dasselbe, denn die Menschen fühlen sich sicher in dem, was sie glauben, und das ist in der Regel auch das, was andere glauben, selbst wenn deren Ansichten veraltet sind. Viele unserer heutigen Überzeugungen machen in unserer modernen Welt keinen Sinn mehr. Manche sagen: "Na und? Sie sind in einer alten Geschichte verwurzelt, die unserem Leben einen Sinn gibt. Wenn sie für meinen Großvater gut genug waren, warum sollten sie dann nicht auch für mich gut genug sein?". , und ich würde sicherlich niemandem sagen, dass sie falsch sind. Wenn das, was sie aufrechterhält, für notwendig ist, wer bin ich, dass ich auf etwas anderem bestehe? Dieser Gedanke lässt sich am besten mit Shakespeare erklären, der sagte: "Es gibt kein richtig oder falsch. Aber der Gedanke macht es so". Ziel dieses Buches ist es also nicht, etwas in Frage zu stellen, was Sie glauben wollen. Das ist Ihr gutes

Recht. Mein Ziel ist es einfach, Sie dazu zu bringen, selbst zu denken. In dem Maße, in dem Sie denken, anstatt den Glauben eines anderen zu akzeptieren, nur weil dieser es gesagt hat, werden Sie in der Lage sein, Ihr eigenes Leben zu kontrollieren.

Mein Ziel ist es, jene Menschen herauszufordern, die durch die blinde Akzeptanz dessen, was andere sagen, völlig versäumen, ihr eigenes Leben in vollen Zügen zu leben. Das ist es, was für jeden von uns wichtig ist, denn dieses Leben ist alles, was wir mit Sicherheit wissen, was wir wirklich haben. Es ist nicht bewiesen, dass jemand ein Leben hat. zurückkommen, um uns zu sagen, dass es wirklich mehr gibt. Auch wenn einige das Gegenteil behaupten, haben sie keine glaubwürdigen Beweise, und ein solcher Glaube erfordert "blindes Vertrauen". Warum sollten wir "blind" sein wollen? Blind etwas anzunehmen, wenn es um etwas im Leben geht, das einem wirklich wichtig ist, kann schwerwiegend sein. Erstens, weil es Ihnen die Wahrheit vorenthalten kann, die durchaus zu einem viel besseren Ergebnis führen könnte. , weil es Ihnen Möglichkeit verwehrt, alternative Wege in Betracht zu ziehen, wenn sie auftauchen, die es Ihnen ermöglichen könnten, Ihr Lebensziele leichter zu erreichen und Ihre eigene Existenz zu "verwirklichen". Das sollte Ihr Hauptziel im Leben werden.

Gruppendenken schafft "blinde Flecken", die dazu führen, dass man Chancen verpasst, die man sonst sehen könnte. Es gibt viele andere Möglichkeiten, unser Leben zu betrachten. Viele andere Wege könnten viel mehr aus diesem Leben für Sie machen. Sie könnten sie haben, wenn Sie dazu in der Lage wären. Sie sind es sich selbst schuldig, alle Wege zu erforschen; ein Skatom zu schaffen, indem Sie diese Möglichkeiten blockieren, macht wirklich keinen Sinn. Diejenigen, die tatsächlich ein Leben nach dem Tod finden, werden es nicht verlieren, sie werden einfach beides haben. Lesen Sie weiter und erfahren Sie, was das für Sie wirklich bedeutet.

Vollständig menschlich / Vollständig lebendig
Einführung

Was auch immer jeder von uns glauben möchte, meistens fühlen wir uns dann besser, am Ende werden wir mit der Realität konfrontiert. Viele Menschen erkennen heute mehr denn je, dass dieses Leben wahrscheinlich unser einziges Leben ist. Diese Menschen erkennen, dass es wahrscheinlich kein Leben nach dem Tod gibt, auch wenn sie das gerne glauben möchten. Wir wollen das vielleicht nicht. Aber wie können wir sicher sein, dass sie nicht recht haben? Wenn sie recht haben, gibt es zwei Möglichkeiten:

1. Diejenigen, die Vertrauen in ihre ungeprüften Überzeugungen haben, können einfach im "blinden Glauben" weiter glauben und ihr Leben so weiterführen, wie vor dieser Frage. Denn wenn wir seit unserer Kindheit an diese Überzeugungen glauben, warum sollten wir jetzt etwas anderes glauben? Wenn jedoch die Menschen, die den Gedanken an ein Leben nach dem Tod aufgegeben haben, Recht haben, können diejenigen von uns, die auf eine Zukunft im Himmel vertraut haben, leicht darauf verzichten, ihr Leben in vollen Zügen zu leben, während wir hier auf der Erde sind. Was für ein trauriger Verlust wäre das. Wollen wir das wirklich für uns?

2. Wir können die Möglichkeit in Betracht ziehen, dass sie Recht haben. Weil es keine glaubwürdigen Beweise für ein Leben nach dem Tod gibt. Weil es keine glaubwürdigen Beweise für ein Leben nach dem Tod gibt. Wenn wir diesen Glauben wirklich in Betracht ziehen, wird uns vielleicht bald klar, dass wir das Beste aus dem Leben machen sollten, das uns noch bleibt, wenn dies das einzige Leben ist, das wir mit Sicherheit haben. Die Zeit ist flüchtig.

Welche Entscheidung macht für Sie mehr Sinn? Wenn es auch nur die geringste Chance gibt, dass sie Recht haben, sollten wir uns beeilen. Unser eigenes Leben vergeht jeden Tag.

Wenn Sie bereit sind, zu versuchen, die Qualität Ihres Lebens zu verbessern, damit Sie das Leben, von dem wir wissen, dass wir es haben, weiterhin verwirklichen können, lesen Sie weiter. Das Ziel dieses Buches ist es, Ihnen zu helfen, Ihren eigenen Weg zu finden, damit Sie "Ihr eigenes Leben verbessern" können. Das bedeutet einfach, dass Ihr Leben am besten sein wird, wenn Sie verstehen, wie Sie das Beste aus diesem Leben auf der Erde machen können. Sie haben ein Recht auf die Möglichkeit, das Beste aus Ihrem eigenen Leben zu machen. Niemand kann das für Sie tun. Dazu müssen Sie das höchste Lebensniveau erreichen, zu dem Sie fähig sind, indem Sie die Ihnen zur Verfügung stehenden Ressourcen in vollem Umfang nutzen. Diejenigen von uns, die sich dafür entscheiden, auch wenn es kein Leben nach dem Tod gibt, werden zumindest nicht versäumen, das Beste aus ihrem Leben zu machen, das sie hier auf der Erde erreichen können. Sie können diese Reise heute beginnen. Dieses Buch wird Ihnen zeigen, was der Weg zur Verwirklichung Ihres Lebens wirklich bedeutet.

Wenn Sie Ihr Leben aus dieser Perspektive betrachten, können Sie darüber hinaus den zusätzlichen Vorteil haben, anderen etwas Gutes zu tun. Die gute Tat, die Sie beisteuern können und an die Sie vielleicht nicht einmal gedacht haben, bevor Sie dieses Buch gelesen haben, kann das Leben anderer verbessern, lange Sie von uns gegangen sind. Die Werke von Michelangelo und Leonardo DaVinci sind heute noch genauso wichtig wie vor über 500 Jahren. Gutes zu tun, das für andere von Dauer ist, ist ein Weg, Ihre eigene Unsterblichkeit zu erlangen, die nach Ihnen weiterlebt, und wir wissen, dass sie wirklich existiert. Noch wichtiger ist, dass Sie das eine Leben, das wir sicher leben können, nicht in der Hoffnung auf ein Leben nach dem Tod vergeuden, das es vielleicht gar nicht gibt. Woher kommt die Idee, dass es ein Leben nach dem Tod gibt? Wir sind es uns selbst schuldig, zumindest zu versuchen, das herauszufinden. Dieses Buch wird Ihnen dabei helfen.

Obwohl man nicht lange darüber nachdenken muss, um zu erkennen, dass dies das Richtige ist, folgen manche Menschen ihrem derzeitigen Weg - so sicher, dass er richtig ist - weil er ihnen am einfachsten erscheint. Warum also sollte man sich die Mühe machen, sich zu ändern? Die einfache Antwort ist, dass manche Menschen bereit sind, dem Beispiel von jemandem zu folgen, dessen Sprache mit dem übereinstimmt, was ihnen in ihrer frühen Kindheit beigebracht wurde, bevor sie die Fähigkeit besaßen, selbst zu denken. Sie tun dies aus rein emotionalen Gründen, nicht aus logischen. Einfach

Sie sind bereit, ihr Leben von anderen kontrollieren lassen,Sind Sie es?

Es ist in Ordnung, sich damit zufrieden zu geben, diesen Weg zu gehen, ohne . Aber lesen Sie weiter, dann werden Sie entdecken, dass für diese Menschen diese Überzeugungen fortbestehen, weil sie durch ein . Skatome sind blinde Flecken in der geistigen Weltanschauung eines Menschen. Zumindest ist es wichtigdieses Konzept zu verstehen, wenn Sie das Beste aus Ihrem eigenen Leben machen wollen. Die meisten Menschen, die darüber nachdenken, stimmen darin überein, dass sie in der Zeit, die uns zum Leben bleibt, so viel wie möglich erreichen wollen. Das beginnt damit, dass Sie über Ihre ungeprüften Überzeugungen nachdenken, die Ihnen von anderen eingeimpft wurden. Sie können ab heute die Kontrolle über Ihr eigenes Leben übernehmen, so dass Sie tatsächlich Ihr eigenes Leben leben können und nicht das der anderen. Die Menschen, die Ihre Überzeugungen kontrollieren, sind wahrscheinlich schon tot. Humanisten, wie die meisten von uns, wollen nicht als Schafe gesehen werden, und wir sind bereit, besonders darauf zu achten, dass uns diese Kontrolle nicht von anderen aufgezwungen wird. Wenn Sie nicht verstehen, wie das geschieht, entstehen die meisten unserer Skatome, ohne dass wir wissen, dass wir selbst kontrolliert werden. Humanisten ohne unser Einverständnis kontrolliert zu werden, weil wir die Kontrolle über unser eigenes Leben haben wollen. Wir wollen in der Lage sein, selbst zu denken und unser eigenes Leben zu leben. Vor allem wollen wir in der Lage sein, eine informierte Entscheidung darüber zu treffen, ob wir bereit sind, die Überzeugungen eines anderen als unsere eigenen zu akzeptieren.

Schafe gehen ihren eigenen Weg, weil sie sich sicher fühlen und froh sind, wenn sie kontrolliert werden. Sie machen sich keine Sorgen darüber, kontrolliert zu werden, weil sie nicht mehr selbst denken wollen. Weil sie "Vertrauen" in ihre Kontrollpersonen haben, machen sie sich einfach keine Gedanken darüber. Das ist in Ordnung, wenn es für nicht wichtig ist, ihr eigenes Leben in vollen Zügen zu leben. Ich bin jedoch besorgt über Mitglieder des Klerus, die uns ihre Überzeugungen aufzwingen, indem sie von uns verlangen, dass wir das, was sie uns sagen, im "blinden Glauben" akzeptieren. Etwas einfach im Glauben zu akzeptieren bedeutet, die Kontrolle aufzugeben. Zum Beispiel ist die Vorstellung eines Lebens nach dem Tod, das von einer Person der Kontrolle aufgezwungen wird, die die Angst vor der Verdammnis als Mittel einsetzt, um ihre Kontrolle über uns aufrechtzuerhalten, einfach falsch. , diese Kleriker stehlen das potenzielle Leben derjenigen, die so naiv sind. Sie tun dies, damit sie weiterhin ihre Schafe kontrollieren können. Zumindest für mich ist es jedoch inakzeptabel, dies zu tun, indem sie Angst schüren, anstatt jedem von uns zu helfen, durch konstruktive Bildung zu wachsen, die ausschließlich auf der Wahrheit beruht, die wir überprüfen können.

Anstatt zuzulassen, dass andere über Sie bestimmen, die Ihr Leben einschränken, sollten Sie sich besser fragen: "Was ist das beste Leben für mich? Diejenigen, die ihre Kontrolle nur zu Ihrem eigenen Wohl ausüben, können Sie akzeptieren, so wie Sie es auch bei der Auswahl der meisten Ihrer Ärzte tun.

Diejenigen, die Sie kontrollieren wollen, um ihre eigene Position oder ihr Wohlergehen zu stärken, sind vielleicht nicht bereit, Ihnen zu sagen, wie Sie das beste Leben erreichen können.

Warum sollten sie auch? Viele dieser Leute wollen, dass ihre Anhänger blind sind. Sind Sie einer von ihnen? Einige dieser "Kontroll-Leute" haben die Frechheit, Ihnen zu sagen, dass Sie ihr "Schaf" sind und dass sie Ihr Hirte sind, der "ihre Herde hütet". Warum würden Sie das tolerieren? Weil sie behaupten, mehr über Sie zu wissen? Sind Sie sich so sicher, dass sie Recht haben? Haben Sie sich jemals gefragt: "Warum tun sie das? Lassen Sie uns gemeinsam herausfinden, warum.

Gleichzeitig sollten wir auch lernen, warum wir einige Leute der Kontrolle brauchen. Dabei müssen wir unterscheiden zwischen denen, die uns wirklich Gutes bieten und die wir akzeptieren müssen, und denen, die versuchen, die Macht zu missbrauchen, die wir ihnen zugestanden haben, um ihre Kontrolle zu behalten. Wir müssen in der Lage sein, den Unterschied zu erkennen, so dass wir nur die Menschen der Kontrolle akzeptieren, von denen wir wissen, dass sie wirklich unser Bestes im Sinn haben, wenn sie versuchen, unser Leben zu lenken, und diejenigen stoppen, die mehr daran interessiert sind, uns in ihrem Schoß zu halten, damit wir sie unterstützen. Die meisten von uns haben nie über diese Unterscheidung nachgedacht. Warum wird Ihnen gesagt, Sie den Zehnten geben müssen"? Denken Sie daran, dass es nicht Gott ist, der Ihr Geld ausgibt.

Die Lektüre dieses Buches wird Ihnen auch helfen zu verstehen, warum Menschen viele ihrer Überzeugungen haben und wie diese Überzeugungen unser Leben bestimmen. Wir sollten uns fragen, woher alle unsere Überzeugungen kommen, und wenn sie mehr als einen momentanen Zweck haben, sollten wir verstehen warum sie von akzeptiert wurden. Zu prüfen, warum Sie an ein Leben nach dem Tod glauben, hilft Ihnen, sich bewusst zu machen, wo Sie möglicherweise kontrolliert werden. Diesen Glauben gegen gegenteilige Beweise zu verteidigen, hilft Ihnen zu verstehen, wie ein Skatom widersprüchliche Informationen blockiert. Wie bereits erwähnt, muss jeder von uns alle verfügbaren alternativen Wege zur Überbrückung seiner Skatome in Betracht ziehen, um sein eigenes Leben in vollen Zügen zu leben.

Wenn es ein Leben nach dem Tod gibt, könnten Menschen, die ihre eigene Existenz verwirklicht haben, noch mehr davon profitieren. Wenn es kein Leben nach dem Tod gibt, werden diejenigen, die ihr Leben verwirklicht haben, nicht die Gelegenheit verpasst haben, das einzige Leben, von dem wir wissen, dass es existiert, vollständig zu leben, denn sie werden das Beste daraus gemacht haben. Dieses Buch wird Ihnen helfen, das Beste aus Ihrem eigenen Leben zu machen, so wie Sie es leben wollen. Es gibt keine einfache Antwort auf die Frage, wie man das Leben in vollen Zügen genießen kann. Jeder von uns kann sein eigenes Leben gestalten und genießen. Doch dazu müssen wir zunächst die Kräfte verstehen, die das beeinflussen, was wir erschaffen.

Die Menschen werden ihre Antworten auf die Verwirklichung ihres eigenen Lebens auf tausend verschiedene Arten finden. Einige, die auf einem niedrigen sozialen Sicherheitsniveau leben, werden denken, dass sie mehr bekommen, wenn sie anderen nehmen, was sie wollen. Wollen wir wirklich als jemand in Erinnerung bleiben, der anderen Menschen auf eine Weise etwas wegnimmt, die ihnen schaden kann? Es gibt Menschen, die sich dadurch einen Namen gemacht haben. Bugsy Siegel, John Dillinger, Bonnie und Clyde und Al Capone gehörten zu , die sich von anderen nahmen, was sie wollten. Aber bedenken Sie ihr Leben in ständiger Angst. Weil sie ständig Gefahr liefen, erwischt getötet zu werden, lebten sie auf einem Niveau der Sicherheit für ihre Existenz. In diesem Buch werden Sie entdecken, was unsere Lebensstandards wirklich bedeuten. Diejenigen, deren Verhalten von Angst kontrolliert wird, leben genau wie diese Menschen. Wollen Sie das wirklich für sich?

Was bringt für jeden von uns die höchste Lebensqualität, und zwar heute? Was ist uns auf lange am wichtigsten - Macht, Reichtum oder Ruhm? Werden wir nach unserem Tod etwas davon haben, um es zu genießen? Ist es die Mühe wert? Sind die Menschen, die diese Ziele erreichen, wirklich Sind sie mit dem zufrieden, was sie haben, oder suchen sie nur nach mehr, um einen unstillbaren Durst zu stillen?

Was ist der Sinn unseres eigenen Lebens? Wird unser Leben von einer übernatürlichen Macht bestimmt, die uns wie eine Marionette steuert? Oder sind wir allein mit neun Milliarden anderen Menschen und leben unser Leben gemeinsam auf einem kleinen Planeten in einem Universum mit Milliarden anderer Planeten? Das zeigen die . Was bedeutet das für uns?

Gibt es einen Gott, der dieses Universum geschaffen hat? Vielleicht ja, aber Warum sollte ein Gott unser Leben kontrollieren wollen, was wäre der Sinn, spielt dieser Gott mit uns? So unvertretbar dieser Gedanke auch klingt, einige Menschen sind immer noch. Oder ist dieser Gedanke auch nur ein Kontrollinstrument, das von denen gepredigt wird, die uns kontrollieren wollen?

Menschen, die wirklich daran glauben müssen, dass sie Gottes Führung suchen müssen, die glauben, dass es ihr Lebensziel ist, Gottes Willen zu folgen, müssen diesen Glauben vollständig verstehen, wenn sie in der Lage sein wollen, ihr Leben selbst in die Hand zu nehmen. Andernfalls werden Sie das Leben eines anderen Menschen leben. Sie müssen verstehen, welchen Wert dieser Glaube für Ihr Leben wirklich hat. Die eigentliche Frage ist, wer kontrolliert, was Sie glauben, was

Gott Ihnen sagt? Menschen, die hypnotisiert wurden, tun den Willen der Person, die sie hypnotisiert hat. Oftmals ist ihr Verhalten nicht etwas, das sie selbst tun würden. Sie werden freiwillig von einer anderen Person kontrolliert. Warum glauben Sie, dass das bei Ihnen nicht der Fall ist? Die hypnotisierte Person hat immer noch das Gefühl, dass sie die Kontrolle hat, aber hat sie das auch? Während sie unter der Kontrolle des Hypnotiseurs stehen, haben sie keine Ahnung, dass ihr Verhalten von jemand anderem gesteuert wird.

Auch die Person, die ihr ganzes Vertrauen darauf setzt, dass Gott sie in allem, was sie tut, leitet, gibt manchen Gläubigen ein Gefühl der Sicherheit. Das liegt daran, dass sie nicht für sich selbst denken müssen. Aber woher kommen die Antworten Gottes wirklich? Sind es andere, die sie für sie erfüllen, oder sind es ihre nach innen gerichteten Gebete, die es ihnen ermöglichen, mit ihrem inneren Selbst in Einklang zu kommen, so wie wir das durch Meditation erreichen können? Wenn wir mit widersprüchlichen Alternativen konfrontiert werden und die Sache einen Tag lang ruhen lassen, stehen wir oft vor der Frage, was wir tun sollen, was wir tun sollen und wie wir es tun sollen. am nächsten Morgen mit unserer Antwort aufwachen. Das liegt daran, dass sich der Konflikt in uns selbst löst, wenn die Unordnung in der Umgebung verschwindet und die Lösung klar wird. Wenn das geschieht, dann haben Sie das Sagen. Das ist angemessen und akzeptabel.

Wenn Sie das Bedürfnis haben, sich von anderen leiten zu lassen, kann das auch in Ordnung sein, wenn Sie sich das Recht vorbehalten, das, was Ihnen gesagt wird, zu ändern oder zu modifizieren, anstatt blind zu sein. Wenn Sie Angst haben, nicht zu tun, was man Ihnen sagt, sind Sie vielleicht aufgrund Ihres "Glaubens" blind geworden. Ihr Problem ist, dass Sie die Kontrolle über Ihr Leben an andere abgetreten haben. Warum haben Sie das getan? In einem Großteil unserer Gesellschaft werden Fragen nach dem Sinn unseres Lebens und nach der Interpretation dessen, was wichtig ist, von anderen beantwortet. Indem Sie blindlings akzeptieren, was sie Ihnen sagen, haben Sie die Kontrolle über Ihr Leben an sie abgegeben. Diejenigen, die das tun, leben in Wirklichkeit ein Schafsleben. An einem Glauben ist nichts auszusetzen, wenn man ihn in die richtige Perspektive rückt. Falsch ist, wenn Sie zulassen, dass ein Glaube Ihre Fähigkeit zu wachsen blockiert. Um in

Ihrem kurzen Leben der beste Mensch zu werden, der Sie sein können, dürfen Sie nicht blindlings akzeptieren, was andere Ihnen erzählen, ohne den Wahrheitsgehalt zu überprüfen. Diese andere Person setzt Ihre Ziele. Nur Sie wissen, was Sie wirklich brauchen, um Ihre Ziele zu erreichen. Warum also sollten Sie diese Macht an jemand anderen abgeben?

Wenn wir die Überzeugungen anderer akzeptieren, ohne sie in Frage zu stellen, nehmen wir denjenigen die Verantwortung für unser eigenes Leben ab, die sonst einen erfüllenderen Weg wählen könnten. Das Ziel dieses Buches ist es, dafür zu sorgen, dass Ihnen das nicht widerfährt. Ein uninformiertes Leben kann ein vergeudetes Leben sein. Das wäre sehr traurig, wenn es so viele bessere Alternativen , aber man akzeptiert nur, dass man sein eigenes Leben lebt, solange man hier auf der Erde ist, um das Beste zu werden, was man sein kann.

Dieses Buch befasst sich eingehend mit einer Lebensvision, die auf Wahrheit und Realität beruht, und zeigt Ihnen, wie Sie sich nicht von einem blinden, von anderen auferlegten Glauben mitreißen lassen können. Ziel ist es, jedem von uns ein Mittel an die Hand zu geben, mit dem er seinen eigenen Weg finden kann, um seine eigene Existenz in vollem Umfang verwirklichen, egal unter welchen Umständen er sich befindet. Dies gilt für jeden. Selbst wenn die Kontrollperson Ihr Wenn Sie ein Arzt sind, sollten Sie den Rat, den Sie erhalten, und die Alternativen, die Ihnen zur Verfügung stehen, genau verstehen, bevor Sie einen Ratschlag, der Ihr Leben mehr als nur vorübergehend beeinflusst, einfach annehmen.

Selbst diejenigen, die lebenslang inhaftiert sind, können ein gutes Leben führen. Ich habe durch die Gründung von Humanistischen Gruppen in einem Hochsicherheitsgefängnis in Iowa und einer weiteren in mittelgroßen Gefängnis bewiesen, dass sie das Leben Insassen, die dort Mitglied sind, erheblich aufwerten, indem sie ihren Fokus von dem Gefühl, von der Gesellschaft im Stich gelassen zu werden, auf die Suche nach Möglichkeiten verlagern, ihrem eigenen Leben durch ihre eigenen Bemühungen einen Mehrwert zu verleihen. Diese Chapter haben den Gefangenen einen Sinn für ihr Leben gegeben, selbst unter solchen Umständen.

Die humanistische Gruppe eines Gefängnisses erklärte sich bereit, zunächst ihre eigenen Zellenblöcke zu säubern und ein Recyclingprogramm für ihr Gefängnis zu starten. Ihre Initiative war ein wichtiger Anfang. Sie hat ihnen gezeigt, dass das, was ich sage, wahr ist: Es ist möglich, auch unter eingeschränkten Bedingungen ein höherwertiges und sinnvolles Leben zu führen. Die veränderte Einstellung, die sich einstellte, hat ihren Direktor sehr beeindruckt. Man muss sich nur ein wenig anstrengen, um sein eigenes Leben wirklich zu verändern. Und alles beginnt mit einer positiven Einstellung.

Wir alle beginnen mit der einzigartigen Fähigkeit, unser eigenes Leben zu leben. Wir alle fangen bei Null an. Wir alle haben das Recht, unser Leben in vollen Zügen zu leben, mit den Mitteln, die wir haben. In den Staaten haben wir die Freiheit, dies zu tun. Viele andere Länder verweigern ihren Bürgern diese Möglichkeit.

Geld kann kein Glück kaufen" wird oft zitiert, aber selten geglaubt. Wenn Sie derzeit das Gefühl haben, nicht genug haben, wette ich, dass Sie denken, Sie wären viel glücklicher, wenn Sie mehr hätten. Das Leben ist keine Garantie für Glück. Aber das hat noch nie jemanden davon abgehalten, sich darauf zu berufen. Die Wahrheit ist, dass Glück nur ein Geisteszustand ist. Lassen Sie uns gemeinsam herausfinden: Wie kann ich diesen Zustand erreichen, um wirklich glücklich zu sein?

Lester und Rosemary ("Maria") Mondale waren gute Freunde von mir. Lester ging als unitarischer Geistlicher in den Ruhestand und war der jüngste vierunddreißig Menschen, die zum ersten Mal die Idee hatten, dass wir Die Humanisten waren die einzigen, die für uns selbst verantwortlich waren - ursprünglich anerkannt in der antiken griechischen epikureischen Philosophie in einem modernen Kontext, den wir heute "Humanismus" nennen. Sie veröffentlichten ihre Ansichten im ersten Humanistischen Manifest von 1933. Dieses Dokument beschrieb die Philosophie von John Dietrich, einem unitarischen Geistlichen, der sich seit dem ersten Jahrzehnt des 20. Jahrhunderts mit den Ansichten Epikurs beschäftigt hatte. Lester Mondale wurde in Minnesota geboren und war ein unitarischer Pfarrer in Evanston, Illinois. Vielleicht haben Sie den Namen "Mondale" schon einmal gehört. Der jüngere Bruder von Lester, Walter Mondale, wurde Vizepräsident der Vereinigten Staaten.

Nach ihrer Pensionierung lebten Lester und Maria auf achtzig Hektar bewaldeter Ozark-Hügel im Südosten von Missouri. Sie nannten ihr kleines Stück Himmel auf Erden "Copperhead Cliffs". Es gab einen guten Grund für diesen Namen: Ich traf eine Kupferkopfschlange, die unter dem Holzherd in ihrer Küche herumschlängelte. Sie nahmen sie auch als Gast auf. Sie lebten täglich mit der Natur.

Ein Bach floss durch ihr Grundstück und mündete dreimal in einen Teich, wobei der größte auf einer Seite eine acht Fuß hohe Klippe hatte, von der aus sie leicht in ihren Teich eintauchen konnten, und auf der anderen Seite des Teiches eine fünfzehn Fuß hohe Klippe, auf der die Indianer Feuer machten, von der aus sie ihre Umgebung am besten sehen konnten. Dieser Bach mündete in einen kleinen Fluss, der das Mondale-Grundstück überquerte, wo die Biber einen Damm gebaut hatten, der einen acht Hektar großen See schuf, den die Mondale ursprünglich mit Besatz versahen und dann mit ihrem Kanu befischen konnten.

Der Wald war dicht, aber sie bauten Wege und rodeten drei separate 1- Hektar-Flächen, auf denen sie den Großteil der Lebensmittel anbauten, die sie einmachen und im nächsten essen konnten. Mit seinen achtundneunzig Jahren schlug Lester immer noch Bäume, um Brennholz für die Heizung ihrer Blockhütte zu gewinnen. Mit fünfzig Prozent ihrer Sozialversicherung konnten sie ein sehr glückliches, ruhiges Leben führen. Es fehlte ihnen an nichts und sie brauchten wenig. Das lag daran, dass sie wirklich im Einklang mit der Natur lebten.

Die Mondales zeigen, dass man nicht reich sein muss, um glücklich zu sein. Man muss nur im Einklang mit sich selbst und seiner Umwelt sein. Lassen Sie uns herausfinden, wie wir das für uns selbst tun können.

Kapitel I
Was ist Humanismus?

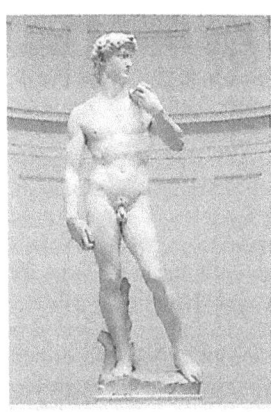

Für diese war Michelangelo zweifelsohne der Schöpfer des ersten historischen Symbols des Humanismus. Michelangelo schuf den "David" aus Marmor zwischen 1501 und 1504. Diese Statue wurde als Symbol für die epikureische Philosophie in Auftrag gegeben, die vom Stadtstaat Florenz (Italien) übernommen wurde. Diese Philosophie wurde von der Familie Medici eingeführt, den reichen italienischen Staatsbankiers und de facto Herrschern des Stadtstaates Florenz.

Florentinische Republik. Sie hatten keinen König, der ihr Volk regierte. Sie wählten ihren eigenen "Bürgermeister", um ihre Provinz zu verwalten.

Obwohl die katholischen Priester von Florenz immer noch die Macht ausübten, ging die Kontrolle über ihre Gesellschaft vom Volk aus. Obwohl sie sich im 15. Jahrhundert befanden, wurden sie nicht von Gott regiert. Das war zu dieser Zeit sehr ungewöhnlich. Die Bewohner der florentinischen Provence beteiligten sich an der Wahl der Herrscher, deren Politik von einem Regierungsrat festgelegt wurde. Dies stand in deutlichem Gegensatz zu den Menschen, die in ganz Europa unter der Herrschaft von Königen lebten. Die Macht eines Königs beruhte auf der "Salbung durch Gott" durch seine Priester, die zu jener Zeit im Allgemeinen das übrige Europa beherrschten. Im Gegensatz zu einer Demokratie, in der der Wille des Volkes vorherrschte, hatten die Könige absolute Macht, die allein von Gott und nicht von der Zustimmung des Volkes ausging. Da die Macht, von Gott zu herrschen, eine absolute Macht war, hatten die Könige eine absolute Macht, die nur von Gott und nicht von der Zustimmung des Volkes ausging.

kulturellen Überzeugung der, wurde sie selten in Frage gestellt. Vielen Europäern wurde von Kindesbeinen an beigebracht, dass Gott uns beherrscht, so dass jeder vom Priester gesalbte Führer das alleinige Recht hatte, zu dienen. Es erforderte Mut, sich Gott zu widersetzen. Schließlich drohte denjenigen, die dies taten, der Tod.

Die US-Verfassung war für ein Land unserer Größe ein früher Test für das Konzept, dass die Regierungsgewalt vom Volk ausgeht und nicht von Gott kommt. Die meisten Menschen auf der Welt haben auch heute noch keine nennenswerte Kontrolle über ihr eigenes Leben, geschweige denn über ihre Regierung. Wir Amerikaner haben das große Glück, als Einzelne einen gewissen Einfluss zu haben. Die Bevölkerung der von Florenz kontrollierten Region wurde hauptsächlich von der Familie Medici finanziell unterstützt. Sie waren sehr mächtig und wurden zu begeisterten Förderern der Renaissancekultur. Die Renaissance war die Wiedergeburt des intellektuellen Denkens, die die westliche Zivilisation aus einer Periode herausführte, in der die römisch-katholische Kirche die menschliche Existenz in Europa über tausend Jahre lang kontrolliert hatte und diejenigen auf dem Scheiterhaufen verbrannte, die den Glauben der "Kirche" in Frage stellten, selbst wenn dieser Glaube unbegründet war. Die katholische Kirche tötet zwar nicht mehr ihre Gegner, aber sie hat immer noch einen sehr starken Einfluss darauf, was mehr als die Hälfte der christlichen Weltbevölkerung heute glaubt. Einige Gemeindemitglieder werden immer noch als bloße Schafe wahrgenommen. Früher haben wir uns über diese Menschen gewundert. Lassen Sie uns gemeinsam herausfinden, warum.

Die Vorstellung, dass unser Leben täglich von Göttern gelenkt wird, war der allgemeine öffentliche Glaube, wie schon seit Zehntausenden von Jahren. Nur waren sich nicht alle einig, welcher Gott. Mit dem Fortschreiten der Naturwissenschaften begann der Übernatürlichkeitsglaube an Kraft zu verlieren. Im 5. Jahrhundert v. Chr. glaubte Leucippus nicht, dass die Menschen nach dem Bild Gottes aus Lehm geformt wurden, wie die meisten Athener glaubten. Leucippus glaubte, dass wir aus winzigen, unzerstörbaren Teilchen bestehen. Er glaubte, dass diese Teilchen ewig existieren würden, auch wenn wir es nicht täten.

Der 460 v. Chr. geborene Demokrit bezeichnete und beschrieb die von Leucippus postulierten Teilchen. Er war der erste, der glaubte, dass alles aus Atomen besteht, die als physikalisch unteilbare Teilchen betrachtet wurden. Er schlussfolgerte, dass die Welt der Atome den Sternen unseres Universums ähnelt. Zwischen den Atomen gibt es leeren Raum. Er glaubte auch, dass Atome unzerstörbar sind und dass sie immer in Bewegung waren - und immer sein werden. Er schlussfolgerte, dass es eine unendliche Anzahl und viele Arten von Atomen gibt, die sich in Form und Größe unterscheiden. Demokrits Sichtweise ist derjenigen unserer heutigen Wissenschaft noch sehr ähnlich. Das Konzept entstand durch die Entwicklung der Philosophie, nicht durch die Wissenschaft, da die wissenschaftliche Methode zur Entwicklung unserer Wahrheiten bis vor kurzem nicht wirklich existierte.

Epikur (341-270 v. Chr.) kam hundert Jahre später und brachte die Emanzipation des Menschen von der Kontrolle seiner Götter intellektuell zu einem logischen Abschluss. Er glaubte, dass wir nicht von einem "übernatürlichen" Gott kontrolliert werden, für den es keine glaubwürdigen Beweise gibt. Obwohl es damals gelegentlich Atheisten gab, glaubten die meisten Menschen, dass Gott oder Götter existierten, weil andere Menschen ihnen das . Nur wenige Menschen würden damals jemanden in Frage stellen, der Autorität beansprucht. Das machte keinen Sinn. Aber die Öffentlichkeit kann bei jedem Thema leichtgläubig oder zumindest unwissend sein. Viele Menschen sind wie Schafe, die sich folgen lassen anstatt sich mit den schwierigen Fragen über unseren Ursprung und unser Schicksal auseinanderzusetzen. Das ist auch heute noch so.

Epikur war einer der ersten, der sich von der uninformierten Masse abhob, indem er erkannte, dass jeder für sich selbst verantwortlich ist. Er glaubte, dass es im Leben darum geht, Vergnügen zu suchen und Schmerz zu vermeiden. Außerdem sah er keinen Grund für die Annahme, dass es ein Leben nach unserem Tod gibt. Epikur erkannte, dass der Glaube nur eine Täuschung ist, die uns daran hindert, die Verantwortung für unser eigenes Leben zu übernehmen. Epikur bot einen Gegensatz zu der kulturell akzeptierten Sichtweise der Kontrolleure seiner Zeit, die ihre Kontrolle für notwendig hielten, um eine organisierte Gesellschaft aufrechtzuerhalten. Diese Dichotomie besteht auch heute noch.

Es dauerte jedoch nicht lange, bis sich die allgemein akzeptierte öffentliche Meinung durchsetzte und Epikurs' alternative Stimme in der Öffentlichkeit unterging.

Die meisten Mitglieder des Klerus glauben aufrichtig, dass sie ihren Anhängern das Beste von sich geben, indem sie deren Hirten sind. Epikur konnte einen solch simplen Glauben einfach nicht akzeptieren. Er sah keinen triftigen Grund, für die so wichtige Frage, warum er hier auf der Erde ist, einen Hirten zu brauchen. Er vertrat die Auffassung, dass ein Gott, der das Universum erschaffen könnte, nur im Hintergrund stehen und seine Welt so sehen würde, wie sie tatsächlich existiert. Der Glaube, dass Gott die Kontrolle über seine Schöpfung ausübt, würde bedeuten, dass unser individuelles Leben keine Bedeutung hätte. Wir wären nur Marionetten. Epikur hingegen glaubte, dass wir akzeptieren müssen, dass wir allein hier sind, wenn unser Leben etwas bedeuten soll. Es liegt an uns, die Verantwortung für unser eigenes Leben zu übernehmen. Epikur kommt zu dem Schluss, dass es am besten ist, das Beste aus diesem Leben zu machen, solange wir hier auf der Erde sind, denn wenn es im Jenseits kein anderes Leben gibt, ist es die einzige Möglichkeit, das eigene Leben für andere sinnvoll zu gestalten, damit es wirklich etwas bedeutet.

Viele Menschen stimmen heute mit Epikur überein. Aber viele von denen, die heute diese Ansicht vertreten, haben diese Philosophie erst in der jüngsten Vergangenheit wiederentdeckt. Warum? Weil dieser Glaube im Widerspruch zu den Menschen der Kontrolle steht, die auch heute noch wollen, dass Sie glauben, dass es ein gibt und dass nur sie die Eintrittskarte haben, um Sie dorthin zu bringen. Wir haben darauf hingewiesen, dass diese Vorstellung ein von Menschen geschaffenes Kontrollinstrument ist, aber was diesen Glauben aufrechterhält, sind diejenigen, denen dies zu Beginn ihres Lebens gesagt wurde. Weil sie es akzeptiert haben, bevor sie die Fähigkeit hatten, selbst zu denken, werden die meisten diesen Glauben in ihrem Leben nicht in Frage stellen. Er bleibt tief verwurzelt, weil die meisten Menschen es wirklich wollen. Dieser Glaube wird aus emotionalen Gründen von denjenigen akzeptiert, die diese Frage nicht unter dem Gesichtspunkt der Logik und der überprüfbaren Wahrheit betrachten. Sie bleiben im "La-La-Land" ihrer Kindheit, weil es ihnen sicher erscheint.

Wenn Sie diese Frage wirklich bedenken, warum sollte ein Gott, der wirklich alle heute lebenden Menschen erschaffen hat, denjenigen, die einer anderen Religion angehören, den Zugang zum Himmel verwehren, vor allem, wenn die Betreffenden nie mit der "wahren" Religion in Berührung gekommen sind? Können Sie nun erkennen, dass religiöse Exklusivität nur ein Mittel ist, um ?

Glauben Sie wirklich, dass ein Gott, der in der Lage wäre, Leben auf der Erde zu schaffen, einen guten Grund hätte, Leben auf der Erde zu schaffen?

Oder ist es einfach ein Mittel für die Kontrollorgane, um Sie zu kontrollieren?

Obwohl es absolut keine Beweise gibt, die einen solchen Ausschließlichkeitsglauben rechtfertigen, und obwohl es keinen berechtigten Zweifel daran gibt, dass ein solcher Glaube als Kontrollinstrument eingesetzt wird, können wahre Gläubige, die sich auf ihren eigenen "blinden Glauben" verlassen, das nicht erkennen. Dies ist auch ziemlich guter Test für Sie, ob Ihre Überzeugungen richtig sind. Wenn Sie den Drang verspüren, diesen Glauben zu verteidigen, ist das ein ziemlich guter Test dafür, dass sich Ihre eigenen festen und engen Überzeugungen zu einem "Skatom" verhärtet haben. Erinnern Sie sich daran, dass Skatome mentale Blockaden sind, die wie Spam-Blocker wirken und inbrünstig verhindern, dass andere in Betracht gezogen, geschweige denn von akzeptiert werden. Warum ist das so? Dieses Buch wird Ihnen helfen, diese Frage selbst zu beantworten.

Zunächst einmal müssen Sie verstehen, dass Sie ein Skotom nicht frontal treffen können. Es handelt sich dabei um Überzeugungen der Sicherheitsebene, und sie frontal zu treffen, erzeugt eine wütende Reaktion. Sie müssen eine Brücke um sie herum bauen, und zwar durch eine logische Ausbildung, die Ihnen alternative Wege zu diesem Glauben aufzeigt. Einer von ihnen wird für Sie akzeptabel werden, und selbst wenn das Skotom nicht , wird es Sie einfach nicht mehr kontrollieren. Genauso wie der Weg um eine Straßensperre herum Sie nicht mehr daran hindert, die Straße entlang zu gehen. Das ist eines der Hauptziele des Universitätsstudenten. Es zwingt einen dazu, über die eigenen Abwehrmechanismen hinaus zu denken.

Mit der fortschreitenden Kenntnis der Natur und dem Verständnis des wissenschaftlichen Ansatzes zur Erkenntnisgewinnung wurden die übernatürlichen Antworten oft so weit verändert, dass sie der Wissenschaft Rechnung trugen, so dass der Konflikt zwischen Religion und Wissenschaft in dieser Frage vorerst kein Thema mehr war. So funktionieren alle Meme, bis sie irrelevant werden. Denken Sie an die Herausforderung Galileis durch die katholische Kirche. Es dauerte mehrere hundert Jahre, bis die Kirche schließlich anerkannte, dass sich die Erde tatsächlich um die Sonne dreht.

Derartige übernatürliche Überzeugungen, wie sie von Kontrollpersonen fundamentalistischer Konfessionen geäußert werden, sind heute so archaisch wie die Vorstellung, dass die Erde flach ist und man Gefahr läuft, herunterzufallen, wenn man sich ihr nähert. Diejenigen, die eine solche Sichtweise auf ihr Leben akzeptieren, sind sich nicht bewusst, wie abgehoben ihr blinder Glaube heute ist. Sie sind geblendet von ihren Skatomen durch starke und einflussreiche Leute der Kontrolle. Ihr Skatom hindert sie daran, über diese Überzeugungen hinauszublicken. Hoffen wir, dass ihre Enkel in der Lage sein werden, das überholte Dogma ihrer Großeltern zu überwinden.

Bei vielen religiösen Überzeugungen werden unsere religiösen Ansichten in unsere Identität eingewoben, bevor wir das Alter erreicht haben, in dem wir die Fähigkeit haben, für uns selbst zu denken. Viele Menschen können diesem Standpunkt zu Lebzeiten nicht entkommen, weil sie fürchten, dass die Kontrolleure, die ihnen diesen Glauben auferlegt haben, Recht haben könnten, und keine andere Alternative das gleiche Maß an Sicherheit bietet. Wenn ihnen das Versprechen eines guten Lebens im Jenseits nicht , haben diese Menschen auch noch die "Hölle" erfunden. Die Kombination aus Belohnung und Bestrafung, die von den Kontrollmenschen wirksam eingesetzt wird, ist sehr wirkungsvoll. "Wenn ich nicht blindgläubig bin, komme ich in die Hölle. Dieser Glaube ist eines der stärksten sozialen Werkzeuge zur Kontrolle naiver Menschen, die es noch gibt. Charles Darwin sagte, dass "die Hölle der verdammenswerteste Glaube ist, der der Menschheit aufgezwungen wurde". Welche Ansicht ist richtig: die von Darwin oder die der Kontrollmenschen? Welchen Unterschied macht es, wie wir unser eigenes Leben leben? Es gibt einen großen Unterschied. Diese Frage verdient unsere eigene Betrachtung. Schließlich ist unser jetziges Leben, wie Sie schon oft gehört haben, vielleicht das einzige, das uns noch bleibt.

Wenn Epikur recht hat, haben wir unser Leben vergeudet, wenn wir es nicht in vollen Zügen ausleben, solange wir hier sind. Wie können wir das tun? Wir wissen, dass wir vollständig menschlich sind. Aber wissen wir wirklich, wie wir voll und ganz lebendig werden können? Können wir das tun und uns trotzdem ein Leben nach dem Tod wünschen? Natürlich können wir das. Aber diese Fragen verdienen weitere Überlegungen für diejenigen, die die Qualität ihres eigenen Lebens verbessern wollen.

Ich will damit nicht sagen, dass Sie nicht an einem Glauben festhalten dürfen, der Ihnen wichtig ist. Wenn es Sie tröstet, warum sollte Ihnen dann jemand sagen, dass Sie sich irren? Sie können an diesem Glauben festhalten und trotzdem das Beste aus Ihrem Leben machen, solange Sie hier sind. Es ist wichtig, das Beste aus diesem Leben zu machen, damit Sie es nicht verpassen, es in vollen Zügen zu leben, unabhängig davon, welche Überzeugungen Sie akzeptieren, einschließlich der Möglichkeit eines Lebens nach dem Tod. Wenn Sie nicht zulassen, dass der Wunsch nach einem Leben nach dem Tod Ihr Leben auf der Erde beherrscht, gibt es keinen GrundSie nicht an diesem Glauben festhalten können. Dann wird er Sie nicht behindern.

Leben Sie Ihr Leben auf der Erde so vollständig, wie Sie können. Jeder von uns wird zu seinen eigenen Schlussfolgerungen kommen; und es sollte niemanden wirklich interessieren, welcher Weg Sie anzieht. Diejenigen jedoch, die sich an diesen Glauben klammern, weil sie es versäumen, das Beste daraus zu machen, werden ohnehin verlieren. Das macht für viele Menschen heute wenig intelligenten Sinn.

Da der Zweck dieses Buches darin besteht, Ihnen zu helfen, das Beste aus dem einzigen Leben herauszuholen, von dem wir mit Sicherheit wissen, dass wir es haben, sollten wir bedenken, dass Sie, wenn Epikur recht hat und auch das erfüllt, was seiner Meinung nach erforderlich ist, um sich für ein Leben nach dem Tod zu qualifizieren, das Beste aus Ihrem Leben herausgeholt haben. Um dies zu erreichen, müssen Sie Ihr Leben selbst in die Hand nehmen, damit Sie die höchste Stufe des Lebens erreichen können, die der Psychologe Abraham Maslow beschreibt. Wenn Sie anderen erlauben zu bestimmen, was Sie glauben, leben Sie deren Leben und nicht Ihr eigenes. Sie müssen Ihr Leben selbst in der Hand haben, um Ihren eigenen Weg zu wählen, wenn Sie sich so entwickeln wollen, wie Sie es für richtig halten. Um Ihre eigene Existenz zu verwirklichen, müssen Sie die Ebene des Lebens erreichen, die Ihr eigenes Leben verwirklicht, so dass Sie in der Lage sind, das Beste aus Ihrem eigenen Leben zu machen, das Sie heute leben können. Niemand sonst kann das für Sie tun. Lesen wir weiter, um herauszufinden, was das alles wirklich für Sie bedeutet.

Wenn die Kontrollmenschen, die Ihr Leben beeinflussen, Recht haben, werden Sie trotzdem mehr in Ihrem Leben gewonnen haben, vor allem, weil Ihr Leben für diejenigen bedeutsam geworden ist, denen es besser geht, weil Sie hier waren. Selbst wenn die Kontrollmenschen nicht ehrlich sind, sondern Sie lediglich kontrollieren, um den sozialen Kitt zu schaffen, der uns Zusammenleben ermöglicht, wird dieses Buch diese Überzeugungen nicht zerstören. Dieses Buch soll Ihren Blick auf die Realität, in der Sie leben, erweitern.

Und hoffentlich haben Sie es nicht verpasst, das einzige Leben zu leben, von dem wir wirklich wissen, dass es existiert. Das Problem ist, wer Ihr Leben kontrolliert, und nicht, was Sie glauben wollen.

Diejenigen, die ihre religiöse Kontrolle über die Menschen durch Epikur bedroht sahen, versuchten ihn zu diskreditieren, indem sie behaupteten, er sei "ein Hedonist". Sie sagten, Epikur habe behauptet, unser Ziel sei es, "zu essen, zu trinken und fröhlich zu sein, denn morgen wirst du sterben", und weil es ohne ein Leben nach dem Tod offensichtlich keine "Hölle" gibt, die uns für unsere Sünden bestraft. Diejenigen, die sich von dieser Ansicht bedroht fühlten, behaupteten auch, Epikur habe gesagt, dass man "so viel sündigen kann, wie man will". Epikur war ein Hedonist im wörtlichen Sinne des Wortes, aber seine Überzeugungen waren das genaue Gegenteil von denen, die dies versuchten. Er glaubte an ein Leben in vollem Einklang mit seiner Umwelt. Für Epikur bestand das gute Leben darin, "nichts zu wünschen und wenig zu brauchen und jeden Augenblick in vollen Zügen zu genießen". Er glaubte auch, dass man in dem Maße, in dem das eigene Leben von Begierde oder dem Ziel, sich zu viel zu gönnen, geleitet wird, von den eigenen Bedürfnissen und Wünschen getrieben wird, anstatt sich vom eigenen Leben leiten zu lassen. Das gute Leben war ein Leben, in dem man jeden Augenblick in vollen Zügen genoss oder schätzte, ohne etwas zu suchen. Seine Ablenker betrachteten das Leben aus einer falschen Perspektive. Epikur würde mit den Menschen, die sie beschrieben, nichts zu tun haben wollen.

Wie das Leben von Lester und Maria Mondale bringt das einfache Leben das größte Glück, weil man keine Bedürfnisse hat, die einen dazu treiben, etwas zu erwerben. Man genießt einfach alles um sich herum in vollen Zügen, was immer einem zur Verfügung steht, wie zum Beispiel einen schönen Sonnenuntergang. Epikur glaubte, dass man sein Leben selbst in die Hand nehmen sollte. Für Epikur kontrollierten die Götter einen nicht, sie hielten sich lediglich im Hintergrund und beobachteten. Sie erwarten nur, dass man das Beste aus dem Leben macht, das sie einem gegeben haben. Sie werden dir nicht dabei helfen, es zu erreichen; du musst es selbst tun.

Aufgrund des überwältigenden Glaubens an die vielen Götter, von denen man glaubte, dass sie die Menschen in Athen im 4. Jahrhundert v. Chr. beherrschten, überholte ihr kulturelles Mem die von Epikur vertretene Philosophie des Humanismus, und der Glaube an Epikur ging in Europa zurück. Glücklicherweise wurde er in einem epischen Gedicht von Titus Lucretius Carus, einem römischen Dichter und Philosophen, der um 100 v. Chr. lebte, verewigt. Sein einziges bekanntes schriftliches Werk ist das philosophische Lehrgedicht De Rerum Natura über die Wissenschaft, in dem er die Grundsätze und Philosophie des Epikureismus, meist übersetzt mit "Über die Natur der Dinge".

Lukrez war weitaus provokanter als Epikur. Er behauptete, die epikureische Philosophie stelle die Religion auf den Kopf. Seiner Ansicht nach hebt sie die menschliche Existenz auf und tritt die Religion mit Füßen. Er glaubte, dass wir nach unserem Tod nicht in alle Ewigkeit existieren würden. Nur die Wirkung unseres Lebens hier auf der Erde bleibt nach uns und schafft so unsere einzigartige Unsterblichkeit.

Wenn wir das Beste aus diesem Leben machen wollen, müssen wir unser eigenes Glück suchen, solange wir hier sind. Ähnlich wie Epikur behauptete Lukrez jedoch, dass das einzige Hindernis für unser Glück der Wunsch ist. Wir haben die alleinige Macht, unsere eigenen Wünsche zu kontrollieren. Die Macht hängt davon ab, dass wir einen freien Willen haben, um unsere eigenen Entscheidungen zu treffen.

Wäre Lukrez nicht gewesen, hätten wir die epikureische Philosophie vielleicht bis heute nicht gekannt. Auch wir könnten immer noch in der Vergangenheit leben und um unser eigenes Leben fürchten, wenn wir nicht mit den Kontrolleuren in der Kirche übereinstimmen würden, die das Leben von Milliarden von Menschen heute beherrschen. Manche könnten sogar der Meinung sein, dass ein solches Leben heute dem von George Orwell in Neunzehnhundertvierundachtzig beschriebenen ähnelt.

Das Gedicht des Lukrez schlummerte 1.500 Jahre lang in einem deutschen Kloster, bis es von Peggio Bracciolini, einem Studienkollegen und Freund von Cosmo Medici, entdeckt wurde. Bracciolini war ein eifriger Sucher antiker Manuskripte. Er stammte aus dem Stadtstaat Florenz in Norditalien. Er verkaufte das Manuskript im frühen 15. Jahrhundert an Cosmo Medici. Cosmo bat Nicolini Medici, der Sekretär des Papstes war, das Gedicht des Lukrez aus dem Griechischen in die toskanische italienische Sprache zu übersetzen, anstatt ins Lateinische, das von der Kirche als religiöse Sprache für alle anderen Übersetzungen verwendet wurde.

Die Medici-Familie las die epikureische Philosophie und die Einwohner von Florenz übernahmen sie als philosophischen Ansatz für das Leben der Menschen in ihrem Einflussbereich rund um den Stadtstaat Florenz. Dieses Gedicht und die darin beschriebene Lebensphilosophie brachten die Renaissance hervor, die die Künste und die Kultur förderte, und sie übernahmen die epikureische Philosophie, um eine neue Lebensweise zu schaffen individuelle Freiheit. Die Kultur rund um Florenz blühte auf und brachte unter anderem die bedeutenden Werke von Michelangelo und Leonardo DaVinci hervor.

Die Kirche kontrollierte die vorherrschenden westlichen kulturellen Überzeugungen , wie sie es schon seit mehr als einem Jahrhundert getan hatte. 1.200 Jahre. Viele Theisten begrüßten den kulturellen Wandel, den die Renaissance herbeiführte, auch wenn sie das, was ansonsten einen bedeutenden Kontrast zu ihren akzeptierten Überzeugungen darstellte, die der Renaissance vorausgingen, in den Hintergrund treten ließen. Dennoch stellte die epikureische Lebensauffassung die vorherrschende Lebensphilosophie in Frage, die von den meisten Bewohnern des mittelalterlichen Europas als kulturelles Mem akzeptiert wurde. Mehr als ein , war es ein Feuer. Die Übernahme der epikureischen Lebensanschauung durch die Floridianer in der italienischen Region Chianti war der Auslöser für die Renaissance, die die westliche Zivilisation aus dem dunklen Zeitalter herausführte, das von der strengen Kontrolle der römisch-katholischen Kirche in weiten Teilen Europas beherrscht wurde.

Michelangelo lebte in Florenz und diente dem Papst im Vatikan in Rom. Die Kirche und die Medici waren seine wichtigsten Gönner. Die Kirche beauftragte ihn mit der Gestaltung der Kuppel des Petersdoms und mit der Bemalung der Decke und der Altarwand der Sixtinischen Kapelle. Ich habe mich oft gefragt, wie viele Katholiken wissen, dass diese Skulpturen und die Marmorskulptur der Jungfrau Maria mit dem Kind im Sanktuarium des Petersdoms im Vatikan von einem Humanisten geschaffen wurden.

Obwohl er sehr religiös war, wurde er stark von der Philosophie Medici beeinflusst. Als er gebeten wurde, eine Skulptur anzufertigen, die die epikureische Philosophie von Florenz repräsentieren sollte, die die Renaissance begründete, wählte Michelangelo ein weggeworfenes Stück weißen Marmors aus einem nahe gelegenen Steinbruch, das etwas mehr als drei Meter lang und etwa einen Meter im Quadrat war. Er wurde mit einem Preisnachlass verkauft, weil ein anderer Künstler eine Ecke des Blocks abgebrochen hatte. Da er einen Defekt hatte, bekam Michelangelo ihn zu einem günstigen Preis. Er beschwerte sich nicht, obwohl er den David" diagonal über seinen Marmorblock schnitzen musste.

Denn die epikureische Philosophie erkannte den Menschen und nicht einen Gott als Zentrum der "Natur der Dinge" an. Michelangelo beschlossKönig David war die beste Darstellung des Menschen, der sein Leben selbst in die Hand nimmt, und nicht des Menschen, der von Gott beherrscht wird. Michelangelos Statue wurde schließlich im Innenhof neben den Regierungsgebäuden (den heutigen Uffizien) aufgestellt. Die erste Fußgängerbrücke der Welt verband diesen mit den Büros und dem Palast der Medici. Auf einer Länge von mehr als anderthalb Kilometern überquerte sie den Fluss Arno auf der Ponte Vecchio, zwei Stockwerke über der öffentlichen Fahrbahn der Brücke durch die kommunalen Fleischmärkte, die sich damals im Erdgeschoss der Brücke befanden, wo die Händler ihre Abfälle in den Fluss werfen konnten, während die Passanten auf dem Stockwerk zwei Stockwerke darüber sicher zur Medici-Residenz gelangten. beherbergt der Ponte Vecchio die Goldhändler, da die Medici schließlich entschieden, dass die Fleischmärkte umziehen mussten, weil der Geruch von verfaulendem Fleisch vom Markt in die obere Etage der Brücke gelangt war.

Infolge dieser neuen Freiheit, die Kirche in Frage zu stellen, veränderte sich das kulturelle Klima und führte zur protestantischen Reformation. Die Verbreitung einer Alternative zur strengen Kontrolle durch die Kirche setzte sich in Westeuropa schnell durch. Diese Freiheit von der Angst vor den Inquisitionen und der Todesdrohung durch die Kirche, die zuvor in ganz Europa geherrscht hatte, war ein frühlingshafter Hauch für die öffentliche Meinung. So fühlte sich Martin Luther frei, seine fünfundneunzig Thesen an die Tür der katholischen Allerheiligenkirche in Wittenberg (Deutschland) zu schlagen, in denen er sich gegen einige der kirchlichen Vorschriften wandte. Das Ergebnis war die protestantische Reformation, als Luther und seine Anhänger von der katholischen Kirche exkommuniziert wurden. Ihre Lösung bestand darin, ihre eigene Kirche zu gründen. Damit änderte sich jedoch nur, wer über die Religion herrschte, die das Volk beherrschte. Die Massen wurden immer noch von den Leuten der Kontrolle darüber informiert, was sie glauben sollten. Die Protestanten befanden sich immer noch innerhalb des christlichen Glaubens. Diese Leute haben nur einen anderen Klerus und eine andere Ordnung.

Diejenigen, die sich die epikureische Lebensphilosophie zu eigen machten, lebten etwa zwei Jahrhunderte lang als Humanisten, frei vo

n äußerer Kontrolle über ihr Leben, bevor die von der geschaffenen Meme kultureller Glaubensvorstellungen erneut die Kontrolle über die öffentlichen Überzeugungen übernahmen. Unwissenheit und blinder Glaube beeinflussten die Öffentlichkeit ein drittes Mal dazu, die vorherrschenden Werte zu akzeptieren. der traditionelle kulturelle Glaube, dass Gott das Leben eines jeden Menschen bestimmt. Diejenigen, die diesen Glauben vertraten, akzeptierten auch, dass die Kirche für Gott sprach. Die Priester hatten wieder die Kontrolle über das Leben in der Region, auch wenn viele von ihnen jetzt als "protestantisch" bezeichnet wurden.

Mit der Ende des 15. Jahrhunderts erfundenen Druckerpresse wurde die Bibel in Massenproduktion hergestellt. Zum ersten Mal konnte die breite Masse die Bibel selbst lesen. Dadurch wurde die Rolle, die die Priester viele Jahre lang gespielt hatten, eingeschränkt. 1.500 Jahre.

Es war nun schwieriger für sie, den Anspruch zu erheben, die Fürsprecher der Öffentlichkeit bei Gott zu sein, da die Öffentlichkeit bald lesen lernte und die Bibel dann selbst interpretieren konnte. Es gab nun auch viele Religionen, die diese Rolle anstrebten. In Verbindung mit den Auswirkungen der Renaissance, die den Bürgern das Gefühl gab, ihr Leben selbst in die Hand zu nehmen, teilte sich die Macht der katholischen Kirche nun die Bühne mit den Protestanten, so dass ihre Kontrolle über die Religion deutlich zurückging. Das Mem, das den kulturellen Glauben der Öffentlichkeit an Gott - in welcher Form auch immer - hervorgebracht hat, war jedoch so stark, dass der öffentliche Glaube die Ausdrucksform dieses Gottes einfach in eine modernere Form umgewandelt hat, die heute noch besteht.

Leonardo da Vinci, zweiundzwanzig Jahre älter als Michelangelo, lebte ebenfalls in der Florentiner Republik. Er malte das letzte Abendmahl, das heute sehr bekannt ist. Leonardo war ein viel stärkerer Humanist als Michelangelo. In der Tat wurde Leonardo zu einem der führenden Vertreter einer liberaleren humanistischen Lebensauffassung und schlug vor, dass wir alle das Beste aus unserem Leben hier auf der Erde machen sollten, denn das könnte leicht alles sein, was wir genießen können. Leonardo wurde zu einem der berühmtesten Künstler, Wissenschaftler und avantgardistischen Denker seiner Zeit. Sein Werk wird immer noch verehrt, sogar von Katholiken. Leonardo und Michelangelo sind unsterblich. Ihr Leben beeinflusst uns alle noch mehr als 500 Jahre nach ihrem Tod. Das ist eine bedeutende Unsterblichkeit, auch wenn es für sie als Einzelpersonen nichts anderes gibt.

Machtwechsel und neue Unsicherheiten führten jedoch dazu, dass viele Menschen auftauchten, die zu einer alternativen Sicht der Religion in der Öffentlichkeit beitrugen. Neben Martin Luther war Erasmus eine weitere Person mit großem Einfluss. Er fühlte sich gezwungen, die organisierte Kirche herauszufordern. Er ließ sich zum katholischen Priester ausbilden, wurde aber schließlich ein niederländischer christlicher Humanist, dessen umfangreiche Schriften die Renaissance maßgeblich beeinflussten und die bis dahin weitgehende Kontrolle die Kirche veränderten. Obwohl er das Denken der Kirche in Frage stellte, tat er dies innerhalb der Religion.

Während die Kontrolle der Kirche, die mehr als ein Jahrtausend lang vorherrschte und jedem vorschrieb, was er zu glauben hatte, abnahm, wurde sie einfach mit anderen religiösen Konfessionen geteilt, von denen einige sogar die kühne Kontrolle der Kirche über das Leben ihrer Schafe überwanden. Bevor Sie sich fromm und über den Dingen stehend fühlen: Auch wir in Amerika waren nicht immun. In "moderneren" Zeiten gab es die Hexenjagden von Salem, die zeigten, dass selbst im "Land der Freien" die Macht des falschen Glaubens, Menschen zu schaden, nicht verschwunden war. Viele kulturelle Überzeugungen sind auch heute noch recht primitiv.

Die Kontrolle der Kirche über das, was wir glauben sollten, war so stark, dass sie den in Florenz vollzogenen Wandel der Sichtweise, der zur Renaissance beitrug, leicht überwältigte. Das historische Gedächtnis der Massen im übrigen Italien war in ihrer früheren Kultur fest verankert, vor allem nachdem es durch die Drohungen der Kirche gegen das Leben derjenigen, die sich ihrer Kontrolle widersetzten, noch verstärkt worden war. Die Renaissance veranlasste die , ihre Kontrolltechniken zu ändern, aber sie beseitigte nicht ihren Einfluss auf das Leben der meisten

Menschen in anderen christlichen Regionen Italiens, und sie würde bald als Teil unserer Kultur in Amerika eingeführt werden. Heute wird einem einfach gesagt, dass man in die Hölle kommt, wenn man nicht glaubt, aber die Kirche hilft einem nicht mehr, dorthin zu gelangen, wie sie es tat, indem sie Ungläubige auf dem Scheiterhaufen verbrannte. Die Renaissance hat lediglich die Macht der Kirche beschnitten und sie zu einer liberaleren Lebensauffassung gedrängt. Wie alle Meme passte sich die Kirche einfach an den Wandel der kulturellen Ansichten an. überlebte die Kontrolle der Kirche. Und diejenigen, die sich dem Epikuräismus verschrieben hatten Die Philosophie verblasste, als sie zum dritten Mal den kulturellen Wandel beeinflusste, aber sie hatte etwas bewirkt. Glücklicherweise der soziale Fortschritt, den die Aufklärung mit sich brachte, auch das Studium der Wissenschaften im 18.

Das öffentliche Bewusstsein für den Nutzen von Wissen und Philosophie wuchs. Wissen und Wahrheit wurden populär. Aber auch dieses Klima war nicht von Dauer. Viele Menschen erkennen heute, dass die breite Masse leichtgläubig sein kann und zu fast jedem Thema uninformiert, wenn nicht gar unwissend ist. Unsere eigene Gesellschaft bestimmt nach wie vor, was die Menschen "glauben sollen".

Trotz dieses Anstoßes war die epikureische Lebensphilosophie nicht stark genug, um das öffentlich akzeptierte Mem des Christentums zu überwinden, das sich nach Generationen des Wachstums zu einem eigenständigen Leben entwickelt hatte. Es besteht kein Zweifel, dass die Religion zu einem Mem geworden war, das sich dem Wandel unserer Kultur anpasste . In diesem Buch lernen wir die wahre Wirkung von Memen auf unsere Überzeugungen kennen.

Bei all den religiösen Unruhen der damaligen Zeit war der Epikureismus nicht stark genug, um zu einer dominierenden Religion zu werden. So sind die vorherrschenden kulturellen religiösen Überzeugungen der Kirche, die seit über 2.000 Jahren bestehen, bis in unsere Zeit vorherrschend geblieben.

Dieses Buch soll Ihnen nicht sagen, dass Sie Ihre religiösen Überzeugungen aufgeben sollen. Ihre persönliche Religion besteht aus den Symbolen, die Sie in Ihrer frühen Kindheit gelernt haben, und aus emotionalen Bindungen, die Sie binden. Die Logik kann die tief empfundenen Überzeugungen, die wir vor dem Alter der Vernunft erworben haben, nicht einfach ersetzen, da diese in der frühen Kindheit erworbenen Überzeugungen aus emotionalen Gründen akzeptiert werden und nicht aus logischen Gründen, die auf nachweisbaren Fakten beruhen.

Viele Menschen verwenden Symbole, um sich auf eine Art und Weise auszudrücken, für die wir derzeit keine besseren Mittel zur Verfügung haben. Die Religion befriedigt die niedrigsten Sicherheitsbedürfnisse der meisten Menschen. Das Ziel des Humanismus ist es, das Leben hier auf der Erde zu maximieren. Ein Leben nach dem Tod ist nicht notwendig. Heute gibt es Humanisten, die glauben an ein Leben nach dem Tod, um ihr Ziel zu erreichen, unser Leben zu maximieren, während wir hier auf Erden sind. Ob das wirklich einen Mehrwert für Ihr Leben bedeutet, sollten Sie selbst entscheiden. Humanismus bedeutet, dass man nicht das Recht aufgibt, über sein eigenes Leben zu bestimmen, und die Fähigkeit, sein eigenes Leben so zu leben, wie man am besten kann. Humanisten haben ein Problem mit der Religion, wenn sie Narben verursacht, die die Fähigkeit ihrer Mitglieder beeinträchtigen, ihr eigenes Leben zu verwirklichen.

Der Humanismus sagt Ihnen nicht, dass Sie nicht glauben können, was Sie glauben wollen. Es ist dein eigenes Leben, das du so leben kannst, wie du willst. Was uns beunruhigt, sind religiöse Kontrollmenschen, die sich bedroht fühlen, wenn man selbständig denkt. Vor allem, wenn sie Angst oder Schuldgefühle als Mittel einsetzen, um ihre Kontrolle über dich zu behalten. Das Ziel des Humanismus ist es, Ihnen zu zeigen, wie Sie das Beste aus Ihrem Leben auf der Erde machen können, so wie Sie es wollen. Dazu müssen Sie in der Lage sein, Ihre eigenen fundierten Entscheidungen zu treffen, ohne blindlings zu akzeptieren, was andere sagen. Lassen Sie nicht zu, dass sie Ihnen die Möglichkeit verwehren, ihre Wahrheit selbst zu überprüfen, wenn ihr Glaube von Ihnen mehr als nur vorübergehend akzeptiert werden soll. Das Edikt, dass man "Glauben haben" muss, schafft eine Barriere, die viele nie überwinden können.

Viele Menschen mögen ihre Religion über die humanistische Lebensphilosophie stellen, weil sich die meisten Religionen auf ein Leben nach dem Tod konzentrieren und nur am Rande darauf, wie wir unser Leben hier auf der leben. Der Weg Himmel ist das, was die Kirche zu bieten hat, wenn man wirklich ein Leben nach dem Tod erreichen will. Kein Humanist sollte etwas dagegen haben, wenn dies für jemanden wichtig ist. Aber die meisten Humanisten finden keinen Grund, einen solchen Glauben überhaupt zu akzeptieren, da es stichhaltigen Beweise dafür gibt, dass er existiert - ganz zu schweigen von dem zeitlichen Engagement, das erforderlich ist, wenn man diesen Glauben akzeptieren will, und deshalb muss man dem vorgeschriebenen Weg seiner Kontrollperson folgen, von dem sie behaupten, er sei notwendig, um in den Himmel zu gelangen. Humanisten glauben nur das, was sie für sich selbst als wahr akzeptieren können. Wie wir bestimmen, was für uns selbst wahr ist, ist ein Thema, mit dem wir uns jetzt befassen müssen.

In diesem Buch geht es unter anderem darum, ob Sie erkennen können, was Ihnen widerfährt, das Sie daran hindert, Ihr eigenes Leben in vollen Zügen zu leben, weil Sie bereit sind, sich führen zu lassen. Infolgedessen sind Sie bereit den Überzeugungen der Kontrollpersonen vertrauen, ohne sie zu überprüfen. Die Frage ist, ob Sie die Kontrolle über Ihr eigenes Leben behalten wollen.

Wahrscheinlich hat Ihnen diese Frage noch nie jemand gestellt, aber wie Sie diese Frage beantworten, kann Ihr Leben verändern. Wenn Sie die volle Kontrolle über Ihr eigenes Leben haben wollen, können Sie der beste Mensch werden, der Sie sein können. Und es wird Sie davor bewahren, Zeit damit zu verschwenden, Hindernisse zu errichten, wenn Sie sich einen Weg bahnen wollen.

Viele Menschen, die älter sind als die Millennials, haben es nicht mehr nötig, ihre eigenen Überzeugungen zu kontrollieren, weil ihre sozial entwickelten "Skatome" zu Zement erstarrt sind und sie sich in ihrer eigenen begrenzten Nische im Leben eingerichtet haben. nehmen viele die Haltung ein: "Sag mir nicht, dass ich falsch liege, denn ich will es wirklich nicht". Wenn Sie ein zufriedenes Schaf sind, ist dieses Buch nichts für Sie. Geben Sie es an jemand Jüngeren weiter, an eine Person. Dieses Buch ist für Menschen gedacht, die wie Epikur glauben, dass jeder sein Leben selbst in die Hand nehmen sollte. Noch wichtiger ist es, zu lernen, wie man das einzige Leben, von dem wir mit Sicherheit wissen, dass es existiert, maximieren kann. Wenn Sie zu diesen Menschen gehören, erfahren Sie in diesem Buch, wie auch Sie dieses Ziel erreichen können, damit Sie Ihre eigene Existenz verwirklichen können.

Kapitel II
Die Philosophie des Humanismus heute

Wissen und Bewusstsein für die Realität in jeglicher Tiefe erfordern eine lebenslange Erfahrung oder ein höheres Bildungsniveau, das der mittelalterlichen Öffentlichkeit in der Vergangenheit oft nicht zur Verfügung stand oder unerreichbar war, da viele nicht lesen konnten. Die meisten Menschen, die in unserer früheren Geschichte lesen konnten, waren Mönche und Priester, die im Dienste der Kirche standen. Die humanistische Philosophie wurde ein drittes unterwandert, dieses Mal für etwa 500 Jahre. Es sei daran erinnert, dass die Menschen erst 1440 lesen lernen konnten, als Johannes Gutenberg den Buchdruck mit beweglichen Lettern erfand, der Bücher für die Öffentlichkeit zugänglich machte. Gutenbergs Erfindung sollte in das gesamte religiöse Spielfeld verändern, da die Öffentlichkeit zum ersten Mal die Bibel selbst lesen konnte.

Die epikureische Philosophie tauchte im ersten Jahrzehnt des 20. Jahrhunderts in Amerika wieder auf, zunächst durch einen unitarischen Pfarrer, der westlich des Mississippi lebte. Damals mussten diejenigen, die nach Westen zogen, sich selbst versorgen, um zu überleben. Zu diesem Zeitpunkt hatte sich die kulturelle Zivilisation für die meisten Menschen östlich des Mississippi so weit entwickelt, dass die Gesellschaft die Antworten auf die meisten Fragen für den Großteil der Öffentlichkeit lieferte und das "Gruppendenken" ihre Überzeugungen maßgeblich beeinflusste. Die Menschen östlich des Mississippi brauchten nicht mehr wirklich selbst zu denken, wenn sie bereit waren, das zu akzeptieren, was die Gesellschaft glaubte. Da das gesamte Wissen, das die Öffentlichkeit brauchte, in religiösen Institutionen und kulturellen Memen enthalten war, brauchte der Einzelne nicht mehr selbst zu denken.

Menschen, die in den Westen zogen, mussten selbständiger sein, da die Gesellschaft nicht so organisiert war wie im Osten. Der Pfarrer John Dietrich war ein innovativer Denker. Er war Pfarrer der

Unitarischen Kirche in Spokane, Washington. Das ist so weit westlich, wie man damals auf dem Festland kommen konnte. Dietrich entdeckte das Konzept wieder, dass "der Mensch das Zentrum seines eigenen menschlichen Lebens ist und wir nicht von einem 'Gott' kontrolliert werden". Dies ist die gleiche Philosophie, die erstmals von Epikur in die Geschichte eingegangen ist. Pfarrer Dietrich predigte dieses Konzept der persönlichen Autonomie mehrere Jahre lang in seinen Predigten, bevor er in seiner Laufbahn in eine andere Gemeinde versetzt wurde, was typisch für den Klerus ist. Reverend Dietrich wurde Pfarrer der First Unitarian Church of Minneapolis. Er diskutierte seine Gedanken mit anderen unitarischen Geistlichen im Mittleren Westen. Reverend Curtis W. Reese, Pfarrer der Ersten Unitarischen Kirche von Des Moines, Iowa, war von Dietrichs Lebensauffassung angetan. Reeses Unitarier-Gemeinde traf sich in den Sommermonaten Juni, Juli und August nicht. Bevor es eine Klimaanlage gab, war es in Iowa zu heiß, um sonntags in einer Kirchenbank zu sitzen. Außerdem waren viele der Menschen, die damals in Iowa lebten, Farmer, die während der Anbausaison sieben Tage die Woche arbeiteten.

Im Gegensatz zu den meisten anderen kirchlichen Konfessionen machen sich die Kontrolleure der Vereinigungskirche keine Sorgen darüber, dass sie Sie nicht kontrollieren können, wenn Sie eine Sommerpause machen. Das liegt daran, dass man in der Vereinigungskirche selbständig denken muss. Niemand gibt Ihnen eine Antwort auf etwas, das Sie als Ihren persönlichen Glauben akzeptieren sollen. Die Mitglieder werden in ihren Predigten mit gesellschaftlichen Fragen konfrontiert, und jeder muss für sich selbst eine angemessene Antwort finden. In den meisten unitarischen Gemeinden ist es nicht erforderlich, irgendetwas zu akzeptieren, indem man "Glauben" hat. In der Tat würde jede Forderung, irgendetwas im "blinden Glauben" zu glauben, im Allgemeinen als Beleidigung und als Ablehnung der Intelligenz ihrer Mitglieder angesehen werden. Die Mitglieder der Unitarischen Kirche von Des Moines suchten nach Wissen, nicht nach vorgeschriebenen Antworten.

Um seine Gemeinde in der ersten Septemberwoche wieder zu beleben, musste Reeses Predigt ein "Dauerbrenner" sein, um die Aufmerksamkeit seiner Mitglieder wieder zu gewinnen. Die unitarischen Mitglieder seiner

Kirche waren alles andere als Schafe. Reese teilte seinen Predigtvorschlag Dietrich mit, der ihn mit Ausnahme des Titels billigte. Er sagte, der Titel sollte etwas sein die sich die Gemeinde merken würde. Er schlug vor, dass Reese es etwas Einfaches nennen könnte, wie "Human" oder "Humanismus".

Das erste Mal, dass die epikureische Philosophie als "Humanismus" bezeichnet wurde, war die Predigt von Curtis Reese in der First Unitarian Church of Des Moines im Jahr 1917, also vor etwas mehr als hundert Jahren. In dieser Predigt ging es um das Individuum als alleinigen Entscheidungsträger in seinem eigenen Leben und nicht um einen übernatürlichen Gott, für den es keine Beweise gibt, der für ihn Entscheidungen trifft. Diese Philosophie wurde im Humanistischen Manifest I von Lester Mondale, John Dietrich, Curtis Reese und einunddreißig weiteren Philosophen und Geistlichen formell definiert, als es 1933 erstmals als Humanistisches Manifest veröffentlicht wurde. Das Bewusstsein für die epikureische Philosophie entstand also erst vor kurzem, zu Lebzeiten einiger von uns, die heute noch leben. Aber es braucht Zeit, das Bewusstsein der Öffentlichkeit für eine bestimmte Sicht der Realität zu verändern. Das Wachstum unserer Ideen wird durch einen Algorithmus beschleunigt, nicht durch eine gerade Linie.

Dietrich und Reese gründeten dann 1941 die American Humanist Association (AHA), deren erstes Büro sich in Yellow Springs, Ohio, befand. Sie ernannten den unitarischen Pfarrer dieser Gemeinde, Reverend Edwin H. Wilson, zum ersten Geschäftsführer der AHA. Der erste Vorstand AHA wählte Raymond Bragg, den damaligen unitarischen Pfarrer in Minneapolis, zum ersten Präsidenten der AHA. Ihr Ziel war es, dafür zu sorgen, dass die Stimme der epikureischen Philosophie in der Öffentlichkeit gehört wurde, da sie zuvor dreimal von den alten religiösen Dogmen der kulturellen Überzeugungen übertönt worden war. Sie wollten ihre Urenkel wissen lassen, dass es eine intelligente Alternative zu den religiösen Überzeugungen des blinden Glaubens gibt, die auf überprüfbarer Wahrheit und Realität beruht, wenn sie nur zuhören würden. Genau wie für die Menschen im antiken Griechenland 2.500 Jahre zuvor war dies eine einzigartige Möglichkeit, darüber nachzudenken, was ihr Leben für sie wirklich bedeutete.

Wilson begann, einen regelmäßigen Newsletter mit dem Titel Free Mind zu veröffentlichen, der sich an diejenigen richtete, die sich mit dieser neu belebten Philosophie identifizierten. Die AHA wurde "die Maus, die brüllte". Sie mag klein gewesen sein. Aber von Anfang an war die Philosophie der AHA mächtig, und die Wahrheit über die Realität sagte. Wilson war immer noch Mitglied des Vorstands der AHA, als ich ihr zwölfter Präsident wurde, achtunddreißig Jahre nach ihrer Gründung.

Heute ist der Humanismus in der ganzen Welt bekannt. Meine Weinkellnerin an Bord eines Viking-Flusskreuzfahrtschiffs in Russland, das von St. Petersburg nach Moskau fuhr, hatte in Wladiwostok, Russland, in einem fernen Winkel unserer Welt, sieben Zeitzonen östlich von Moskau, einen Universitätskurs besucht, in dem Humanismus gelehrt wurde. Diese Gemeinde ist nur etwa 160 Kilometer von den Inseln Alaskas entfernt. Heute ist der Humanismus in einigen europäischen Ländern die vorherrschende Überzeugung. Die humanistische Botschaft, die ihren Ursprung in meiner Unitarian Church in Des Moines, Iowa, hat, wurde in weniger als 100 Jahren in der ganzen Welt gehört. Unsere kulturelle Kontrolle des blinden Glaubens, der in den Vereinigten Staaten immer noch vorherrscht, wird in einigen Teilen der westlichen Welt heute als primitiv angesehen.

Die Wahrheit sollte sich letztendlich durchsetzen, wenn sie starke Befürworter hat, die sich organisieren, bis sich die Wahrheit durchsetzt und zu einem eigenen kulturellen Mem wird. Die Dichotomie zwischen dem Tyrannen und dem Altruisten, die wir später erörtern werden, wird dies deutlich machen. Wenn es nur einzelne Personen gibt, die für die Wahrheit eintreten, kann ihr Glaube leicht von den viel stärkeren religiösen kulturellen Memen, die diese Person umgeben, übertönt werden. Die Stimme von Robert Ingersoll, einem Humanisten, der vor Jahrhunderten in der Öffentlichkeit populär war, sprach diese Wahrheit aus, aber seine Botschaft hatte keinen Bestand. Daher war die Gründung der AHA ein Wendepunkt für den Humanismus. Unser Ziel ist es heute, dafür zu sorgen, dass seine Stimme erhalten bleibt, damit sie auch von künftigen Generationen gehört werden kann.

Der Humanismus zieht alle Arten von Intellektuellen an, auch Akademiker und Wissenschaftler. Charles Darwin war ein Humanist zu einer Zeit, als die epikureische Philosophie keine öffentliche Anerkennung genoss. Er fürchtete um sein Leben, als er seinen Beweis veröffentlichte, dass sich das menschliche Leben auf natürliche Weise aus Meerestieren entwickelt hat und nicht allein von Gott geschaffen wurde, und verschob die Veröffentlichung bis ins hohe Alter. Zu den Humanisten jüngeren Datums gehören Albert Einstein, Theodor Seuss Geisel (Dr. Seuss) und der Astronom Carl Sagan, Schöpfer der Kosmos-Serie, und Bill Nye "the Science Guy", Jonas Salk, der die Kinderlähmung heilte, bis hin zu Betty Friedan, die die Frauen aus der kulturellen Bedeutungslosigkeit als Bürger zweiter Klasse herausholte, und ihrer Nachfolgerin Gloria Steinem, die heute die Nationale Frauenorganisation leitet.

Ich habe die meisten dieser Menschen persönlich kennengelernt. Diese Menschen würden es ablehnen, von den Machthabern wie Schafe behandelt zu werden.

In Amerika erleben wir heute das gleiche persönliche Bewusstsein und den Wunsch nach Autonomie bei Millennials und jüngeren Menschen. Bald werden alle, die Verantwortung für ihr eigenes Leben übernehmen, erkennen, dass es an der Zeit ist, dass die Menschen verstehen, dass diejenigen, die Marionetten sind, die der Kontrolle anderer unterliegen, nicht mehr die Mehrheit sind. Der Humanismus wird den Punkt erreicht haben, an dem auch er zu einem Mem wird, das nicht mehr aus der öffentlichen Akzeptanz getilgt werden kann. Und der derzeitige kulturelle Glaube, dass Religion immun gegen öffentliche Kritik und Anfechtung ist, wird nicht länger toleriert werden. Die Religion wird sich der Wahrheit stellen müssen. Religionen, die ihren Mitgliedern einen Nutzen bringen, werden weiter bestehen. Diejenigen, die versuchen, ihre Mitglieder zu kontrollieren, indem sie Angst und Schuldgefühle als Kontrollinstrumente einsetzen, werden unpopulär werden und verdorren.

Viele kontrollierende religiöse Menschen, die es für wichtig hielten, ihre Herde um ihrer selbst willen zu hüten, werden einen echten Mehrwert auf der Grundlage sinnvoller Bildung und anerkannten persönlichen Nutzens für die Menschen, denen sie dienen, schaffen müssen. Es wird nicht länger geduldet werden, dass ihren Schäfchen gesagt wird, sie müssten den "Zehnten" an diejenigen zahlen, die von ihren Gaben abhängig sind, um ihre Kirche zu erhalten. Sie werden sich ihr Recht verdienen müssen, indem sie ihren Mitgliedern einen Wert bieten, den diese wirklich brauchen, anstatt nur für ihre versprochene Belohnung in einem Leben nach dem Tod gebraucht zu werden, dessen Existenz sie nicht beweisen können.

Haben Sie sich schon einmal gefragt, warum in einer armen Gemeinde in Mexiko oft nur die Kirche ihren Reichtum zur Schau stellt? Die Kirche sollte mit ihrer Führungsrolle dazu beitragen und allen Gemeindemitgliedern Erfolgschancen bieten, damit auch sie auf demselben wirtschaftlichen Niveau teilhaben können, um die Zurschaustellung der Kirche zu rechtfertigen.

Es ist an der Zeit, dass die älteren Mitglieder aufwachen, und der kulturelle Schutz der Religion, der die Kontrollleute, die ihre Privilegien missbraucht haben, einst gestützt hat, wird sie nicht länger schützen. Sie sehen den Anfang davon, wenn die Kirche mit der öffentlichen Besorgnis über den sexuellen Missbrauch von Kindern durch Priester umgehen muss. Weitere Herausforderungen werden folgen. Ihr Klerus wird nun einen echten, messbaren Wert schaffen müssen, der von den Menschen, denen er dient, anerkannt wird, oder Ihre Kirche wird verkümmern und sterben, weil ihre jüngeren Mitglieder einfach nicht mehr da sein werden.

Der Weg von der Sixtinischen Kapelle zum Petersdom führt durch einen gläsernen Korridor, so dass die Öffentlichkeit einen Blick in das Vatikanische Museum werfen kann, das mit Gegenständen gefüllt ist, während die Armen an der Außenseite der Mauer sitzen, die den Vatikan umgibt, und von denjenigen, die in der Schlange stehen, um die Sixtinische Kapelle zu besichtigen, "Almosen für die Armen" erbitten. Doch niemand innerhalb der Vatikanmauern schenkt ihnen Beachtung. Warum? Hier ist ein Beispiel für das, was ich sage, über das Sie vielleicht nachdenken möchten.

Heute befinden sich die Büros der AHA in Washington, DC, weniger als eine Meile nördlich des Weißen Hauses. Vor kurzem hat die AHA den Congressional Freethought Caucus gegründet, den sie unterstützt und in dem sie sich derzeit trifft. Infolgedessen hat die AHA einen Gesetzesentwurf zum Thema Menschenrechte ausgearbeitet, der bereits durch den Kongress gegangen ist. Die AHA macht heute einen wesentlichen Unterschied im Leben der Menschen. Es gibt Millionen von Humanisten auf der ganzen Welt, auch weil Dietrich und Reese die "Maus, die brüllte" geschaffen haben, und ihre Stimme wird gehört. Für die AHA gibt es noch viel zu tun. Die Volkszählung 2020 in den USA zeigt, dass mindestens siebenundzwanzig Prozent der erwachsenen Amerikaner auf die Frage nach ihrer Religion "keine" angeben. Mehr als vierzig Prozent der jüngeren Generationen, vor allem der Millennials und jünger, geben an, keiner Religion anzugehören. Viele dieser Menschen würden sich als Humanisten bezeichnen, wenn sie wüssten, dass es diese Lebensphilosophie gibt. Das Ziel der AHA ist es, dafür zu sorgen, dass diese "Nobodys" die des Humanismus hören. Das ist einer der Gründe, warum wir dieses Buch geschrieben haben.

Erkennen Sie an, dass es heute kulturell endlich akzeptabel ist, dass jeder von uns für sein eigenes Leben verantwortlich ist. Wir können sicher werden Zentrum unserer eigenen Existenz zu sein, ohne Angst, exkommuniziert zu werden. Oder, noch schlimmer, ohne Angst, in die "Hölle" geschickt zu werden. (Als ob diejenigen, die fähig sind, sich über den naiven Glauben der Öffentlichkeit zu erheben, überhaupt akzeptieren könnten, dass ein solcher Ort existiert). lassen zwar immer noch viele Menschen zu, dass ihr Leben von diesen Kontrollmenschen geregelt wird, aber eine größere Zahl akzeptiert, dass ihre Kontrollmenschen eine gültige Autorität haben, weil es eine gültige Tatsache ist, dass wir alle davon profitieren, in unserer Gesellschaft friedlich zusammenzuleben, weil die Religion immer noch unseren sozialen Kitt darstellt. Aber gleichzeitig sind mehr Menschen als je zuvor nicht mehr bereit, die Kontrolle und die Verantwortung für ihr eigenes Leben an diese Kontrollpersonen abzutreten. Diese Menschen werden sich nicht wie Schafe behandeln lassen.

Heute werden wir Humanisten nicht von einem externen "übernatürlichen" Gott kontrolliert, und wir sind gewiss nicht gegenüber irgendwelchen Kontrollpersonen rechenschaftspflichtig, es sei denn, wir verstehen, dass das, was sie tun, zu unserem eigenen Wohl ist, oder dass unsere Gesellschaft uns vorschreibt, dass wir es tun müssen, damit wir alle sicher zusammenleben können. Wir behalten uns das Recht vor, all jene herauszufordern, die uns kontrollieren, es sei denn, wir verstehen, dass das, was sie tun, zu unserem eigenen Wohl ist, oder dass unsere Gesellschaft uns diktiert, dass wir es tun müssen, damit wir alle in Sicherheit zusammenleben können. Humanisten sind sich bewusst, dass wir kein kulturelles Mem, das ungültige Wurzeln hat, akzeptieren müssen, es sei denn, wir entscheiden uns dafür.

Heute können wir die Leute der Kontrolle ignorieren, die behaupten, dass ein Gott oder Götter unser Leben bestimmen. Wir müssen auch nicht ihre Behauptung akzeptieren, dass wir die Autorität dieser so genannten People of Control akzeptieren müssen, denn sie sind unsere einzige Möglichkeit, bei Gott vorstellig zu werden, und wenn wir ihren Glauben nicht akzeptieren, werden wir die Folgen von Gottes Zorn erleiden. Heute besteht in den Vereinigten Staaten nicht mehr die Gefahr, lebendig auf dem Scheiterhaufen verbrannt zu werden. Allerdings gibt es heute viele Regionen, vor allem in den islamischen Ländern des Nahen Ostens, in denen es wenig Toleranz für gegensätzliche Glaubensrichtungen gibt. Trotz der Tatsache, dass viele Überzeugungen, die heute noch von einer naiven Öffentlichkeit akzeptiert werden, irrational sind.

Glücklicherweise wird immer mehr Menschen bewusst, dass unser Gruppendenken primitiv ist und keiner Prüfung der Wahrheit standhält. Vielleicht verdeutlicht dieses Beispiel meinen : Würden Sie normalerweise denken, dass jemand, der "Stimmen hört", die ihn dazu bringen, seine Genitalien zu verstümmeln und sein eigenes Kind zu Tode zu verführen, ein Problem hat? Ich würde denken, dass eine Person, die so etwas tut, ernsthafte psychische Probleme hat. Stattdessen,

Abraham war der Schöpfer eines Glaubens, der das Leben von Milliarden heute lebender Menschen beeinflusst, die immer noch glauben, dass es richtig war, dass er das tat, und dass seine Überzeugungen befolgt werden müssen, weil er "das Wort Gottes" sagt. Die Religion hat unsere getrübte kulturelle Linse geschaffen, indem sie unsere Fähigkeit blockiert, auf eine zu sehen, die sonst dieses Bewusstsein wecken würde. Die trübe Linse der kulturellen Überzeugungen schützt alle religiösen

Überzeugungen vor öffentlicher Kritik. Es ist an der Zeit, dass die Gesellschaft die Linse reinigt, durch die wir das Leben betrachten.

Wenn es um die Glaubensfreiheit geht, haben viele Humanisten heute das Gefühl, dass wir in Amerika endlich frei geworden sind. Dieses Recht ist Grund genug, diese Freiheit gegen jeden, jede religiöse Überzeugung oder jeden Politiker zu verteidigen, die unser Recht, frei von ihrer Kontrolle zu sein, mit Füßen treten würden.

Die Religion darf nicht länger ignorieren, dass es kulturell inakzeptabel ist, zu hinterfragen, wie die Religion die Menschen kontrolliert. Die Religion kann sich nicht länger hinter ihrem Schleier verstecken und behaupten, sie sei immun gegen Kritik. Es ist unser verfassungsmäßiges Recht und vielleicht auch unsere Pflicht, alles zu hinterfragen, was unser Leben oder das Leben der Menschen, die wir lieben, kontrolliert. Die Menschen verstehen heute, dass sie ein erfüllteres Leben führen können, ohne alles im "blinden Glauben" akzeptieren zu müssen. Wenn eine kontrollierende Person sagt: "Du musst Glauben haben. Das sollte für Sie ein Warnsignal sein. Halten Sie die Person in diesem Moment an und fragen Sie, warum? Wenn sie Ihnen dann sagt, dass Sie einfach "im Glauben" glauben müssen, weil es keine Beweise gibt, sollten Sie erkennen, dass Sie kontrolliert werden.

Es ist an der Zeit, dass alle Menschen das Recht haben, ihr eigenes Leben so zu leben, wie sie es sich wünschen, ohne dass die Kontrollmenschen mit ewiger Verdammnis drohen oder Belohnungen im Himmel verweigern, für die es absolut keinen Beweis gibt, dass sie existieren. Dies sind primitive Überzeugungen, die nur als notwendiger "sozialer Klebstoff" für jene Menschen existieren, die auf externe Kontrolle angewiesen sind, um in unserer Gesellschaft überhaupt existieren zu können. Für viele, die zwischen niederen Bedürfnissen leben, und für diejenigen, die nicht über ihre derzeitigen kulturellen Überzeugungen hinausblicken können oder wollen, bleibt die äußere Kontrolle wesentlich, um ihr Leben in unserer Gesellschaft aufrechtzuerhalten. Aber Solche Menschen werden zu einer Minderheit in unserer heutigen Bevölkerung. Wenn unsere Gesellschaft jedem die Maslowsche Bedürfnishierarchie beibringen würde, damit die Menschen erkennen, dass sie auf einer höheren Bedürfnisebene leben können, als sie es derzeit tun, würden viele nach den Sternen greifen.

In dem Moment, in dem man über die Ego-Ebene hinausgeht, ist der soziale Kitt, den die Religion bietet, nicht mehr notwendig.

Die kulturelle Überzeugung, dass es falsch ist, Religion zu kritisieren, ist nicht länger akzeptabel. Diese Überzeugung hat religiöse Überzeugungen jahrhundertelang vor einer Überprüfung geschützt; sie sollte nicht länger toleriert werden. Das ist es, was die Religion vor der Wahrheit geschützt hat. Auch heute noch sterben Menschen in unnötigen Kriegen im Namen ihrer Religion. Das ist die schlimmste Art von primitivem Denken, weil es Menschen ohne triftigen Grund schadet. Aber auch heute noch akzeptieren viele dies, weil es im Namen ihres Gottes geschieht. Es wird aus "blindem Glauben" akzeptiert. Das sollte nicht länger toleriert werden. Diejenigen, die das immer noch tun, nehmen etwas als wahr an, ohne stichhaltige Beweise für diesen Glauben zu haben. Es ist ein primitives Denken, aber es existiert immer noch. Wenn wir die trübe Linse entfernen würden, könnte jeder die Wahrheit sehen. Das Problem, das sich daraus für diejenigen ergeben würde, die sich nicht über die soziale Ebene erheben können, kann unsere Gesellschaft derzeit nicht akzeptieren, weil wir keinen Ersatz anbieten. Es geht um Überzeugungen auf der Ebene der Sicherheit, und die humanistische Philosophie bringt nichts auf diese Ebene.

Diese Freiheit von der Religion steht uns allen erst seit relativ kurzer Zeit zur Verfügung. Die epikureische Philosophie entstand etwa fünf Jahrhunderte vor Jesus und mehr als ein Jahrtausend vor der Geburt von Mohammed. Die epikureische Philosophie tauchte in Rom zu Beginn der modernen Zeitrechnung wieder auf, nachdem sie von den vorherrschenden kulturellen Erinnerungen der primitiven Massen überholt worden war. Die epikureische Philosophie ging 1 500 Jahre lang wieder verloren, bis sie in der Renaissance einen großen Beitrag dazu leistete, die westliche Welt aus dem finsteren Mittelalter zu führen. Nach einigen hundert Jahren verschwand sie ein drittes Mal aus dem öffentlichen Bewusstsein, weil das vorherrschende kulturelle Gedächtnis, abgesehen von einigen kleinen, kaum wahrnehmbaren Ausnahmen, weiter Bestand hatte, bis sie im letzten Jahrhundert wieder auftauchte.

Aus unserer kulturellen Perspektive ist die epikureische Philosophie neu, aber sie ist viel älter als viele der Überzeugungen, die die Öffentlichkeit heute vertritt. Noch wichtiger ist, dass für diejenigen von uns, die am organisierten Humanismus teilnehmen, unsere Lebensphilosophie schneller ist als jeder religiöse Glaube oder jede religiöse Konfession. Heute sind mehr als vier Millionen Amerikaner, vor allem über die sozialen Medien, täglich auf die eine oder andere Weise mit der American Humanist Association verbunden. Das öffentliche Bewusstsein ist von weniger als 100.000 Menschen vor nur zwanzig Jahren gewachsen. Hoffen wir, dass wir dieses vierte Mal für die Entwicklung unserer humanistischen Philosophie eine Dynamik erzeugen können, um ein kulturelles Mem zu werden, das ein unabhängiges Eigenleben hat, vergleichbar mit dem jeder heute existierenden Religion.

Die sozialen Medien ermöglichen es dem Humanismus, ein so breites Publikum anzusprechen, dass er nicht mehr von konkurrierenden religiösen Philosophien, die sich bedroht fühlen, übertönt werden kann. Humanisten fällt es leichter, Wahrheit und Realität zu akzeptieren, als sich auf kulturelle Mythen zu verlassen, für die es keine stichhaltigen Beweise gibt, sondern nur Autoritäten, die nur von anderen Autoritäten bestätigt werden. Für einen Humanisten haben die meisten religiösen Überzeugungen keine verlässlichen Beweise, um eine Wahrheit zu stützen, die bestätigt werden kann, so dass ihre Akzeptanz nur durch "blinden Glauben" notwendig ist. Für Humanisten ergibt dies keinen intelligenten Sinn, und doch sind Milliarden von Menschen noch bereit, ihre eigenen Überzeugungen "blind" zu akzeptieren. Warum sollten sie das tun? Weil sie nicht denken müssen? Mit dieser Einstellung wird ihnen jemand anderes sagen, was sie glauben sollen. Sie werden nicht mehr ihr eigenes Leben leben. Sie werden das Leben eines Schafes führen.

In den 1980er Jahren prägte Richard Dawkins den ursprünglichen Begriff der "Meme". Meme sind identifizierte menschliche Überzeugungen, die sich selbst reproduziert haben und von Gehirn zu Gehirn übertragen werden und nun ein Eigenleben führen. Die Menschen, die diese Überzeugung vertreten, sind nur vorübergehend Träger dieser Überzeugung, und sie geben diese Information an andere als ihre Wahrheit weiter, ohne dass sie eine Bestätigung benötigen. Diese

Selbstreplikation hält Meme in der Gesellschaft kulturell am Leben. Wir werden später entdecken, dass einige Meme die wir persönlich kennen. Aber wir haben uns nie gefragt, warum wir sie kennen. Warum?

Es ist interessant, wie junge Menschen heute Dawkins' Konzept des Mems populär gemacht haben. Die Erkenntnis, dass Überzeugungen ein ewiges Eigenleben haben, unabhängig von der Wahrheit, ist ein starkes Konzept. Meinen Sie, dass dieselben Leute, die befürchten, dass die Öffentlichkeit Konzepte verstehen könnte, die ihren "blinden Glauben" in Frage stellen, auch diejenigen sind, die dazu beigetragen haben, das derzeitige Verständnis des Mem-Konzepts zu verringern? Ein interessanter Gedanke, oder?

Vielleicht haben einige Menschen mit älteren kulturellen Überzeugungen, die sich bedroht fühlten, versucht, ihre Schäfchen davon abzuhalten, andere Formen von Memen zu entdecken, und so die kulturelle Durchlässigkeit von Memen für religiösere Menschen verringert, indem sie sie zu einem alltäglichen Bestandteil unserer Sprache machten, ohne ihre wahre Bedeutung zu verstehen. Dies mag kein Zufall sein.

Leistung ist das Äquivalent zu dem, was Schläger in der Grundschule auf dem Spielplatz tun. Sie beschimpfen einen Mitschüler mit einem harmlosen Namen wie "Zwerg", der zum Hohn wird, wenn andere sich dem Spott anschließen. Anstatt belanglose Namen zu verwenden, versuchen diejenigen, die sich davon distanzieren wollen, dass Religion als Meme anerkannt wird, dasselbe Ergebnis zu erzielen, indem sie die Bedeutung des Wortes Meme verwässern, um es weniger bedeutungsvoll zu machen. Ein brillanter Schachzug, der funktioniert haben könnte. Die Wahrheit hat jetzt eine starke Stimme, und sie wird gehört werden.

Niemand sollte alle Religionen ablehnen, denn sie sind ein wertvoller "sozialer Klebstoff", der für viele Menschen auf der ganzen unerlässlich ist. Religion hilft einer großen Zahl von Menschen, insbesondere in unserer westlichen Kultur, erfolgreich zusammenzuleben. Sie ist eine wichtige und notwendige kulturelle Funktion. Für viele Menschen, deren Leben nicht über die mittlere soziale Stufe der Maslowschen Bedürfnishierarchie hinausgeht, die wir bald verstehen werden, gibt es derzeit keine bessere Möglichkeit, diese notwendige Funktion in unserer Gesellschaft zu erfüllen.

Vielleicht wird die Zeit kommen, in der fast alle Menschen ihre eigene Existenz verwirklicht haben werden, in der ihre angeborenen Werte von allen akzeptiert werden, einfach weil sie es sind, die und die richtigen Verhaltensweisen für alle hervorbringen. In diesem Fall ist Religion in unserer Gesellschaft vielleicht nicht mehr notwendig. Diejenigen von uns, die heute leben, werden das nie sehen, weil wir heute noch in einer sehr primitiven Gesellschaft leben.

Die meisten Menschen, die sich heute in den Vereinigten Staaten zu einer Religion bekennen, tun dies in erster Linie aus sozialen Gründen, die wenig mit dem zugrunde liegenden religiösen Mythos oder der Geschichte der Religion zu tun haben. Ich werde versuchen, dies in einem späteren Kapitel zu zeigen. Für viele dient ihre religiöse Geschichte nur als Symbol, um die Werte auszudrücken, die für den Erhalt unserer organisierten Gesellschaft notwendig sind. Die Forderung nach Bekenntnissen, die historisch als notwendiger Bestandteil einiger religiöser Bekenntnisse akzeptiert wird, ist beispielsweise nur deshalb von Bedeutung, weil sie die Rolle der Teilnehmer bei der Korrektur ihrer negativen Verhaltensweisen stärkt, damit sie erfolgreich in unserer Gesellschaft leben können. Gott mag dabei nicht direkt, sondern nur symbolisch involviert sein. Aber für viele, selbst für einige innerhalb der Konfession, wird das Konzept nicht mehr als notwendig oder gar nützlich akzeptiert.

Dennoch bleibt die Religion als Institution für die meisten Menschen ein notwendiger Bestandteil unserer Gesellschaft. Die Religion als Institution sollte auch heute noch unterstützt und nicht verurteilt werden, weil sie Gutes bewirkt. Die Religion als soziales Bindemittel bleibt in der westlichen Welt für die meisten Menschen wichtig, um unsere Gesellschaft zu erhalten. Das bedeutet jedoch nicht, dass einige Techniken, die von einigen kontrollierten Menschen im Rahmen ihres Glaubens angewandt werden, toleriert werden sollten. Einige religiöse Praktiken mögen höchst verwerflich sein und sollten von dem größeren Prozentsatz unserer Gesellschaft, der den Schaden, den sie angerichtet haben, erkennen kann, nicht toleriert werden.

Es ist die offene Kontrolle durch einige kontrollierende Menschen im Namen ihrer Religion, der sich Humanisten widersetzen sollten, insbesondere wenn Schuldgefühle und Angst als Mittel zur Durchsetzung eines Kontrollmechanismus eingesetzt werden. Solche Techniken hindern manche Menschen auch heute noch psychologisch daran, ihr eigenes Leben so zu leben, wie sie es sonst tun könnten. Humanisten finden keinen akzeptablen, geschweige denn stichhaltigen Grund, diese psychologischen Barrieren in einer naiven Öffentlichkeit zu schaffen.

Die humanistische Philosophie erfreut sich heute einer breiten Akzeptanz. Für viele unserer Bürger ist sie vielleicht die akzeptabelste Philosophie...

Es ist die Philosophie, die dem menschlichen Leben am nächsten ist und von unserer heutigen Gesellschaft nicht mehr nur zaghaft toleriert wird. Sie ist die Philosophie, die der nachweisbaren Realität am nächsten kommt. Sie verlangt nichts anderes, um akzeptiert zu werden. Der Humanismus stützt sich ausschließlich auf nachweisbares Wissen, das durch die Wissenschaft bestätigt wird. In den Vereinigten Staaten bekennen sich heute jährlich mehr neue Menschen zum Humanismus als zu einer der organisierten Religionen. Humanisten müssen nicht gläubig sein, um unsere Philosophie zu akzeptieren, was einer der Hauptgründe ist, warum der Glaube wächst.

Humanisten akzeptieren, dass alles Wissen vorläufig ist. Die einzige absolute Wahrheit, die wir mit Sicherheit wissen, ist, dass wir eines Tages sterben werden. Alles andere Wissen ist nur die beste derzeit verfügbare Information. Wenn mehr Informationen verfügbar werden, kann ein Humanist leicht ändern, was er oder sie zu glauben bereit ist. Aber auch das ist nur vorübergehend, bis ein tieferes Verständnis unseres Wissens auftaucht.

Noch 1985 wurden Humanisten von der breiten Öffentlichkeit in den Vereinigten Staaten als der "leibhaftige Teufel" angesehen, dank Jerry Falwell, einem Fernseh-"Bibeltreter", der jeden Sonntagmorgen auf siebenunddreißig Fernsehkanälen ein leichtgläubiges Publikum erreichte. Sein Argument war, dass man kein gutes, von Gott gelenktes Leben führen konnte, wenn man nicht an das glaubte, was er predigte. Für ihn war man "ein Sünder". Das ist ignorant und sicherlich nicht wahr, aber die Masse der Öffentlichkeit ist leichtgläubig. Die Öffentlichkeit ist oft uninformiert, wenn nicht gar unwissend, und jeder will an etwas glauben. Daher akzeptieren viele Menschen blindlings, was ihnen von denen erzählt wird, die sie für besser informiert halten als sie selbst. Falwells Botschaft war in einem Punkt eindeutig: "Schickt mir Geld". TV-Evangelisten nähren dieses Bedürfnis, indem sie Ihnen ein gutes Gefühl geben, weil sie Antworten haben, und weil Sie sie gefunden haben.

Sie werden Ihnen zeigen, wie Sie "gerettet" werden können. Das ist die Epidemie des Kauderwelschs. Viele sprechen in vereinfachter Sprache und geben sich als "Autorität" aus. Als Fernsehprediger nahm allein Falwell bereits 1984 jährlich 54 Millionen Dollar von der leichtgläubigen Öffentlichkeit ein. Das sind über eine Million Dollar pro Woche! Der Präsident der Presbyterianischen Kirche sagte dazu: "Stellen Sie sich vor, was wir mit diesem Geld für andere tun könnten". Abgesehen von seiner Sendung hat Falwell mit den Steuern nur wenig Gutes für die Öffentlichkeit getan.... freien Einkommens, das er erwarb. Abgesehen von dem wenigen, das er als Gehalt deklarierte, war Falwell für den erworbenen Reichtum niemandem gegenüber rechenschaftspflichtig, nicht einmal dem Finanzamt. Meine eigene Mutter schickte Falwell einmal fünf Dollar, die sie nicht ausgeben konnte. Als ich sie nach dem Grund fragte, sagte sie mir: "Ich rede so viel".

Ich konnte die Medien nicht aufbringen, um das negative Bild des Humanismus zu überwinden, das Farwell mit seinen siebenunddreißig Fernsehsendern zeichnete, um seine Botschaft in ganz Amerika zu verbreiten, was im Wesentlichen seine einzigen Hauptausgaben waren. Ich konnte es nicht akzeptieren, als "Großer Teufel" geehrt zu werden, da ich weder an den Teufel glaube, noch daran, dass es die Hölle überhaupt gibt, außer in den Köpfen religiöser Fanatiker, die das wollen. Ich habe viel Zeit damit verbracht, nachzudenken. Ich aß mit Isaac Asimov und seiner Frau, der Psychiaterin Janet Jepsen, zu Abend, die mir gegenüber saßen, neben Steven Jay Gould, dem Harvard-Professor für Erdgeschichte, und die beiden diskutierten über den Beweis für den Grund des Aussterbens der Dinosaurier. Iridium ist ein Element, das nur auf der geologischen Ebene gefunden wurde, was laut Gould beweist, dass es ein Meteorit war, der die Dinosaurier getötet hat.

Ich dachte gerade darüber nach, wie ich mit Falwell umgehen sollte, als mich der Blitz traf. Ich konnte die Presse nicht auftreiben, um Falwell zu schlagen, aber Asimov konnte es. So saß ich am nächsten Morgen in seinem Hotelzimmer und überzeugte ihn, Sprecher des Humanismus zu werden, Asimovs Stimme würde gehört werden, um Falwell zu besiegen. Bis dahin hatte ich Isaac Asimov davon überzeugt, mein Nachfolger als Präsident der American Humanist Association zu werden.

Dr. Asimov war ein renommierter Autor, der zu Lebzeiten 480 Bücher veröffentlichte, von Asimov's Guide to Science: über Asimov's Guide to Physics: bis hin zu Asimov's Guide to the Bible. Letzteres nimmt zwei Bände in Anspruch, um jedes Kapitel der Bibel zu behandeln und historisch zu erklären, warum dieses Kapitel geschrieben wurde. Darüber hinaus war ein Drittel seiner Bücher Science-Fiction. Obwohl er der bedeutendste Science-Fiction-Autor seiner Zeit war, würde Asimov nicht mit dem Flugzeug fliegen. Wenn er nicht mit dem Auto oder dem Zug reisen konnte verließ er seine Wohnung im Central Park nicht.

Dr. Asimov erklärte sich bereit, mein Nachfolger zu werden, wenn ich dafür sorgen würde, dass er nicht zu den AHA-Vorstandssitzungen fliegen müsste. Ich erklärte mich bereit, den Vorsitz bei den Vorstandssitzungen zu übernehmen, damit er nicht teilnehmen musste. Er stimmte meiner Bitte zu, weil er wusste, dass er die Presse bekommen konnte, die er brauchte, um Jerry Falwell aus dem Weg zu räumen. Er erkannte auch, wie Falwell die Öffentlichkeit, der er diente, missbrauchte. Falwell wusste sofort, dass seine Tage des unerklärlichen Reichtums gezählt sein würden, wenn er Asimov herausforderte. Deshalb, so glauben wir Humanisten, änderte er seine Botschaft, indem er den "säkularen Humanismus" nicht mehr als "Vogelscheuche" einsetzte, sondern seine Kanzel nutzte, um das zu schaffen, was er als "moralische Mehrheit" bezeichnete (was, wie Edwin Wilson mir sagte, "keines von beiden ist"). Falwell nutzte seinen Sonntagsgottesdienst, um seine religiös-fundamentalistischen Schafe zu ermutigen, politisch aktiv zu werden. Schaffung rechtsextremer politischer Aktivisten haben religiöse Fundamentalisten nun die

Republikanische Partei für viele Mainstream-Republikaner ruiniert. Ich habe mich oft gefragt, ob ich mich dafür verantwortlich fühlen sollte.

Eines der besten Dinge, die ich zum Wohle unserer Gesellschaft getan habe, ist, dass ich mich an meinen Freund, den US-Senator Chuck Grassley, gewandt habe, der damals den Vorsitz im Finanzausschuss des Senats führte. Ich bat ihn, mir zu erklären, warum Fernseh-Evangelisten überhaupt für eine Steuerbefreiung in Frage kommen, wenn sie wenig Gutes tun, das der Allgemeinheit zugute kommt. Senator Grassley drängte die Frage. Viele dieser FernsehBibelprediger", die unverdientermaßen von unserem Steuergesetz profitiert haben, haben aufgehört, die leichtgläubige Öffentlichkeit mit Millionen von Dollar pro Jahr zu melken, die meist nur ihre eigenen Taschen gefüllt haben. Falwell gründete seine eigene Universität, um noch mehr Leute hervorzubringen, die glaubten, er habe etwas Gutes erreicht.

Einige Televangelisten sind heute noch aktiv, aber sie wissen, dass ein direkter Angriff auf den Humanismus nach hinten losgehen wird. Die AHA ist aggressiv in der Rechts- und Gesetzgebungsarbeit geworden und macht bedeutende Fortschritte, wenn es darum geht, diejenigen herauszufordern, die die Regierung benutzen würden, um ihre religiösen Überzeugungen zum Nachteil derer, die andere Überzeugungen haben, zu fördern. Wie ich bereits erwähnt habe, hat die American Humanist Association auch einen Freethought Caucus im US-Kongress gegründet, um im Namen derjenigen zu sprechen, die sich dafür entscheiden, für ihre eigenen religiösen Überzeugungen verantwortlich zu sein. Humanisten gehen mit ihren Forderungen sogar bis zum Obersten Gerichtshof der USA. die säkularen Grundlagen des Landes zu verteidigen. Ich hätte das nie für möglich gehalten, als ich vor fünfzig Jahren an den Obersten Gerichtshof kam. Ich trat ein, weil ich zu dieser Zeit Militärrichter war.

Im Gegensatz zu fundamentalistisch-religiös geprägten Menschen, die sich auf ein Leben nach dem Tod vorbereiten, das es höchstwahrscheinlich gar nicht gibt, geht es bei der Philosophie des Humanismus darum, dass jeder Mensch die uneingeschränkte Fähigkeit hat, sein eigenes Leben zu maximieren, während er auf dieser lebt. Anstatt sich über ein Gedanken zu machen, sind sich die meisten Humanisten darüber im Klaren, dass unsere einzige nachweisbare Form der Unsterblichkeit, von der wir wissen, dass sie tatsächlich existiert, der Grad ist, in dem wir die Erde als einen besseren Ort verlassen, weil wir hier waren.

Die Leute der Kontrolle zwingen Humanisten nicht dazu, das einzige Leben, das sie haben, mit der Suche nach einem Ticket für ein Leben nach dem Tod zu verbringen, für das wir keinen gültigen Beweis haben, dass es überhaupt existiert. Einige Kontrollleute bestehen nicht nur darauf, dass jeder von uns den Zehnten geben muss, sondern verlangen auch, dass wir ihren Anweisungen für den Weg in den Himmel folgen. In mindestens einem prominenten Glauben wird ihren Schafen gesagt, dass sie die begrenzten Mittel ihrer Familien für aufwendige Beerdigungen ausgeben müssen, die kaum an die Bedeutung des Lebens des Verstorbenen erinnern. Ihre Fähigkeit, diese "Beiträge" von einer leichtgläubigen Öffentlichkeit zu erpressen, beruht auf ihrer Behauptung, dass sie die Einzigen sind, die uns die Eintrittskarte in den Himmel geben können. Deshalb "können wir uns für einen etwas größeren Beitrag den Weg aus dem Fegefeuer für diejenigen erkaufen, die wir lieben". Kommt schon, Leute!

Das macht keinen intelligenten Sinn. Intelligente Menschen, denen diese Überzeugungen schon vor dem Alter der Vernunft eingeimpft wurden, können jedoch nicht einfach ihre Gefühle ignorieren, die sie dazu zwingen, dem nachzukommen. Wäre da nicht die getrübte Linse, die von den Kontrollmenschen geschaffen wurde, würden wir alle sehen, dass es wirklich keinen Sinn macht. Diejenigen, die gehorchen, tun dies aus emotionalen Gründen, nicht aus intelligenten. Emotionen übertrumpfen immer die Intelligenz.

Janet Jepson, die Frau von Isaac Asimov, ist gerade gestorben, während ich diese Zeilen schreibe. Sie war Psychiaterin und selbst siebenundzwanzig Bücher veröffentlicht, darunter sechs Romane. Dr. Jepson antwortete auf vor einigen Jahren in einem Interview für die Zeitschrift The Humanist, als er nach seiner Meinung zum Himmel gefragt wurde:

"In Wirklichkeit gibt es nur wenige geliebte Menschen, die ich jemals wiedersehen möchte, schon gar nicht in einer konventionellen Vorstellung vom Himmel. Vielleicht sogar nur einen, aber mein Mann hat auch nicht an den Himmel geglaubt, also werden wir uns vielleicht in der Vorhölle wiederfinden. Umgeben von den klügsten Homo sapiens".

In einem früher veröffentlichten Artikel über Religion schrieb Dr. Jepson: "Ich gebe zu, dass es kalt ist, im Strom eines offenen Geistes zu zittern. und gleichzeitig versuchen, ein anständiger Mensch zu sein, ohne die Aussicht auf ein eine übernatürlich herbeigeführte Strafe oder Belohnung, die dem Nichts mit dem Mut gegenübersteht, den man aufbringen kann. Zwischenzeitlich kann ich Menschen respektieren, die in der Lage sind, einen offenen Geist zu bewahren, während sie die konventionelle organisierte Religion genießen, die sie brauchen, solange sie sich nicht darauf verlassen, dass ihre religiösen Organisationen ihr Denken für sie übernehmen und ihnen sagen, was sie tun sollen.

Es erfordert Charakterstärke, die Verantwortung für das eigene Leben zu übernehmen, und den Mut, selbständig zu denken, aber die ultimative Belohnung dafür ist, dass Sie Ihre Energie und den Rest Ihres Lebens investieren, um sicherzustellen, dass die Welt ein besserer Ort sein wird, weil Sie gelebt haben. Auf diese Weise stellen Sie Ihre eigene Unsterblichkeit sicher, die einzige Art, von der wir wissen, dass sie wirklich existiert. Sie werden auch Ihr eigenes Leben lebenswert machen.

Kapitel III
Wo steht unsere Kultur heute?

Da unsere religiösen Überzeugungen vor dem Alter der Vernunft in uns eingeführt wurden, werden unsere frühen Überzeugungen durch die Emotionen verstärkt, die wir bei ihrer Entstehung erlebt haben. Viele Menschen fühlen sich in dem Moment sicher und geliebt, in dem wir diese Überzeugungen erwerben.Ihre Familie ist ihr Leben. Für sie sind diese Überzeugungen ein sehr positiver Teil unserer Persönlichkeit geworden und können nicht einfach ignoriert werden, ob sie nun wahr sind oder nicht. Infolgedessen machen viele intelligente Menschen einfach so weiter, wie sie als Kinder geformt wurden, anstatt etwas auf sich zu nehmen, was für sie als Risiko angesehen werden könnte, wenn sie diese Überzeugungen verleugnen. Für die Aufrechterhaltung unserer Gesellschaft und unsere Fähigkeit, überhaupt zu leben, spielen diese Überzeugungen als "sozialer Klebstoff" eine sehr wichtige Rolle.

Offensichtlich tun die meisten der in der organisierten Religion tätigen Kontrollpersonen viel Gutes für die Menschen, denen sie dienen. Sie glauben, dass sie notwendig sind, um unsere gegenwärtige Gesellschaft auf dem gegenwärtigen Stand unserer kulturellen Entwicklung zu halten. Wie bereits erwähnt, ist das Wichtigste für alle, dass die Religion als "sozialer Klebstoff", der unsere Gesellschaft zusammenhält, ein wichtiger Faktor ist. Sie war in unserer primitiven Gesellschaft wesentlich für die Fähigkeit der Massen, sicher auf der gleichen Ebene psychologischer Bedürfnisse zusammenzuleben, und sie ist auch heute noch. Wir haben nicht lange genug überlebt, als dass unsere Gesellschaft diesem Bedürfnis entwachsen wäre. Wir behalten die Religion in unserer Gesellschaft bei, damit wir alle zusammenleben können. stellen die meisten Humanisten die Religion selbst nicht in Frage, unabhängig von ihrem Wahrheitsgehalt. Wir können jedoch diejenigen in Frage stellen, die ihre Privilegien missbrauchen, oder diejenigen, die die Kontrolle behalten, indem sie Drohungen und Angst als Mittel einsetzen, um ihre Kontrolle aufrechtzuerhalten. Das mag für einige Religionen ein einfaches Mittel sein, aber es ist ein Missbrauch ihrer Macht und fügt den Menschen, denen sie dienen, erheblichen Schaden zu.

Unsere Verfassung der Vereinigten Staaten wurde von Menschen entworfen, die aus Familien stammten, die erst vor relativ kurzer Zeit nach Amerika eingewandert waren, um der strengen religiösen Kontrolle durch die Kirche zu entkommen. Selbst diejenigen aus England, die den katholischen Glauben aufgegeben hatten, hatten nur den König an die Stelle des Papstes an der Macht gesetzt. Daher sollte unsere amerikanische Verfassung uns vor der Religion schützen, indem sie die Befugnisse der Kirche von denen des Staates klar trennte. Die Trennung der Öffentlichkeit und unserer Regierung von der Religion ist unerlässlich, damit die Menschen ihr eigenes Leben frei gestalten können. Diejenigen, die dachten, dass Amerika aufgrund Mayflower-Geschichte als christliches Land gegründet wurde, liegen einfach falsch. Deshalb ist die Mayflower so weit nach Norden gefahren, um die stärker bevölkerten Gebiete der Kolonien zu meiden, damit die Pilger in ihrer eigenen Gemeinschaft leben und ihren eigenen Glauben ungehindert ausleben konnten.

Dr. E.O. Wilson ist ein Humanist, der als emeritierter Professor für Biologie in Harvard in den Ruhestand ging und dort die Wissenschaft der "Soziobiologie" schuf. Dr. Wilson zeigte, dass die Biologie nicht mit der Geburt endet und dass die Soziologie mit der Geburt zur alleinigen Wissenschaft wird. Er entdeckte, dass viele unserer biologischen Bedürfnisse auch nach der Geburt noch unser Verhalten steuern. Zum Beispiel ist das Bedürfnis nach Spiritualität ein menschliches Bedürfnis. Unser religiöser Glaube hat nichts mit der Entstehung dieses Bedürfnisses zu tun, auch wenn die Religion es für sich in Anspruch nimmt. Niemand ist gegen dieses Bedürfnis immun. Wie man es zum Ausdruck bringt, ist eine persönliche Angelegenheit, die keine Religion erfordert. Selbst die Betrachtung eines schönen Sonnenuntergangs kann dieses Bedürfnis befriedigen. Spiritualität kann im Wesentlichen dadurch befriedigt werden, dass man sich auf die Natur einstellt. Sie ist ein natürliches Phänomen und nicht die ausschließliche Domäne des Übernatürlichen.

Dr. Wilson wies darauf hin, dass Gesellschaften mit weniger als 150 Menschen während der Jäger- und Sammlerzeit ohne jegliche externe Kontrolle ihrer Gesellschaft existieren konnten, weil die Menschen sich untereinander kannten und die Angst vor Ablehnung durch ihre Freunde die soziale Kontrolle über das Verhalten jedes Mitglieds aufrechterhielt.

Dr. Wilson erläuterte, dass die Gesellschaft, sobald sie sich von einer Jägerund Sammlergesellschaft zu einer Agrargesellschaft entwickelte, an feste Orte zog.

Die organisierten Gesellschaften wurden immer größer und umfassten Tausende von Menschen. Die Gesellschaft war nicht mehr in der Lage, das Verhalten zu kontrollieren, weil jeder jeden kannte. Um eine so große Gesellschaft aufrechtzuerhalten, waren ausgefeiltere soziale Kontrollen erforderlichals "sozialer Klebstoff" fungierten und das Verhalten kontrollierten, damit wir erfolgreich zusammenleben konnten.

Aus den frühesten historischen Aufzeichnungen geht hervor, dass die religiös fortgeschrittene Gesellschaft, die dieses Medium nutzte, um den sozialen Kitt zu schaffen, der ihre Gesellschaft zusammenhielt, vor etwa 15.000 Jahren stark war. Es waren die Bewohner von Sumer in Mesopotamien. Sie hielten ihr Leben in Schriftform fest. Die Sumerer waren eine der frühesten agrarkulturellen Zivilisationen. Die Sumerer besaßen zahlreiche Stadtstaaten, die zwischen den Flüssen Tigris und Euphrat auf einem Gebiet von der Größe Massachusetts im heutigen Südirak lagen. Ihr Konzept der Religion entwickelte sich als integraler Bestandteil ihrer Gesellschaften. Jeder Stadtstaat hatte seinen eigenen Gott.

Um die Religion aufrechtzuerhalten, war es notwendig, eine Klasse von Menschen zu schaffen, die diese Gesellschaft aufrechterhielt. Diese Personen der Kontrolle wurden als "Priester" sozial ermächtigt. Als sich ihre Rolle in späteren Generationen weiterentwickelte, vergrößerten sie ihre Autorität, bis hin zu dem Punkt, dass sie die Verantwortung für die Krönung der Könige ihres Landes übernahmen und behaupteten, die Macht des Königs komme von Gott. Im Laufe der Zeit vermittelten sie der Öffentlichkeit, wie in vielen anderen Kulturen auch, den Eindruck, dass die Autorität der Priester in der Gesellschaft an erster Stelle stand, selbst wenn die Priester kollektiv behaupteten, dass ihre Autorität die Macht des Königs übertrage. Diese Dichotomie hielt die Gesellschaft im Gleichgewicht.

Die Ausgräber behaupten, dass Abraham aus dem Stadtstaat Id in dieser alten Gesellschaft von Sumer stammte. Die Fremdenführer werden Ihnen zeigen, wo Abraham angeblich gelebt hat. Diese Gemeinschaft wurde im heutigen Südirak von Saddam Hussains Archäologen ausgegraben.

Die Sumerer waren eine gut organisierte Kultur. Sie erfanden die ersten Räder, bauten Streitwagen und eroberten den westlichen Mittelmeerraum bis hin nach Ägypten. Als die Babylonier in ihr Land eindrangen und ihre Kultur absorbierten, wusste niemand von ihrer früheren Existenz, bis die Sumerer in ihr Land eindrangen.

Ein vor etwa 250 Jahren im Iran gefundener gravierter Felsen enthielt dieselbe Botschaft in drei Sprachen. Endlich konnten wir die Tausenden von Tontafeln lesen, die im Sand des südlichen Irak gefunden wurden und aus denen hervorging, dass dieses Land vor 15.000 Jahren von einer fortschrittlichen Gesellschaft bewohnt wurde. Sie hatten Schulen für ihre Kinder mit Lehrern, es gab Ärzte und sogar Anwälte in einer organisierten Gesellschaft.

Die ägyptische Kultur ist ein gutes Beispiel für die Beziehung zwischen Königen und Priestern: Die Könige regierten als Pharaonen von Memphis aus und die Priester von Theben aus. Jeder von ihnen besaß einen zwanzig Meter hohen Obelisken, der seine Autorität repräsentierte und seine Macht für alle sichtbar zur Schau stellte. Gelehrte diskutieren noch immer darüber, wie sie diese Obelisken aus einem einzigen Stück Stein meißelten, wie sie sie über hundert Meilen von ihrem Steinbruch transportierten und wie sie sie mit ihren primitiven Werkzeugen senkrecht aufstellten. Ich stand über einem Obelisken, der in ihrem Steinbruch gehauen wurde und dabei zerbrochen war, so dass er aufgegeben wurde. Die Vorstellung, dass er in der Antike transportiert worden sein könnte, geschweige denn aufrecht stand, war überwältigend. Ich konnte mir nicht einmal vorstellen, wie sich der Obelisk, den ich im Steinbruch hatte, heute noch bewegen könnte, geschweige denn, wie er sich von dem darunter liegenden Felsen lösen könnte.

Die Ägypter nannten ihr Konzept des Friedens zwischen ihrem Pharao und ihrem Priester "Maat". Wenn beide Säulen standen, hatte das Volk Frieden und Wohlstand. Für die Ägypter war der Obelisk ein sehr wichtiges Symbol der Macht. Der erste jüdische Tempel, der in Jerusalem gebaut wurde, hatte zwei Säulen am Eingang. Das Grab des Apostels Johannes hat zwei Säulen am Eingang. Dieses Symbol findet sich heute noch auf dem Sockel des Senior Warden und des Junior Warden in jeder Freimaurerloge. Allerdings wissen nur wenige Freimaurer, warum. Die kulturellen Traditionen, die wir von damals geerbt haben, entsprechen nicht mehr den Bedürfnissen der Menschen in unserer heutigen Gesellschaft. Wir haben heute durch die Wissenschaft Wissen erworben, das uns Wahrheiten vermittelt, die es uns ermöglichen, unsere Rolle in der Evolution und unsere Beziehung zur Natur zu verstehen, die nicht mehr von unseren früheren primitiven Überzeugungen abhängen.

Wir wissen heute, dass die Erde nicht wirklich flach ist und dass unser Universum schon seit mehr als elf Milliarden Jahren existiert. Es hat sich nicht erst 6.000 vor Jahren, obwohl einige Leute immer noch daran glauben. Eure "KontrollLeute" sollten von den Vorteilen unserer modernen Gesellschaft ausgeschlossen werden, weil sie euren Schafen die Fähigkeit verweigern, die Wahrheit der Realität zu sehen, die um sie herum liegt, wenn es ihnen nur erlaubt wäre, ihre Augen zu öffnen und selbst zu sehen. Der menschliche Geist kann kontrolliert werden. Wir haben gezeigt, dass Hypnotiseure kontrollieren können, was Sie glauben, egal ob diese Person ein Psychologe ist, der uns hilft, die Skatome zu überwinden, die uns die Fähigkeit nehmen, die Wahrheit zu sehen, oder ob diese Person ein Priester ist.

Es bleibt die Tatsache, dass einige Menschen das Wissen, das direkt vor ihnen liegt, nicht akzeptieren können, einschließlich eines aktuellen Glaubens, der so unbegründet ist, dass die Wahrheit offensichtlich sein sollte, dass die Welt nicht flach ist. Die Tatsache, dass einige immer noch Angst haben, von der Erde zu fallen, wenn sie an den Rand reisen, ist unglaublich. Da wir in der Lage sind, um die Welt zu fliegen, braucht es nicht viel Intelligenz, um die Wahrheit zu erkennen. Dennoch leugnen einige Menschen die Wahrheit. Das ist ein guter Beweis für den Schaden, der von jemandem angerichtet werden kann, dessen Schafe den Kontroll-Leuten diesen Grad an Macht über sie gegeben haben. Es gibt noch viele andere Beispiele, aber das sollte Ihnen meinen Standpunkt deutlich machen.

Es ist endlich an der Zeit, dass alle Menschen die kulturelle Freiheit erhalten, die es ihnen ermöglicht, ihr Leben bequemer im Einklang mit der nachweisbaren Realität zu leben und sich von der Religion zu befreien, um die Realität als ihre Wahrheit zu akzeptieren. Das würde es diesen Menschen ermöglichen, ein besseres Leben zu sehen, anstatt dass unsere älteren religiösen kulturellen Einschränkungen ihre Existenz kontrollieren. Das Problem ist, dass diese Menschen, die von frühester Kindheit an kontrolliert werden, nicht erkennen können, dass sie es sind, obwohl die Fakten so offensichtlich sind wie der Beweis, dass die Welt nicht flach ist. Ich habe dieses Beispiel gewählt, weil die meisten Menschen, die immer noch kontrolliert werden, sehen können, dass die Person, die diesen Glauben vertritt, kontrolliert wird, und dennoch erkennen sie vielleicht nicht, dass auch sie kontrolliert werden. Es ist bedauerlich, dass einige Religionen immer noch Kontrolle von ihren Anhängern verlangen, um "Glauben zu haben", im Gegensatz zu den mehrheitlich christlichen Religionen in Amerika, die nur behaupten, die Menschen, denen sie dienen, zu unterstützen und nicht zu kontrollieren. Wenn sie dir sagen, du sollst glauben, dann kontrollieren sie dich. Lassen Sie sich nicht von ihnen "blenden".

Anstatt unbegründete Überzeugungen aufrechtzuerhalten, die ihren Ursprung in einer primitiveren Zeit haben, in der die Menschen ihr Leben auf der Grundlage alter Mythen und Ängste lebten, von denen wir heute wissen, dass sie nicht gültig sind, zumindest so, wie sie von der Öffentlichkeit heute akzeptiert werden, werden Religionen, die die individuelle Entwicklung fördern, anstatt die Freiheit einzuschränken und Konformität zu fordern, auch für kommende Generationen relevant bleiben.

Humanisten sind der Meinung, dass ihre Philosophie die notwendige soziale Kontrolle bietet, ohne dass die Androhung von Verdammnis oder Belohnungen für ein Leben nach dem Tod erforderlich sind, für das es keine legitimen Beweise gibt. Solche Überzeugungen können nur existieren, wenn wir den "blinden Glauben" akzeptieren, der uns von den Kontrollmenschen aufgezwungen wird. Humanisten sehen keinen Grund für einen solchen "blinden Glauben", wenn es ein besseres und verantwortungsvolleres Leben ohne ihn gibt. Vom protestantischen Mainstream-Christentum bis zum Buddhismus stimmen viele seiner Geistlichen und Mitglieder heute im Grunde genommen damit überein.

Die Schriftrollen vom Toten Meer wurden 1947 im Westjordanland des ehemaligen Israel entdeckt. Sie wurden in Qumran, in der nordwestlichen Ecke des Toten Meeres, zwischen etwa 250 v. Chr. und 67 n. Chr. geschrieben. Sie wurden während des gesamten Lebens von Jesus täglich geschrieben.

Viele der Schriftrollen waren Kopien von Schriften aus der Zeit von Moses bis in die heutige Zeit. Sie waren in Höhlen unter dem zweiten jüdischen Tempel auf dem Berg Moriah versteckt, wo Abraham seinen Sohn opfern sollte. Dies ist der Ort, den König David für den Bau des jüdischen Tempels auswählte, weil es der Ort ist, an dem Gott zum ersten Mal zu den Menschen sprach, als er zu Abraham sprach. Heute befindet sich dort der islamische Schrein mit seiner goldenen Kuppel, ein Wahrzeichen Jerusalems, das den Fußabdruck im Felsen verdeckt, an dem Mohammed nach muslimischer Auffassung auf seinem Pferd in den Himmel aufstieg. An der Westmauer des Tempelbergs, auf einer Fläche von der Größe eines quadratischen Blocks, kann man heute den gesamten Nahostkonflikt erleben.

Als die Römer die Juden aus Israel vertrieben, wurden die in Qumran geschriebenen Schriftrollen in Höhlen versteckt. Dort blieben sie fast zweitausend Jahre lang, bevor sie 1947 von einem gelangweilten Beduinenhirten entdeckt wurden, der sich einen Spaß daraus machte, einen Stein in den Eingang einer Höhle zehn Meter über ihm zu werfen. Der Stein machte "tink". und nicht "dumpf". Er musste den Grund dafür herausfinden. Er kletterte in die Höhle und fand Hunderte von Schriftrollen, die in irdenen Gefäßen versteckt waren.

Die Geschichte hat sie seit über zweitausend Jahren nicht mehr berührt. Die Tatsache, dass uns eine Geschichte erzählt wird, die sich von unseren heutigen religiösen Traditionen unterscheidet, beunruhigt viele Christen und Juden. Es hat sich gezeigt, dass eine wichtige Lektion, die uns die Schriftrollen vermitteln, darin besteht, dass unsere heutigen religiösen Traditionen in den letzten zweitausend Jahren stark geprägt wurden. Aufgrund von wohlmeinenden Kontrollpersonen unterscheiden sich unsere heutigen Glaubensvorstellungen von vielen der historischen Fakten, die die Schriftrollen vom Toten Meer offenbaren. Unsere heutigen christlichen und jüdischen Glaubenstraditionen scheinen unserer heutigen Gesellschaft zu dienen, warum sollten wir uns also darum kümmern?

Das Problem ist, dass dieses neue Wissen viele Menschen dazu gebracht hat, ihren eigenen Glauben in Frage zu stellen. Da viele unserer traditionellen Annahmen über unsere Aufgabe auf der Erde keine "unumstößlichen Wahrheiten" sind, auf welche Autorität stützen wir unsere eigene Existenz? Vielleicht gibt es keine einzige historische Wahrheit, die unser Leben leitet. Vielleicht sind wir hier auf der Erde ganz allein. Die Frage "Warum wurde ich geboren?" ist eine Frage, die wir jetzt alle für uns selbst beantworten müssen. Ich habe ein Buch mit diesem Titel geschrieben, das jetzt auf Kindle und Nook erhältlich ist. Der größte Teil seines Inhalts ist in diesem Aufsatz enthalten. Der Punkt ist, dass diese Frage auch mich betroffen hat.

Alle Bücher des Alten Testaments wurden in zehn Höhlen um Qumran gefunden, wo die Schriftrollen geschrieben wurden, mit Ausnahme des Buches Esther. Von einem Buch der Bibel gab es einundvierzig Exemplare, die alle unterschiedlich waren. Welches Buch hat Gott bestimmt?

Diese Schriftrollen wurden täglich nur zwölf Flugmeilen von Jerusalem entfernt geschrieben. Warum wird die Auferstehung Jesu nicht erwähnt? Man sollte meinen, dass ein solches Ereignis zur Kenntnis genommen worden wäre. Etwa hundert Jahre zuvor gab es eine Geschichte über die Auferstehung eines Messias mit zwölf Jüngern, die jedoch nie bekannt wurde. Offenbar war sie nicht glaubwürdig. Es gab also eine solche Geschichte in der jüdischen Geschichte, die die Schreiber des Lebens Jesu als Teil ihrer Geschichte aufgegriffen haben könnten, um Jesus für alle Juden akzeptabel zu machen.

Die Tatsache, dass wir kulturell noch heute an diesen Glauben glauben, bedeutet, dass die Informationen, die diese Behauptung stützen, von jemandem stammen, der entweder diese Ereignisse beobachtet hat oder jemanden kannte, der , oder - was wahrscheinlicher ist, da die Geschichte mehr als vierzig Jahre nach Jesu Tod geschrieben wurde - der Autor war jemand, der Jesus nicht persönlich gekannt hat, aber der jüdischen Gemeinschaft das Leben Jesu schmackhaft machen wollte. Daher wurde die Geschichte von Jesu Leben ausgeschmückt, um sie zu beeindrucken. Diese Geschichte unterschied Jesus tatsächlich von anderen, die ebenfalls behaupteten, der Messias zu sein. In jenen Tagen war es recht populär, den Anspruch zu erheben, der Messias zu sein, denn die damalige jüdische Tradition erwartete einen Messias, weil sie glaubten, dass alle verstorbenen Juden am "Ende der Tage" zur gleichen Zeit ins Jenseits aufsteigen müssten. Da aber in den Schriftrollen vom Toten Meer, die von Leuten geschrieben wurden, die glauben wollten, dass zu Jesu Lebzeiten ein Messias lebte, weder Jesus noch eine Auferstehung erwähnt werden, ist das ein ziemlich guter Beweis dafür, dass dies einfach nicht geschehen ist.

Die in Qumran lebenden Mönche suchten nach einem Messias, weil glaubten, dass der Messias unmittelbar vor dem "Ende der Tage" kommen würde, wenn alle Juden gleichzeitig in den Himmel aufsteigen würden. Sie glaubten, dass dies nächste Woche geschehen sollte, weil sie bereit waren, aufzubrechen. In Wirklichkeit suchten sie nach zwei Messiassen: einem königlichen und einem religiösen Messias. Aber sie erkannten Jesus nicht als den einen, warum nicht, wenn er es doch war? Es gibt noch viele andere Fragen, die unsere derzeitigen kulturellen religiösen Traditionen in Frage stellen.

Diejenigen, die über das Leben Jesu lange nach seinem Tod schreiben, erzählen die Geschichte, dass Jesus die Geldwechsler aus dem Tempel vertrieben hat. Sie behaupten auch, dass Jesus ein Nachkomme von König David war. Sie wollen damit sagen, dass Jesus sowohl ein messianischer König war als auch die gleiche Macht wie die Priester hatte, als er die Geldwechsler aus dem Tempel vertrieb. Der kürzlich verstorbene Bischof der Episkopalkirche John Shelby Spong vertrat die Ansicht, dass es den frühen Bibelschreibern lediglich darum ging, Jesus für die Juden relevant zu machen. Wir werden später auf seine Überzeugungen eingehen.

Der Punkt ist, dass unsere Religionen, auch wenn sie unsere Überzeugungen zum Ausdruck bringen, nicht auf historischen Tatsachen beruhen müssen, damit wir sie akzeptieren oder damit ihre Geschichten unserem Leben einen Mehrwert verleihen. Die Religion ist zu einem lebenden Mem geworden. Meme verändern sich selbst, um ihr unabhängiges Leben zu erhalten, während sie sich replizieren. So wie wir Menschen uns weiterentwickeln, indem wir unsere Gene an die nächste Generation weitergeben, entwickeln sich Meme, um in ihrem aktuellen kulturellen Umfeld akzeptiert zu werden, indem sie von der Person, die den Glauben weitergibt, verändert werden.

Auch wenn viele Humanisten von Kindheit an an ihrer eigenen religiösen Gesellschaft teilhaben, tun sie dies meist aus familiären oder kulturellen Gründen. Die Religion erfüllt für die meisten Menschen das Bedürfnis nach Sicherheit und sozialer Geborgenheit, ohne dass sie etwas mit ihrem verbindenden Mythos zu tun hätte. Für viele Menschen ist die Teilnahme an der Religion auf das soziale Netz zurückzuführen, das sie mit einer kleineren Gruppe von Menschen verbindet, die ähnliche Werte und gegenseitige Unterstützung teilen, was nichts mit dem Mythos zu tun hat, der sie eint. Daran ist nichts auszusetzen. Diejenigen Humanisten, die sich mit einem religiösen Glauben identifizieren, haben eine bewusste Entscheidung getroffen, dies aus ihren eigenen Gründen zu tun. Diejenigen Humanisten, die sich beteiligen, stellen ihre religiösen Überzeugungen über die humanistische Philosophie. Der Humanismus befasst sich weder mit diesen Fragen, noch entspricht er den Bedürfnissen derjenigen, die sich auf der untersten Stufe der Sicherheit oder des sozialen Status befinden. Humanisten, die sich dafür entscheiden, ihre Religion beizubehalten, tun dies aus triftigen persönlichen Gründen, nicht weil sie von anderen kontrolliert werden, die darauf bestehen, dass sie glauben müssen, was sie glauben.

Um den Humanismus wirklich als Leitphilosophie zu begreifen, müssen Humanisten in der Lage sein, psychologisch über dem durchschnittlichen sozialen Niveau von Maslow zu leben, in der Regel über dem durchschnittlichen Ego-Niveau. Sie müssen sich zumindest selbstbewusst fühlen. Lassen Sie uns herausfinden, was das bedeutet. In diesem Kapitel geht es darum, dass der Humanismus keine Religion für diejenigen angreift, die diese Überzeugungen brauchen, um ihre eigene Existenz zu erhalten.

Die einzige nützliche Schnittstelle zwischen dem Humanismus und der Religion als Philosophie besteht darin, sich dagegen zu wehren, dass religiöse Fanatiker, die als "People of Control" fungieren, aus ihren eigenen Gründen kulturelle Barrieren errichten, die zu einer Hemmung der Religion führen.

Niemand wird daran gehindert, ein voll verwirklichtes menschliches Wesen zu werden, das seine eigene individuelle Existenz heute voll auslebt. Amerika hat ein verfassungsmäßiges Recht, frei von Religion zu sein, wenn wir frei sein wollen. Lesen Sie weiter, finden wir heraus, was das bedeutet.

Warum sollten sich Humanisten um diejenigen kümmern, die nicht in der Lage sind, sich über ihr derzeitiges Glaubensniveau zu erheben, wenn diese Überzeugungen für sie selbst ausreichend sind, wenn nicht Personen von außen diese Entscheidung für sie herbeiführen, indem sie Angst als Mittel ihrer Kontrolle einsetzen? Wir sind nicht gegen irgendetwas, das Sie glauben wollen, auch wenn wir mit diesem Glauben nicht einverstanden sind. Sie haben ein Recht darauf, zu glauben, was Sie glauben. Wir machen uns nur Sorgen, wenn Sie Angst haben, etwas nicht zu glauben, weil Sie kontrolliert werden. Die Philosophie des Humanismus akzeptiert, dass alle Menschen die Freiheit haben sollten, ihr eigenes Leben so zu leben, wie sie es am besten können und wie sie es sich wünschen. Wir sind besorgt über Menschen in unserer Gesellschaft, die durch Fesseln gebunden sind, die sie daran hindern, ein erfüllteres Leben zu führen. Wir machen uns Sorgen um diejenigen, die aufgrund ihrer Skatome nicht einmal erahnen können, dass Menschen ein besseres und erfüllteres Leben führen könnten, wenn sie nicht behindert wären.

Zum Beispiel können zwei Menschen in derselben Kirchenbank sitzen, aber aus sehr unterschiedlichen Gründen. Der eine empfindet es vielleicht als Todsünde, nicht zu sein, weil ihm oder ihr verboten wurde, jeden Sonntag zum Gottesdienst zu gehen. Die andere Person geht vielleicht einfach deshalb hin, weil sie Erleuchtung sucht oder andere Familienmitglieder unterstützen möchte. Derjenige, der aus Angst teilnimmtüber sein derzeitiges Lebensniveau erheben, solange dieses Skatom besteht oder zumindest nicht überwunden wurde. Die Person, die teilnimmt, um zu lernen oder um ihre Familie zu unterstützen, kann sich über ihre Religion erheben, so dass ihre Religion sie nicht daran hindert, voll lebendig zu werden.

Selbst unter den Atheisten gibt es Menschen, die den Glauben ihres Sitznachbarn tolerieren, weil sie anerkennen, dass jeder das Recht hat, sein eigenes Leben zu leben. Sie sind sich bewusst, dass es unmenschlich ist, den Glauben einer anderen Person zu bedrohen. Die meisten Atheisten, die Humanist, tolerant gegenüber dem Recht anderer, zu glauben, was immer sie wollen, aus welchen Gründen auch immer sie wichtig sind.

Viele Mainstream-Humanisten haben jedoch ein Problem mit jenen hochaktivistischen Atheisten, die ihren Eifer über ihren persönlichen Glauben hinaus ausdehnen, indem sie darauf bestehen, dass niemand an irgendeinen "Gott" glauben sollte, anstatt ihre Einwände nur auf jene mit primitiveren übernatürlichen Gottesvorstellungen zu beschränken. Stattdessen bestehen sie darauf, dass auch Sie ihren Glauben akzeptieren müssen, dass "Gott nicht existiert, also finden Sie sich damit ab". Ein solches Verhalten ist eindeutig "unhumanistisch". Der gleiche Einwand gilt für religiöse Fundamentalisten, die darauf bestehen, dass jeder ihren Glauben teilen muss. Beide Enden des religiösen Spektrums sind in der Tat "Tyrannen", wenn sie "in your face" kommen.

Wenn wir weiter lesen, werden wir feststellen, dass Mobbing kein erfolgreicher Ansatz für eine organisierte Gesellschaft ist. Es nützt nur dem Mobber. Wir werden aber auch erfahren, warum die Gesellschaft kulturell vom Mobbing profitiert. Humanisten stellen sich nicht gegen ihre Überzeugungen. Wir lehnen es ab, ihr Verhalten zu tolerieren, unabhängig davon, welches Ende des religiösen Spektrums sie zum Ausdruck bringen.

Die Gesellschaft profitiert von einem Tyrannen, der mit Nachdruck widersprüchliche Informationen zum Ausdruck bringt, weil er andere dazu zwingt, über ihre enge Sichtweise hinauszudenken, was zu einer evolutionären Veränderung dessen führt, was wir letztendlich zu glauben bereit sind. Wenn man auf den Tyrannen reagieren muss, ändert sich das, was man glaubt. Wenn wir alle einer Meinung sind, findet keine Veränderung statt.

Der organisierte Humanismus unterstützt diejenigen, deren Ziel es ist, Verantwortung für ihr eigenes Leben zu übernehmen, unabhängig von ihrer persönlichen religiösen Geschichte. Religiös-humanistische Einwände versichern uns , dass wir frei von religiös kontrollierten Menschen leben können, die uns die Fähigkeit nehmen wollen, selbst zu denken, und von denen, die anderen im Namen ihrer Religion Schaden zufügen, unabhängig davon, welchen Glauben sie vertreten.

Glücklicherweise folgen heute nicht alle religiösen Führer dem Weg derer, die Ihnen die Religionsfreiheit verweigern wollen. Viele weitere Kleriker Heute benutzen sie die Symbole ihres Glaubens nur noch, um Ihnen zu helfen, über Ihr gegenwärtiges Leben hinauszublicken, anstatt darauf zu bestehen, dass sie diejenigen sind, die Ihnen den einzigen Weg in den Himmel weisen. Eine solche Kontrolle durch die Priester, die versuchen, dich in ihrem Schoß zu halten, führt nur zu einem unangenehmen Schuldgefühl, wenn du in ihrem Glauben erzogen wurdest und nun das Gefühl hast, ihre Überzeugungen verleugnen zu müssen, weil du nun erkennst, dass viele dieser Lehren in der Realität keine Grundlage haben. Wenn Sie diese Überzeugungen als Symbole und nicht als Tatsachen betrachten, können Sie sie so umdeuten, dass sie für einen gültigen Wert behalten. Bedenken Sie, was das bedeutet, wenn ich später erkläre, wo unser kultureller Irrtum für diejenigen liegt, die glauben müssen, dass Jesus am Kreuz gestorben ist, obwohl er in Wirklichkeit an einem "T" gestorben ist.

Die Zahl der Menschen, die sich heute mit dem Humanismus identifizieren, nimmt algorithmisch zu, während die Zahl der Mitglieder vieler traditionellerer Mainstream-Religionen, einschließlich des Katholizismus, stark rückläufig ist.

Wie ich höre, wendet sich sogar die katholische Kirche jetzt an die Millennials, offenbar mit der lebhaften Erinnerung, dass sie den Weg in den Himmel finden. Ich persönlich kann mir jedoch nur schwer vorstellen, wie sich jemand geistig fühlen würde, der neben einem der beiden mumifizierten Päpste sitzt, die beide in einem Glassarg liegen, wie sie es im Heiligtum des Petersdoms im Vatikan tun. Mir wurde gesagt, dass diese Päpste "geheiligt" worden sind. Daher schienen viele Katholiken, die ich um sie herum sitzen sah, meine Besorgnis nicht zu teilen. Es ist eine interessante Art und Weise zu erklären, dass die Kirche der Weg zum Himmel ist, und ich muss zugeben, dass sie meine Aufmerksamkeit erregt hat. Vielleicht ist das auch der Grund, warum die Kirche so eifrig daran gearbeitet hat, Johannes Paul II. zu einem "Heiligen" zu machen, damit er der Öffentlichkeit zugänglich gemacht werden kann, denn er war den heute noch lebenden Menschen persönlich bekannt. Ich bin ihm sogar bis auf wenige Meter nahe gekommen, als er die Gemeinde besuchte, in der ich lebe. Es sollte daher die Aufmerksamkeit der Öffentlichkeit für sein Ziel drastisch erhöhen. Ich muss zugeben, dass dies ein neuer Ansatz ist. Für andere mag er funktionieren, aber ich persönlich würde mich spiritueller fühlen, wenn ich mit meiner Frau an einem warmen Sommerabend an einem See sitze und einen wunderschönen Sonnenuntergang betrachte.

Später werden wir die religiösen Lehren des ehemaligen Bischofs der Episkopalkirche John Selby Spong kennenlernen, dessen Vision des Christentums den christlichen Humanismus am besten zum Ausdruck bringt. Er ist der Ansicht, dass unsere derzeit vorherrschenden kulturellen religiösen Überzeugungen im Sterben liegen oder zumindest im Sterben liegen sollten. Die Gesellschaft hat sich weiterentwickelt. Was wir heute erleben, ist ein kultureller Wandel in der Religion. Für diejenigen, die in ihrer frühen Kindheit in einer strengen religiösen Tradition gefangen waren und durch enge und starke Beziehungen zu anderen kontrolliert werden, die ihren Kontakt zu widersprüchlichen Überzeugungen begrenzen, können diese Kirchen immer noch tragfähig sein. Doch innerhalb der großen Religionen ist ein Rückgang der Mitgliederzahlen zu beobachten. Selbst die katholische Kirche ist besorgt über den Rückgang der Mitgliederzahlen in der Generation der Millennials und jünger. Deshalb erwarten sie von ihren mumifizierten Päpsten, dass sie zu ihnen sprechen.

Würden alle christlichen Kirchen ihren Glauben aus der von Bischof Spong lehren, könnte sogar die vorherrschende Religion überleben und möglicherweise wachsen. Der Unterschied, den Bischof Spong einführt, besteht darin, dass er der Wahrheit des Humanismus christliche Symbole hinzufügt. könnten die Kirchen des Mainstream-Christentums mit der Reifung unserer Kultur aussterben.

Die epikureische Philosophie, die wir heute als "Humanismus" kennen, scheint jetzt stark genug zu sein, um zu einem akzeptablen Mem zu werden, das künftigen Generationen zur Verfügung steht, wenn die Philosophie des Humanismus hoffentlich zu einem akzeptierten Standpunkt für alle Menschen auf der Welt geworden ist, den alle in Zukunft in Betracht ziehen können. Unabhängig von dem religiösen Kontext, in dem sie zum Ausdruck kommt. Das Ziel des Humanismus ist es, alle Menschen ihre eigene Existenz verwirklichen, unabhängig davon, welchen Weg sie für akzeptabel halten, um dorthin zu gelangen.

Der Versuch der Religion, unsere Gesellschaft zu kontrollieren, wird in dem Maße abnehmen, wie die Menschen in der Maslowschen Bedürfnishierarchie aufsteigen und die Gesellschaft mehr Alternativen anbietet, um die Ebenen der Sicherheit und der geringen sozialen Bedürfnisse zu befriedigen. Während unsere Kultur reift, wird sich das Mem der Religion verschieben, und diejenigen, die sich an die Bedürfnisse ihrer Gemeindemitglieder anpassen und ihre Relevanz beibehalten, werden überleben, während diejenigen, die nur langsam verändern, verwelken und fusionieren oder verschwinden müssen. Millennials und Jüngere werden die Zukunft der Religionen bestimmen, während der Humanismus weiter wächst.

Kapitel IV
Warum wurde ich geboren?

Hat eine Blume, die in einem unbewohnten Wald blüht, keinen Wert, hat ihr Leben keinen Sinn? Die Erfüllung ihres eigenen Schicksals mag neben der Bestäubung ihrer Nachkommen ihr einziger Zweck sein, aber für diese Blume ist es genug, das Beste zu sein, was sie kann, um ihrem Leben einen Sinn zu geben.

Dank des Hubble-Teleskops haben die Astronomen bereits Hunderttausende von Galaxien mit jeweils Millionen von Sternen entdeckt. Carl Sagan, ein bekannter humanistischer Astronom, sagte mir einmal: "Im bekannten Universum gibt es mindestens 300.000 Planeten, von denen jeder in der Lage ist, Leben ähnlich dem auf der Erde zu beherbergen. Deshalb, so sagte er, "ist es ziemlich sinnlos für uns anzunehmen, dass der Mensch die höchste Lebensform im Universum ist". Wenn es höhere Formen gibt, ist es dann unser Ziel als Menschen, uns zu dieser Form weiterzuentwickeln? Das mag stimmen, aber welche Auswirkungen hat es auf unser eigenes Leben hier auf der Erde, nicht die höchste Lebensform zu sein? Es war Sagans Aussage, die die Frage aufwarf: "Warum wurde ich geboren? Ich beschloss, mein Leben der Suche nach der Antwort auf diese Frage zu widmen.

Ich habe mit Donald Johansson, dem humanistischen Paläoanthropologen, der den vier Millionen Jahre alten Affen "Lucy" entdeckt hat, der den Menschen mit unseren Vorfahren verbindet (das evolutionäre Bindeglied zwischen der menschlichen Existenz und der natürlichen Evolutionskette des Lebens, die von der Amöbe bis zum Affen reicht), über meine Bedenken bezüglich Sagans Behauptung gesprochen, wir seien möglicherweise die höchste Form des Lebens. Johansson sagte, Lucy beweise, dass die menschliche Existenz ein Zufall sei, was in der Wissenschaft als "Anomalie" bezeichnet wird. So wie der Arm eines Saguaro-Kaktus eine

Durch einen Riss in der Oberfläche, der es der Flüssigkeit im Inneren ermöglicht, auszusickern und einen Arm an der Seite des Hauptstamms zu bilden, scheint die menschliche Existenz durch einen Bruch in der normalen genetischen Evolution entstanden zu sein.

Als Antwort auf meine Kommentare zu Sagans Beobachtung wies Johansson darauf hin, dass die statistische Wahrscheinlichkeit, dass sich eine solche Anomalie wiederholt, eins zu zwei Millionen beträgt. Bei einer bekannten Population von nur 300.000 Planeten wäre ein zweites Vorkommen recht selten. Der Mensch könnte also die höchste Lebensform im Universum sein. Wenn der Mensch die höchste Lebensform im Universum ist, hat das dann eine "besondere Bedeutung" für unser Leben? ja.

Irgendwann in ihrem Leben fragen sich viele Menschen, warum sie existieren. In unseren frühen prägenden Jahren haben andere versucht, diese Frage für uns zu beantworten. Wir akzeptieren ihre Vorstellungen, zumindest anfangs, vor allem wenn es sich um die Ansichten unserer Eltern handelt, und diese Erfahrungen beeinflussen unsere Überzeugungen dauerhaft. Die meisten von uns halten diese Antworten aufrecht, indem sie sie an ihre Kinder weitergeben. Schließlich ist die Frage nach dem Sinn unserer eigenen Existenz für uns selbst schwer zu beantworten. Leider sind die meisten dieser Antworten nicht sehr fundiert. Wir werden von Ungereimtheiten in unserem Verständnis von uns selbst geplagt; und jegliches evidenzbasierte Wissen darüber, warum wir hier auf der Erde sind, existiert heute nicht. Die Beweise deuten darauf hin, dass es vielleicht keinen Grund gibt.

Es gibt viele Fragen über unsere Welt, die die Wissenschaft noch nicht beantwortet hat. Zur Frage, ob es "Gott" gibt, haben einige beispielsweise den heutigen humanistischen "Einstein" Stephen Hawking zitiert, der behauptete, dass es bei der Betrachtung der Grundkräfte des Universums in einer einheitlichen Theorie eine Lücke gibt, die bisher nur als die Gegenwart der Natur erklärt werden konnte. Obwohl Hawking nicht so denkt, glauben einige, dass diese Kraft Gott ist.

Obwohl Hawking nicht im traditionellen Sinne religiös war, teilte er doch seine Bewunderung für die Natur. Hawkings Ansicht impliziert nicht das Konzept eines intelligenten Gottes, der das Universum auf übernatürliche Weise steuert, wie es manche Leute immer noch behaupten. Hawking behauptet lediglich, dass wir bisher einige Kräfte im Universum nicht verstehen können. Wir können eine nützliche Existenz auf der Erde nicht auf die Führung von einen solchen unpersönlichen Gott, abgesehen von der Annahme, dass wir unser Leben im Einklang mit der Natur leben sollen. Das sollten wir schon. Nicht in Harmonie mit der Natur zu leben, ist gefährlich für unsere Gesundheit.

Aber warum bin ich hier?

In Spiritualität ohne Glauben (The Humanist, Januar 2002) berichtet Thomas Clark, dass die gegenwärtige Wissenschaft uns zeigt, dass Universum zwar expandiert, aber nicht genug Masse hat, um in einem weiteren "Urknall" zu kollabieren. Letztendlich, sagt er, wird sich alle Materie in Staub verwandeln; das Universum wird schwarz und kalt werden. Die Wissenschaft zeigt, dass unser endgültiges Schicksal offenbar darin besteht, zu Weltraumstaub zu werden, was die Vorstellung von Unsterblichkeit nicht sehr attraktiv macht. Vielleicht ist sie nicht sehr realistisch?

In dem folgenden Artikel aus dieser Ausgabe von The Humanist mit dem Titel "Woher der Tod kommt" erörtert Joshua Mitteldorf, warum der Mensch stirbt. Wir wissen, dass sich unser Körper aus einer einzigen Zelle entwickelt, die sich nach einem einzigartigen genetischen Bauplan unterteilt und alle Teile unseres Körpers bildet. Darüber hinaus ersetzen sich die meisten Körperzellen mindestens alle sieben Jahre selbst. Offenbar gibt es keinen biologischen Grund, warum wir nicht ewig existieren können... oder zumindest so lange, bis unsere Sonne nicht mehr scheint.

Mitteldorf weist darauf hin, dass unser körperlicher Verfall durch Alterung auf die natürliche Evolution des Genpools zurückzuführen ist. Als Individuen werden wir nach unserer Fruchtbarkeit irrelevant. Daher enthalten unsere Gene einen Selbstzerstörungsmechanismus, der unsere individuelle Existenz auslöscht, damit sich der Genpool weiter entwickeln kann. Würden alle Menschen ewig auf der Erde leben, würde sich der Genpool nie verändern. Offensichtlich ist der Zweck des menschlichen Lebens mit dem Überleben der Art verbunden, nicht mit dem des Einzelnen. Der letztendliche Zweck oder Sinn unserer eigenen Existenz bleibt unbeantwortet. Die Wahrheit ist, dass es vielleicht gar keinen gibt.

Manche Menschen akzeptieren nicht, dass die Wissenschaft für ihre Lebensauffassung relevant ist. Manche behaupten: "Der Mensch tut nichts anderes, als den Plan Gottes zu verwirklichen". Ja, dieser Gedanke beantwortet die Frage einfach und endgültig, aber er macht den Menschen zu einer Marionette. Für viele ist eine solche Vorstellung naiv. Wenn das Drehbuch für unser Leben bereits vorliegt, warum sollten wir uns dann noch die Mühe machen zu leben? glauben manche an

Reinkarnation, wonach wir mehrere Leben hintereinander leben, bis wir vollkommen sind. Wie unbegründet dieser Glaube auch sein mag, so kann man doch verstehen, dass diejenigen, die ihr Leben für unzureichend halten, die Möglichkeit begrüßen würden, zurückzugehen und es zu versuchen. Leider halten nur wenige, wenn überhaupt, dieser Theorien einer fundierten intellektuellen Prüfung stand. Viele Menschen sind einfach nicht bereit, ihr Leben auf der Grundlage solch unrealistischer oder banaler Prämissen zu führen. Es muss also eine bessere Antwort geben.

Im Vergleich zu den Weiten der Zeit und des Universums ist unsere individuelle Existenz unbedeutend. Warum sollte ein Gott einen Fleck auf der Erde, der vorläufig und allzu flüchtig ist, mikromanagen wollen? Was wäre der Sinn? Solche Visionen vom Leben können nur im "blinden Glauben" akzeptiert werden. Warum sollten wir das tun?

Aber jeder von uns hat einen "Glauben" an etwas, und sei es nur an die Kraft der Natur, auf unser Handeln zu reagieren. Das der Fall, wenn wir einen Samen richtig pflanzen. Wir glauben, dass die Natur ihn wachsen lässt.

Meine Aktion bestand darin, den Samen zu pflanzen. Abgesehen von der Erkenntnis, dass sich der Samen aus der Existenz früherer Pflanzen entwickelt hat, wissen wir nicht wirklich, warum der Samen wächst, obwohl die Wissenschaft uns sagen kann, wie er wächst. Was nach dem Einpflanzen des Samens geschieht, entzieht sich meiner Kontrolle, auch wenn ich das Ergebnis noch beeinflussen kann, indem ich die Pflanze gieße. Aber vielleicht ist es der Natur egal, ob dieser Same lebt oder stirbt. Schließlich hat sie viele andere. Die Natur bietet nur die Möglichkeit dazu. Niemand weiß wirklich, "warum", auch wenn einige Kontrollpersonen behaupten, sie wüssten es. Wir sind einigermaßen sicher, dass die Blume aufgrund unseres "Glaubens" wachsen wird, denn wir haben andere wachsen sehen. Diese Form des Glaubens ist akzeptabel. Den "blinden" Glauben, der sich ausschließlich auf Autoritäten stützt, sollten wir nur vorläufig akzeptieren, bis eine vernünftigere Antwort auftaucht. Es ist ein großer Unterschied, wenn das Wort "blind" hinzugefügt wird. Nicht alle auf Glauben basierenden Wahrheiten haben den gleichen Wahrheitsgehalt. Wo Zweifel bestehen, werden Humanisten jeden Glauben nur vorläufig akzeptieren.

Wir lernen bald, dass wir als Individuen Teil von etwas sind, das größer und mächtiger ist als wir selbst. Das Problem ist, dass sich uns die endgültige Beziehung zu unserem Universum entzieht. Viele Menschen geben sich heute damit zufrieden, zu glauben, dass die Natur nicht vollständig sein muss.

Damit wir akzeptieren können, dass die Natur alles ist, was existiert, gehören Humanisten zu ihnen. Die meisten Humanisten sind bereit zu akzeptieren, dass ein solcher Glaube viele Fragen unbeantwortet lässt. Die Natur scheint alles zu sein, was wir in der Hand haben, um unsere eigene Existenz zu interpretieren und somit zu verstehen. Die Wissenschaft entwickelt sich weiter, und wir lernen ständig dazu. Humanisten können erkennen, dass wir nicht wirklich die Antworten auf alle Fragen kennen müssen, damit unser eigenes Leben einen Sinn hat.

Manche Menschen erwarten jedoch sofortige, vollständige Antworten und füllen angesichts des Mangels an Alternativen die Lücken des überprüfbaren Wissens oft mit religiösen Antworten, die in primitiveren Zeiten historisch akzeptiert wurden, oder schaffen sogar eigene Antworten. Wenn eine Antwort erst einmal akzeptiert ist, mag es niemand, wenn die eigene Antwort in Frage gestellt wird. Jeder ist der

Meinung, dass seine eigene Antwort "richtig" ist und daher für ihn selbst ausreicht. Für manche Menschen ist es daher irrelevant, zu verlangen, dass ihre "Wahrheit" auf Fakten beruht. Diese Menschen akzeptieren oft einen Mythos als ihre persönliche Wahrheit. Einmal akzeptiert, verteidigen sie ihn bis zum Tod, selbst wenn die Wissenschaft bewiesen hat, dass dieser Glaube falsch ist.

Die Uniformierten gibt es immer noch, und die Massen von heute sind in fast allen Bereichen unwissend. Wir sind alle unwissend, bevor wir lernen. Man muss daran arbeiten, dumm zu sein, indem man stichhaltige Beweise leugnet, die von den Meinungen abweichen, an die man lieber glauben möchte. Da dies der einfachere Weg ist, ziehen es einige vor, dumm zu sein. Glücklicherweise tun das heute die meisten nicht. Vielleicht haben sie einfach nicht genug Motivation oder Möglichkeiten zu lernen. Es ist eine Sache, einheitlich zu sein; das sind wir alle in einigen Fragen. Aber die Möglichkeit zu haben, etwas zu lernen, und es dann abzulehnen, nur weil es dem Glauben widerspricht, selbst wenn man stichhaltige Beweise dafür vorlegen kann, grenzt an Dummheit. Sie gehören nicht zu diesen Menschen, sonst hätten Sie diesen Aufsatz bereits an eine jüngere Person weitergegeben oder ihn irgendwo weggelegt, wo er Sie verfolgt, bis Sie endlich erkennen, dass es vielleicht noch mehr zu lernen gibt.

Der Unterschied für Humanisten besteht darin, dass wir keinen stichhaltigen Beweis dafür sehen, dass die Mächte des Universums, die uns als Menschen überlegen sind, beabsichtigen, uns als Individuen zu kontrollieren. Wir finden keinen Beweis dafür, dass es einen "übernatürlichen" Gott gibt. Wir finden auch keinen Beweis dafür, dass es Leben gibt..... über unser gegenwärtiges Leben hier auf der hinaus. Wenn das alles wahr ist, Ändert sich dadurch die Art und Weise, wie wir unser eigenes Leben leben werden, das sich von unseren alten kulturellen Traditionen unterscheidet? Natürlich tut sie das. Es erlaubt uns, als Individuen frei zu sein, das Beste aus unserer eigenen Existenz in der kurzen Zeit zu machen, die wir haben.

Wie machen wir das? Lesen Sie mehr.

Kapitel 5
Was ist "Wahrheit" für mich?

Unsere Fähigkeit, eine Überzeugung für uns selbst zu akzeptieren, hängt davon ab, wie wir bestimmen, was für uns wahr ist. Natürlich können wir nicht jede Tatsache beweisen, bevor wir sie - zumindest vorübergehend - für uns selbst als wahr akzeptieren. Bei vielen unserer Überzeugungen wird jeder von uns die Meinung von Menschen akzeptieren, denen er vertraut, vor allem dann, wenn diese Überzeugungen im Moment nicht besonders wichtig für ihn sind.

Schon früh im Leben verlassen wir uns darauf, dass unsere Eltern, älteren Geschwister, Lehrer, Pastoren und Betreuer unsere Fragen beantworten. Das gilt besonders dann, wenn wir Antworten auf Fragen erhalten, die wir nicht gestellt haben, wie z. B. die Grundlage für unsere religiösen Ansichten. Wir akzeptieren diese Antworten als emotional. Zu dieser Zeit war die Wahrheit irrelevant.

Wenn wir reifer werden, werden zumindest die Mutigeren ausgewählte Überzeugungen überprüfen. Aber selbst die Mutigsten werden immer noch einige Antworten von anderen akzeptieren, wenn sie kein unmittelbares persönliches Interesse an ihnen haben. Es ist einfacher, sich von Autoritätspersonen die Antworten geben zu lassen, und die meisten Menschen gehen den Weg des geringsten Widerstands. Diejenigen, die weniger geneigt sind, die Antworten anderer blind zu akzeptieren, müssen jedoch in der Lage sein, die gleichen Ergebnisse für sich selbst zu erzielen, indem sie zumindest einige ihrer Überzeugungen testen, bevor sie sie später als ihre "Wahrheit" akzeptieren.

Was die Humanisten von vielen anderen Lebensphilosophien unterscheidet, sind die Mittel, die sie einsetzen, um akzeptable Wahrheiten zu finden. Manche sagen, dass wir vier verschiedene Mittel haben, um unsere eigene Wahrheit herauszufinden.

Sokrates' Ansatz zur Unterscheidung der Wahrheit

Die erste davon zeigt sich in der Art und Weise, wie wir die Frage der Schuld oder Unschuld in Strafprozessen durch eine sokratische Methode der Debatte prüfen. Zwei Anwälte, die gegensätzliche Positionen vertreten, prüfen den Wahrheitsgehalt der verfügbaren Beweise, und auf der Grundlage dieser Bemühungen entscheidet ein Entscheidungsgremium in Form eines Richters oder einer Jury, was es für die Wahrheit hält. Dies ist das beste System, das wir haben, um die Rechte eines unschuldigen Angeklagten zu schützen, aber das System ist nicht perfekt.

Auch wenn es Sokrates als das beste Mittel erschien, um zu bestimmen, was für ihn wahr ist, würden Humanisten es niemals als gültiges Mittel zur Bestimmung ihrer eigenen Wahrheiten akzeptieren, auf die sie ihre eigene Existenz auf Erden gründen würden.

Wir verlassen uns auf die Behörden, um unsere Wahrheiten zu ermitteln.

Das zweite Mittel zur Feststellung unserer Wahrheiten zeigt sich darin, dass die meisten Menschen bereit sind, Autoritäten zu vertrauen, um festzustellen, was für sie wahr ist. Humanisten können eine Autorität vorläufig akzeptieren, um ein aktuelles Bedürfnis zu befriedigen, aber sie würden ihr nicht ohne Frage vertrauen. In dem Maße, in dem eine Aussage für ihr Leben von Bedeutung ist, können Humanisten die Meinung ihrer Autoritäten akzeptieren, bis eine bessere Antwort auftaucht, aber sie behalten das Recht zu zweifeln und werden den Wahrheitsgehalt dieses Glaubens ständig überprüfen.

Ein Humanist ist in der Regel ein Skeptiker. Die meisten Humanisten können weder die Meinung von irgendjemandem noch irgendein geschriebenes Wort als letzte Wahrheit akzeptieren, auf die sie ihre gesamte Existenz gründen würden. Bestenfalls können sie die Behauptungen ihrer Autoritäten zaghaft akzeptieren. Humanisten glauben, dass alle Ideen und Überzeugungen einer ständigen Prüfung anhand dessen unterzogen werden sollten, was jeder Mensch als Wahrheit anerkannt hat und was er in unserer Welt beobachten kann.

Stehen sie im Widerspruch zueinander, zweifelt ein Humanist an dieser Autorität und vertraut ihrem Standpunkt nicht. Im Laufe der Zeit hat sich gezeigt, dass die meisten Autoritäten nicht die absolute Wahrheit darstellen. Sie sind lediglich die beste Interpretation oder Analyse, die zum jeweiligen Zeitpunkt verfügbar ist, da sich unser Wissen ständig erweitert. Akzeptieren Sie also

Die Meinung eines anderen Menschen oder der Glaube an einen Text als unveränderliche Wahrheit ist für einen Humanisten sehr schwierig.

Lassen Sie uns ein Beispiel näher untersuchen, das ich schon einmal verwendet habe: Es gibt keinen gültigen Beweis dafür, dass die Bibel das "göttliche Wort Gottes" ist. Nur das Kontrollvolk hat ihm das gesagt. Einundvierzig Kopien eines Buches der Bibel wurden unter den Schriftrollen vom Toten Meer gefunden, und sie sind alle unterschiedlich. Welche Version hat Gott inspiriert? Oder war dieses Buch der Bibel einfach die beste Idee eines besorgten Menschen, der in primitiveren Kultur schrieb, und jeder, der das ursprüngliche Buch kopierte, fühlte sich frei, seine eigenen Gedanken zu den Bemühungen der alten Menschen hinzuzufügen, das Leben mit den besten Informationen zu interpretieren, die ihnen damals zur Verfügung standen? Versucht die Person, die Ihnen gesagt hat, dass Sie jedes Wort der Bibel glauben sollen, weil sie "das Wort von" ist, einfach nur, Sie "zu Ihrem eigenen Besten" zu kontrollieren? Oder sind Sie einfach nur das Schaf dieser Person?
Wie bestimmen Sie, was für Sie selbst wahr ist?

Für die meisten Humanisten ist die Logik die Grundlage der überprüfbaren Wahrheit.

Die Logik ist eine dritte Technik zur Wahrheitsfindung. Humanisten sind am besten geeignet, die Logik anzuwenden, indem sie ihr Vorwissen auf eine beliebige Situation anwenden, um den Wahrheitsgehalt eines neuen Satzes zu bestimmen. Diejenigen, die den Wahrheitsgehalt dessen, was ihnen von ihren Behörden gesagt wird, bestätigen müssen, müssen in der Lage sein, die sich daraus ergebende Wahrheit logisch abzuleiten, indem sie jeden Schritt von den Wahrheiten, die sie bereits bestätigt haben, durchdenken, um zu einer vernünftigen (und selbst dann nur vorläufigen) Akzeptanz jeder neuen Aussage zu gelangen. Unser Wissen kann sich durch neue Informationen ständig ändern. Daher ändert sich auch die Akzeptanz unserer Wahrheiten, wenn unser Wissen zunimmt. Deshalb müssen Sie bei der Lektüre dieses Buches aufgeschlossen sein. Dieses Buch wird Ihr Denken herausfordern, aber das Ergebnis ist, dass es Ihnen genügend Informationen liefert, um die Stolpersteine zu überbrücken, die Sie derzeit daran hindern, etwas zu sehen, das im Widerspruch zu einer früheren Überzeugung steht. Um also den größtmöglichen Nutzen aus diesem Buch zu ziehen, müssen Sie sich ständig daran erinnern, einen offenen Geist zu bewahren. Denken Sie daran, dass Sie jederzeit zu einer früheren Überzeugung zurückkehren können, wenn Sie wohin Sie in unserer Diskussion gehen, mit der Sie . Sie haben immer die Kontrolle über sich selbst.

Die Wissenschaft braucht eine Bestätigung, um als wahr akzeptiert zu werden.

Allerdings lassen sich nicht alle Wahrheiten durch Deduktion ermitteln. Das vierte Mittel zur Ermittlung von Wahrheiten, das Humanisten für am zuverlässigsten halten, ist die wissenschaftliche Methode, bei der ein Großteil der Informationen durch induktive Schlussfolgerungen gewonnen wird. In der Wissenschaft beginnt der Forscher mit der Beobachtung oder Betrachtung bestimmter Phänomene oder Ereignisse, stellt eine Hypothese darüber auf, was dieses Ereignis verursacht hat, und testet dann die Hypothese, um festzustellen, ob sie eine plausible Erklärung für die Phänomene darstellt. Um als gültige Theorie zu gelten, müssen andere Wissenschaftler in der Lage sein, die Ergebnisse zu duplizieren. Selbst dann wird die Hypothese nur vorläufig akzeptiert, und andere Wissenschaftler werden die Theorie immer wieder überprüfen und versuchen, sie zu widerlegen oder zu verbessern, wenn mehr Beweise auftauchen. Ein Humanist ist eher geneigt, dieses Mittel zur Feststellung dessen zu akzeptieren, was er für eine zuverlässige Wahrheit hält. Aber auch diese Wahrheiten sind immer vorläufig.

Die Wissenschaft beruht auf dem Prinzip der Überprüfung von Überzeugungen. Für jede Beobachtung eines Phänomens schlagen die Wissenschaftler eine Hypothese als Erklärung vor. Damit Wissenschaftler sie als wahr akzeptieren, müssen andere in der Lage sein, die Theorie zu testen, indem sie das Ergebnis duplizieren. Gelingt dies, wird die Hypothese vorläufig als wahr akzeptiert, bis sich eine andere Antwort in Form einer neuen Hypothese ergibt, die in der Regel auf einer tieferen Erklärungsebene für die Ursprünge dieser Fakten beruht. Auf diese Weise entwickelt sich der Prozess der Entwicklung der "Wahrheit", die wir derzeit akzeptieren, zu einer tieferen, fundierteren Ebene des Glaubens.

Die Relativitätstheorie von Albert Einstein wurde erstmals 1915 veröffentlicht. Erst 2017, also mehr als hundert Jahre später, wurde sie von der Wissenschaft als Tatsache und nicht als Theorie anerkannt.

Für einige mag es für den Rest ihres genügen, die Autoritäten aus der Kindheit zu akzeptieren, die sich auf etablierte religiöse Überzeugungen berufen. Andere, insbesondere diejenigen, die in der Lage sind, auf einem höheren Niveau psychologischer Bedürfnisse zu leben, können werden sie skeptisch. Sie sind vielleicht der Meinung, dass mehr Beweise nötig sind, um etwas zu akzeptieren. Wie Wissenschaftler erkennen auch viele Skeptiker an, dass es keine absoluten Wahrheiten gibt. Alle Überzeugungen müssen vorläufig akzeptiert werden. Eine Vorstellung kann von allen als vorläufig wahr akzeptiert werden, auch wenn wir erkennen, dass wir ihr nicht als unumstößlicher "Wahrheit" trauen können.

Viele Wissenschaftler legen bei der Akzeptanz ihrer religiösen Ansichten die gleichen Maßstäbe an wie bei der Akzeptanz von Beobachtungen unserer physischen Welt. Viele andere akzeptieren ihre religiösen Überzeugungen aus sozialer oder familiärer Bequemlichkeit und kümmern sich daher nicht um die Überprüfung des Wahrheitsgehalts ihrer persönlichen religiösen Überzeugungen. Die Wahrheit mag für sie irrelevant sein. Als Kunstobjekt ist es für sie einfach nur Kunst, daher hat die Wahrheit keine Bedeutung für ihre religiösen Ansichten. Das Kriterium für die Akzeptanz durch einen Humanisten ist, ob er die Kontrolle über das Objekt behält.

Viele Menschen sind nicht in der Lage, eine Wahrheit zu akzeptieren, nur weil sie "blind glauben", dass ihre Autorität richtig ist, oder weil der "Wunsch", dass etwas wahr ist, gleichbedeutend damit ist, zu wissen, dass es wahr ist. Manche Menschen müssen sich erst vergewissern, bevor sie eine wichtige Überzeugung als unumstößliche Wahrheit akzeptieren. Humanisten gehören oft zu diesen Menschen. Um etwas als "wahr" zu akzeptieren, müssen die meisten Humanisten in der Lage sein, die Fakten selbst zu prüfen. Wenn sie das nicht können, werden sie der Sache nicht vertrauen. Ein unbewiesener Glaube ist einfach ein Wunsch, den ein Skeptiker nur vorläufig akzeptieren kann. Den Skeptikern ist es egal, ob es sich um eine wissenschaftliche Theorie oder um ihre religiösen Überzeugungen handelt. Humanisten sind bereit anzuerkennen, dass wir nicht ewig leben können. In dem Maße, wie sich die Wahrheit durch Entdeckung und Suche - in der Regel mit Hilfe der wissenschaftlichen Methode - entfaltet, sollten auch unsere Überzeugungen, einschließlich unserer eigenen religiösen Ansichten, wachsen und sich ständig an die sich verändernde Welt, in der wir leben, anpassen.

Wenn Sie auf einer Insel aufwachsen würden, die vor Ihrer Ankunft eine einsame Insel war, hätten Sie keine Autoritäten, die Ihnen sagen, was Sie glauben sollen. Die meisten Menschen in einer solchen Situation würden sich ganz natürlich die Philosophie des Humanismus aneignen.

Denn wenn Sie das Leben ohne den Einfluss einer äußeren Autorität betrachten, haben Sie nur die Natur als Ihren Führer.

Der Humanismus setzt keinen Glauben voraus, damit unser eigenes Leben einen Sinn hat und wir ein gutes Leben führen können. Humanisten glauben sogar, dass das Fehlen einer Glaubenskomponente ihren ethischen Werten mehr Bedeutung verleiht. Ein Problem für einen Humanisten besteht darin, dass die Forderung nach einem blinden Glauben, der sein Leben leiten soll, bedeutet, dass jemand anderes seine Existenz kontrolliert. Was Humanisten vom Großteil unserer kulturellen Gesellschaft unterscheidet, ist, dass sie ihre eigene Verantwortung für sich selbst übernehmen und die Kontrolle über ihr eigenes Leben behalten wollen. Sie sind nicht bereit, jemand anderem die absolute Kontrolle über ihr Leben zu überlassen, es sei denn, sie geben die Kontrolle vorübergehend an jemanden ab, dem sie vertrauen, um ein unmittelbares Bedürfnis zu erfüllen.

Humanisten erkennen an, dass sie die Werte, die ihr Leben bestimmen, einfach deshalb akzeptieren, weil dieses Verhalten das Richtige ist und die besten Ergebnisse für sie bringt. Sie hängen nicht von einer göttlichen Erklärung ab, die wir befolgen müssen, oder die Konsequenzen zu tragen haben. Das Verhalten eines Humanisten ist nicht durch die Angst vor einer Strafe motiviert, die eine Kontrollperson verhängt hat.

Der Humanismus erhebt nicht den Anspruch, den Glauben der Menschen in Frage zu stellen, aber Humanisten behaupten, dass die Menschen ein gutes Leben führen können, das allein auf dem aktuellen empirischen Wissen beruht, ohne dass wir unsere eigenen Wahrheiten durch "blindes Vertrauen" ermitteln oder unser Leben auf der Erde auf die Suche nach einem stützen müssen, für das es keine gültigen Beweise gibt. Das Einzige, was wir mit Sicherheit wissen, ist, dass es vielleicht nicht existiert.

Es mag ein Leben nach dem Tod geben, aber da wir keine stichhaltigen Beweise für seine Existenz haben, betrachten Humanisten es einfach nicht als einen Faktor, der für ihr eigenes Leben von Bedeutung ist. Es ist uns egal, ob Sie an den Weihnachtsmann glauben, wenn Sie das noch brauchen oder wollen, aber wir ziehen es vor, den Weihnachtsmann einfach als einen kulturell auferlegten Wunsch zu betrachten, der bei unseren Kindern Illusionen erzeugen soll. Der Weihnachtsmann ist einfach ein Mythos, der den Kindern unserer Gesellschaft erzählt wird, bevor sie das Alter der Vernunft erreichen, damit unsere Weihnachtstradition für sie sinnvoll und spannend ist. Manche Eltern nutzen den Mythos auch, um Weihnachtsverhalten ihrer eigenen Kinder zu kontrollieren. Damit will ich nicht sagen, dass es falsch ist, diese Tradition fortzusetzen, sondern nur darauf hinweisen, dass die Vorstellung eines Lebens nach dem Tod den Erwachsenen von den Kontrollpersonen aufgezwungen wird, die sind als Autoritäten akzeptiert worden, die allein auf "blindem Glauben" beruhen. Es gibt keine andere Wahrheitsgrundlage für die Vorstellung, dass etwas für uns als Individuen nach unserem Tod existiert, als unser Wunsch, dass es wahr ist. Das ist für die meisten Humanisten kein ausreichender Grund, um zu akzeptieren, dass ein Leben nach dem Tod ein gültiger Grund ist, um unser Verhalten zu beeinflussen. Wir glauben, dass die einzige Form der Unsterblichkeit, von der wir sicher sind, dass sie wirklich existiert, das Ausmaß ist, in dem die Welt ein besserer Ort ist, weil wir hier waren. Wir wissen, dass dieser Glaube wahr ist.

Viele Menschen glauben, dass ihre Religion auf "der Wahrheit" beruhen muss, um für sie akzeptabel zu sein. Kulturell gesehen befriedigt die Religion einen sehr wichtigen Teil der Bedürfnisse vieler Menschen, vor allem derjenigen, die in erster Linie auf einer niedrigeren Stufe der Bedürftigkeit leben. Ihre Teilnahme hat wenig mit historischen Traditionen oder Mythen oder der Geschichte zu tun, die ihre Mitglieder eint. Die Wahrheit mag für sie nicht relevant sein. Für viele beschränkt sie sich auf die Befriedigung ihrer Sicherheits- und niedrigeren sozialen Bedürfnisse.

Jede Religion und die Philosophie des Humanismus enthalten eine Ethik oder eine Reihe von moralischen Werten, weil sie notwendig sind, um eine organisierte Gesellschaft zu erhalten. Jede Tradition behauptet, sie sei "die Wahrheit". Leider erheben die meisten Religionen den Anspruch, die einzige Wahrheit zu sein, ihre Mitglieder zu kontrollieren. Für unsere organisierte Gesellschaft ist jede Religion ein in sich geschlossenes System, das es einer großen Anzahl von Menschen ermöglicht, sicher zusammenzuleben, indem es die für jeden von uns notwendige gegenseitige Unterstützung bietet. Die Religion erfüllt ein bestimmtes kulturelles Bedürfnis. Jede Kirche, jeder Tempel, jede Synagoge oder Moschee erfüllt im täglichen Leben ihrer Mitglieder einen Zweck, der über ihren religiösen Glauben hinausgeht. So erfüllt jede Religion wichtige Bedürfnisse im Leben ihrer Mitglieder, die wenig mit der Wahrheit des Mythos zu tun haben, der sie eint. Aus diesem Grund können viele Humanisten problemlos daran teilnehmen. Und es gibt Humanisten in jeder religiösen Tradition; die meisten wissen einfach nicht, dass es die Philosophie gibt. Schauen Sie also, ob Sie ein Humanist sind. Das könnte der Grund sein, warum Sie diesen Aufsatz lesen.

Selbst wenn es keine "Wahrheit" im zugrundeliegenden Mythos einer Religion gibt, sondern nur Tradition, sollte das kein Grund sein, die eigenen religiösen Symbole von vornherein abzulehnen, es sei denn, man übernimmt etwas die in dem Maße an Bedeutung gewinnen, wie sich ihre Sicht der Welt durch ihre Bildung erweitert. Nur durch Bildung kann ein Mensch die Symbole aus seiner Kindheit ersetzen und seine Bedürfnisse befriedigen, denn diese Symbole haben emotionale Werte, die im Leben des Menschen sehr wichtig waren.

Deshalb fällt es vielen in unserer Gesellschaft schwer, sich überhaupt mit der Philosophie des Humanismus auseinanderzusetzen. Viele haben das Gefühl, dass sie damit ihre tiefsten, lebenslangen Überzeugungen verwerfen würden. Sie erkennen nicht, dass sie ihre religiösen Ansichten über die Philosophie des Humanismus stellen können. Es geht nicht , sich zwischen dem einen oder dem anderen zu entscheiden. Es geht einfach darum, das eigene Leben in die Hand zu nehmen.

Es wäre falsch und widerspräche der Ethik des humanistischen Verhaltens, die Religion auf der Grundlage der Wahrheit zu verurteilen, denn die Kirche als organisierte Institution befriedigt für viele Menschen ein sehr berechtigtes kulturelles und persönliches Bedürfnis, das nichts mit der Wahrheit ihres zentralen Mythos zu tun hat. Die humanistische Philosophie geht derzeit nicht auf die Bedürfnisse derjenigen ein, die ihre Bedürfnisse auf der Ebene der hohen Sicherheit/des sozialen Milieus mit ihrer eigenen Religion erfüllen.

Die meisten Humanisten würden jedoch zustimmen, dass die Erkenntnis, dass der zentrale Mythos unserer traditionellen Religionen nicht auf Tatsachen beruht, die Art und Weise verändern würde, wie die Religion unser eigenes Leben kontrolliert. Unsere Kontrolle muss dann ausschließlich auf der Vernunft beruhen und nicht auf einer primitiven Wahrheit, von der wir jetzt wissen, dass sie möglicherweise nicht existiert.

Humanisten, die einem Glauben angehören, sind in der Regel der Meinung, dass ihre Mitglieder nicht durch Schuld oder Angst oder durch das Versprechen eines Lebens nach dem Tod kontrolliert werden sollten, das nur für diejenigen gilt, die an die begrenzte Vision einer Person der Kontrolle glauben. Humanisten sind nur aus Gründen zum Handeln motiviert, die sie zu akzeptieren bereit sind, und sie behalten die Kontrolle über ihr eigenes Leben.

Wie bereits erwähnt, gehören Humanisten zwar den meisten Religionen an, aber die meisten Humanisten halten es für unmöglich, eine bestimmte religiöse Lehre oder Autorität als unveränderliche Wahrheit zu akzeptieren, die nur auf "blindem Glauben" beruht, oder irgendeine Autorität zu akzeptieren, ohne dass sie auf "blindem Glauben" beruht. auf der Grundlage von Fakten, die sie für sich selbst als wahr erachten. Viele Humanisten werden dies nicht einmal versuchsweise tun, insbesondere nicht als einzige Grundlage, auf der sie ihr eigenes Leben führen müssen. Humanisten können jedoch die Kontrollperson ihrer Religion als ihre Autorität in vielen Aspekten ihres eigenen Lebens akzeptieren, und zwar wegen der Qualität der Arbeit Person und wegen ihres überlegenen Wissens in einem Bereich des Denkens, in dem der Humanist sich nicht die Mühe machen will, sich selbst zu vervielfältigen.

Den meisten Humanisten ist es egal, was eine andere Person als ihre Wahrheit akzeptieren will, wenn diese Person sich nicht für ihre Vorstellungen interessiert. Eine Person, die sich "gegen dich auflehnt", ist beleidigend, egal ob es sich um einen aktivistischen evangelikalen religiösen Fundamentalisten oder einen aktivistischen Atheisten handelt, der darauf besteht, dass du ihm glauben musst. In manchen Religionen glauben sie sogar, dass sie das Recht haben, dich zu töten, wenn du es nicht tust. Manche glauben sogar, dass ihr Buch der Autorität, sei es der Koran oder Bibel, ihnen befiehlt, dass es ihre Pflicht ist, dies zu tun. Humanisten sind im Allgemeinen nicht daran interessiert, die Lebensauffassung anderer zu ändern, und werden dies in der Regel auch nicht tun, es sei denn, jemand anderes schränkt die Fähigkeit des Humanisten ein, sein eigenes Leben in vollem Umfang seiner Wahl zu leben.

Das liegt daran, dass sich der Humanismus als Philosophie nicht besonders mit einer Religion befasst, da der Fokus des Humanismus ausschließlich auf unserem Leben hier auf der Erde liegt. Viele Humanisten befassen sich nur mit den von der Religion vermittelten Methoden, die sich darauf auswirken, wie jedes Leben hier auf der Erde heute gelebt werden soll, was das Recht oder die Fähigkeit eines jeden Menschen, sein eigenes Leben zu leben, einschränkt. Humanisten wollen, dass wir alle das Recht haben, jeden Glauben anzunehmen, den wir für uns selbst oder für diejenigen, für die wir etwas empfinden, als vorteilhaft empfinden, und auch das Recht, jeden Glauben abzulehnen. Jedem Humanisten steht es frei, jeden Teil der religiösen Traditionen zu akzeptieren, den er für sich selbst als angenehm empfindet.

Viele Humanisten finden, dass sie einige Teile unserer kulturellen religiösen Traditionen in ihre Philosophie aufnehmen können. Wenn ein Humanist feststellt, dass eine bestimmte religiöse Tradition für ihn wichtig ist, um seine eigenen Anliegen anzusprechen, die der Humanismus nicht beantwortet, oder umveine spirituelle Dimension zu ihrer philosophischen Lebensauffassung hinzufügen, oder die Unterstützung ihrer Kirchengemeinde wünschen, oder es als vorteilhaft empfinden, die Bedürfnisse anderer in ihrer Familie zu unterstützen, oder aus irgendeinem anderen Grund, sollte sich niemand Sorgen machen oder Kritik üben. Humanisten glauben, dass alle Menschen ihr Leben so leben können, wie sie es wünschen. Humanisten erkennen an, dass wir nicht alle Antworten auf das Leben haben. Unser Wissen wächst ständig, und niemand hat alle Antworten parat.

Wir betrachten den Humanismus als eine umfassende Lebensphilosophie. Der Humanismus ist jedoch nicht dazu gedacht, die Religion für zu ersetzen, die über unsere Philosophie hinausgehen wollen.

Der größte gemeinsame Nenner zwischen Humanismus und Religion ist, dass beide ein Wertesystem haben. Der Unterschied besteht darin, dass es den Humanisten in erster Linie darum geht, wie wir unser eigenes Leben auf der Erde leben. Für die meisten Humanisten ist nichts anderes wirklich wichtig. Wenn man das Leben ausschließlich unter dem Gesichtspunkt betrachtet, wie man es auf der Erde lebt, nimmt man das Leben selbst viel und gestaltet sein eigenes Leben so sinnvoll und bedeutungsvoll, wie man es für möglich hält. Humanisten wollen nicht aufhören, das einzige Leben zu leben, von dem wir mit Sicherheit wissen, dass wir es haben, während sie sich über ein Leben nach dem Tod Gedanken machen, das es vielleicht gar nicht gibt.

Da wir außer den Autoritäten keine wirklichen Beweise haben, um viele religiöse Überzeugungen zu bestätigen, würden die meisten Humanisten im Allgemeinen deren Erlasse nicht akzeptieren, geschweige denn das Diktat irgendeiner Autorität, die im Namen einer bestimmten Religion spricht, als primäre Grundlage dafür, wie sie ihr eigenes Leben leben würden. Dies gilt insbesondere für die Behauptung, dass unser Versagen, den Glauben irgendeiner Autorität allein aufgrund des von ihr geforderten "blinden Glaubens" zu akzeptieren, zur ewigen Verdammnis führen würde. Niemand kennt die Antwort auf diese Fragen unmissverständlich und absolut. Wir können nur behaupten, sie zu kennen, und solche Behauptungen sind noch nie bewiesen worden.

Humanisten können sich jeder religiösen Tradition anschließen, aber die meisten tun dies in erster Linie aus sozialen oder familiären Gründen, und jeder wird die Freiheit behalten, zu zweifeln. Darüber hinaus sehen Humanisten ihre Beziehung zu einer religiösen Gemeinschaft normalerweise nur als einen Versuch, die Leere in ihrer Suche nach Antworten auf die Fragen zu füllen, die jeder von uns in seinem täglichen Leben stellen kann und auf die die Wissenschaft derzeit keine Antwort gibt. 6 keine klare Antwort. Unsere Religionen liefern die Symbole, um unser Universum zu beschreiben, wenn wir keine bessere Möglichkeit haben, es für diejenigen auszudrücken, die eine Antwort auf die "Warum"-Frage brauchen, die es sonst vielleicht nicht gibt. Für einen Humanisten geht es darumdass die "Warum"-Frage an sich vielleicht nicht gültig ist. Die "Wahrheit" ist, dass es vielleicht keine Antwort auf diese Frage gibt.

Kapitel 6
Wer sind die Kontroll%personen?

Unsere Gesellschaft basiert auf dem Konzept der "People of Control". Wir haben Präsidenten, Gouverneure, Eltern, Lehrer, Polizisten, Feuerwehrleute, Geistliche, Ärzte und Anwälte und viele andere, die ihren Rang in unserer Gesellschaft per Gesetz innehaben. Ihre Wahl, Zulassung oder Delegation verleiht ihnen Autorität. Versuchen Sie einmal, einem Militärkommandanten oder einem Polizeibeamten oder Ihrem Gefängnisdirektor oder Gefängniswärter zu sagen, dass er oder sie keine Kontrollperson ist. Oder dass Sie sich weigern, . Jeder von uns hat Kontrolle über einige Aspekte seiner Existenz; einige unabhängig von unseren Wünschen, einige in dem Maße, wie wir es zulassen, die meisten freiwillig. Einige sind notwendig, weil sie unser soziales System steuern, das uns ein harmonisches Zusammenleben ermöglicht.

Wir gestatten vielen anderen, die Kontrolle über einige Aspekte unseres Lebens zu übernehmen, z. B. Arbeitgebern, Pfadfinderführern, Ehepartnern, unserem Hausarzt, Anwälten, Börsenmaklern und anderen, die den Wert unseres Lebens durch unsere Zustimmung erhöhen. Dann gibt es diejenigen, die versuchen, ihre Autorität über uns zu erzwingen. Versuchen Sie einmal, einem Schuldeneintreiber zu sagen, dass er keine Autorität hat. Der Punkt ist, dass viele Menschen versuchen, eine gewisse Macht über unser Leben und unser Verhalten auszuüben. Es bleibt die berechtigte Frage: Übertragen Sie ihnen die Kontrolle über Ihr Leben, oder behalten Sie die Verantwortung für Ihr eigenes Leben, indem Sie selbst entscheiden, dass Sie nur dann mit ihrem Diktat kooperieren, wenn Sie verstehen, dass dies in Ihrem besten Interesse ist? Wenn Sie Letzteres sind, sind Sie vielleicht ein Humanist und wussten es vor der Lektüre dieses Aufsatzes einfach nicht.

In dem Maße, in dem Sie bereit sind, deren Diktat zu befolgen, aber dennoch die Verantwortung für Ihr eigenes Verhalten übernehmen, ist das für einen Humanisten akzeptabel. In dem Maße, in dem Sie sich gezwungen fühlen, zu gehorchen, ohne Frage, werden Sie kontrolliert. Sie haben zugelassen, dass Sie zu Marionette gemacht werden. In dem Maße, in dem Sie durch Angst, Schuldgefühle oder Belohnung manipuliert werden, um über Ihre eigenen Wünsche hinaus zu handeln, ist das für einen Humanisten inakzeptabel, weil Sie aufhören, Ihr eigenes Leben zu leben. Du bist nicht nur eine Marionette, sondern unterliegst auch der Kontrolle einer anderen Person, die sich oft gegen deine eigenen Interessen richtet. Sie sind ein Schaf geworden.

Aus diesem Grund widersetzen sich Humanisten jenen Kontrollmenschen, die darauf bestehen, dass wir alles einfach aus "blindem Glauben" glauben oder als wahr akzeptieren müssen, vor allem, wenn sie ihre Position nur auf der Grundlage eines Textes stützen können, von dem sie als Kontrollmenschen behaupten, er beruhe auf dem "Wort Gottes" als ihrer letzten Autorität. Das würde bedeuten, dass Autoritäten nur durch Autoritäten bestätigt werden können. Eine solche Argumentation wäre selbst für den Durchschnittsbürger auf der Straße leicht nachvollziehbar und widerspräche jeder Logik. Wäre da nicht die Mystik, die die trübe Linse schafft, durch die wir unsere eigenen Religionen betrachten, würden Sie zustimmen.

Kulturell wird erwartet, dass man an seine eigene Religion glaubt; deshalb wollen viele glauben. Das ist eine verschlungene Logik. Das Problem für einen Skeptiker besteht darin, dass, wenn wir nur wissen, dass etwas wahr ist, weil die Kontrollpersonen uns sagen, dass es wahr ist, wie können wir dann die "Wahrheit" dieser Kontrollperson auf der Grundlage von Beweisen bestätigen, die nur von den Kontrollpersonen bestätigt werden? Das widerspricht der Logik. Diese Form der Kontrolle ist für Humanisten inakzeptabel.

Wir können nie wissen, wann unser Leben das Leben eines anderen Menschen beeinflussen wird. Ein Großonkel, der in Illinois lebte, war ein Skeptiker, der den Lebensweg von Tony Hileman, dem ehemaligen Exekutivdirektor der American Humanist Association, der in Washington, DC, lebt, maßgeblich beeinflusst hat. Denn sein Verwandter, den er nie kennengelernt hat, veröffentlichte 1899 ein Buch mit dem Titel The Life Experience of a Skeptic (Die Lebenserfahrung eines Skeptikers), in dem er feststellte: "Wenn sie ("Control People") dir sagen, du sollst glauben, dann sagen sie dir, du sollst nicht denken. Denn Denken ist (erzeugt) Zweifel. Und wenn man zweifelt, können die Mächte, die versuchen, einen zu kontrollieren, das nicht ertragen.

Dieser eine Gedanke änderte den Verlauf des Lebens eines Verwandten, den der Autor nie persönlich kannte. Es ist zu beachten, dass der Autor vor der Wiederbelebung der epikureischen Philosophie in Amerika schrieb. von John Detrich. Für den Schriftsteller war dieser Gedanke eine Offenbarung. Er überlegte es und verewigte seine Gedanken im Druck - und Tony dachte darüber nach, was dieser Gedanke in seinen prägenden Jahren wirklich bedeutete. Er führte Tony zu seiner Lebensphilosophie, die sein Leben entscheidend geprägt hat und vier Generationen später einen führenden Humanisten hervorgebracht hat. Das Interessanteste an dieser Geschichte ist, dass Tonys Schwester eine katholische Nonne ist und er in einer katholischen Familie aufwuchs. Der Übergang zum Humanismus war für ihn jedoch ganz natürlich, da er dank der Botschaft seines Großonkels, der ihm ein Licht schenkte, das vier Generationen später zu ihm sprach, durch den Schleier seiner Religion blickte. Wir alle haben die Macht, zu beeinflussen. Manche Einflüsse sind gut für andere, weil sie zu einem erfüllten Leben führen. Andere wiederum richten großen Schaden an, weil die Person, die die Kontrolle ausübt, eine Barriere in Form eines Blutergusses geschaffen hat, der das Wachstum des anderen blockiert und ihn daran hindert, "voll lebendig" zu werden.

Der gleiche logische Prozess gilt auch dann, wenn die Kontrollperson unser eigener Arzt ist und unser eigenes Leben von seinem oder ihrem Urteil abhängt. Wir mögen in diesem Bereich uninformiert sein, aber unser wichtigstes Bedürfnis ist es, immer für uns selbst verantwortlich zu sein. Wir fühlen uns frei, unsere eigenen, unabhängigen Nachforschungen anzustellen, um zu überprüfen, was unser eigener Arzt uns sagt. Wir weigern uns im Allgemeinen, die Kontrolle über unsere eigene Existenz an einen anderen abzutreten, es sei denn, wir treffen die begründete Entscheidung, dass dies diesem Zeitpunkt in unserem besten Interesse ist, und wir behalten das Recht und die Fähigkeit, unsere Entscheidungen zu ändern oder sogar rückgängig zu machen.

Wir alle müssen uns bis zu einem gewissen Grad dem Volk der Kontrolle unterwerfen, um uns selbst zu erhalten, während wir in unserer Gesellschaft leben. Die Aufrechterhaltung unserer Gesellschaft ist notwendig, um unsere höheren Bedürfnisse zu unterstützen, weil sie uns die Möglichkeit gibt, die anderen höheren Bedürfnisse unseres Lebens zu genießen. Schließlich wissen wir aus vielen Beispielen in der Geschichte, dass Anarchie unser Leben auf eine chaotische Ebene der Existenz reduzieren könnte, die nicht höher ist als das für unser eigenes Überleben notwendige Maß an Sicherheit.

Ein Problem, das Humanisten mit jeder organisierten Struktur haben, ist, wenn ihre Kontrolleure versuchen, ihre Macht zu missbrauchen, insbesondere durch Techniken wie Angst oder Schuld. Sie müssen sich das Recht vorbehalten, Widerstand zu leisten. Sie muss die Freiheit haben, sie nicht zu erfüllen, aus welchen Gründen auch immer, damit Sie Ihr eigenes Leben überhaupt verwirklichen und letztlich Ihr eigenes Leben für Sie und für andere sinnvoll gestalten können. Ohne diese Macht und ohne dass wir persönliche Verantwortung für uns selbst übernehmen, wird unser eigenes Leben keinen wirklichen Wert für uns haben. Wir werden das Leben eines anderen Menschen leben.

Sicherlich dürfen wir unsere persönliche Freiheit nicht aufgeben, um die Person der Kontrolle zu erhalten. Wir werden nicht mehr von dem feudalen System kontrolliert, das Könige hervorgebracht hat. Denken Sie daran, dass nur religiöse Kontrollpersonen darauf bestehen, dass wir den Zehnten geben müssen. Warum ist das so? Wenn wir die Kontrolle aufgeben, fühlen wir uns vielleicht gezwungen, zum Nutzen einer anderen Person zu arbeiten, um deren Bedürfnisse oder Wünsche zu befriedigen, die leicht mit unseren eigenen in Konflikt geraten können. Selbst in unserer Religion sollten wir nur handeln, weil wir der Meinung sind, dass es das Beste für uns ist. Das ganze Leben ist ein Balanceakt.

Eines der Ziele dieses Aufsatzes ist es, dass Sie darüber nachdenken, was nötig ist, um die Verantwortung für Ihre eigenen Entscheidungen zu behalten oder zurückzugewinnen, ohne von einer Kontrollperson manipuliert zu werden. Eine solche Kontrolle kann durchaus die Qualität Ihres eigenen Lebens beeinträchtigen. Sie werden es vielleicht nie erfahren. Sie haben das Recht, jede Kontrollperson zu akzeptieren, die Sie als vorteilhaft und akzeptabel für sich empfinden, und kein Humanist hätte etwas dagegen, dass Sie sich das Recht vorbehalten, deren Wahrheit zu überprüfen. Die Frage ist: Werden Sie den Unterschied erkennen?

Kapitel VII
Wie sollen wir unser Leben leben?
(Was ist das?)

Die wichtigste Frage bleibt: *Wenn alles, was wir wissen, ist, dass wir existieren, wie können wir dann einen Sinn in unserem eigenen Leben finden?* Wenn unser ultimativer Zweck nur das Überleben und das Wachstum unserer , Ist unser Dasein nur dazu da, uns fortzupflanzen und dann zu sterben wie eine männliche Biene, eine männliche Ameise oder eine Schwarze Witwe? Wenn ja, dann sollten wir Älteren unsere Pflicht tun und aufhören, die Ressourcen der Erde zu verschwenden. Das ist kein sehr befriedigender Gedanke.

Wir sollten zumindest eine Antwort für uns selbst haben. Die menschliche Existenz könnte ein Unfall gewesen sein, wie Donald Johansson meint. Ein übernatürlicher Gott diktiert vielleicht nicht unser Verhalten. Aber das bedeutet nicht, dass unser Leben, solange wir hier sind, keinen Wert haben sollte, zumindest nicht für uns selbst. Die Psychologie ist vielleicht die einzige Wissenschaft, die wir derzeit nutzen können, um besser zu verstehen, was in unserem eigenen Leben letztlich wichtig ist.

Dies ist das wichtigste Kapitel in diesem Buch für Ihr eigenes Leben. Nehmen Sie sich die Zeit, das Gelesene vollständig zu verstehen, bevor Sie weitermachen, und beziehen Sie sich dann auf dieses Kapitel, wenn Sie weitere Fragen oder Bedenken haben. **Das Verstehen dieses Kapitels ist der wesentliche Schlüssel zu einem erfüllten Leben für jeden von Ihnen.**

Psychologie als Wissenschaft

Die Psychologie als Wissenschaft hat ihren Ursprung bei Sigmund Freud. Freud, der psychisch Kranken half, ihr Leben zu verbessern, indem er sich auf was an ihrem Verhalten falsch war. So begann die

Psychologie als eine negative Wissenschaft.

Die "Behavioristen" stellen die zweite Phase der modernen Psychologie dar. Jeder hat schon von Pawlows Hund gehört, der das Läuten einer Glocke mit der Lieferung von Futter assoziierte. Sein Hund speichelte, als er die Glocke läutete. Dies zeigte, dass Verhalten konditioniert werden kann. B. F. Skinner, ein humanistischer Psychologe, konstruierte Labyrinthe, in denen er Experimente mit weißen Ratten durchführte, um zu zeigen, dass diese lernfähig sind. Der Behaviorismus zeigt, dass der Entzug von Bedürfnissen einen Impuls auslöst, der zu einem Verhalten führt. Durch die Veränderung eines vorangehenden Reizes kann das Verhalten geändert werden. Während meines Studiums der Verhaltenswissenschaften im Fachbereich Psychologie an der Drake University wurde mir einmal gesagt, dass man einem Kind mit einem Viehtreiber an einem Tag das Töpfchen beibringen kann". (Der Dozent räumte ein: "Natürlich würde das Kind für den Rest seines Lebens neurotisch werden, aber man könnte sein Verhalten sicherlich ändern. Der Lehrer wollte damit sagen, dass jede Wissenschaft, wie jedes Wissen, missbraucht werden kann).

Skinner war ein Humanist. In dem Monat, in dem er starb, schrieb ich ihm als Präsident der American Humanist Association. Skinner arbeitete an einem Buch, das die Evolution der Psychologie aus der Perspektive Darwins erklären sollte. Ich bedaure sehr, dass er starb, bevor es zur Veröffentlichung fertig war. Edwin Wilson, der erste geschäftsführende Direktor der AHA, saß während einer Jahrestagung der Vereinigung auf einem Barhocker zwischen BF Skinner und Abraham Maslow. Sie diskutierten über ihre persönlichen Interpretationen der Bedeutung des Humanismus. Ich wäre gerne eine Maus in der Ecke gewesen und hätte ihrer Diskussion zugehört. Ich habe mehrmals bedauert, dass ich Ed Wilson nicht gebeten habe, einen Artikel über ihre Diskussion für unser humanistisches Archiv zu schreiben, sich jetzt in der Meadville-Lombard Unitarian Seminary Library in Chicago befindet. Es wäre ein Klassiker unter den Psychologen gewesen.

Maslows Ziel für unser Leben

Die humanistische Psychologie ist zur dritten Kraft in der Psychologie in diesem Wissenschaftsbereich geworden und hat unser Verständnis dafür revolutioniert, wie wir unser eigenes Leben so gestalten können, dass wir unser volles Potenzial ausschöpfen.

Dr. Abraham Maslow, der Begründer der humanistischen Psychologie, hat eine tragfähige wissenschaftliche Theorie zur Sinnfindung im Leben eines jeden Menschen aufgestellt. Maslow wuchs im Zeitalter des Behaviorismus auf. Um herauszufinden, warum zwei seiner Psychologieprofessoren so wunderbare Menschen waren, konnte Maslow keinen Mangel an Bedürfnissen finden, der ihr wunderbares Verhalten verursacht haben könnte. wurde ihm klar, dass die Psychologie den Begriff "Bedürfnisse" vielleicht falsch verstanden hatte. Wenn es zu einem Mangel an Bedürfnissen kommt, werden Menschen abnormal, bis sie krank werden, wie Freuds Patienten. Maslow entdeckte, dass Menschen, die völlig gesund sind, keinen Bedürfnisentzug haben. Nach ernsthaftem Nachdenken über dieses Problem erkannte Maslow, dass es mehrere klar differenzierte Ebenen oder Kategorien menschlicher Bedürfnisse gibt, die auf der Triebkraft des Bedürfnisses nach Bedürfnisbefriedigung basieren. Die Stärke des Bedürfnismangels ist nicht mehr linear, wie man bis dahin angenommen hatte.

Maslow entdeckte dann, dass der Mensch auf mehreren psychologischen Ebenen lebt und dass unser Verhalten und unsere individuelle Ausrichtung auf das Leben stark variieren, je nachdem, auf Ebene wir uns gerade hauptsächlich befinden. Unser aktuell vorherrschendes Bedürfnisniveau regelt unsere momentane Existenz.

Unser Ziel sollte es sein, während unseres gesamten Lebens weiter zu wachsen. Unser Gefühl des Erfolgs ergibt sich aus dem Maß der Reise durch das Leben selbst. Erfolg ist nicht einfach das Erreichen eines Ziels. Erfolg ist das Gefühl, das wir bekommen, wenn wir unser eigenes Wachstum erkennen, während wir uns auf ein Ziel zubewegen. Wenn wir ein Ziel erreicht haben, sollte ein neues Ziel an die Stelle des vorherigen getreten sein, da wir unser Leben ausdehnen und es für uns sinnvoller gestalten. Unser ständiges Wachstum während unseres Lebens ist unser Lebensziel, damit wir unsere eigene Existenz verwirklichen und den höchsten Lebensstandard erreichen können, den wir für uns selbst erreichen können. Unsere Ziele sind vorübergehend und müssen unseren Horizont ständig erweitern, wenn wir wachsen wollen, damit unser Leben für uns einen wirklichen Wert hat. Maslow war der erste Psychologe, der die Ansicht vertrat, dass das Ziel eines jeden von uns im Leben darin besteht, sich selbst zu verwirklichen, indem wir die höchste Lebensstufe erreichen, zu der wir individuell in der Lage sind. Maslow erkannte, dass die Bedeutung unserer Selbstverwirklichung je nach Bedürfnisniveau unterschiedlich ist. Die meisten Menschen sind damit zufrieden, auf einer niedrigeren Bedürfnisstufe zu leben.

Niveau der Bedürfnisse. Einige Menschen können den höchsten Lebensstandard erreichen. Worin besteht dieser Unterschied?

Maslows Hierarchie der Bedürfnisse

Maslow stellte fest, dass Bedürfnisse nach der Stärke des durch ihren Mangel verursachten Triebes geordnet werden können und dass Bedürfnisse mit größerer Triebstärke überwiegen. Wenn eine Person zum hungrig ist, wird sie sich zuerst um dieses Bedürfnis kümmern und den Wunsch, anderen zu helfen oder weiterhin klassische Musik zu hören, zurückstellen. Maslow entdeckte, dass es sechs sehr unterschiedliche hierarchische Ebenen menschlicher Bedürfnisse gibt. Er fand auch heraus, dass die Triebkraft der niederen Bedürfnisse im Durchschnitt doppelt so groß ist wie die der nächsthöheren, so dass diese Bedürfnisse das Verhalten der Person zu diesem Zeitpunkt antreiben, um sie zu befriedigen, so dass sie sich dann ihren höherrangigen Bedürfnissen zuwenden kann.

Grundlegende Bedürfnisse

Das Überleben ist das Hauptanliegen aller lebenden Organismen (und aller Institutionen, Regierungen und organisierten Systeme). Daraus folgt, dass die stärksten oder primären Bedürfnisse diejenigen der physiologischen Notwendigkeit sind. Zu diesen Grundbedürfnissen gehören u. a. Nahrung, Wasser, Luft, Sex, Ausscheidung, Wärme und Schlaf. Wenn man wirklich auf die Toilette muss, ist nichts anderes besonders wichtig. Zur Veranschaulichung kann man diese "Grundbedürfnisse" als Bedürfnisse mit einer Stärke von eins bezeichnen. Viele Menschen in manchen Gegenden der Welt können dies auch kaum überwinden. Schauen Sie sich das aktuelle Leben der Menschen in Asien an, die in diesem Jahrzehnt von einem geistesgestörten Diktator aus ihrer Heimat vertrieben wurden.

Sicherheitsbedürfnisse

Sobald unsere Grundbedürfnisse ausreichend befriedigt sind, machen wir uns natürlich "ein schönes Nest", um ihre künftige Befriedigung sicherzustellen. Wir Wir suchen Schutz, um uns vor den Elementen zu schützen. Wir werden zum Beschützer. Maslow bezeichnete diese nächste Ebene als "Sicherheitsbedürfnisse" und stellte fest, dass diese Bedürfnisse oft weniger als die Hälfte der Antriebskraft der Grundbedürfnisse haben. Wie wir bereits in der Einleitung beschrieben haben, müssen manche Menschen, die über ein gewisses Maß an Wohlstand verfügen, aber ein Leben gewählt haben, das sich von der Gesellschaft abhebt, den größten Teil ihres Lebens auf dieser Ebene verbringen, um sich vor anderen zu schützen und so ihr eigenes Überleben zu sichern.

Wenn es uns schlecht geht, denken wir normalerweise nicht an die Nähe der nächsten Toilette. Wenn wir jedoch nicht in der Lage sind, uns zu erleichtern, machen wir uns Gedanken darüber, was beim nächsten Mal passieren wird, vor allem wenn Hindernisse unsere sofortige Erleichterung verhindern. Ein Soldat, der in der Ausbildung auf die Toilette muss, hat diese Lektion gut gelernt. Es passiert nie wieder.

Soziale Bedürfnisse

Sobald wir sicher sind, neigen wir natürlich dazu, Freundschaften und liebevolle Beziehungen zu suchen. Wir sind in der Lage, auf der Ebene des Bedürfnisses "sozial oder zugehörig" zu leben. Wir wollen dazugehören akzeptiert und geliebt werden. Deshalb beziehen wir andere in unsere Abwehrmechanismen ein und lassen sie an der Befriedigung unserer Bedürfnisse teilhaben. Obwohl dies für uns alle sehr wichtig ist, haben diese sozialen Bedürfnisse nur ein Viertel der Stärke unserer Grundbedürfnisse (versuchen Sie einmal, dieses Konzept einem Teenager unter Hormoneinfluss zu erklären). 70 % aller Amerikaner sind heute auf der sozialen Ebene oder darunter gefangen und wissen nicht, dass es drei Ebenen über ihnen gibt.

Ego, Selbstbewußtsein oder Identitätsbedürfnisse

Wenn unsere eigenen Bedürfnisse und die Bedürfnisse unserer Liebsten -Wenn wir uns sicher fühlen und unsere Grundbedürfnisse befriedigt sind, sind wir frei, Anerkennung von anderen zu suchen. Maslow bezeichnete diese Ebene als "Ego", "Selbstbewusstsein" oder "Selbstwertbedürfnisse". Obwohl die Stärke des Ichs stark erscheinen mag, ist die Antriebskraft dieser Bedürfnisse oft nur halb so groß wie die unserer sozialen Bedürfnisse.

Das ständige Ziel eines jeden Menschen sollte es sein, sein eigenes Dasein hier auf der Erde zu "verwirklichen". Wenn wir zufrieden sind, dass wir von anderen nicht nur akzeptiert, sondern auch geschätzt werden, sind wir frei, uns mit unserer Umgebung zu identifizieren und zu integrieren. Dann können wir unsere eigene Realität erkennen und uns auf sie einstimmen". Erst dann sind wir psychologisch in der Lage, unsere eigene Existenz zu verwirklichen. Maslow war der Ansicht, dass Menschen, die sich selbst verwirklicht haben, zu einer "ganzen Person" werden. Er definierte die Bedürfnisse nach "Verwirklichung" mit fünfzehn verschiedenen Adjektiven. Sie lauten: Wahrheit, Güte, Schönheit, Einheit, Vitalität, Einzigartigkeit, Vollkommenheit und Notwendigkeit, Ganzheit, Selbstgenügsamkeit, Gerechtigkeit und Ordnung, Einfachheit, Reichtum, Leichtigkeit, Spiel und Sinn. Wenn wir die Welt schmecken, versuchen wir, die aktualisierte Ebene unserer eigenen Bedürfnisse zu befriedigen.

Wir sind nur dann in der Lage, dieses Ziel zu erreichen, wenn unsere Grundbedürfnisse nach Sicherheit, Geborgenheit, Geselligkeit und Selbstbewusstsein angemessen befriedigt sind. Auf dieser Ebene befassen wir uns mit abstrakten Konzepten wie der Ästhetik und verbessern die Umwelt um uns herum. Wir beginnen, erfüllte Menschen zu werden, die mit sich selbst im Reinen sind. Dann sind wir zum ersten Mal in der Lage, Erfüllung im Leben anderer zu suchen, und zwar ausschließlich zu deren Nutzen und nicht zu unserem eigenen. Zum ersten Mal sind wir in der Lage, über uns selbst hinauszugehen und die Fülle des Lebens zu erreichen.

Maslow erkannte, dass es sich bei unseren Bedürfnissen in immer geringerem Maße um Defizit- oder Mangelbedürfnisse handelt. Wenn wir ein Defizit haben, verspüren wir das Bedürfnis, es zu beheben. Die Stärke des Defizits bestimmt die Stärke des Antriebs für unser aktuelles Verhalten, da wir versuchen, dieses Bedürfnis zu befriedigen. Da unser angeborenes Verhalten im Wesentlichen durch das Bedürfnis nach unserem eigenen Überleben bestimmt wird, sind diese Bedürfnisse vorrangig und daher die stärksten. Maslow sagte, dass diese Bedürfnisse "instinktoide" sind, wie instinktive Bedürfnisse. Zu den Grundbedürfnissen gehört das Bedürfnis nach Selbsterkenntnis, mit dem wir die Qualität unseres eigenen Lebens schrittweise verbessern. Die Verwirklichungsbedürfnisse fallen in den Bereich der "Seins"-Bedürfnisse. Man strebt danach, das vollkommenste, das "Ich", das "Ich" zu werden. voll", ein vollständiger Mensch.

Daher auch Maslows Begriff "Selbstverwirklichung". Alle Lebewesen sind auf den untersten Ebenen des Lebens vollkommen egoistisch. Die Stärke unseres egoistischen Triebs nimmt in dem Maße ab, wie alle anderen Bedürfnisse abnehmen, bis auf der Ebene der Verwirklichung jeglicher Egoismus verschwindet. Altruismus beginnt erst zu erscheinen, wenn wir uns der Verwirklichung nähern.

Die wichtigste von Maslows Entdeckungen ist, was passiert, wenn wir unsere eigene Existenz vollständig verwirklichen. Wenn wir unser volles Potenzial erkennen, erreichen wir augenblicklich einen Zustand der totalen Erfüllung. In diesem Zustand der Zufriedenheit können wir in Harmonie mit unserer eigenen Umgebung schwingen. Zumindest für diesen Moment sind wir frei von jeglichem Stress und können dann unser eigenes Friedensgefühl als "Gipfelerlebnis" erkennen. Maslow erkannte, dass nur etwa sechs Prozent unserer heutigen Gesellschaft diese Ebene jemals erreichen. Nur ein Prozent erreicht ein Gipfelerlebnis. Eines der Hauptziele einer organisierten Gesellschaft besteht darin, ein Umfeld zu schaffen, das jedem, der bereit ist, die notwendigen Anstrengungen zu unternehmen, die Möglichkeit gibt, diese Ebene zu erreichen.

Wenn wir eine Gipfelerfahrung machen, haben wir in diesem Moment ein vollständiges Verständnis unserer aktuellen Situation und sind vollkommen zufrieden. Wie ein Schnellboot auf dem Wasser, das eine Ebene über den Wellen erreicht, arbeiten wir mit viel weniger Energiebedarf und beschleunigen mit viel größerer Geschwindigkeit und viel größerer Tiefe des Verständnisses, weil wir in diesem Moment mit größerer Klarheit denken und unsere eigene Situation verstehen können. Wir sehen dann für einen Moment unser eigenes Leben und alles um uns herum, als wären wir ein Beobachter außerhalb von uns selbst, der ohne jegliche Einschränkungen hineinschaut. Mehr als jede andere Erfahrung in unserem Leben fühlen sich die meisten Menschen während einer Gipfelerfahrung wirklich stimuliert, befreit und erfüllt.

Doch selbst diejenigen, die ihre eigene Existenz verwirklicht haben, müssen die meiste Zeit ihres Lebens damit verbringen, sich um ihre Bedürfnisse auf der unteren Ebene zu kümmern, um vorübergehend auf ihrer höheren Lebensebene leben zu können. Wir leben überwiegend immer nur auf einer Ebene. Wir beginnen unser Leben auf der untersten Ebene, aber wenn wir nicht durch äußere Kräfte gehemmt und über die Mittel zur Befriedigung unserer Bedürfnisse verfügen, können wir uns auf natürliche Weise auf jeder Ebene weiterentwickeln. Maslow entdeckte, dass das natürliche Ziel und Zweck fü unser eigenes Leben ist für unser eigenes kontinuierliches Wachstum. Es geht darum, unser Leben auf der höchsten Ebene zu halten, die wir erreichen können, und letztlich darum, dass wir eine Gipfelerfahrung machen können. Dann werden wir wissen, dass wir unser eigenes Leben in vollen Zügen leben. Von da an werden wir nicht mehr durch unsere egoistischen Bedürfnisse motiviert sein. Dann können wir voll und ganz lebendig werden.

Wie können wir unseren Egoismus überwinden?

Maslow fand heraus, dass manche Menschen, sobald sie einen Höhepunkt erreicht haben, in der Lage sind, sich von ihren eigenen, eher egoistischen Motivationen zu lösen und ihre weiteren Bemühungen über sich selbst hinaus zu richten. Manche Menschen sind dann in der Lage, externe Motivationen zu akzeptieren, die sich auf eine Sache oder eine andere Person oder sogar auf eine lebenslange Verpflichtung erstrecken. Wir können dann mit voller Genugtuung zum Wohle einer anderen Person oder für eine Sache leben, die dem Wohl anderer dient, möglicherweise sogar zu unserem eigenen körperlichen Nachteil. Indem wir über uns selbst hinauswachsen, wird unser eigenes Leben noch bedeutungsvoller und letztlich auch bedeutungsvoller für uns selbst. In dem Moment, in dem wir unser eigenes Selbst transzendieren und tatsächlich "transhuman" werden, fühlen wir uns "voll lebendig" und im Einklang mit allem um uns herum.

Viele Psychologiestudenten beharren darauf, dass Maslow nur fünf Stufen von Bedürfnissen identifiziert hat. Das ist im Wesentlichen die Maslowsche Hierarchie. Später in seiner Laufbahn extrapolierte Maslow eine sechste Ebene, indem er erkannte, dass manche Menschen ihre eigene Existenz mit Ursachen außerhalb ihrer selbst verschmelzen können.

Diese sechste, höchste Stufe eröffnet dem Leben einen neuen Bereich. Eine Mutter hängt an ihrem Sohn oder ihrer Tochter; ein Künstler verliert sich in seiner Malerei bis zu dem Punkt, an dem er auf Essen und Schlafen verzichtet; ein Arzt arbeitet für die Rettung des Patienten, dem er dient, bis zu dem Punkt, an dem er seine eigenen Bedürfnisse riskiert; und ein Lehrer kann seine eigene Identität verlieren und sich ganz seinen Schülern widmen. Der Lehrer geht in der Entwicklung seiner Schüler auf. Ein Anwalt identifiziert sich mit dem Erfolg seines Mandanten.

Eine Person, die derzeit auf dieser Ebene lebt, hat die Bedürfnisse der Menschen, denen sie dient, oder einer Sache oder einer Idee mit ihren eigenen verschmolzen, so dass diese äußeren Bedürfnisse ihre eigenen Bedürfnisse und Wünsche diktieren können, sogar unter Ausschluss ihrer eigenen persönlichen Bedürfnisse.

Ein Test dafür, ob eine Person auf dieser Ebene leben kann, besteht darin, zu analysieren, wie sie ihre eigenen Bemühungen beschreibt. Enthält die Beschreibung ihres Lebenswerks einen persönlichen Bezug zu ihrer Person? Wenn ja, befinden sich ihre Motive möglicherweise noch auf der Ego-Ebene. Fragen, die man diesen Menschen stellen sollte, sind: "Welche Aktivitäten geben Ihnen die größte Befriedigung oder Belohnung in Ihrem Leben? "Was gibt Ihrem Leben den meisten

Sinn?". Die transpersonalen Werte, die von Menschen zum Ausdruck gebracht werden, die über ihre eigenen Bedürfnisse hinausgegangen sind, sagen uns viel über diese Person. Sobald eine Person auf dieser Ebene leben kann, verschmilzt das Selbst mit der Sache, die dann zum Hauptzweck der eigenen Existenz geworden ist.

Danach wird der Sinn des Lebens dieser Person mit der Sache, für die er oder sie sich geboren fühlt, allgegenwärtig. Als Person wird er, auch von anderen, mit der Leidenschaft identifiziert, der er dient. Sein ganzes bisheriges Leben war nur ein Vorspiel zu dem Leben, das er jetzt lebt. Ein Vorteil für diese Person ist, dass sie den größten Teil ihres restlichen Lebens auf oder über der aktualisierten Ebene leben kann.

Der humanistische Autor Isaac Asimov war in den letzten Jahren Lebens fest entschlossen, sein 500stes Buch zu veröffentlichen. Bevor er starb, veröffentlichte er etwa alle sechzig Tage ein Buch. Wenn ich ihn um Informationen oder um seine Autorität als mein Nachfolger als Präsident der American Humanist Association bat, schrieb er immer zurück. Aber er antwortete mit Postkarten, weil er sein Lebensziel nicht aufschieben wollte. Asimovs Frau, Janet Jepson, sagte mir, ich solle mich nicht schlecht fühlen; er mache das mit jedem, auch mit seiner Familie.

Viele von Asimovs Büchern befassten sich mit wissenschaftlichen Bereichen, in denen er ein bestimmtes Thema eingehend behandelte. Wie ich bereits erwähnt habe, *sind Asimov's Guide to Physics und Asimov's Guide to Science Klassiker. Asimov's Guide to the Bible (Asimovs Leitfaden für die Bibel)*, ein zweibändiges Werk, behandelt jedes Kapitel der Bibel und ordnet es in sein historisches Umfeld ein, so dass Sie besser verstehen können, warum dieses biblische Kapitel geschrieben wurde. Diese Bücher sind auch heute noch, mehr als 40 Jahre später, in den Buchläden zu finden nach seinem Tod. Zu seinen Lebzeiten veröffentlichte er 480 Bücher, von denen ein Drittel die Science-Fiction-Werke waren, für die er bei jüngeren Generationen am besten bekannt ist.

Wenn ein Mensch über die Verwirklichung hinausgehen kann, ist er ein ganzer Mensch geworden, der nicht mehr von seinen eigenen Bedürfnissen eingenommen ist. Daher kann er seine Aufmerksamkeit ausschließlich den Bedürfnissen anderer oder den Aufgaben seines

Lebens widmen. An diesem Punkt werden sie altruistisch und ihr Verhalten ist nicht mehr das Ergebnis der Befriedigung ihrer eigenen Bedürfnisse. Ihr Blick und ihre Motivation richten sich ausschließlich auf das Gute, das sie für andere und die Welt, in der wir leben, tun.

Um dies zu verdeutlichen, zeichnete Maslow ein Diagramm einer Pyramide, die die Bedürfnisstufen des Menschen darstellt. Er kam zu dem Schluss, dass die biologischen und psychologischen Bedürfnisse nicht linear, sondern unterschiedlich stark ausgeprägt sind, was zu einem Drang nach Befriedigung führt, der auf fünf Ebenen quantifiziert werden kann. Die stärkere Bedürfnisstufe hat Vorrang und muss zuerst befriedigt werden.

Das Ziel eines jeden von uns ist es, unsere eigene Existenz zu verwirklichen, indem wir den Punkt einer Gipfelerfahrung überschreiten und unsere zukünftigen Bemühungen frei einbringen, um unsere eigene Unsterblichkeit zu erreichen, indem wir unsere Welt als einen besseren Ort hinterlassen, weil wir hier waren. Die Maslowsche Bedürfnishierarchie zeigt uns den Weg, wie wir unser eigenes Leben voll ausschöpfen können. Wenn wir einen Höhepunkt erreichen, werden wir wissen, dass wir dann voll und ganz lebendig sind.

Der Mensch unterscheidet sich von anderen tierischen Lebewesen durch die Größe seines Gehirns. größer ist, können wir abstrakt denken. So können wir uns Situationen oder Objekte vorstellen, die vielleicht gar nicht existieren. Wir können in einer Weise über uns selbst hinaus denken, an der unsere Hunde oder Katzen nicht teilhaben können. So beschwören wir die Vorstellung von Göttern herauf, die vielleicht existieren, die unsere Haustiere aber nicht begreifen können. Wir haben die Illusion eines Lebens nach unserem eigenen Tod geschaffen, das für jede andere Lebensform bedeutungslos ist. Wir können auf all diesen Ebenen leben. Unsere Haustiere können nur das soziale Medium erreichen. Ameisen kommen kaum über die Grundstufe hinaus. Amöben kommen nicht über die Grundstufe hinaus. Schauen wir uns Maslows Hierarchie der Bedürfnisse an, wie er sie konzipiert hat.

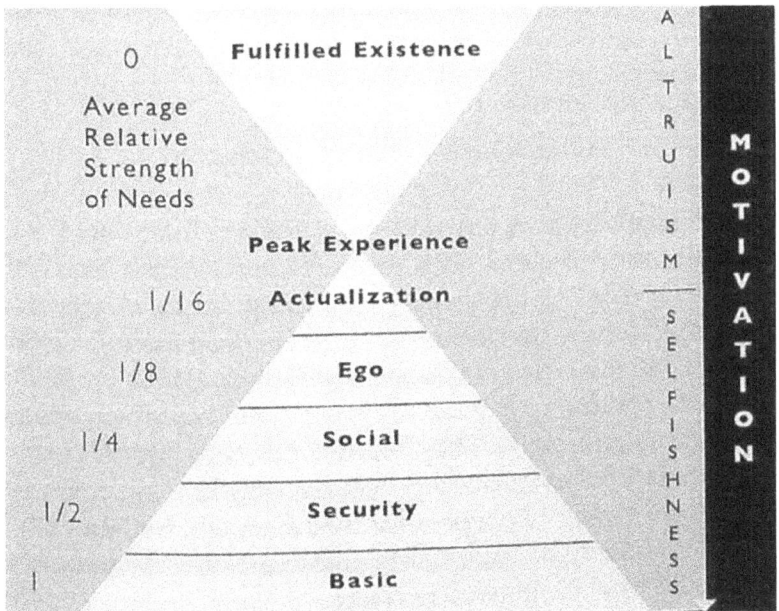

MASLOWSCHE BEDÜRFNISHIERARCHIE PYRAMIDE

Beachten Sie, dass die relative Stärke unserer Bedürfnisse auf jeder Ebene etwa halb so groß ist wie auf der vorangegangenen Ebene. Auch die Stärke unseres Egoismus ist bei den meisten Menschen im Vergleich zu der primären Ebene, auf der sie sich gerade befinden, geringer. Im Laufe eines normalen Tages durchlaufen die meisten Menschen mehrere Ebenen, je nach ihren derzeitigen Bemühungen, den verfügbaren Ressourcen, dem Stress und dem Verantwortungsgefühl, das sie bei der Erreichung ihrer Ziele empfinden, und vor allem je nach ihrer derzeitigen Einstellung.

Der Mensch ist ein komplexes Wesen.

Die geringe Größe der einzelnen Ebenen in diesem Diagramm spiegelt nicht nur die treibende Kraft der einzelnen Ebenen wider, sondern repräsentiert auch recht gut die heute auf der Erde lebende Bevölkerung. Es gibt viel mehr Menschen, die auf der Basisstufe leben als auf der höheren Stufe. Nur sehr wenige erreichen die Aufbaustufe. Global gesehen leben wir immer noch ein relativ primitives Leben.

Das ultimative Ziel des organisierten Humanismus sollte es sein, die Öffentlichkeit über die Existenz höherer Lebensebenen aufzuklären, die jeder von uns letztendlich erreichen kann, die Entwicklung der Mittel für das Wachstum unserer Gesellschaft zu identifizieren und zu fördern und diejenigen zu ermutigen, die die Wege für das Wachstum unserer Gesellschaft bereitstellen können, damit jeder eines Tages in unserer Zukunft die Verwirklichung erreichen kann.

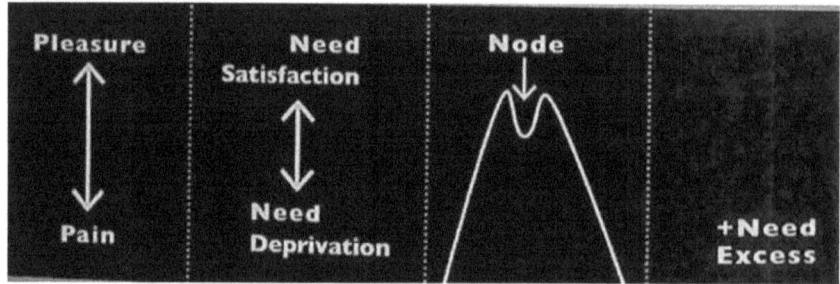

Diejenigen, die eine volle Existenz haben

Maslow erkannte, dass Menschen, die ihr eigenes Leben verwirklicht haben, in der Lage sind, sich über ihr eigenes Selbst zu erheben und ihre eigene volle Existenz zu erreichen. Er erkannte, dass diese Menschen einen bedeutenden Wandel ihrer Werte erfahren hatten. Maslow nannte dieses Phänomen "Selbsterkenntnis" oder "B-Werte", was bedeutet, dass eine Person in der Lage ist, den Zweck ihrer eigenen Existenz mit etwas zu identifizieren, das über das eigene Selbst hinausgeht. Die "Ursache" wird für diese Person zur Motivation für ihre Existenz. Sie werden ununterscheidbar von ihrer Ursache. Letztendlich sind voll verwirklichte Menschen nicht nur zu ganzen Personen geworden, die einen sinnvollen Zweck für sich selbst haben, sondern sie sind auch für andere bedeutsam geworden und können den Wert ihres eigenen Lebens an dem Guten messen, das sie schaffen.

Der Einzelne kann sich auf jeder Stufe der Bedürfnishierarchie selbst verwirklichen. Solange sich eine Person jedoch nicht verwirklicht hat, bleibt ihre Motivation in erster Linie egoistisch. Nur eine vollständig verwirklichte Person hat keine altruistischen persönlichen Motive. Unterhalb der sechsten Stufe sind es vor allem egoistische Motive, die unser Verhalten beeinflussen.

Im Idealfall verdienen die Menschen ihren Lebensunterhalt mit dem, was ihre eigenen Bedürfnisse nach Selbstverwirklichung und Transzendenz erfüllt. Denjenigen, die dazu in der Lage sind, gibt ihre Lebensaufgabe ein Gefühl von Zielstrebigkeit; so können wir mit einer Arbeit, die unsere Leidenschaft erfüllt, alle unsere Bedürfnisse im Leben befriedigen. Lehrer, Seelsorger, Künstler, Ärzte, sogar einige Anwälte und viele andere Berufe können ein Gefühl des Wohlbefindens und der Erfüllung erfahren, wenn sie alle ihre Bedürfnisse durch ihr berufliches Fachwissen erfüllen.

Maslows Forschungsmethoden

Maslow, der hochfunktionale Menschen eingehend befragen wollte, um besser zu verstehen, wie sie aus eigener Kraft zur Erfüllung gelangen, und um die Auswirkungen von Gipfelerlebnissen auf das Leben der Menschen zu verstehen, musste zunächst wissen, welche der Personen, die er nach dem Zufallsprinzip befragen wollte, in der Lage waren, ihre eigene Existenz zu verwirklichen. Er musste zunächst Tests entwickeln, um diejenigen zu finden, die auf der Ebene der Verwirklichung leben, um die zu befragenden Personen von der Masse der Freiwilligen zu trennen.

Sein erster Test war die Musik. Maslow fand heraus, dass eine Person, die auf der Basisebene lebt, nur laute und definierte Musik, wie Hardrock oder Schlagzeug, als sinnvoll empfindet. Da wir unser Leben auf der Basisebene beginnen, könnte dies erklären, warum unsere Kinder zu Beginn ihres Lebens laute Schlagzeugmusik bevorzugen. Wie bei allen Aspekten des Lebens gibt es leider auch hier einige, die nie darüber hinauswachsen.

Eine Person auf der sozialen Stufe kann populäre Musik leicht schätzen. Auf der höheren Stufe wiederum findet eine Person eher subtile Orchestrierungen, wie z. B. Beethoven, schön. Eine Person auf der höheren Stufe kann auch Hardrock sowie die gesamte Bandbreite der Musik schätzen, obwohl sie normalerweise eher eine klassische oder subtile Orchestrierung bevorzugt. Eine Person auf der Grund- oder

Sicherheitsstufe wird jedoch in der Regel niemals Beethoven genießen.

Für einen anderen Test verwendete Maslow Humor. Für eine Person, die auf der Basis- oder Sicherheitsstufe lebt, sind Gewalt, Sex oder ein anderes schweres Ereignis muss enthalten sein, damit es als Humor wahrgenommen wird. Auf der sozialen Ebene können Witze über Menschen als lustig empfunden werden. Auf der aktualisierten Ebene können Unstimmigkeiten lustig sein. Auch hier wird die Person auf der Basisebene selten verstehen, warum etwas Unpassendes lustig sein kann, während eine Person auf der aufgewerteten Ebene einen "unpassenden" Witz sowie die größere Vielfalt des Humors schätzen könnte. Für eine Person, die auf der Basis- oder Sicherheitsstufe lebt, ist die Wahrnehmung von Abstraktion in jeder Form stark eingeschränkt. Die Anwendung dieser Testverfahren wird uns helfen, die Lebensebene der Menschen, denen wir begegnen, zu unterscheiden und so die Menschen, mit denen wir zu tun haben, besser zu verstehen.

Verständnis für die Bedürfnisse

Die Befriedigung der einzelnen Bedürfnisse verläuft nicht linear, sondern eher wie eine Glockenkurve mit einer Vertiefung oder einem "Knoten" an der Spitze. Schmerz kann sowohl auf den Mangel als auch auf die Überbefriedigung eines Bedürfnisses zurückzuführen sein. Zum Beispiel kann man Durst verspüren, Wasser trinken und sich deutlich besser fühlen, bis ein Höchststand erreicht ist. Danach führt ein wenig mehr Wasser zu einem leichten Rückgang, bis der Durst vollständig gestillt ist. Wenn man mehr Wasser trinkt, kommt es zu einem Überschuss, und dann beginnt man wieder, Schmerzen zu empfinden. Ein Mensch kann sowohl an einem Mangel als auch an einem Überschuss sterben. Der gleiche Weg gilt für alle Bedürfnisse.

Typischer Verlauf der Bedürfnisse auf einer Genuss-Schmerz-Skala

Homöostase ist der Zustand des Gleichgewichts. Der Versuch, die Homöostase zu erreichen, ist eine natürliche und ständige Anstrengung unseres Körpers. Das Ziel der Bedürfnisbefriedigung ist es, innerhalb des Gleichgewichtsknotens oder -punktes zu bleiben. Unser Ziel im Leben ist es, ein ausgeglichenes Leben zu führen, in dem alle unsere Bedürfnisse angemessen befriedigt werden. Wenn alle unsere Bedürfnisse zu einem bestimmten Zeitpunkt vollständig befriedigt sind, können wir den einzigartigen Zustand erreichen, in Harmonie mit unserer unmittelbaren Umgebung zu sein. Dieser Zustand, den Maslow als "Gipfelerlebnis" bezeichnete, zeigt an, dass wir in diesem Moment voll und ganz auf der höchsten Ebene unserer eigenen Existenz leben. Ein voll gesättigter Mensch Ein Gipfeltreffen bedeutet, dass Sie sich am Knotenpunkt all Ihrer Bedürfnisse ausruhen, sowohl physisch als auch psychisch.

Wenn ein Gipfelerlebnis eintritt, gehen Sie wie eine Stimmgabel in Resonanz mit Ihrer eigenen Realität. Sie sind dann "im Einklang" mit Ihrem eigenen Universum. Es kann subtil sein und unbemerkt bleiben. Oder es kann Sie wie ein Stein treffen, vor allem, wenn es Ihr erstes ist. Sie können ein Gefühl der Euphorie erleben, als ob Sie in der Luft schweben würden. In diesem Zustand haben Sie volles Verständnis für alle Aspekte des Lebens um Sie herum und fühlen sich wohl, selbst wenn Sie sonst in einer negativen Situation gefangen wären. Menschen, die im Gefängnis sitzen, sogar solche, die gerade Konkurs angemeldet oder die Scheidung eingereicht haben, und solche, die mit ihrem eigenen Tod konfrontiert sind, können diesen Zustand unter den richtigen Umständen erreichen. Offensichtlich ist es schwieriger, wenn die Aufmerksamkeit der Person anderweitig beschäftigt ist. Das Erreichen der Ganzheit hängt jedoch von unserer Einstellung zu unserer gegenwärtigen Situation ab.

Einige von uns haben in unserer amerikanischen Kultur und Umgebung vielleicht von Zeit zu Zeit ein Gipfelerlebnis gehabt, vielleicht ohne zu erkennen, was dabei geschah, oder ohne seine Bedeutung zu verstehen. Im Moment eines Gipfelerlebnisses erscheint einem alles auf der Welt richtig. Das kann sehr beängstigend sein, wenn man keine Grundlage für das Verständnis des hat. Maslow glaubte, dass das typische "Wiedergeburtserlebnis" eines evangelikalen Fundamentalisten wahrscheinlich ein religiös bezeichnetes Gipfelerlebnis ist. Es ist ein "Aha!"-Moment. Da die meisten Menschen nicht in der Lage sind, ihre Erfahrung in wissenschaftlichen Begriffen zu formulieren, werden sie auf das zurückgreifen, was sie wissen, um das Phänomen zu erklären, und so ihr eigenes Wohlbefinden auf ihre Vorstellung von Gott zurückführen.

Für den zum Tode Verurteilten bedeutet ein Gipfelerlebnis nicht, dass er oder sie seine oder ihre Inhaftierung gutheißt. In diesem Moment wird er oder sie jedoch zumindest seine oder ihre Situation verstehen und in der Lage sein, das Unvermeidliche zu akzeptieren. Zumindest für einen kurzen Moment werden sie eine viel größere Vision haben. Ein Mensch, der an Krebs stirbt, kann eine ähnliche Erfahrung machen, wenn er sich mit seinem Schicksal abgefunden hat. Palliativdienste leisten Wunder, wenn es darum geht, Menschen zu helfen, ihren eigenen Tod zu akzeptieren, indem sie dieses Prinzip anwenden.

Für Maslow ist das Erreichen eines Gipfelerlebnisses der "Höhepunkt" unserer eigenen persönlichen Existenz, ein Leben in unserem eigenen Selbst. Wir werden in einem psychologischen Sinne zu einer völlig "gesunden" Person. Damit haben wir in diesem Moment alles erfüllt, was in diesem Moment wichtig ist. Wir sind für einen Moment "Fully Alive" und vollkommen zufrieden. Es wäre schwierig, wenn nicht gar unmöglich, kontinuierlich auf der aktualisierten Ebene mit anhaltenden Spitzenerlebnissen zu leben. Wenn wir jedoch diesen Moment einfangen können, in dem wir keine persönlichen Bedürfnisse mehr haben, können wir über uns selbst hinauswachsen und uns auf ein größeres Ziel einstimmen. Dann können wir eine voll funktionsfähige Person werden, deren Leben nicht nur für uns selbst, sondern auch für andere von Bedeutung ist. Dann werden wir "voll lebendig" sein. Wenn wir einmal den Weg gefunden haben, ist der nächste noch einfacher. Wir können lernen, routinemäßig zurückzukehren.

Der normale Weg des ungehinderten Wachstums durch das Leben

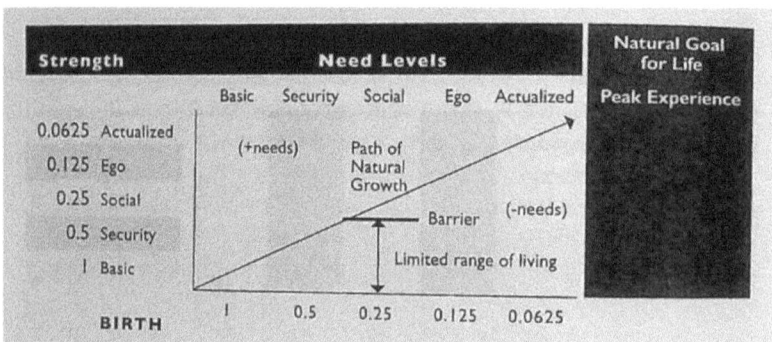

Der normale Weg des Wachstums im Leben beginnt mit der Befriedigung der Grundbedürfnisse und führt, sofern er nicht durch ein Hindernis blockiert wird, schließlich zur Verwirklichung. Es ist zu beachten, dass die treibende Kraft der Bedürfnisse zunehmend subtiler wird und weniger ein Faktor ist, der unser Verhalten steuert, während wir auf dem Weg des Wachstums voranschreiten. Wir wachsen am besten auf einem Pfad, der relativ neutral ist zwischen positiven oder anziehenden Bedürfnissen und negativen oder vermeidenden Bedürfnissen. Wir steigen natürlich auf dem Weg des geringsten Widerstands auf. Wenn jedoch unsere Antriebskraft nachlässt, ist es für die kulturellen Traditionen unserer Gesellschaft und die Menschen der Kontrolle, denen wir in unserem Leben begegnen, leichter, Hindernisse für unser Wachstum einzuführen oder aufzuerlegen. natürliches Kontinuum. Einige sind subtil und können sogar unser eigenes Bewusstsein überwinden. So sind wir uns vielleicht nicht bewusst, dass wir kontrolliert werden. Diese Hindernisse können unser Wachstum verlangsamen oder sogar stoppen.

Denken Sie an die Auswirkungen von Schuldgefühlen, die uns von den Eltern oder einigen Geistlichen auferlegt werden. Sobald wir auf eine Barriere stoßen, wird unser natürliches Wachstum in diesem Bereich unserer Bemühungen vorübergehend aufhören, bis die Barriere entfernt oder umgangen wird, wenn ihre Stärke die Stärke unseres Antriebs für das Bedürfnis übersteigt, wir gerade auf der Ebene des Bedürfnisses, das wir gerade leben, angehen. Wenn die Barrieren in einem Skatom verankert sind, leben wir vielleicht den Rest unseres Lebens, ohne über diese auferlegte Barriere hinauszuwachsen. Ohne überhaupt zu wissen, dass eine höhere Ebene des Lebens existiert. Wir können zufrieden sein und uns in unserem engen Lebensbereich sicher fühlen. Sobald eine Barriere als das Beste für uns akzeptiert wird, wird sie zu einem Skatom. Dann können wir niemanden mehr akzeptieren, der diese Barriere frontal herausfordert. Um unsere Barriere zu überwinden, müssen wir eine Brücke über sie bauen oder einen Umweg machen. Dies erfordert in der Regel eine nicht bedrohliche Erziehung, die einen neuen Weg entwickelt. Unsere Vision des Lebens über infantile Skatome zu erheben, ist eines der Hauptziele unserer Universitätserfahrung.

Wir könnten erkennen, dass unsere Bedürfnisse auf der Ebene einer Gipfelerfahrung sehr subtil sind, weil es keine treibende Kraft gibt. Oder das Gefühl der Euphorie kann intensiv sein, weil die Erfahrung so neu ist. Da es in keine starke treibende Kraft gibt, die ein Verhalten auslöst, wenn wir eine Gipfelerfahrung machen, kann es sein, dass wir uns einfach gut fühlen und nicht wissen, warum. Die Erfahrung kann vorübergehend sein. Denn ein niedrigeres Bedürfnis mit einem stärkeren Antrieb - wir haben unweigerlich Hunger oder sind mit einem Ruf der Natur konfrontiert - wird bald die Oberhand gewinnen, und unser Verhalten wird sich ändern, um dieses neue Bedürfnis aufgrund seiner größeren Antriebskraft zu erfüllen. Wir können dann unseren Weg zur Befriedigung wieder aufnehmen, es sei denn, wir stoßen auf ein Hindernis, das unser Wachstum einschränkt.

Stellen Sie sich vor, wie aufgeregt Sie waren, als Sie Klavieranfänger waren und zum ersten Mal "mit Stäbchen" spielen konnten. Diese Euphorie hielt nur so lange an, bis Sie mit der nächsten schwierigeren Musikstunde konfrontiert wurden. Aber dann konnten Sie immer noch "mit Stäbchen" weiterspielen. Einmal

Wenn wir nicht durch Barrieren oder äußere Kräfte gehemmt werden, werden wir auf natürliche Weise lernen, über unsere gegenwärtige Lebensebene hinauszuwachsen und schließlich die verwirklichte Lebensebene zu erreichen. Wenn wir nicht durch äußere Hindernisse oder Kräfte gehemmt werden, werden wir auf natürliche Weise lernen, über unsere derzeitige Lebensebene hinauszuwachsen und schließlich die verwirklichte Ebene des Lebens zu erreichen. Unser Ziel sollte es sein, in unseren Bemühungen weiter zu wachsen, unser Leben für uns selbst und für andere sinnvoll zu gestalten, während wir nach der Erfüllung unserer eigenen Existenz suchen.

Mit Lite auf dem Königsweg zum Wachstum

Das Wachstum verläuft nicht geradlinig. Wir erleben Phasen, in denen wir auf einem flachen Plateau leben, während wir die Bedürfnisse jeder Stufe erfüllen, während wir voranschreiten. Wenn wir zum ersten Mal eine höhere Stufe erreichen, ist das dramatisch. Wie ein Setzling auf der Basisstufe und dann eine Pflanze auf der Sicherheitsstufe, wachsen und reifen wir weiter. Die Erkenntnis, dass wir eine höhere Ebene erreicht haben, ist so offensichtlich, als ob Sie eine Rosenknospe auf der sozialen Ebene wären, die sich zu einer American Beauty Rose auf der Ich-Ebene des Selbstbewusstseins entwickelt. Auf der Ebene der Verwirklichung verlagert sich unsere Sorge normalerweise darauf, anderen die Möglichkeit zum Aufblühen zu geben.

Um die nächste Stufe zu erreichen, müssen wir offen und zugänglich für Wachstum sein. Wenn wir älter werden, kann höheres Wachstum schwieriger werden, weil wir mehr Vermögen oder Status erworben haben, die mehr Schutz erfordern, und weil wir uns künstliche Ziele gesetzt haben, die viel von unserer Energie absorbieren. Schließlich haben wir vielleicht Kinder und dann Enkelkinder, die wir beschützen müssen. Unser Ziel ist es, konzentriert zu bleiben und kontinuierlich zu wachsen. Um dies zu erreichen, müssen wir uns der Hindernisse bewusst sein, die andere in unserer Kultur errichten.

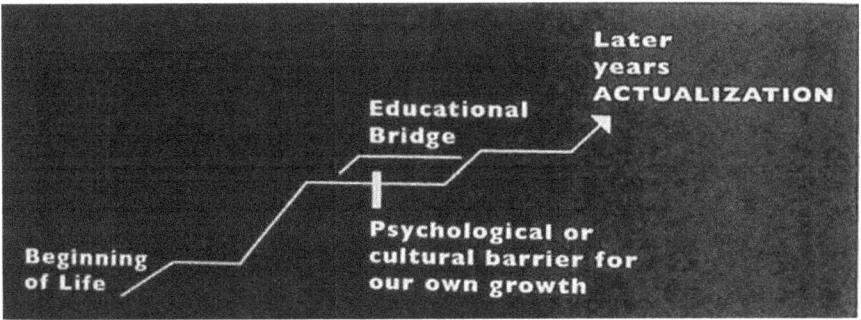

Typischer Weg des erfolgreichen Wachstumsim Leben

Normalerweise werden unsere Abwehrmechanismen im mittleren Alter viel stärker und weniger flexibel. Wir haben das Gefühl, dass wir das, was wir uns aufgebaut haben, schützen müssen. Wenn wir hingegen den Ruhestand erreichen, fällt es uns vielleicht leichter, das Erreichte aufzuholen, vor allem, weil die selbst gesteckten Ziele nicht mehr so wichtig für uns sind. Zu diesem Zeitpunkt in unserem Leben haben wir vielleicht unsere persönlichen Ziele erreicht oder sie sind durch dringendere Bedürfnisse ersetzt worden. Vielleicht haben wir eine Midlife-Crisis durchgemacht und endlich akzeptiert, dass wir nicht unsterblich sind, und vielleicht sind wir sogar bereit zu akzeptieren, dass wir beim Golf nie ein Hole-in-One schaffen werden.

Wenn wir uns nicht mehr von Misserfolgen bedroht fühlen, nicht mehr das Gefühl haben, anderen etwas beweisen zu müssen, nicht mehr das Gefühl haben, andere beeindrucken zu müssen, um im Leben voranzukommen, oder irgendetwas anderes, das in unserem Leben Stress verursacht hat, dann können wir die Barrieren, die unser eigenes Wachstum in früheren Lebensabschnitten verzögert oder blockiert haben, überwinden oder bessere Wege finden, sie zu umgehen. Diese Entspannung der stärksten niederen Bedürfnisse kann es uns ermöglichen, endlich die höheren Ebenen des zu erreichen. An diesem Punkt in unserem Leben werden wir in der Lage sein, das Niveau unserer eigenen Bedeutung zum Nutzen anderer zu erhöhen.

Wenn wir "Präsident" der Junior League werden müssen, um kurzzeitig mit uns selbst zufrieden zu sein, kann man kaum erwarten, dass wir andere Möglichkeiten erkennen, die über die Ebene des Ego hinausgehen. Es ist lobenswert, das Amt des Präsidenten einer so wertvollen Organisation auszuüben. Der Unterschied liegt in dem Bedürfnis, das unseren Wunsch, Präsident zu werden, motiviert: Streben wir danach, Präsident zu werden, um Anerkennung für die Befriedigung unseres eigenen Egos zu erlangen, oder streben wir diese Position wegen des Guten an, das wir der Welt bieten können? eine so wertvolle Organisation zu leiten? Die Antwort spiegelt das Ausmaß der Not wider, in der wir heute leben.

Auf der Ego-Ebene und darunter können wir so viele Probleme im täglichen Leben absorbieren, dass wir das Leben nicht wirklich zu schätzen wissen. Viele uns müssen erst in den Ruhestand gehen, bevor wir uns von unseren Verpflichtungen gegenüber künstlichen Bestrebungen befreien können, und dann können wir frei sein, neue Möglichkeiten und Wachstum in unserem eigenen Leben anzunehmen.

Nur wenn wir in der Lage sind, unsere niedrigeren Barrieren zu überwinden und unsere anderen aktuellen Bedürfnisse zu befriedigen, können wir das Gefühl haben, dass zumindest in diesem Moment alles "gut" in unserem Leben ist. An dem Punkt der Verwirklichung sind wir frei von unseren eigenen Begrenzungen. Wir sind dann vielleicht in der Lage, unseren Egoismus zu überwinden, so dass wir das Gute, das wir erreichen können, wenn wir unser Leben für andere leben, vergrößern können.

Das sollte unser Ziel sein, wenn wir wirklich unsere eigene Existenz verwirklichen wollen, während wir hier auf der Erde sind.

Wenn wir dieses Ziel erreicht haben, können wir uns wieder auf diese Ebene begeben, wenn auch zunächst nur mühsam, weil wir unbekanntes Terrain erreicht haben. Genau wie beim ersten Mal, als wir die nächsthöhere Stufe in der Hierarchie der Bedürfnisse erreichten. Mit konzentrierter Anstrengung wird es leichter.

Jetzt, da Sie Ihren Wachstumspfad kennen, können Sie nach Möglichkeiten suchen, Ihr Leben im höchsten Nest zu leben, bis Sie es meistern. Sie werden wissen, dass Sie in der Lage sind, das Ziel Ihres Lebens zu erreichen, wenn Sie eine "Gipfelerfahrung" machen. Um das Beste aus Ihrem Leben herauszuholen, müssen Sie sich von da an darauf konzentrieren, das Leben anderer entscheidend zu verbessern, ohne daran zu denken, wie Sie selbst davon profitieren können. Diese Anstrengung kann sehr anstrengend werden. Die Belohnung kommt dann, wenn Sie erkennen, dass Sie einen echten und bedeutenden Unterschied in unserer Welt machen können.

Wenn wir entdecken, dass wir den größten Teil unserer Energie darauf verwenden, zu helfen, und dabei unsere eigenen Bedürfnisse vernachlässigen, um dieses Ziel zu erreichen, werden Sie wissen, dass Ihr Leben einen Sinn hat.

Wenn dies zu unserer primären Lebenseinstellung wird, werden Sie wissen, dass Ihr Leben einen Sinn hat. wird sich bald natürlich anfühlen, und die Bedürfnisse auf unseren unteren Ebenen werden an Bedeutung verlieren. Wir sehen das bei Künstlern, die vergessen zu essen, während sie ihre Kunst produzieren. Wir sehen es bei Ärzten, die vergessen zu essen, während sie sich um einen kritischen Patienten kümmern. Wir sehen es bei Lehrern, die trotz eines Einkommens, das kaum ihre Grundbedürfnisse deckt, die notwendige Ausrüstung für ihre Schüler kaufen.

Der Punkt ist, dass diejenigen, die diese Stufe erreichen, sich euphorisch fühlen, ihre Bedürfnisse wurden über sich selbst gestellt, und sie haben jetzt einen Zweck, der sie erfüllt fühlen lässt. Ihr Leben ist wirklich wichtig, denn sie sehen die Wirkung ihres Lebens durch die Menschen oder Projekte, denen sie dann dienen. Das sollte Ihr Lebensziel sein, wenn Sie "Fully Alive" werden wollen.

Das Ergebnis ist das, was Ihre eigene Unsterblichkeit schafft. Die Welt ist ein besserer Ort geworden, weil Sie hier gewesen sind. Ihre Unsterblichkeit wird in dem Maße dauerhaft, wie das, was Sie erreicht haben, Generationen überdauert. So wie Tony Hilemans Urgroßonkel, der Tonys Leben veränderte, damit er heute die Welt für so viele andere verändern kann, die daraufhin das Leben anderer verbessern werden. Es vervielfacht sich exponentiell.

Kapitel VIII
Warum ist die Verwirklichung so wichtig? Schwierig?

Wir leben in einer Welt der Gewalt. Alles Leben auf der Erde ist in einer Umgebung gefangen, in der die Stärksten die besten Überlebenschancen haben. Das erste und wichtigste Ziel jeder Person oder Lebensform - von Insekten bis hin zu den künstlichen Lebensformen von Regierung, Politik, Wirtschaft und Institutionen - ist das gleiche. Das oberste Ziel von allem ist es, zu überleben. Alles andere ist zweitrangig oder auf unserer Wichtigkeitsskala nachrangig. Veränderungen bedrohen die Existenz. Die Aufrechterhaltung des Gleichgewichts und die Bewahrung des Status quo ist eine ständige Anstrengung für jede Lebensform oder Entität. Dabei wirken wir uns auf das Leben anderer aus, manchmal in negativer Weise. Die Nahrungskette schreibt vor, dass schwächere Lebensformen ihr eigenes Leben opfern, damit andere, die weiter oben in der Kette stehen, überleben können, aber das bedeutet nicht, dass sie dies freiwillig tun. Diejenigen, die gefressen werden sollen, kämpfen um ihre eigene Existenz. Man muss nur angeln, um dieses Prinzip zu verstehen.

Der Mensch ist genauso ein Teil der natürlichen Welt wie jede andere Spezies. Die Umgebung eines jeden Menschen auf der Erde ist oft grausam. Jeder von uns lernt vom Tag seiner Geburt an, sich vor Schmerzen zu schützen. Unser ständiges Streben nach Leben zwingt uns zu versuchen, unsere Lebensbedingungen zu verbessern. Da unser eigenes Überleben im Grunde ein Grundbedürfnis ist, können wir gar nicht anders handeln. Allerdings können wir uns nicht allein aus eigener Kraft über das Niveau der Sicherheit hinaus gesund entwickeln. Um zu überleben, müssen wir mit unserer Umwelt und mit anderen in unserer Kultur interagieren. Diese äußeren Faktoren bestimmen unser Verhalten. Wir brauchen die Hilfe anderer, um auf die nächsthöhere Ebene unseres eigenen Lebens zu gelangen.

Die vielen Techniken, die wir vom Tag unserer Geburt an entwickeln, um uns vor Bedrohungen zu schützen, insbesondere vor solchen, die von äußeren Kräften ausgehen, können selbst Hindernisse für unser weiteres Wachstum darstellen. Alle Barrieren können unser natürliches Fortschreiten zur Verwirklichung unseres vollen Potenzials blockieren. Es bedarf ständiger bewusster Anstrengungen, um solche Barrieren zu umgehen, damit wir unser normales Wachstum auf unserem natürlichen Weg zu unserem Ziel, der Verwirklichung unseres eigenen Lebens, fortsetzen können.

Um wirklich gesund zu sein und in einen neuen, höheren Lebensbereich übergehen zu können, muss man zunächst erkennen, wo Barrieren bestehen. Wir sehen selten unsere eigenen Barrieren. Die Menschen fühlen sich sicherer, wenn sie innerhalb bekannter Parameter leben, und deshalb viele mit ihrer derzeitigen Existenz zufrieden. Tatsächlich kann die Beseitigung von Barrieren sogar bedrohlich sein. Es erfordert unsere eigene Energie und mehr Aufwand und Risiko, als viele bereit sind zu tragen. Die meisten leben in Unkenntnis der Tatsache, dass höhere und lohnendere Möglichkeiten in Reichweite sind. Die Interaktion mit anderen, eine offene Haltung, die es uns erlaubt, neue Informationen zu testen und dann möglicherweise zu akzeptieren, ist unerlässlich, um finden, unsere eigenen Hindernisse für unser eigenes Wachstum zu umgehen.

Es ist oft eine allzu menschliche Tendenz, den Weg des geringsten Widerstands zu gehen. Erwachsenwerden ist nicht immer einfach. Vor einigen Jahren hat My Fair Lady das Thema ins Rampenlicht gerückt. Die Figur der Eliza Doolittle verbrachte den gesamten Film (bzw. das Broadway-Stück) damit, zu lernen, über ihr früheres Leben hinauszuwachsen und Blumen auf der zu verkaufen. Viele sind nicht bereit, sich diese Mühe zu machen, und begnügen sich damit, in den Grenzen ihrer eingeschränkten Existenz zu bleiben. So sind sie dazu verdammt, ihre eigene Existenz nie zu verwirklichen. Das ist wirklich tragisch. Sie reflektierte die Wohltat, als sie endlich erkannte, dass sie ungehemmt beim nächsten Höheren in ihrem Leben angekommen war.

Wir müssen uns ständig darauf konzentrieren, Barrieren zu finden und dann zu beseitigen, wenn wir erfüllt werden und unsere eigene

Existenz verwirklichen wollen. Hindernisse entstehen in der Regel ohne unser Wissen oder unsere Zustimmung. Einige Barrieren schaffen wir uns selbst aufgrund von Ängsten, die entwickeln sich, während wir unser Leben leben und mit unseren Fehlern umgehen. Andere werden uns von Menschen auferlegt, die - aus welchen Gründen auch immer - kontrollieren wollen, was wir denken und fühlen und vor allem, was wir tun. Wie bereits erwähnt, gibt es alle Arten von "Kontrollpersonen", die uns veranlassen, kulturelle Barrieren zu entwickeln, denen wir täglich begegnen, von den Eltern bis hin zur Bedrohung durch Autoritätspersonen wie die Polizei oder unsere Schullehrer. Vielleicht begegnen wir sogar subtileren Autoritätspersonen, wie denen unserer religiösen Konfessionen, die in guter Absicht versuchen, uns ihre Vorstellung von ethischem Verhalten beizubringen. Wir können auch Menschen als "Autoritäten" akzeptieren, die mehr von ihren eigenen Bedürfnissen motiviert sind, als dass sie uns helfen.

Erfahrungen aus der frühen Kindheit bilden einige der größten Hindernisse für unser Leben. Zum Beispiel ist die Drohung mit der ewigen Verdammnis, die uns in unserer Jugend, vor dem Alter der Vernunft, präsentiert wird, ein großer Knüppel, den die meisten von uns nicht überwinden können. Unabhängig von den guten Absichten der Kleriker, die eine solche Botschaft vermitteln, können solche Drohungen leicht eine Barriere schaffen, die den Lebensbereich der meisten Menschen für immer einschränkt, höchstwahrscheinlich zu ihrem Nachteil. Die meisten Humanisten sehen keinen triftigen Grund, dies zu tun.

Überzeugungen, die zu Barrieren werden, können "Skatome" schaffen, die unsere eigene Sicht des Lebens und damit unsere eigene Existenz einschränken. Ein "Skatom" ist ein blinder Fleck in unserer eigenen Sicht der Realität. Die Skatome sind unveränderliche Glaubenssätze für die betreffende Person. Für etwas, das unser Leben betrifft, sollten wir die einzigen sein, die diese Entscheidungen für sich selbst treffen.

Wir alle haben Kontrollpersonen in unserem Leben, über die wir vielleicht nie hinauswachsen. Ich habe immer noch Angst vor meiner Lehrerin in der ersten Klasse, die mir sagte, ich könne keine lesbare Schreibschrift schreiben, und sie ist seit dreißig Jahren tot. Die

Überwindung dieses Skatoms ist vielleicht der Grund dafür, dass ich Anwalt geworden bin, wo ich schreiben muss. So viele Hindernisse führen zu irrationalen Ergebnissen. Vielleicht hat es mir aber auch einen Gefallen getan. Ich habe es gut gemeint. Aber ich habe es an ihr ausgelassen. Ich war der Einzige, den sie noch hatte, als sie starb, und als ihr Anwalt habe ich sie beerdigt, aber die Angst, die sie in meinem Leben ausgelöst hat, ist nicht mit ihr gestorben.

Alle Hindernisse müssen sofort in Frage gestellt werden, wenn sie leicht beseitigt werden sollen. Wenn man sie in Ruhe lässt, können sich irrationale Überzeugungen, die zu Barrieren werden, von einem vorübergehenden Schutz in eine dauerhafte Fixierung verwandeln.

Sie können sogar zu Verteidigungsmechanismen werden, die die Kontrolle über diesen Aspekt unseres Lebens übernehmen und so unser Verhaltensspektrum einschränken. Auf diese Weise werden die Barrieren zu einem Skatom.

Skatome

Skatome funktionieren wie Spam-Blocker auf Computern. Sie stoßen jede widersprüchliche Information ab, um eine aktuelle Überzeugung zu schützen, und können diese Person feindselig gegenüber jeder anderen Sicht der Realität machen. Oft kann eine Person, die durch ein Skatom eingeschränkt ist, sogar gewalttätig werden, wenn sie aggressiv zu einer Überzeugung befragt wird, insbesondere wenn diese Überzeugung auf ihrer Sicherheitsstufe liegt, was bei ihren religiösen Überzeugungen der Fall ist.

Man muss nur einen aktivistischen religiösen Fundamentalisten oder einen aktivistischen Atheisten treffen und ihr Denken in Frage stellen, um die Wirkung ihres Skatoms zu erkennen. Aktivisten am anderen Ende des religiösen Glaubensspektrums reagieren oft so, wie Sie reagieren würden, wenn Ihnen jemand sagen würde, dass "Ihre Mutter oder Ihr Kind hässlich ist". Die meisten Menschen wollen den Typus des "in your face", zu dem viele Aktivisten an beiden Enden des religiösen Spektrums gehören, vermeiden. Meistens nehmen Menschen neue Informationen, die ihre Überzeugungen über das

Maß an Sicherheitsbedürfnis betreffen als Bedrohung wahr. Aus diesem Grund werden sie gewalttätig. Vermutlich werden Menschen, die Sie konfrontieren, bald lernen, dass eine Konfrontation mit einem aggressiven Atheisten oder Fundamentalisten einfach nicht funktioniert. Warum sollten sie es also tun?

Formale Bildung kann das beste - vielleicht das einzige - Mittel sein, um diese blinden Flecken anzusprechen und letztlich zu verändern oder solche Skatome in Frage zu stellen. Das Erlernen neuer Informationen in einem nicht bedrohlichen Umfeld ist der einzige wirksame Weg, um Barrieren zu überwinden, anstatt unsere Überzeugungen direkt anzugreifen, wo unsere eigenen Skatome sich immer gegen Veränderungen wehren werden. Veränderungen direkt zu provozieren ist wie gegen eine Mauer zu stoßen.

Sich zu zwingen, bei jeder Aktivität ein wenig weiter zu gehen, kann Wunder bewirken, um zu verhindern, dass sich Barrieren in unserem eigenen Leben festsetzen, aber auch im Leben unserer Kinder und der Menschen, die uns wichtig sind und die wir in unsere eigenen Abwehrmechanismen auf unserer sozialen Ebene einbezogen haben.

Einige Hindernisse können physischer Natur sein, wie z. B. räumliche oder zeitliche Beschränkungen oder die Verfügbarkeit von Nahrungsmitteln, während andere in Glaubenssystemen begründet sein können. Einige sind auf Krankheiten oder unser eigenes Versagen zurückzuführen. Aber am häufigsten werden sie von unserer Kultur verursacht oder uns von wohlmeinenden Menschen auferlegt, die unser Verhalten kontrollieren wollen - zu "unserem eigenen Besten", versteht sich!

Ein scheinbar unschuldiges Beispiel: Die jüdische Bevölkerung verweigerte den Gläubigen historisch gesehen das Recht, Schweinefleisch zu essen, weil die Bibel verlangt, dass ein Tier koscher sein muss. Schweine sind es nicht. Daher hat sich diese Einschränkung als Tradition erhalten. Daher kann ein Jude, der Schweinefleisch isst, ein schlechtes Gewissen haben, weil er sich den Genuss dieser Speise verweigert. Wie Wasser, das bergab fließt, nehmen wir den einfachen Ausweg. Der einfache Ausweg für jeden von uns besteht darin, sich nicht an einer Tätigkeit zu beteiligen, die uns Stress oder Unbehagen bereitet.

In ähnlicher Weise halten es einige Katholiken immer noch für eine Sünde, freitags (zumindest in der Fastenzeit) anderes Fleisch als Fisch zu essen, obwohl diese Tradition zu einem großen Teil zur Unterstützung der rückläufigen Fischereiindustrie eingeführt wurde. Für die Katholiken von heute hat diese Tradition eine ganz neue symbolische Bedeutung. Dies ist ein gutes Beispiel dafür, wie sich unsere religiösen Traditionen weiterentwickeln.

Diese Beispiele sind relativ unwichtig, und wenn sie für eine Person von Wert sind, sollte das niemanden sonst interessieren. Einige irrationale kulturelle Beschränkungen können jedoch schädlich sein. Ein christlicher Wissenschaftler, der einem Kind aufgrund persönlicher religiöser Überzeugungen die notwendige medizinische Versorgung verweigert, könnte ein Beispiel dafür sein. Ein kürzlich ergangenes Gerichtsurteil, in dem zwei Eltern wegen fahrlässiger Tötung zu Gefängnisstrafen verurteilt wurden, weil sie ihr Kind sterben ließen, während sie um Gottes Eingreifen beteten, anstatt die verfügbare medizinische Versorgung zu gewährleisten, zeigt dies. Es ist jedoch leicht zu erkennen, wie solche Einschränkungen in der Gesellschaft entstehen. Angesichts der Tatsache, dass alle Formen von irrationalen Barrieren in unserer Gesellschaft weit verbreitet sind, ist die Suche nach besseren Lebensmöglichkeiten ein fruchtbarer Boden. für diejenigen, die unser Leben verbessern wollen. Der organisierte Humanismussollte sich an diesen Bemühungen beteiligen.

Alternative Wege zur Verwirklichung

Unser Körper ist der "Tempel" unseres eigenen Lebens. Es scheint dumm, das nicht zu tun. Es lohnt sich: "Wenn unser Ziel einfach darin besteht, eine Gipfelerfahrung zu erreichen, warum dann nicht den Weg durch Drogen oder möglicherweise Alkohol abkürzen? Zweifellos können einige Drogen alle möglichen Barrieren überwinden, aber ist die mit Drogen erreichte Gipfelerfahrung authentisch? Das wird man nie erfahren. In den 1960er Jahren versuchten viele Menschen, die das "New Age" erlebten, diesen Ansatz erfolglos.

Der Zweck der Barriere war es, dich vor etwas zu schützen. Mit Drogen hätte eine Person ihre persönlichen Barrieren durchbrochen. Diese Erfahrung könnte schwerwiegende negative psychologische Nebenwirkungen haben, ganz zu schweigen von der erwiesenen Tatsache, dass die Drogen selbst den Körper dauerhaft schädigen können. Daher ist der Drogenkonsum kein akzeptabler Weg zur Aufwertung.

Jeden Schritt des eigenen Lebens in vollen Zügen zu leben, scheint der einzig akzeptable Weg zur authentischen Verwirklichung der eigenen Existenz zu sein. Es gibt keine Abkürzungen zu einem guten Leben. Der Erfolg ist der Weg, oder unser Maßstab für den Wert des Weges, den wir gewählt haben, und nicht das Ziel. Jedes einmal erreichte Ziel muss durch ein neues ersetzt werden. Es ist der Weg, den wir im Leben zurücklegen sollten, zumindest solange wir hier sind. Das ist das Einzige, was wahren Wert hat. Angehäufte Besitztümer und erworbene Titel bedeuten letztlich wenig ohne die Lebensqualität, die wir leben durften. Das Erreichen des höchsten Lebensniveaus, zu dem wir fähig sind, ist das Einzige, was wirklich zählt.

Das Haus und der Garten von Charles Darwin

Kapitel 9
Wer oder was hat den Menschen geschaffen?

Wie sind wir hierher gekommen? Der Volksglaube geht schon so lange, wie die Geschichte reicht, davon aus, dass der Mensch von Gott geschaffen wurde. Einige glaubten sogar, dass wir nach seinem Bild und Gleichnis geschaffen wurden. Diese akzeptierte primitive Ansicht wurde nie angemessen in Frage gestellt. In früheren Zeiten führte das Infragestellen einer religiösen Überzeugung oft zur Exkommunikation, wenn nicht sogar zum Tod auf dem Scheiterhaufen.

Charles Darwins Großvater, Erasmus Darwin (1731-1802), und Jean Baptiste Lamarck vertraten eine andere Auffassung als die gängige jüdischchristliche, derzufolge alles Leben spontan vor 4.000 oder, nach einigen Angaben, vielleicht 6.000 Jahren entstanden ist, aber sicherlich nicht den Millionen von Jahren, die wir heute als Realität kennen. Einige glaubten, dass einfache Lebensformen vielleicht spontan von Gott hervorgebracht wurden, dass sie sich aber durch eine "Lebenskraft" zu komplexeren Formen entwickelten und dass sich diese Arten anpassen konnten, wobei diejenigen, die am besten an ihre Umgebung angepasst waren, die besten Überlebenschancen hatten. Nur die Stärksten überlebten in der nächsten Generation.

Damals glaubten die Menschen, dass Fische Flossen haben, weil ein "Gott" wollte, dass sie schwimmen, und dass Vögel Flügel haben, weil der gleiche Schöpfergott wollte, dass sie fliegen. Charles Darwin hielt das alles Unsinn. Vögel konnten einfach deshalb fliegen, weil sie Flügel hatten. Sie entwickelten Flügel, damit sie nach Nahrung suchen konnten. Daran hatte zuvor niemand gedacht.

Charles Darwin ("Darwin") wurde 1809 in Shrewsbury, Shropshire, England, geboren. Er wollte die Ursprünge des Lebens erforschen. Er war Biologe und Geologe und sah in seinem Garten die vielen Unterschiede zwischen den in derselben Lebensform. Er untersuchte Würmer,

Tauben und sogar Seepocken und bestätigte seine Schlussfolgerungen, als er als Wissenschaftler an Bord des Schiffes "The Beagle" auf seiner fünfjährigen Reise um die Welt diente. Er konnte sich die Reise leisten, weil der Vater seiner Mutter Josiah Wedgwood war, ein Hersteller von feinem Porzellan. Darwin heiratete seine Cousine Emma Wedgewood, die Enkelin des Töpfermagnaten.

Auf seiner Reise besuchte Darwin auch die Galapagos-Inseln. Dort entdeckte er die Tierwelt bekannter Arten, die einzigartige Merkmale entwickelt hatten. Aus seinen Beobachtungen schloss er, dass es in der Natur einen ständigen Wandel von einfachen zu komplexeren Lebensformen gibt. Er kam zu dem Schluss, dass sich das Leben wie ein Baum mit einer einzigen Wurzel und vielen Ästen entwickelt. Alle Arten des Lebens stammen im Laufe der Zeit von gemeinsamen Vorfahren ab. Dies ist eine ganz andere Sicht des Lebens als der weit verbreitete Glaube, dass "alles Leben von Gott als eine einzige Art geschaffen wurde", wie die "Kirche" und ihre Vorgänger seit über zweitausend Jahren verkündeten.

Der Gedanke, dass es eine andere Antwort als die kirchliche Schöpfungstheorie geben könnte, erforderte viel Mut, sich zu zeigen. Allein die Vorstellung, dass sich das Leben von einfachen zu komplexeren Lebensformen entwickelt, machte Gott überflüssig, um zu erklären, wie der Mensch entstanden ist. Das war eine revolutionäre Idee, denn sie bedeutete, dass alles Leben, so wie es heute existiert, nicht allein von Gott geschaffen worden sein musste.

Da es zu Darwins Zeiten noch gefährlich war, die Religion in Frage zu stellen, weil man Repressalien befürchtete, wartete Darwin bis zu seinem Lebensende, um sein heute berühmtes Buch Über die Entstehung der Arten zu veröffentlichen. Dieses Buch hatte einen noch größeren Einfluss auf unsere Sicht des Lebens als Galileis Aussage. Galilei bewies, dass die Erde nicht der Mittelpunkt des Universums war, wie die erklärt hatte. Galilei wurde schließlich exkommuniziert und für den Rest seines Lebens in sein Haus verbannt. Darwin zeigte, dass sich alles Leben aus primitiverem Leben entwickelt hat. Wir brauchen keinen Gott, um unsere Existenz hier auf der Erde zu erklären.

Erst im letzten Jahrhundert sprach die katholische Kirche den 1642 verstorbenen Galilei endgültig von der Ketzerei frei und gab zu, dass er ein richtig. Die Kirche dominierte jedoch weiterhin den Glauben der Öffentlichkeit und versucht dies auch heute noch zu tun. Betrachten Sie den Konflikt

Glauben Sie, dass der Wunsch der Frauen und der Kirche nach Geburtenkontrolle, den es heute gibt, damit zusammenhängt, dass die Kirche mehr Mitglieder haben möchte? Schließlich werden diejenigen, die geboren werden, zu Steuerzahlern, die den Zehnten für den Unterhalt des Klerus zahlen. Beim derzeitigen Tempo der Veränderungen in der Kirche könnte es mehr als ein Jahrhundert dauern, bis die Kirche endlich akzeptiert, dass Frauen das Recht haben, zu verhüten.

Aufgrund des außerordentlichen Maßes an Kontrolle, das die Kirche auch heute noch ausübt, bestimmt sie das Leben ihrer Mitglieder weit über den öffentlichen Nutzen hinaus, den die Religion ansonsten bietet. Diejenigen, die "glauben" und daher "gläubig" sind, sind nicht in der Lage, das zu erkennen. Ihr Glaube an die Kirche ist selbst ein Skatom, und selbst unsere Infragestellung dieses Glaubens wird von den wahren Gläubigen der Kirche mit Feindseligkeit aufgenommen. Was die Wirkung eines Skatoms ziemlich gut bestätigt. Die Kirche hat aus eigennützigen Gründen eine unangemessene Kontrolle über das Leben der Bürger ausgeübt. In einem der schlimmsten Beispiele für ungezügelte Macht wurde Jacques de Molay 1314 wegen seiner "ketzerischen" Überzeugungen mit der vereinten Autorität der Krone und der Kirche langsam über heißen Kohlen geröstet. Darwin hatte also allen Grund, um sein eigenes Leben zu fürchten. Er hatte soeben eine Erklärung dafür geliefert, dass sich der Mensch aus niederen Lebensformen entwickelt hat und nicht nur von Gott "nach seinem Bild und Gleichnis" geschaffen wurde. Das beendete, was seine Vorgänger gesagt hatten, und verursachte sein Leiden.

Es ist inzwischen durch die Embryonalgeschichte bewiesen, dass wir uns durch unsere eigene DNA aus Fischen entwickelt haben. Ich wette, Sie wussten nicht, dass auch Sie zu einem bestimmten Zeitpunkt Ihrer eigenen embryonalen Entwicklung Kiemen hatten. Darwin hatte gezeigt, dass sich alles Leben aus einzelligen Protozoen wie der Amöbe entwickelt hatte und die Natur allein durch die Evolution schließlich den Homo sapiens hervorbrachte. Gott war für die Erschaffung des Menschen nicht mehr notwendig. Für Darwin war es ein Quantensprung zu behaupten, dass alle Menschen ebenso Teil der Evolution des Lebens sind wie alle anderen Lebensformen.

Die Tatsache, dass jeder von uns in einem Stadium unserer embryonalen Entwicklung die Kiemen unseres piscinen Erbes hat, zeigt, dass jeder Embryo die die Evolutionsgeschichte ihrer Vergangenheit, einschließlich uns Menschen. In der Tat waren unsere Vorfahren Meeresbewohner.

Seit Darwins Zeiten haben Wissenschaftler die Gene entdeckt. Zu unseren Lebzeiten haben die Wissenschaftler die Doppelhelixstruktur unserer DNA aufgezeichnet. Wir wissen jetzt, dass es dominante und rezessive Gene gibt; dass das männliche und das weibliche Gen zusammen für die genetische Ausstattung unserer Kinder sorgen. Wir wissen jetzt, dass die Rolle, die wir im Leben spielen, darin besteht, unsere Gene zu bewahren und an die nächste Generation weiterzugeben. Das ist wichtig für die Evolution unserer Lebensform. Unsere eigene Existenz ist nur vorübergehend, damit sich der Genpool weiterentwickeln kann.

Heute wissen wir, dass wir als Individuen nach unserer Fruchtbarkeit irrelevant werden. Das Gen ist das, was immerwährend ist, und es ist das, was Leben hat. Die Gene sind unabhängig von uns. Wir sind nur der Wirt für das Heute. Wenn wir ewig leben könnten, würde sich der Genpool nie verändern und höhere Lebensformen würden sich nicht entwickeln. Also muss alles Leben sterben, auch wir, aber hoffentlich lebt unser Genpool weiter.

Kapitel X
Was hat unser Alter mit unseren Werten zu tun?

Jeder Mensch lässt sich von dem leiten, was er schätzt. Normalerweise sind Ihre Werte nicht die Werte Ihrer Kinder. Warum? Die Werte hängen nicht so sehr davon ab, wo man in der Stadt lebt, sondern vielmehr vom technologischen Stand und den sozialen Problemen des Landes, in dem man zu diesem Zeitpunkt der Geschichte geboren wurde. Unsere Werte haben sich unter den kulturellen Bedingungen entwickelt, die in den prägenden Phasen unserer frühen Kindheit herrschten. Wir können sie sicherlich im Laufe der Zeit ändern, wenn wir uns weiterbilden, aber zu ändern, wer wir sind, ist schwierig. Mit anderen Worten: Wenn man sich die breite Öffentlichkeit ansieht, kann man davon ausgehen, dass die große Mehrheit ihre derzeitige Sichtweise auf das Leben auf dem basiert, was in unserer Gesellschaft zur Zeit ihrer prägenden Entwicklungsphase geschah.

Unsere Kinder werden also in der Regel andere Werte haben als wir. Man kann ihre Werte beeinflussen, während sie aufwachsen, aber wenn man nicht versteht, wo ihre Werte verwurzelt sind, um mit ihnen in einer Sprache zu sprechen, die an ihre Werte anknüpft, hat man eine schwierige Aufgabe. Präsident Trump wurde mit dieser Strategie gewählt. Marketingunternehmen haben dies erkannt und gestalten ihre Werbung so, dass sie eine bestimmte Zielgruppe . Sie sagen uns, dass wir, die wir heute leben, in der Regel eine globale Perspektive haben, die unsere Werte bestimmt, die sich wie folgt kategorisieren lassen:

(*Alle statistischen Informationen basieren auf den Zahlen von 2017 innerhalb Vereinigte Staaten)

Die "Stille Generation

Umfasst Personen, die zwischen 1925 und 1942 geboren wurden. 22,4 Millionen Menschen, die in dieser Zeit geboren wurden, leben zum Zeitpunkt der Erstellung dieses Berichts noch in den Vereinigten Staaten. Sie werden auch als "die treue Generation" bezeichnet. Die meisten sind Traditionalisten. Die Menschen dieser Ära wurden von ihren Eltern beeinflusst, die die Große Depression miterlebt hatten, und ihre Ängste vor einer Wiederholung der Depression übertrugen sich auf ihre Kinder.

Darüber hinaus verlangte der Zweite Weltkrieg viele Opfer, vom Leben der Familie und der Freunde, die zum Dienst einberufen wurden, bis hin zu Lebensmittelrationierungen und der Verfügbarkeit von Industriegütern. Die Depression und der Krieg verursachten sicherlich viele Unsicherheiten. Die Zeit nach dem "Großen Krieg" brachte für die meisten Menschen Stolz und wirtschaftlichen Wohlstand. Religion und Patriotismus sorgten für soziale Ordnung und die Betonung der Familie, die in den meisten Haushalten zum Hauptaugenmerk wurde. Diese Aspekte unseres Lebens hatten einen hohen Stellenwert. Die Menschen vertrauten , ihrer Regierung und ganz der Wirtschaft. Es herrschte viel Konformität und Widerstand gegen Veränderungen. Darüber hinaus waren die Bildungsmöglichkeiten begrenzter als heute.

Die Angehörigen der Generation der Stummen sind starke Nutzer der traditionellen Medien und lesen in der Regel täglich Zeitungen und/ oder sehen Nachrichten im Fernsehen. Im Grunde genommen sind sie einfache Nutzer der Online-Technologie.

Sie sind nicht besonders preissensibel, aber finanziell konservativ. Sie sind sehr treue Verbraucher, wenn sie Qualität wahrnehmen. Sie kaufen eher, um ein Bedürfnis zu befriedigen, als um sich selbst zu verwöhnen. Beim Marketing für diese Altersgruppe ist daher ein emotionaler Ansatz oft erfolgreicher als ein rationaler oder logischer Ansatz. Wenn sie Werbung sehen, fühlen sie sich eher zu Menschen als zu Produkten hingezogen. Einzelne Bilder haben mehr Wirkung als eine Collage. Sie sind negativ überempfindlich gegenüber altersbezogenen Appellen, empfänglicher für Fernsehwerbung, aber nicht für digitale Werbung.

Sie werden vor allem durch die Zufriedenheit mit einer gut ausgeführten Arbeit motiviert, und ihre höchsten Werte sind die Familie und die Gemeinschaft.

Die Babyboom-Generation Die Babyboomer sind die zwischen 1943 und 1964 Geborenen. Heute leben 74,9 Millionen Babyboomer. Aus dieser Zeit stammt die optimistische Generation, deren Mitglieder ihr Leben auf das "Ich" ausgerichtet haben. Man nennt sie auch die "Generation Liebe". Sie sind motiviert durch Geld, Titel und Anerkennung. Erfolg ist einer ihrer höchsten Werte.

Ein Großteil dieser Weltanschauung wurde durch die Kultur der Massenmedien und die Entwicklung des Fernsehens geprägt. Dies wurde durch die gesunde Nachkriegswirtschaft und die amerikanische Hegemonie begünstigt. Die Kinder wurden von ihren Eltern, die in Armut und Aufopferung aufgewachsen waren, offen verwöhnt. Es herrschte eine große Aufbruchstimmung und Teamorientierung. Die Angehörigen dieser Zeit hatten den starken Wunsch, etwas zu verändern. Ihre Eltern hatten traditionellere Werte und es war schwieriger, ihre Kinder zu verstehen. Der Wandel war drastisch.

Die Babyboomer sind starke Nutzer der traditionellen Medien wie Printmedien, Fernsehen und Radio. Sie sind gegenüber nichttraditionellen/digitalen Medien aufgeschlossener als ihre Eltern. Die meisten sind online und haben Mobiltelefone. Sie werden immer selbstbewusster im Umgang mit der Online-Technologie.

Die Baby-Boomer schätzen Service und niedrige Preise, sind aber bereit, für höhere Qualität oder einen höheren Wert mehr zu bezahlen. Ihre Markentreue ist deutlich geringer, und ihre Käufe richten sich oft danach, ob ein Produkt ihren Status oder ihr Image verbessert. Sie schätzen vor allem Komfort und Personalisierung. Was die altersbedingten Anreize angeht, so sind die Babyboomer negativ überempfindlich und bevorzugen die Darstellung eines aktiven und gesunden Lebensstils. Sie sind sehr reisefreudig. Interessanterweise machen sie mehr als die Hälfte des Umsatzes mit verpackten Waren aus.

Generation X

Das sind Menschen, die zwischen 1965 und 1980 geboren wurden. 61,5 Millionen Menschen dieser Generation leben heute in den Vereinigten Staaten. Sie sind sind im Allgemeinen skeptisch und wurden als "Why Me Generation" bezeichnet. Sie wird auch als "Latchkey-Generation" bezeichnet. Ihre Motivation ist die Freiheit. Ihre persönliche Zeit und die Vereinbarkeit von Beruf und Familie sind für sie am wichtigsten.

Diese Generation wurde durch ihre beiden berufstätigen Eltern geprägt, die sie zur Selbstständigkeit zwangen. Die Medien schufen ihre Kultur. Sie wurden in Kindergärten erzogen. Im Allgemeinen sind sie skeptisch, insbesondere gegenüber Autoritäten. Die Technologie ist Teil ihres Alltagslebens. Schließlich sind sie die erste Generation, in der jeder ein Mobiltelefon und einen Computer besitzt. Sie haben eine ausgezeichnete Ausbildung.

Sie sind Konsumenten der traditionellen Medien, des Fernsehens und der Zeitungen. Anrufe und SMS mit ihrem Smartphone sind ein wichtiger Teil ihres Lebens. Sie sind geübte Nutzer der Online-Technologie. Ihre Markentreue ist jedoch gering. Aufgrund ihrer wirtschaftlichen Zwänge ist der Preis der wichtigste Faktor für sie.

Um sie anzuziehen, ist direkte und ehrliche Werbung wichtig. Die Produktmerkmale sollten an prominenter Stelle angezeigt und erklärt werden. Sie stehen mitten im Berufsleben und haben meist Kinder. Sie haben mehr Verständnis für digitale Werbeformate als frühere Generationen.

Die Generation der Millennials

Diese Generation wurde in den sechzehn Jahren zwischen 1981 und 1997 geboren. In der Realität werden sie manchmal als "Generation Y", "Echo Boomers" oder "We Generation" bezeichnet. In den Vereinigten Staaten gibt es 75,4 Millionen ihnen. Sie werden durch sinnvolle Arbeit motiviert. Ihre wichtigsten Werte sind Individualität und Glück, nicht Macht und Geld.

Diese Generation und die nachfolgenden Generationen entfernen sich immer mehr von der traditionellen Religion. Mehr als vierzig Prozent der nach 1981 Geborenen geben "keine" an, wenn sie in Umfragen nach ihrer Religion gefragt werden. Die American Humanist Association hat heute mehr Menschen, die über soziale Medien miteinander in Kontakt stehen.

Sie haben auch zum ersten Mal in der einen Freethought Caucus unter den Kongressabgeordneten gegründet. Millennials fühlen sich viel mehr von der Philosophie des Humanismus angezogen als die Generation ihrer Eltern.

Die Generation der Millennials ist in einer relativ privilegierten Situation aufgewachsen. Die meisten hatten sehr unterstützende und ermutigende Eltern. Sie wünschen sich mehr Vielfalt und akzeptieren die Unterschiede zwischen den Menschen. Die Technologie ist ganz natürlich in ihr Leben integriert.

Sie sehen mehr fern, aber ihre Abhängigkeit von Zeitungen und Radio nimmt ab. Sie sind ständig mit dem Internet verbunden und nutzen mehrere Online-Plattformen. Sie lassen sich viel weniger von Fernsehwerbung, aber mehr von digitaler Werbung überzeugen. Sie sind eher bereit, online zu interagieren und sich frei zu äußern. Sie suchen eher online nach Produkten und kaufen gerne online ein.

Sie sind einer Marke gegenüber sehr viel loyaler, aber sie wollen, dass ihre Treue belohnt wird. Sie informieren sich gründlich über Produkte, bevor sie sie kaufen. Sie informieren sich über Werbeaktionen, bevor sie ein Geschäft betreten. Sie sind bereit, aufgrund von Werbeaktionen oder des Markenimages eine Gattungsmarke zu kaufen oder mehr zu bezahlen. Sie suchen "authentische" Marken, die Verlässlichkeit, Respekt und Realität ausstrahlen. Sie suchen nach sozial verantwortlichen Marken, um ihr eigenes Image zu verbessern und das Unternehmen für das Angebot dieses Produkts zu belohnen.

Millennials wollen geholfen und nicht verkauft werden. Sie neigen zu spontanen Kaufentscheidungen. Sie kaufen mehr als andere Generationen. Sie interagieren wahrscheinlich mit Marken und empfehlen sie ihren Freunden über soziale Medien.

Generation Z

Diese Generation wurde zwischen 1998 und 2009 geboren. Es wird erwartet, dass sie die bisher am stärksten vernetzte Generation ist. Sie haben nie ein Leben ohne Technologie gekannt. Sie ist die vielfältigste Generation, die es gab. Sie werden über eine größere Kaufkraft verfügen als jede andere Generation. Sie werden die am besten ausgebildete Generation sein. Sie sind motiviert für Kreativität und Unternehmertum. Sie schätzen Technologie, Anpassungsfähigkeit und Aufgeschlossenheit.

Sie sind ständig mit dem Internet verbunden und können problemlos auf mehreren Geräten gleichzeitig arbeiten. Sie sehen fern, aber meist online. Die Generation Z hält Smartphones für unverzichtbar.

Obwohl Funktionalität wichtig ist, gewinnen attraktive Produkte. Sie sind skeptischer und weniger markentreu als Millennials und reagieren empfindlicher auf die Unaufrichtigkeit von Unternehmen. Sie sparen in größerem Umfang als jüngere Millennials.

Sie wollen Marken, die es ihnen ermöglichen, ihre Kreativität und Innovation zu teilen. Für sie ist es wichtig, ein einheitliches Markengefühl über alle Markenplattformen hinweg zu schaffen. Sie haben einen großen Einfluss auf die Kaufentscheidungen der Eltern. Sie haben ein starkes Interesse an Lebensmitteln, Getränken, sozialen Aktivitäten, Apps, Musik und sozialen Medien.

Kürzlich wurde entdeckt, dass Tic Tok, das jetzt einem chinesischen Unternehmen gehört und daher von der Kommunistischen Partei kontrolliert wird, diese Generation während ihrer prägenden Jahre gezielt angesprochen hat, was dazu geführt hat, dass mehr als die meisten dieser Altersgruppe den amerikanischen Werten, die unsere derzeitige Kultur teilt, nun feindlich gegenüberstehen. Der Verdacht liegt nahe, dass es sich hierbei um einen Test der Instrumente handelt, die den chinesischen Führern zur Verfügung stehen, um zu sehen, welchen Einfluss China letztendlich erlangen kann, um die amerikanischen Überzeugungen zu ändern, während es seinen Weg fortsetzt, die Führung der Welt zu übernehmen, indem es die Rolle ersetzt, die Amerika derzeit in der Welt genießt.

Generation Alpha

Zu dieser Generation gehören alle nach 2010 Geborenen, und sie gehen davon aus, dass diese kulturelle Generation bis 2025 andauern kann. Sie sind die am stärksten global vernetzte Generation. Derzeit geht man davon aus, dass ihre Zahl in den USA 35 Millionen betragen wird, wenn die erste Generation das Alter von 40 Jahren erreicht.

Ihre Werte werden weitgehend von ihren Millennial-Eltern geprägt sein. Es ist wahrscheinlicher, dass sie Einzelkinder sind. Sie sind bereits stärker digitalisiert integriert. Weil ihre Eltern ihr Kind in einem späteren Alter bekommen haben, werden ihre Eltern früher altern. Wir wissen, dass die kulturelle und rassische Vielfalt viel größer sein wird als in früheren Generationen. Das sozioökonomische Klima wird geringfügig mehr Wohlstand bieten. Die Familien werden sein, und die Lebenserwartung wird sich weiter verlängern. Letztendlich wird dies die wohlhabendste, am besten ausgebildete und technologieorientierte Generation sein. Was wird sie in Zukunft wirklich motivieren? Hoffen wir, dass es nicht die Chinesen sein werden.

Kurz und bündig

Dies sind die allgemeinen gemeinsamen kulturellen Werte, die durch das soziale Umfeld geschaffen wurden, in dem jede kulturelle Generation von Menschen aufgewachsen ist. Natürlich gibt es große Unterschiede zwischen den einzelnen Menschen, da sie unterschiedliche Erfahrungen und Institutionen haben, die ihre Entwicklung beeinflussen. Lassen Sie uns nun untersuchen, wie wir alsIndividuen das beeinflussen, was unsere Kultur uns als Grundwerte vermittelt.

Kapitel XI
Welche Kontrolle haben wir
über unser Leben?

Es besteht kein Zweifel daran, dass einige Menschen nicht existieren könnten, wenn unsere Regierung ihnen nicht helfen würde. Nicht jede Sozialhilfe ist schlecht. Das Problem liegt darin, wie unsere Programme verwaltet werden. Die meisten Menschen, die von anderen abhängig werden, geben unbewusst ihr eigenes Leben auf. Das Leben ist ein Prozess des Wachstums. Abhängige Menschen hören oft auf zu wachsen. Sie existieren einfach nur. Einige unserer Regierungsprogramme nehmen den Teilnehmern ihr Selbstwertgefühl. Niemand in der Regierung scheint zu erkennen, dass sie die Ursache für einen großen Teil unserer sozialen Probleme sind. Wie können wir diese Situation ändern? Erstens brauchen wir staatliche Programme, die die Teilnehmer ermutigen, eine positive Einstellung zu sich selbst zu entwickeln. Um eine positive Einstellung zu entwickeln, müssen wir die Menschen ermutigen, sich Ziele zu setzen, indem wir ihnen zeigen, wie sie ihr Leben mit ein wenig mehr eigener Anstrengung verbessern können. Um den ersten zu tun, müssen die Teilnehmer eine Chance für ihren eigenen Erfolg sehen können. Eine positive Erwartungshaltung muss jeder Verhaltensänderung vorausgehen, bevor eine wirkliche Veränderung eintreten kann.

Es besteht kein Zweifel daran, dass die Grundbedürfnisse eines jeden Menschen zunächst befriedigt werden müssen, damit er oder sie etwas darüber hinaus wahrnehmen kann. Unsere Bemühungen, dem Empfänger unserer Fürsorge zu helfen, sollten jedoch nicht an dieser Stelle enden. Wir müssen denjenigen, deren Verhalten wir ändern wollen, helfen, indem wir sie ermutigen, persönliche Ziele zu akzeptieren, wenn wir für die Zukunft ein anderes Verhalten erwarten. Das mag die Möglichkeiten vieler Menschen, die heute in zweiter oder dritter Generation Sozialhilfe erhalten, übersteigen. Die Aufgabe, dieses

Ziel zu verwirklichen, übersteigt möglicherweise unsere eigene Energie und die Bereitschaft der Gesellschaft, die notwendigen Anstrengungen zu unternehmen, um ihnen bei der Veränderung zu helfen. Wenn jedoch die Möglichkeiten Wenn die Eltern der Kinder nicht angemessen geschult werden, werden ihre Kinder aufmerksam und sind viel anfälliger für einen Wechsel, der sie von der Sozialhilfe fernhält.

Wenn die Menschen erst einmal auf dem Weg des Wachstums sind, wie ein Sportler, der sich jedes Mal gut fühlt, wenn er oder sie eine etwas bessere Leistung als beim letzten erbringt, können die meisten ein Gefühl der Belohnung erkennen, das sich wie Erfolg anfühlt. Sie werden ihr Selbstwertgefühl steigern, indem sie sich bemühen, ihre Ziele zu erreichen, auch wenn sie sich nur ein wenig mehr anstrengen. Indem man sie einmal bringt, ihnen Zwischenziele setzt, die erreichbar sind, und ihre Zwischenerfolge belohnt, lernen viele Menschen die Vorteile, die sich aus ihren eigenen Anstrengungen ergeben können. Einige werden scheitern, aber für diejenigen, die erfolgreich sind, wird sich die Mühe lohnen. Und schließlich werden die meisten Menschen von der Sozialhilfe entwöhnt werden. Wir könnten Sozialprogramme haben, die den tatsächlichen Bedürfnissen entsprechen und die Lebensqualität ihrer Teilnehmer verbessern anstatt sie zu zerstören. Um wirksam zu sein, müssen wir uns mit der Einstellung der Begünstigten zu sich selbst befassen.

Entgegen der landläufigen Meinung ist der Erfolg der Weg und nicht das Ergebnis des Erreichens eines Ziels. Sobald ein Ziel erreicht ist, muss ein neues Ziel an seine Stelle treten, damit wir unseren eigenen Weg des Wachstums fortsetzen können. Die Vermarkter spielen ständig mit diesem Prozess, indem sie unsere Vorstellung von neuen Wünschen erzeugen, indem sie eine positive Einstellung zu ihrem Produkt vermitteln, die bald zu unserem Kaufbedürfnis wird. Die Einstellung macht einen großen Unterschied in der Fähigkeit eines jeden, erfolgreich zu sein. Selbst mit einer positiven Einstellung muss sich jeder von uns Zufriedenheit verdienen, wenn sie einen dauerhaften Wert haben soll. Erfolg führt zu mehr Erfolg. Das Ergebnis unseres Verhaltens beginnt mit unserer Einstellung. Ihre Einstellung ist die Ursache für Ihr eigenes Ergebnis, ob positiv oder negativ.

Wie beeinflusst mich meine Einstellung?

Die Entscheidung liegt ganz bei mir: ob ich meinen Geist für Lernen und Wachstum öffne oder ob ich ihn verschließe und mich mit meiner derzeitigen Welt zufrieden gebe. Es ist die Einstellung, die den Unterschied macht. Meine gegenwärtige Welt Die Einstellung ist einer der wenigen Faktoren in meinem Leben, die ich persönlich kontrollieren kann. Meine Einstellung ist das wichtigste Element, das die Qualität meines eigenen Lebens und die Wirkung, die ich auf andere habe, bestimmt.

Einige Autoritäten behaupten, dass es ein "Gesetz der Anziehung" gibt, das wie ein Magnet wirkt und unsere Chancen oder unsere Niederlagen aus der Masse der Reize anzieht, die uns täglich umgeben. Wie die festen Vorstellungen, die wir von bestimmten Kleidungsmarken oder Lebensmitteln haben, filtert unsere geistige Orientierung unsere Annahme oder Ablehnung neuer Informationen sowie unsere Interpretation neuer Daten, die wir aus unseren aktuellen Erfahrungen gewinnen. Wir treffen Entscheidungen auf der Grundlage unserer Vorurteile. Unsere Einstellung ist der Filter, der bestimmt, wie wir auf die Informationen reagieren, die wir in diesem Moment erhalten.

Die Haltung, die wir anderen entgegenbringen, beeinflusst auch die Reaktion, die wir von anderen erhalten. Selbst wenn wir allein sind, wird unsere eigene Einstellung zu einer sich selbst erfüllenden Prophezeiung. Wir erhalten, was wir projizieren, und unsere Einstellung prägt, wie wir auf das reagieren, was wir erhalten. So entsteht eine Spirale, die entweder zu größeren Höhen und Möglichkeiten aufsteigen kann, oder aber unsere Einstellung verstärkt negative Gefühle und verursacht unseren Abstieg, der zu einem Zustand des Unglücklichseins und des Chaos führen kann. Einfacher ausgedrückt: Eine positive und glückliche Einstellung muss unseren Handlungen vorausgehen, wenn wir unsere Fähigkeit, positive Ergebnisse zu erzielen, beeinflussen wollen.

Indem wir die Aufnahme neuer Informationen ändern, verändern wir ihre Wirkung auf uns. Unsere derzeitige Einstellung entscheidet über die Wirkung, die die neuen Informationen auf uns haben werden. Unsere aktuelle Einstellung ist die wichtigste tägliche Kontrolle, die wir über unser Leben haben. Indem wir für neue Informationen empfänglich sind, können wir wachsen und unsere Sicht des Lebens erweitern und Veränderungen akzeptieren, die unser Leben verbessern können.

Wenn wir nicht in jedem Augenblick bewusst unsere eigene Einstellung wählen, sind wir nur dem Schicksal ausgeliefert. Wenn wir einen offenen Geist bewahren, sind wir besser in der Lage, negative Informationen zu hinterfragen und neue positive Informationen aufzunehmen. Wenn wir gleichgültig sind, können die Informationen, die wir als Nächstes erhalten, von unserer Haltung gegenüber dem vorangegangenen Ereignis abhängen. Anstatt die Verantwortung für unser eigenes Leben zu übernehmen, werden die Ereignisse uns beherrschen.

Wir können nur im gegenwärtigen Augenblick leben. Ein Leben in der Vergangenheit kann uns ein falsches Gefühl von Erfolg oder eine Vorahnung von Misserfolg vermitteln. Dies beeinflusst nicht nur unsere gegenwärtige Einstellung und unser Selbstwertgefühl, sondern verzerrt auch die Realität. trägt die Beschäftigung mit der Vergangenheit nicht dazu bei, unsere Zukunft zu verbessern, sondern liefert uns lediglich Informationen in einem primitiven Versuch, uns vor Misserfolgen zu schützen oder Wünsche zu wecken, für deren Erfüllung wir nicht ausreichend motiviert sind. Die Vergangenheit ist nur ein Vorspiel. Sie kann unsere gegenwärtige Einstellung beeinflussen oder von uns ignoriert werden. Das ist allein unsere Entscheidung. Der einzige Aspekt unseres Lebens, den wir kontrollieren, ist die Art und Weise, wie wir neue Daten oder Reize, die wir ständig erhalten, wahrnehmen und annehmen.

Unsere Erfahrungen aus der Vergangenheit können unsere Fähigkeit verbessern, das Ergebnis der aktuellen Situation vorherzusagen, aber das Ergebnis ist nicht unvermeidlich. Wenn eine Person ein anderes Ergebnis vorzieht, kann sie dieses Ergebnis nur beeinflussen, indem sie ihre aktuelle Situation anders interpretiert. Wenn man positiv auf ein Ziel hin denkt, ist es viel wahrscheinlicher, dass man ein positives Ergebnis erzielt.

Ich mag die Aussagen "Du bist, was denkst", oder "Wie du denkst, so sollst du sein" und "Ob du denkst, dass du es kannst, oder denkst, dass du es nicht kannst, du hast recht". Wie wir uns in unserer aktuellen Situation sehen, entscheidet oft über das Ergebnis unseres aktuellen Verhaltens. Es bedarf des Schicksals oder des Glücks, um ein anderes Ergebnis herbeizuführen. Wir sollten nicht bereitsein, unser Leben vom Schicksal abhängig zu machen. Wenn wir wirklich unser eigenes leben wollen, müssen wir die Ursache für das sein, was als nächstes passiert.

Welchen Unterschied macht eine positive Einstellung aus?

Erfolgreiche Menschen erhöhen ihre Chancen auf erfolgreiche Ergebnisse, weil sie daran glauben, dass sie erfolgreich sein werden. Alles beginnt mit ihrer Einstellung. Sie glauben an sich selbst und wissen, dass sie erreichen können, was sie sich vorgenommen haben. Die umgekehrte Ansicht ist ebenfalls wahr und sogar noch wirkungsvoller. Mit einer negativen Einstellung können Sie leicht Ihr eigener schlimmster Feind werden.

Wenn wir mit der Erwartung an unsere aktuelle Situation herangehen, erfolgreich zu sein, und einen vorübergehenden Rückschlag erleiden, weil der Ball nicht in den Korb gegangen ist oder ein dazwischenliegendes Ereignis ein anderes Ergebnis als erwartet verursacht hat, sollten wir dieses Ereignis als eine neue Gelegenheit betrachten, zu lernen und mit größerem Enthusiasmus weiterzumachen. Menschen, die ihre Einstellung nicht selbst in die Hand nehmen, werden eher die Ursache oder das Ergebnis verfluchen, sich selbst die Schuld geben und sich schlecht fühlen, weil sie "versagt" haben. Sie können sich vorstellen, was dann mit ihrem nächsten Versuch passiert. Die Art und Weise, wie wir reagieren, entscheidet darüber, wie es weitergeht. Erfolgreiche Menschen sehen Verluste als vorübergehend und als Chance, daraus zu lernen, um beim nächsten Mal anders mit diesen Faktoren umzugehen. Es liegt an jedem Einzelnen, wie er oder sie reagiert. Die einzige Kontrolle, die wir über unser Leben haben, ist unsere derzeitige Einstellung, und die wird unser künftiges Verhalten beeinflussen.

Wenn wir Angst haben, das Rennen oder den Ringkampf zu verlieren oder den Schuss zu verpassen, weil wir nicht geübt haben oder weil wir den letzten Schuss verpasst haben oder weil wir zu schwer sind oder was auch immer, haben wir das Umfeld geschaffen, das zu diesem Ergebnis führen wird. Unsere Einstellung wird zu unserer eigenen sich selbst erfüllenden Prophezeiung.

Hilft das Gebet?

Manche Menschen beten für ein bestimmtes Ergebnis und beten dann weiter für das nächste Problem, das sich ihnen stellt, weil es vorher zu funktionieren schien. Das mag daran liegen, dass sie eine positive Einstellung zum Erreichen ihres Ziels entwickelt haben, nicht daran, dass Gott ihr Leben eingegriffen hat. Ein weiterer Aspekt des Gebets ist, dass es sich auf die Realität einstellt. Wer eine religiöse Einstellung hat, kann sagen: "Gott belohnt die, die glauben". Wenn sie hingegen verlieren oder scheitern, akzeptieren manche nicht ihre eigene Verantwortung, indem sie sagen: "Es war Gottes Wille".

Meditation ist das, was wirklich funktioniert. Gott vielleicht nichts damit zu tun. Schließlich ist es furchtbar eitel von uns zu glauben, dass unser eigener "Gott" eingreifen wird, um eine Veränderung in unserem Leben herbeizuführen, die das Ergebnis unseres Verhaltens zum Nachteil anderen beeinflussen wird. Das impliziert, dass wir allein für unseren Gott etwas Besonderes sind und unsere Konkurrenten für uns etwas Besonderes. sind sie nicht. Was wir wirklich tun, ist unsere eigene Einstellung zu beeinflussen, indem wir uns auf das Ergebnis konzentrieren, das wir erreichen wollen. Das gilt unabhängig davon, ob wir es Gebet oder Meditation nennen. Niemand sonst hört wirklich zu.

Es gibt viele Möglichkeiten, sich auf sich selbst einzustimmen. Meditation funktioniert. Sie blendet alle anderen Gedanken aus und konzentriert sich jeweils auf einen Gedanken. Indem wir uns auf einen Gedanken konzentrieren, öffnen wir unseren Empfang für diesen Gedanken, entweder negativ oder positiv, je nach unserer Einstellung zu diesem Zeitpunkt. Die Psychologie erklärt, dass es unsere Einstellung ist, die unser Leben lenkt und das Ergebnis unseres Verhaltens beeinflusst, indem sie unsere Erwartungen, unsere Energie und unseren Schwung für einen Gedanken stärkt oder uns dazu bringt, ihn abzulehnen. Eine positive Einstellung ermöglicht es uns, uns auf das Ziel zu konzentrieren und empfänglicher für subtile Möglichkeiten zu sein, die das angestrebte Ergebnis verbessern. Der umgekehrte Fall ist ebenfalls wahr. Denken Sie an die Auswirkungen des Verhaltens Elternteils, der den Mangel an eigenem Erfolg spürt und diese Einstellung auf seine Kinder projiziert. Die Eltern wundern sich dann, warum ihr Kind ein geringes Selbstwertgefühl hat, was sich in mangelndem Erfolg und manchen in disziplinarischen Problemen niederschlägt. Ganz anders verhält es sich bei einem Kind, dessen Eltern es unterstützen und an seine eigenen Erfolgsaussichten glauben. Ihre eigene Einstellung macht einen Unterschied für andere.

Wenn wir nur gute Ergebnisse erzielen wollen, sollten wir es uns nicht erlauben, negativ über irgendetwas zu denken. Dazu sollten wir versuchen, einen Tag lang nur positiv zu denken und zu sehen, wie wir uns am Ende des Tages über uns selbst und die Welt um uns herum fühlen. Mit der Zeit wird dies zu einer Gewohnheit, die Wunder bewirken wird. Es ist wichtig, sich daran zu erinnern, dass unsere Einstellung alles ist, da sie die Ergebnisse beeinflusst, die wir erzielen, wenn wir unser eigenes Leben leben und danach streben, das Beste zu sein, was wir sein können.

Wir sind für uns selbst verantwortlich. Man kann nicht andere dafür verantwortlich machen, was man ist.

Um das Beste aus unserem Leben zu machen, müssen wir die alleinige Verantwortung für uns selbst . Wir können uns nicht länger hinter anderen verstecken Wir können nicht von anderen Menschen erwarten, dass sie das Richtige für uns tun, und trotzdem unsere eigene Existenz voll verwirklichen. Wir werden zu einem Spiegelbild dieser Menschen und hören auf, wirklich wir selbst zu sein. Wenn wir uns darauf verlassen, dass andere Entscheidungen für uns treffen, werden wir nie erfahren, wer wir wirklich sind. Wenn Sie sich selbst kennen lernen, werden Sie vielleicht überrascht feststellen, dass Sie sich selbst wirklich mögen. Dann wird Ihnen das Leben richtig erscheinen, denn Sie werden wissen, dass Sie Sie selbst sind.

Denkt Ihre Gruppe für ?

Die Psychologie kennt das Phänomen des "Gruppendenkens". Das bedeutet, dass durch die Identifikation mit einer Organisation in dem Maße, in dem wir von der Gruppe abhängig werden, ihre Kontrolleure für ihre Mitglieder denken. Ihre Mitglieder bestätigen die Wahrheit. Wir sehen dies in politischen Parteien, in unserer Schule, in allen Kirchen und besonders beim Militär. Dies steht in krassem Gegensatz zu denjenigen, die individuelle Autonomie beanspruchen und die Kontrolle über ihr eigenes Leben behalten, wie viele Humanisten gerne glauben würden. Aber auch sie beteiligen sich an den Überzeugungen ihrer Gruppe.

Viele sind überzeugte "Demokraten" oder "Republikaner" oder sogar "Unabhängige". Die Identität wird wichtiger als die Politik. Weil sie zu dieser Gruppe gehören, beschweren sie sich nicht, wenn etwas passiert, das sie sonst entschieden abgelehnt hätten. Wenn sie in Frage gestellt werden, behaupten sie, dass "die Umstände anders waren", um ihre "Gruppe" zu verteidigen, obwohl die Umstände in Wirklichkeit identisch sind. Gruppenidentität" ist wichtiger als Politik. Seien Sie sich darüber im Klaren, dass dies vielleicht auch für Sie gilt. Sie müssen die Fähigkeit behalten, für sich selbst zu denken, und dürfen sich von keiner Gruppe vorschreiben lassen, was Sie glauben sollen, sonst erlauben Sie der Gruppe, Sie zu kontrollieren, und Sie werden aufhören, in diesem Interessenbereich zu wachsen. Es mag Ihnen leichter fallen, die Sicht der Gruppe auf die Realität zu akzeptieren, aber Sie werden aufhören, Ihr eigenes Leben vollständig zu leben. Sie müssen das Gefühl haben, dass Sie Ihrer eigenen Gruppe immer frei widersprechen können und dass Sie alle Möglichkeiten in Betracht gezogen haben, das Problem auf eigene Faust, unabhängig von Ihrer Gruppe, anzugehen, damit Ihr eigenes Leben wirklich von Bedeutung ist.

Kapitel XII
Ein glücklicheres Leben mit einem freien Geist führen

Fred Edwords wurde als Geschäftsführer der American Humanist Association eingestellt, als ich in den frühen 1980er Jahren ihr Präsident war, und hat der Vereinigung seither in vielen Funktionen gedient. Er ist ein Meister darin, seine Botschaft zu vermitteln, wie er es in seinem wunderbaren Artikel in der ersten Ausgabe des Humanist Magazine getan hat, das nun die Zeitschrift mit dem Mitgliederrundbrief der AHA verbindet, den sie seit ihrer Gründung im Jahr 1941 und seit den 1950er Jahren unter dem Titel Free Mind herausgibt. Fred schrieb seinen Artikel als Gastredakteur und gab ihm den Titel dieses Kapitels. Ich habe seinen Inhalt mit seiner Erlaubnis zusammengefasst, weil er die epikureische Philosophie in die richtige Perspektive rückt.

"Glück ist ein Geisteszustand. So Sonja Lyubomirsky, Professorin für positive Psychologie an der University of California, Riverside. Sie definiert Glück als **"die Erfahrung von Freude, Zufriedenheit oder positivem Wohlbefinden, verbunden mit dem Gefühl, dass das eigene Leben gut, sinnvoll und wertvoll ist"**. Auf diese Weise kommt Epikur der Realität näher. Er bietet Ihnen den Rahmen, den Sie in Ihrem täglichen Leben berücksichtigen können.

Je nachdem, auf welcher Stufe der Maslow'schen Bedürfnishierarchie Sie sich gerade befinden, werden Ihre Antworten unterschiedlich ausfallen, wenn Sie sich mit Ihren aktuellen Bedürfnissen befassen. Der Grund dafür ist, dass die unteren Stufen einen so starken Mangel an Bedürfnissen aufweisen, dass eine Person, die beispielsweise auf der Sicherheitsstufe lebt, bedeutet, dass ihre unmittelbaren Bedürfnisse überwiegen. Sie können nicht glücklich sein, wenn Ihr Leben bedroht ist. Auf der Sicherheitsebene müssen Ihre unmittelbaren Bedürfnisse befriedigt werden, bevor Sie überhaupt ein Glücksgefühl empfinden können.

Das Leben ist im Wesentlichen ein Balanceakt, aber das Ergebnis beginnt entweder mit einer positiven oder einer negativen Einstellung. Selbst eine positive Einstellung ist kein Garant für Glück, aber sie macht empfänglich für neue Möglichkeiten, die zu einem glücklicheren und erfüllteren Leben führen können, als es aus einer negativen Perspektive jemals möglich wäre. Wenn jedoch Ihre Grundbedürfnisse nicht erfüllt sind, ist Ihr Sicherheitsniveau beschützend und Sie sind nicht empfänglich für alles, was diese Bedürfnisse nicht erfüllt.

Betrachtet man das Glück aus der Perspektive des Vergnügens, sagt Herr Edwords, "besteht das Problem darin, dass intensive Vergnügen flüchtig sind und länger anhaltende Vergnügen kaum mehr als Entspannung bedeuten können. Darüber hinaus kann das entschlossene Bemühen, das Vergnügen zu maximieren und den Schmerz zu minimieren, viel unangenehme Arbeit erfordern... Unerfüllte Sehnsüchte oft lang, während Befriedigungen kurz sind. Und einmal erlebte angenehme Empfindungen werden oft vergessen". Die Einstellung, die ein Mensch jetzt hat, wird darüber entscheiden, ob die Ereignisse es ihm erlauben, glücklich zu sein oder nicht.

Wie Sie Ihre Situation wahrnehmen, entscheidet darüber, wie Ihre Bemühungen verlaufen. Wenn Ihre Grundbedürfnisse und Ihre Sicherheit erfüllt sind und Sie arbeiten, um Ihre Familie zu versorgen, werden Sie sich glücklich fühlen, wenn Sie sehen, dass Sie Ihrem Ziel näher kommen. Umgekehrt werden Sie negativ reagieren, wenn Ihre Bemühungen durch etwas behindert werden. In den Vereinigten Staaten hungern heute nur noch wenige Menschen. Selbst ein Obdachloser, der unter einer Brücke lebt, um sich vor dem Regen zu schützen, kann sich glücklich fühlen, weil er für einen Moment in Sicherheit ist. Wären sie glücklicher, wenn ihnen jemand ein kostenloses Hotelzimmer für die Nacht anbieten würde? Sicherlich wären sie das. Aber wenn sie in der nächsten Nacht auf die Straße zurückkehren, lastet ihre Unzufriedenheit auf der vergangenen Nacht. Wenn Sie auf der Ebene der Sicherheit leben, basiert Ihre Sicherheit auf Ihrer Vision der Zukunft.

Menschen in ungünstigen Verhältnissen, die sich für eine sicherere Zukunft ihrer Familie einsetzen, sind möglicherweise zufriedener mit ihren Fortschritten und daher glücklicher als Menschen, die alles haben und daher keine Bedürfnisse haben, die versuchen zu entscheiden, was sie tun können. weiter. Die Aktivität für ein Ziel macht die erste Person glücklicher als die zweite.

Herr Edwords führt das Beispiel einer Hauskatze in den Vereinigten Staaten an, die mit der Hausmaus spielt und dabei Gefahr läuft, sie zu verlieren, weil sie nicht hungrig ist. Es gibt keine Herausforderung, die auf den Bedürfnissen der Katze beruht. Das Fangen der Maus würde das Vergnügen der Katze zunichte machen. Die erstere mag glücklich sein, aber eine hungrige Katze, die die Maus fängt, wäre glücklicher. Es ist seine Anstrengung, die zum Erfolg führt, die das Glück der zweiten Katze hervorruft.

Maslow sind Sie nicht mehr vom Mangel getrieben, wenn alle Ihre Bedürfnisse erfüllt sind, so dass Sie den Augenblick voll erleben können. Die Freiheit von unmittelbaren Bedürfnissen ermöglicht es Ihnen, die nächsthöhere Bedürfnisebene zu suchen, um Ihre Existenz zu befriedigen, wenn Sie nach Glück streben. Erfolg zu empfinden bedeutet, eine Verbesserung bei der Verfolgung des nächsten Ziels zu erfahren, nicht das Ergebnis, das Ziel erreicht zu haben. Wenn Sie im glücklichsten Zustand Ihres Seins bleiben wollen, sollten Sie das erste durch ein anderes ersetzt haben, bevor Sie das erste erreichen. Es ist die Ausdehnung und der Fortschritt, der das Gefühl des Glücks erzeugt.

In unserer Kultur müssen wir uns nicht so anstrengen, um zu überleben, wie es in anderen Teilen der Welt der Fall ist. Wir müssen nicht nach Nahrung suchen wie die ersten Bewohner unserer Erde. Sogar moderne Obdachlose ernähren sich in Speisekammern, viele von ihnen sogar umsonst. Deshalb spielen wir, schaffen Kunst und nehmen an Gemeinschaftsaktivitäten teil. Um ein erfülltes Leben zu haben, brauchen wir eine konstruktive Tätigkeit. Auch Menschen im Ruhestand brauchen Ziele, die ihr Leben für sie wertvoll machen.

Wenn Sie Ihre aktuelle Situation betrachten, werden Sie je nach Ihren Erwartungen ein anderes Ergebnis erhalten. Wir werden unser Leben als lohnenswert betrachten, wenn wir eine lohnende Tätigkeit ausüben und dabei ein angemessenes Maß an Freude empfinden. Selbst wenn der Grund für die Anstrengung darin besteht, eine ernsthafte Bedrohung zu vermeiden, wird die Annahme, dass wir ein positives Ergebnis für uns selbst oder für andere, für die wir uns verantwortlich fühlen, anstreben, uns Erfolgsgefühle vermitteln, die sich in Gefühle des Glücks. Wenn wir keine Ziele haben, können wir nicht erwarten, dass wir glücklich oder zufrieden sind. Wir existieren lediglich.

Abgesehen von der Auswahl der Ziele, die Sie erreichen wollen, ist die wichtigste Kontrolle, die Sie haben, Ihre Erwartung an das Ergebnis. Wie hoch ist Ihre Toleranzschwelle für weniger als perfekte Qualität? Wenn Sie ein Perfektionist sind und das Ergebnis nicht Ihren Erwartungen entspricht, werden Sie unzufrieden sein. Wenn Sie Ihren Anspruch auf eine bloße Akzeptanz von Veränderungen in Richtung dieses Ziels senken, werden Sie viel mehr Ergebnisse erzielen, die Sie glücklich machen. In einem praktischen Kontext: Wenn Sie einen Freund besuchen und hungrig sind, macht Sie allein die Tatsache, dass er Ihnen etwas zu essen anbietet, glücklich. Wenn Sie ein Feinschmecker sind und feines Porzellan und Kaviar erwartet haben und einen bekommen, werden Sie sich nicht freuen, egal was Ihr Gastgeber sagt. Ihre Erwartungen sind der Schlüssel zu Ihrem Glück.

Epikur sagte, dass man jeden Augenblick voll erleben muss, um das Beste aus dem Leben zu machen. Das bedeutet, dass man die Bedingungen akzeptieren muss, in denen man sich in diesem Moment befindet, und das, was geschieht, ohne Erwartungen voll und ganz zu schätzen weiß. Man sollte sich nichts wünschen und wenig brauchen, um das Beste aus jedem Augenblick zu machen. Das bedeutet nicht, dass Sie sich keine Ziele gesetzt haben. Ein Ziel ist der Weg, auf dem Sie sich befinden. Wichtig ist, wie Sie auf die Hindernisse reagieren, die sich Ihnen in den Weg stellen, ob Sie sie akzeptieren oder ob Sie Ihre Anstrengungen umlenken, um Ihre Ziele zu erreichen. Die Erwartung, dass es Hindernisse geben wird, bewahrt Sie vor Frustration. Wenn Sie die Erwartung einbeziehen, dass Sie unter den aktuellen Umständen Hindernisse überwinden müssen, um Ihren Weg fortzusetzen, werden Sie sich erfolgreich fühlen. Fast jeder Spielzug im Fußball ist darauf ausgelegt, einen Touchdown zu erzielen. Die meisten scheitern. Die Spieler verlassen das Spielfeld nicht nach dem ersten Fehlschlag. Sie geben sich beim nächsten Mal mehr Mühe. Das Wichtigste ist, dass Sie Ihr Ziel kontinuierlich verfolgen. Unmittelbare Hindernisse sind irrelevant. Es gibt immer einen weiteren Zug in ihrem Spielplan.

Thomas Edison versuchte mehr als 10.000 Mal, einen Glühfaden zu finden, der Elektrizität in Licht umwandelt, bevor er Wolfram ausprobierte, das funktionierte. Auf die Frage "Wie fühlen Sie sich bei so vielen Fehlschlägen?" antwortete er: "Nun, jetzt kenne ich 10.000 Dinge, die nicht funktionieren". Schließlich

Er spürte den Erfolg, und darauf konzentrierte er sich. Er hat sich nicht auf seine Misserfolge konzentriert. Er fand sogar einen Wert in ihnen. Also war er glücklich.

Wir haben keine Kontrolle über das, was das Leben uns bietet, genauso wenig wie der Gast in einem Haus, der etwas zu essen haben möchte. Wenn wir die Realität akzeptieren und versuchen, das Beste aus dem Moment zu machen, werden wir glücklich. Erwartungen, die über die Realität hinausgehen, führen dazu, dass die Unvollkommenheiten und die Hektik der realen Welt Unglück erzeugen. Das Leben so zu nehmen, wie es wirklich ist, und aus jedem Augenblick das Beste zu machen, auch wenn man sich wie Edison auf positive Ziele konzentriert, führt dazu, dass man sich auf dem Weg dorthin erfolgreich fühlt und glücklich ist, wenn man sich anstrengt.

Wenn Sie unrealistische Erwartungen in Bezug auf Dinge haben, die Sie nicht kontrollieren können, können Sie nicht sehr oft glücklich sein.

Man kann einen anderen Menschen nie vollständig kontrollieren. Selbst wenn diese Person Ihr eigenes Kind ist. Ihr Ziel sollte es sein, die Person, die sie ist, voll und ganz zu schätzen, sie zu leiten, wenn Sie können, etwas zu bewirken, ohne sie zu entmutigen oder sie von ihren Versuchen abzuhalten, und sich dann zurückzulehnen und zu schätzen, was aufgrund ihrer Bemühungen geschieht. Dann werden Sie mit den Ergebnissen zufrieden sein. Ihr Erfolg wird auch der Ihre sein. Der Griff nach den Sternen beginnt damit, einen Schritt nach vorne zu machen. Wenn Sie auf ein Hindernis stoßen, müssen Sie vielleicht ab und zu einen Schritt zurückgehen, aber meistens ist es ein Schritt zur Seite, um das Hindernis zu umgehen. Wenn du lange genug weitermachst, wirst du irgendwann dein Ziel erreichen, oder du wirst auf dem Weg ein anderes Ziel finden, das dir besser zu sein scheint. Mein bester Freund wollte seit unserer Geburt auf den Mond fliegen. Er wurde der NASA-Raketenwissenschaftler, der für die Flugbahn des Raumschiffs von der Erde zum Mond verantwortlich war und dafür, was die Astronauten taten, wenn sie dort ankamen. Die NASA hat ihr Programm, Wissenschaftler als Astronauten zuzulassen, aufgegeben, aber er war nahe dran. Er war auf dem Mond bei den Aktivitäten der Astronauten dabei.

Der Titel des AHA-Newsletters, "Free Mind", soll Humanisten daran erinnern, dass ein unabhängiger Geist, frei von der "Kontrolle anderer", es uns ermöglicht, Lebenssituationen rational zu analysieren, wenn sie entstehen, und dann unsere persönlichen Emotionen so zu steuern, dass sie eine positive Reaktion fördern. Ihr Ihre Erwartungen und Ihre Reaktionen ergeben sich aus Ihrer Einstellung und sind Ihre einzige Kontrolle, um Ihr eigenes Glück unter allen Umständen zu erreichen.

Dreizehntes Kapitel
Warum haben wir all die Überzeugungen,
die wir heute haben?

Sie werden feststellen, dass wir viele unbegründete Überzeugungen haben, wenn es um deren Wahrheit geht, oder um die Wurzel, warum wir diese Überzeugung haben. Die meisten spielen keine Rolle, und die Antwort auf die Frage, warum wir diese Überzeugung haben, ist die Mühe nicht wert, sie zu hinterfragen. Einige universelle kulturelle Überzeugungen können jedoch das Leben bestimmen, selbst wenn sie falsch sind. Zum Beispiel hat jeder seine eigene Vorstellung vom Leben nach dem Tod.

Ich habe sicherlich nicht die Absicht, die Überzeugungen von in Frage zu stellen. Das müssen Sie schon selbst tun. Es ist jedoch wichtig, dass wir verstehen, wie die Vorstellungen, die viele unserer Überzeugungen bilden, über Tausende von Jahren kulturell weitergegeben wurden. Woher kommt dieser Glaube, wenn es keinen stichhaltigen Beweis dafür gibt, dass es ein ? Er kann nur aufgrund eines "blinden Glaubens" akzeptiert werden.

Ich spreche von diesem Glauben, weil dieses Beispiel ein universeller Glaube ist. Jeder ist damit konfrontiert worden. Der Zweck einer gründlichen Analyse eines bestimmten universellen Glaubens ist es, den Punkt dramatisch zu machen, damit Sie die letztendliche Wirkung eines jeden Glaubens, der Ihr eigenes Leben beeinflusst, besser verstehen können. Das Ziel ist es, jeden von uns zu motivieren, innezuhalten und eine ähnliche Analyse durchzuführen, bevor wir irgendeinen irrationalen, auf "blindem Glauben" basierenden Glauben annehmen, der irgendeine Kontrolle über unsere eigene Existenz hat. Nicht selbst zu denken, ist gefährlich für die eigene Existenz. Das Hinterfragen aller "blindgläubigen" Überzeugungen wird uns helfen, bessere Entscheidungen darüber zu treffen, was wir bereit sind, als unsere eigene

Wahrheit zu akzeptieren, damit wir die Kontrolle über unser Leben übernehmen können und es uns nicht von anderen wegnehmen lassen. die Marionette von zu sein. Wir sollten sicherlich nicht unser eigenes Leben als Schaf leben wollen.

Warum wir an ein Leben nach dem Tod glauben, ist keine einfache Frage, auf die sich akzeptable Antworten finden lassen. Nicht, weil es nicht mehrere plausible Theorien gibt, um dies zu erklären. Das Problem ist, dass es zu viele sind. Den meisten Antworten fehlt es an gedanklicher Tiefe. Die meisten gehen von der Prämisse aus, dass es so etwas geben muss, weil jeder glaubt, dass es so etwas gibt. Daher ist es einfacher, nicht zu hinterfragen, ob dieser Gedanke wahr ist. Es scheint ein Thema zu sein, über das jeder unter dem Gesichtspunkt der Rechtfertigung des Glaubens geschrieben hat. Es gibt jedoch nur sehr wenige, die das Thema aus einer skeptischen Perspektive angehen. Meines Erachtens ist dies der produktivste Weg, um damit zu beginnen. Das liegt wahrscheinlich daran, dass wir Juristen darauf trainiert sind, das Leben und die Probleme, mit denen wir in unserer Praxis täglich zu tun haben, aus dieser Perspektive zu betrachten.

Was ich herausgefunden habe, nämlich einen Überblick über einige Theorien als Beispiele für die meiner Meinung nach besten Antworten auf die Frage, warum Menschen an ein glauben, wird Ihnen ein ausreichend breites Spektrum an Überlegungen zu diesem Thema bieten, damit Sie überlegen können, welche Antworten Sie für sich selbst am ehesten akzeptieren können. Das Spektrum, das ich für die plausibelste Antwort halte, lässt sich am besten in dieser Liste zusammenfassen:

1. Manche behaupten, der Glaube an ein Leben nach dem Tod sei einfach eine "Illusion". Wir haben gestern gelebt, wir leben heute, also erwarten wir, dass wir auch morgen noch leben werden, sogar nach dem Tod. Wir alle haben Angst vor dem Tod. Es liegt in der menschlichen Natur, das Unbekannte zu fürchten. Wir können uns einfach nicht vorstellen, dass wir aufhören zu existieren, obwohl die meisten von uns wissen, dass wir nicht existierten, bevor wir in dem Körper geboren wurden, in dem wir jetzt leben. Deshalb sind die Menschen durchaus bereit, diesen "Glaubenssprung" zu machen.

2. Andere meinen, dass wir diesen Glauben haben, weil er ein Mittel ist, um "sozial erwünschtes Verhalten" zu fördern. Für andere ist es einfach ein gesellschaftliches Kontrollinstrument, das von den Eltern und der priesterlichen Klasse weitergegeben wird.

3. Einige haben behauptet, der Glaube an ein Leben nach dem Tod habe sich einfach aus dem "Glauben der alten Völker" entwickelt, als deren bester Versuch, seltsame Phänomene wie Träume zu erklären. Ein neuartiger Gedanke, aber oberflächlich.

4. Einige glauben, dass dies das natürliche Ergebnis der Tatsache ist, dass jeder von uns das Gefühl hat, "mehr zu sein als sein eigener Körper". Die Tatsache, dass wir uns aufgrund der Größe unseres Gehirns unserer Umgebung bewusst sind, ermöglicht es uns, über uns selbst hinaus zu denken. Wir können also unabhängig von unserem eigenen Körper denken. Dadurch haben wir das Gefühl, dass wir etwas Separates sind, das über unsere eigene physische Existenz hinausgeht. Diese separate "Entität" hat also ein Eigenleben. Das ist wahrscheinlich logischste Grund, aber er ist leicht zu widerlegen, denn im Labor können Wissenschaftler heute das Ergebnis duplizieren, was beweist, dass unser Glaube nichts mit einem Leben nach dem Tod zu tun hat.

5. Ein interessanter Gedanke eines Autors, den ich gelesen habe, ist dass die Vorstellung vom Leben nach dem Tod das Werk der "Evolution durch natürliche Auslese" ist: Menschen, die nicht das Gefühl haben, dass der Tod das Ende unseres Lebens ist, sind im Kampf eher stärker und aggressiver. Wären Sie ein Selbstmordattentäter, wenn Sie wüssten, dass das Ergebnis Ihres Verhaltens Ihr absolutes Ende sein würde?

6. Richard Dawkins, der angesehene Biologieprofessor in Oxford, stimmt zu, dass der Glaube an ein Leben nach dem Tod das Produkt der natürlichen Auslese ist, aber nicht der natürlichen Auslese, die auf Gene oder andere biologische Einheiten wirkt, wie sie von Darwin identifiziert wurden. Stattdessen sagt Dawkins, dass der Glaube an ein Leben nach dem Tod das Produkt der natürlichen Auslese der Evolution der Ideen ist. Es ist die natürliche Auslese unseres Gehirns, aus der Unzahl von Ideen, denen wir ständig ausgesetzt sind, bestimmte Ideen beizubehalten, und nicht die natürliche Auslese unserer Gene, die unsere Spezies fortbestehen

lässt. Beide funktionieren jedoch auf dieselbe Weise. Diejenigen, die für uns ausgewählt werden, sind das, was Dawkins "Meme" genannt hat. Dies ist ein Wort die er erfunden hat. Er definierte ein Mem als jede kodierte Information, die die Fähigkeit hat, ihre eigene Replikation zu beeinflussen. Genauso wie Gene unsere biologischen Replikatoren sind, die zu unserer eigenen Existenz beitragen, sind es auch Meme. Sie sind die Replikatoren unserer Ideen, die sich in der Existenz dessen manifestieren, was wir alle glauben. Sie mögen wenig Bezug zur Realität haben.

Lassen Sie uns diese verschiedenen Sichtweisen etwas genauer untersuchen. Hier sind einige der tiefgründigeren Erklärungen, die ich für wert halte, dass wir darüber nachdenken.

Wünsche

Was den ersten Gesichtspunkt, den der Illusionen, betrifft, so ist Religion für einige Gelehrte und viele Barphilosophen reiner Trost. Um ihre Position etwas direkter zu beschreiben und ihre Ansichten von denen zu unterscheiden, die ihnen folgen: "Solche Überzeugungen sind lästige Illusionen, vor allem, wenn es um den Glauben an ein Leben nach dem Tod geht", so die meisten. Er sagte, der Glaube an ein Leben nach dem Tod sei "Beweisstück A" dafür, warum der Glaube an ein Leben nach dem Tod ein Nebenprodukt von Wahnvorstellungen ist. Für sie liegt der Grund für den Glauben an ein Leben nach dem Tod darin, dass er die Angst vor der persönlichen Auslöschung oder die überwältigende Trauer, die wir beim Tod eines geliebten Menschen empfinden, beseitigen oder zumindest abschwächen kann. Ein anderer, klügerer Mensch fügte hinzu, dass sie dadurch verstärkt wird, dass viele von uns das Gefühl haben, dass ein Leben von endlicher Dauer sinnlos wäre, wenn unser eigenes Leben nicht weitergehen könnte.

Diejenigen, die diesen Standpunkt vertreten, sind der Meinung, dass die meisten Menschen den religiösen Glauben, den sie haben, einfach deshalb haben, weil ihre Eltern ihn ihnen als Kinder eingeimpft haben und die Kultur um sie herum diese Vorstellung teilt. Es ist einfacher, diese Vorstellung zu akzeptieren, weil jeder an ein Leben nach dem Tod glaubt, als solche abzulehnen. Das mag stimmen, aber die eigentliche

Frage ist, warum dieser Glaube so populär geworden ist. Und wenn wir diese Frage beantworten können, warum sind dann so viele Menschen nicht bereit, ihre Überzeugungen aufzugeben oder zu ändern, selbst wenn sie sie einmal angenommen haben?

Werden sie mit harten Beweisen dafür konfrontiert, dass einige Überzeugungen falsch sein könnten? Dies sind die Fragen, die diejenigen, die die Theorie des Wunschdenkens akzeptieren, nicht beantworten können.

Kurz gesagt, seine Erklärung ist, dass Menschen an einem Glauben festhalten und sich weigern, ihn aufzugeben, der Balsam für die Schmerzen des Lebens ist, sowohl für uns selbst als auch für die Menschen, die uns wichtig sind. Das könnte ich. Ich habe jedoch festgestellt, dass es nicht funktioniert. Der Glaube an ein Leben nach dem Tod kann unsere Angst vor dem Tod nicht wirklich lindern. Er verhindert auch nicht wirksam die Trauer, die wir alle beim Verlust eines geliebten Menschen empfinden. Obwohl, wie ein Philosoph, der sich ein wenig über seinen Barhocker erhob, einmal sagte, es wahr sein könnte, dass unsere religiösen Überzeugungen nicht deshalb fortbestehen, weil sie uns Trost spenden, sondern weil, einmal erworben, ihr Ablegen akutes Unbehagen hervorruft.

Eine Analogie wäre die Abhängigkeit von Nikotin, Drogen oder Alkohol. Einmal süchtig geworden, bereiten Zigaretten wenig Vergnügen, aber sobald eine Person versucht, damit aufzuhören, erlebt sie ein intensives und unangenehmes Verlangen. Die Sucht wird also weniger durch das Vergnügen aufrechterhalten, das sie erzeugt, als durch das Unbehagen, das sie in Schach hält.

Darüber hinaus haben Millionen von Menschen ihr ganzes Leben in der Angst vor der Hölle oder der ewigen Verdammnis oder anderen schrecklichen postmortalen Möglichkeiten verbracht. Die Vorstellung, dass eine Ewigkeit des Leidens auf einen warten könnte, ist eine der unangenehmsten Ideen, die je von menschlichen Köpfen erdacht wurden. Wie bereits erwähnt, nannte Darwin sie eine "verdammenswerte Lehre". Mit anderen Worten: Anstatt die Angst der Menschen vor dem Tod zu lindern, schüren manche Jenseitsvorstellungen oft Ängste, die

die Menschen sonst nicht hätten. Wunschdenken als Theorie mag also ein Teil des Grundes sein, aber es kann sicher nicht die ganze Geschichte sein.

Die organisierte Religion bietet sozialen Zusammenhalt oder "sozialen Klebstoff".

Das zweite Konzept in dieser Liste, warum Menschen diese Überzeugungen haben, nannte ein Autor "sozialen Klebstoff". Die Idee ist, dass unsere religiösen Überzeugungen der Kitt sind, der die Gesellschaften zusammenhält. Unabhängig von der Wahrheit der Lehre als Hauptgrund für einen Glauben an In einem sorgt die Religion zweifellos für soziale Solidarität und ein Gefühl der Gemeinschaft, indem sie gemeinsame Überzeugungen und Werte bietet und die Menschen so zu moralischem Verhalten motiviert. Die tröstliche Seite des Glaubens an ein Leben nach dem Tod besteht darin, dass er sozial nützliches Verhalten fördert, während unbequeme Überzeugungen von sozial schädlichem Verhalten abhalten sollen. In diesem Ansatz steckt eine Menge "Weihnachtsmann".

Ich würde das akzeptieren, wenn nicht alle religiösen Überzeugungen gesellschaftlich vorteilhaft wären; manche Überzeugungen können Gruppen und Nationen auseinanderreißen. Sehen Sie sich an, was heute mit den radikalen islamistischen Überzeugungen innerhalb der muslimischen Gemeinschaft und ihren Angriffen auf den Rest der Welt im Namen ihrer Religion geschieht. Mit anderen Worten, die Theorie des sozialen Klebstoffs fällt auseinander, weil sie auch zu der Vorstellung führt, dass wir gegen sie sind.

Soziale Kontrolle

Eine andere, etwas differenziertere Betrachtungsweise des Arguments des sozialen Klebstoffs als die der Stuhlphilosophen besteht darin, das Konzept der sozialen Kontrolle aus der Sicht derjenigen zu betrachten, die den Klebstoff ausgeben. Hier haben wir es mit einer Klasse von Menschen zu tun, die solche Überzeugungen als Mittel der sozialen Manipulation fördern. Eltern und Lehrer benutzen sie, um Kinder zu kontrollieren, Ehemänner benutzen sie, um Ehefrauen zu kontrollieren und umgekehrt, Sklavenhalter benutzen sie, um Sklaven zu kontrollieren. Die herrschende Klasse benutzt sie, um das Proletariat zu kontrollieren, und Priester, Könige und andere Führer benutzen sie, um Stämme, Zünfte und Nationen zu kontrollieren. Der Klebstoff verleiht dem Absender Macht.

Wenn man das gleiche Konzept auf den Glauben an das anwendet, könnte dies darauf hindeuten, dass die Menschen versuchen, das Verhalten anderer mit dem Versprechen des Himmels und der Androhung der Hölle zu kontrollieren, genau so wie Eltern versuchen, das Verhalten ihrer Kinder zu kontrollieren, indem sie ihnen sagen, dass der Weihnachtsmann ihnen Geschenke bringt, wenn sie brav sind, aber nicht, wenn sie unartig sind.

Die übermittelte Überzeugung hat möglicherweise nichts mit der wahren Absicht der kontrollierenden Person zu tun. Dies kann der Fall sein, auch wenn die kontrollierende Person dies in vielen Fällen tut, weil sie fest davon überzeugt ist, dass es das Richtige ist, was sie tut. Bischof John Shelby Spong schlägt vor dass es einige Geistliche gibt, die über ein viel tieferes religiöses Wissen verfügen, als sie bereit sind, mit ihrer gesamten Gemeinde zu teilen, weil sie glauben, dass ihr Wissen über die Interessen der Menschen, denen sie dienen, hinausgeht und ihnen Kummer bereiten würde. In anderen Fällen könnte die Weitergabe ihrer wahren Überzeugungen den derzeitigen "Glauben" ihrer Gemeindemitglieder zerstören. Es besteht kein Zweifel daran, dass die Massen bei jedem Thema unwissend sein können; letztendlich ist es jedoch am besten, vollkommen ehrlich zu sein. Vielleicht ist das der Grund, warum viele erfolgreiche Geistliche während einer Predigt an der Oberfläche bleiben, aber in privaten Sitzungen, die nur für diejenigen zugänglich sind, die bereit sind, mehr zu lernen, eine tiefer gehende Analyse anbieten, anstatt ihre Gemeindemitglieder zu bedrohen, indem sie auf der Kanzel mehr predigen, als ihre gesamte Zuhörerschaft akzeptieren kann, ohne ihren aktuellen Glauben zu gefährden.

Diejenigen, die dieses Argument verwenden, wollen damit sagen, dass der Glaube an ein Leben nach dem Tod die Motivation der Kontrollpersonen ist, diesen Glauben fortzusetzen, um uns zu kontrollieren, und nicht, zumindest bei einigen Kontrollpersonen,

Ausdruck ihres wahren Glaubens an die Gültigkeit der Botschaft selbst.

Das soll nicht heißen, dass die meisten dieser Überzeugungen dazu gedacht sind, von den einzelnen Überbringern der Botschaft ausgenutzt zu werden. Die meisten derjenigen, die die Kontrolle haben, glauben wahrscheinlich fest an diese Botschaft. Der Glaube ist universeller als der Einzelne. Den Befürwortern dieser Ansicht zufolge ist es unsere Kultur, die den Glauben an ein Leben nach dem Tod hervorbringt und diesen Glauben dann als gesellschaftlich akzeptabel verteidigt, um die soziale Ordnung aufrechtzuerhalten.

Primitive Wissenschaft (oder Aufrechterhaltung alter Glaubensvorstellungen)

Die vorherrschende Antwort in den verfügbaren Schriften ist, dass die Erklärung für jene Überzeugungen, die kulturell über mehrere Generationen weitergegeben wurden, der aufrichtige Versuch früherer Menschen ist, die Phänomene des Lebens zu verstehen. Mit anderen Worten: Viele Ideen sind Fossilien unserer früheren Bemühungen, die Welt, in der wir leben, zu erklären. Menschen haben alle Arten von Erfahrungen, die für Vorwissenschaftler sehr schwer zu erklären wären.

Wenn wir uns zum Beispiel zum Schlafen hinlegen, bleibt unser Körper dort, wo wir ihn zurückgelassen haben, doch wenn wir träumen, haben wir oft das Gefühl, anderen zu sein und andere Dinge zu tun. Wie könnten wir das erklären, wenn wir kein ausgereiftes wissenschaftliches Verständnis von der Welt haben? Eine Erklärung wäre, dass ein Teil von uns unseren physischen Körper verlässt und eine unabhängige Existenz führt, die fremde Welten erkunden kann: ganz anders als unsere Wachwelt. Und das ist noch nicht alles. Manchmal haben wir lebhafte und gefühlsbetonte Träume, in denen wir Menschen begegnen, die gestorben sind. Wie ist das zu erklären? Nun, vielleicht überlebt der Teil von uns, der den Körper während der Träume verlässt, den körperlichen Tod, und voila, jetzt sehen wir, wie solche Überzeugungen aus den ehrlichen Bemühungen der Menschen entstehen können, die Dinge zu erklären, die ihnen widerfahren. Sie sind lediglich ein Versuch, die Tatsachen unserer tatsächlichen Erfahrung zu erklären, wenn wir die Welt, in der wir alle leben, kennenlernen.

Das Problem bei diesem Konzept ist, dass solche Antworten zwar tröstlich sein mögen, aber nicht erklären, warum die Antwort heute so bereitwillig akzeptiert wird und der Glaube fortbesteht, obwohl viele dieser Arten von Glauben durch die wissenschaftliche Analyse der Fakten und die Duplizierung der Ergebnisse, die den Glauben überhaupt hervorgebracht haben, erklärt worden sind. Warum ist der Glaube nicht mit dem Verständnis für die Erklärung seines Ursprungs gestorben?

Entwicklungen

Die Evolutionstheorie ist eine weitere neuere alternative Erklärung. Einige haben versucht, Darwins Gedanken auf religiöse Konzepte anzuwenden. Wenn unsere religiösen Überzeugungen ein direktes Produkt der natürlichen Auslese sind, so wie unsere Körperteile ausgewählt wurden, weil sie den Individuen, die sie haben, zugute kommen, führt dies zu einem interessanten Denkbereich. In anderen Bereichen werden vielleicht sogar Ideen wie der Glaube an ein Leben nach dem Tod als wahr akzeptiert und für unseren Gebrauch angepasst, weil sie den Gläubigen Zuversicht und einen Sinn im Leben geben oder weil sie die Angst vor dem Tod eines geliebten Menschen verringern. Diese Überzeugungen stärken die Menschen auch im Kampf. Sie verbessern unsere Gesundheit durch Stressabbau. Oder es kann daran liegen, dass sie Gruppen zusammenbringen und so die Interessen der Gruppe und ihrer Mitglieder fördern.

Das Problem ist, dass religiöse Überzeugungen von einer Kultur zur anderen und von einer historischen Tradition zur anderen sehr unterschiedlich sind. Das macht es sehr schwierig, sich vorzustellen, dass es sich bei allen um dieselbe Form der Anpassung handelt. Mit anderen Worten: Warum sehen sie nicht alle gleich aus? Selbst die Vorstellungen über das Leben nach dem Tod sind in einigen Religionen unterschiedlich. Einige glauben an eine körperlose Existenz, andere an Reinkarnation, wieder andere an eine leibliche Auferstehung. Nehmen wir den jüdischen Glauben, bei dem alle Juden Israels vor dem Berg Moriah begraben werden, damit sie am "Ende der Tage" alle in den Himmel aufsteigen und als erste dort ankommen.

Die Anhänger des orthodoxen jüdischen Glaubens haben zumindest in der Vergangenheit die Ansicht vertreten, dass der Himmel kein Ort des unmittelbaren Übergangs ist, sondern das zweite Kommen eines Messias erfordert. Und sie warten weiterhin. Das ist etwas völlig anderes als das, was die meisten Menschen, die das Christentum annehmen, heute für einen akzeptablen Glauben halten. Wenn es stimmt, dass religiöse Überzeugungen keine direkten Produkte der Evolution sind, sondern Nebenprodukte einer anderen, allgemeineren Tendenz des Geistes, die durch die Position des Einzelnen innerhalb seiner jeweiligen Kultur verursacht wird, dann müsste die jüdische Sicht des Weges in den Himmel auch heute noch die christliche Sicht sein. Vielleicht ist die Akzeptanz des unmittelbaren Eintritts in den Himmel ein wichtiger Faktor dafür, dass das Christentum zu einer so erfolgreichen Religion wurde.

Eine Theorie, warum sich Christen und Juden unterscheiden, ist, dass das Christentum ein Produkt des Heiligen Paulus ist. Sein Jesus ist vielleicht nicht der jüdische Jesus, der tatsächlich gelebt hat. Diesen Standpunkt vertritt der kürzlich pensionierte Bischof der Episkopalkirche John Shelby Spong.

Die beste Erklärung für den Grund der kulturellen Unterschiede stammt von E.O. Wilson. Wie ich bereits erwähnt habe, war er über 40 Jahre lang ein angesehener Professor für Biologie in Harvard. Dr. Wilson ist vor allem für seine Forschungen bekannt, die zur Entwicklung der Wissenschaft der Soziobiologie führten. Er geht davon aus, dass die Biologie nicht mit der Geburt endet und dass sich die Soziologie ausschließlich mit dem beschäftigt, was nach der Geburt geschieht. Er argumentiert, dass viele unserer soziologischen Institutionen biologisch bedingt sind. Dr. Wilson argumentiert zum Beispiel, dass Spiritualität ist biologisch notwendig. Spiritualität ist im Wesentlichen die Abstimmung unseres Selbst auf die Resonanz mit der Natur. Sie ist ein natürliches Phänomen für alle Menschen, das unsere Religionen als zentrales Element der Organisation aufgegriffen haben. Dies steht im Einklang mit der Theorie des sozialen Klebstoffs, der zufolge Religion jeden ansprechen muss, um die soziale Kontrolle zu gewährleisten, die für ein erfolgreiches Zusammenleben notwendig ist.

Dr. E.O. erklärt in einem kürzlich erschienenen Buch mit dem Titel "The Meaning of Human Existence" (Der Sinn der menschlichen Existenz), dass Studien zeigen, dass in den frühen Stadien der Existenz des Homo Sapiens zwei Kräfte durch Selektivität in die menschliche Natur eingebaut wurden. Die erste ist der Egoismus des Individuums. Dieser entwickelte sich, weil das egoistische Individuum das altruistische Individuum eins zu eins überwinden kann und so zur Befriedigung seiner Bedürfnisse beiträgt. Als sich jedoch Gruppen entwickelten, um den für die Lebenserhaltung notwendigen Jagderfolg oder den Schutz der Gruppe vor konkurrierenden Stämmen zu gewährleisten, erforderte der Fortbestand der Gruppe ein altruistisches Verhalten der Individuen untereinander. Altruistische Individuen, die sich in der Gruppe zusammenschließen, konnten das egoistische Individuum besiegen. wurde eine statische Dichotomie geschaffen, die bis heute besteht.

Dr. Wilson argumentiert, dass diese Dichotomie zwischen Egoismus und Altruismus zum Erfolg der menschlichen Existenz beiträgt. Würde der Egoismus überwiegen, gäbe es Anarchie und keine Kultur. Würde Altruismus vorherrschen, gäbe es keine Kreativität und kein geistiges Wachstum. Damit eine Gesellschaft erfolgreich ist, müssen wir beides haben. Er vertritt die These, dass der Konflikt zwischen Individuum und Gruppe, der sich aus der natürlichen Auslese ergibt, unsere Lebensqualität hervorgebracht hat, aber das ist alles auf die natürliche Auslese zurückzuführen.

Dies könnte auch die Unterschiede in unseren religiösen Ansichten erklären. Es ist auf die Entwicklung spezifischer Gruppen zurückzuführen, die durch unser "Gruppendenken" einzigartige Möglichkeiten geschaffen haben, sich zum gegenseitigen Schutz zusammenzuschließen. Da ein Großteil von Dr. Wilsons Forschungen auf seine Studie über die kulturelle Kolonisierung von Ameisen zurückgeht, habe ich mich gefragt, ob Ameisen überhaupt eine Vorstellung von einem Leben nach dem Tod haben. Wenn die Ameisen diesen Begriff nicht verstehen und nur Menschen diesen Glauben haben, wenn es ein Leben nach dem Tod gibt, gibt es dann auch ein Leben für andere Lebensformen? Wenn ich ewig lebe, möchte ich, dass mein Hund bei mir bleibt. Wie auch immer,

Die Wissenschaft hat herausgefunden, dass unsere Überzeugungen das Ergebnis der Tatsache sind, dass unser menschliches Gehirn so groß geworden ist, dass wir jetzt in der Lage sind, über uns hinaus zu denken. Unsere Hunde sind dazu nicht in der Lage, sie können also nicht mitmachen und unsere unbegründeten Überzeugungen akzeptieren. Das können nur wir Menschen. Deshalb kann ich nicht erwarten, dass mein Hund auf mich wartet.

Nebenprodukte der Evolutionstheorie

Die nächste Stufe der Forschung hat gezeigt, dass die Religion nach dem Ansatz des Nebenprodukts der Evolution kein Produkt der natürlichen Auslese ist. Stattdessen ist die Religion Ergebnis anderer Aspekte des Geistes, die als Nebenprodukt der natürlichen Auslese entstanden sind. Dies geschieht, weil die menschlichen Gehirne jetzt groß genug sind, um abstraktes Denken zu ermöglichen. Daher können wir neue Gedanken erschaffen, die nur in unserem Gehirn existieren, wie z. B. Einhörner, die es sonst nicht gäbe. Das würde mit Dr. Wilsons Behauptung übereinstimmen, dass Spiritualität biologisch bedingt ist. Wir heben die Notwendigkeit einfach auf eine neue Ebene. Sobald Religion zu einem Mem wurde, hatte Religion ein Leben.

In einem Gespräch, das ich mit Dr. Steven J. Gould führte, beantwortete er die folgende Frage. Ich habe Dr. Gould persönlich gekannt. Er war ein aktiver Humanist. Die meiste Zeit seiner Karriere wurde er von den Harvard-Studenten als ihr herausragender Undergraduate-Professor des Jahres ausgezeichnet. Dr. Gould bezeichnet religiöse Phänomene als "Spandrel". Das würde bedeuten, dass der Glaube an ein Leben nach dem Tod ein zufälliges Nebenprodukt der Fähigkeit zu dem ist, was er "Theorie des Geistes" nennt. Damit bezeichnet er die menschliche Fähigkeit, andere Menschen und sich selbst als unabhängige Akteure mit jeweils unterschiedlichen Überzeugungen, Wünschen und mentalen Zuständen zu interpretieren. Diese Fähigkeit ist bei allen normal entwickelten Menschen vorhanden. Bei allen anderen Tieren ist sie jedoch nicht oder kaum vorhanden, und es ist sehr plausibel, dass diese Fähigkeit ein Produkt der natürlichen Selektion ist. Der Mensch ist angekommen und hat daher ein Recht auf Teilhabe. Andere Tiere haben sich noch nicht auf diese Ebene des Verständnisses entwickelt.

Wir können die Frage nach dem Leben nach dem Tod stellen. Andere Tiere können das nicht.

Wenn wir diesen Gedanken mit dem von E.O. Wilson beschriebenen Konflikt zwischen dem menschlichen Verhalten von Individuen und Gruppen zusammenbringen, sehen wir, warum die Behandlung der Mob-Psychologie bei der Krawallbekämpfung zeigt, wie das Individuum unter bestimmten Bedingungen seine Identität im Mob verliert. Das Verhalten des Einzelnen wird zu dem der Gruppe, wie das der Ameise, auch wenn es keine Gruppenführung gibt. Die Gruppe erlangt buchstäblich einen unabhängigen Geist. Menschen, die Mitglieder einer Gruppe sind, werden anderen schreckliche Dinge antun, die sie niemals tun würden, wenn sie von der Gruppe getrennt wären. Deshalb besteht eine der Techniken zur Bekämpfung von Unruhen darin, die Menschen vom Mob zu trennen. Aus diesem Grund setzen Militär und Polizei Gewalt ein, um eine Menschenmenge zu trennen, indem sie sie mit ihren Schilden oder Wasserwerfern angreifen und entgegengesetzte Richtungen drängen, um die kontinuierlich zu verkleinern. Als Offizier der Nationalgarde war ich bei der Bekämpfung von Unruhen im Einsatz. Ich habe festgestellt, dass dies wirklich funktioniert. Es trennt den Einzelnen und der Einzelne denkt für sich selbst. Während sie in der Gruppe sind, übernimmt der Wille der Gruppe ihr Denken.

Der Grund dafür ist, dass wir Menschen von Natur aus in physischen Objekten denken und unser Verstand ein anderes mentales Vokabular verwendet. So betrachten wir beispielsweise physische Objekte, nicht aber geistige Zustände, als Objekte mit bestimmten Dimensionen. Diese Sichtweise macht es uns leichter, uns vorzustellen, dass sich der Geist von unserem Körper unterscheidet. Wir geben unserem Geist eine unabhängige Position im Raum, als ob er Dimensionen hätte, und übertragen die Art und Weise, wie wir die Welt sehen, auf die Art und Weise, wie wir uns selbst als Individuum sehen.

Die Theorie des Geistes zwingt jedoch nicht zu dieser Schlussfolgerung, und schon gar nicht zwingt sie zu der Schlussfolgerung, dass der Geist unabhängig vom Körper existieren oder den Tod des Körpers überleben kann. Wir müssen nicht zu diesen Schlussfolgerungen kommen. Mit Bildung können wir dieses Denken korrigieren. Aber es bedeutet, dass diese Ideen auf natürliche Weise im Menschen entstehen und leicht zu Memen werden können, vor allem, wenn wir an sie glauben wollen. Mit anderen Worten, diese Gedanken sind für uns leicht zu akzeptieren, weil sie "in die natürlichen Konturen unseres Geistes passen". Das heißt, die Art und Weise, wie wir konstruiert sind. Ein merkwürdiges Nebenprodukt der "Theory of Mind" ist also, dass wir dazu neigen, zu glauben, auch wenn es falsch ist, dass der Geist (manche nennen ihn "Seele") etwas ist, das sich von der Aktivität des Gehirns unterscheidet, und dass es daher für uns ein Leichtes ist, von der vom Geist unabhängigen Position aus die Vorstellung zu extrapolieren, dass unsere Seele in den Himmel aufsteigen oder in einem anderen Körper wiedergeboren werden oder in einer Art kollektiven Bewusstseins wieder auftauchen könnte, oder dass wir vielleicht als Katze oder als Hund ins Leben zurückkehren könnten. Mein Hund hatte ein besseres Leben als ich. Vielleicht sollte ich es tun, wenn es wirklich ein nächstes Mal gibt.

Meme

Jüngere Generationen verwenden den Begriff "Mem" heute mit anderen Blickwinkel als zu seiner Entstehungszeit. Richard Dawkins prägte ein Korollarium, das zeigt, dass sich viele unserer Überzeugungen auf die gleiche Weise selbst reproduzieren wie unsere biologischen Gene. Beide sind lebendig und unabhängig. Beide entwickeln sich im Laufe der Zeit weiter, um sich an ihr jeweiliges kulturelles Umfeld anzupassen. Bedenken Sie den Unterschied, den seine Entdeckung für die Art und Weise macht, wie wir viele unserer Überzeugungen heute betrachten. Vielleicht haben die Kontrollmenschen eine neue kulturelle Definition eingeführt, um Dawkins' bedrohliche Theorie abzulenken und ihr Beharren auf "blindem Glauben" zu unterstützen?

Bisher haben wir vier traditionelle, nicht-evolutionäre Erklärungen für den Glauben an das Leben nach dem Tod untersucht, die in den wenigen Untersuchungen, die nicht zur Rechtfertigung der Existenz dieses Glaubens, sondern zur Analyse der Gründe dafür durchgeführt wurden, am weitesten verbreitet sind. Für diese Diskussion wurden sie als "Wunschdenken", "sozialer Klebstoff", "Manipulation" oder als "Werkzeug der sozialen Kontrolle" und "primitive Wissenschaft" bezeichnet: und zwei evolutionäre Erklärungen des Glaubens als

"Süchte" oder "spandreistische Nebenprodukte".

Es gibt jedoch eine neue, dritte evolutionäre Erklärung, die viel mehr Sinn macht und kürzlich von Richard Dawkins benannt wurde. Er prägte in den 1980er Jahren den beschreibenden Begriff "Meme" für seine Theorie. Dawkins definierte ein Mem als eine einzigartige Art der Vereinheitlichung kultureller Varianz. Genauer gesagt: Ein Mem ist ein Gedanke oder eine Idee, die sich weit entwickelt hat, dass sie ein "Eigenleben" entwickelt. Meme sind die soziale Suppe unserer Gedanken oder Ideen.

Überzeugungen, in denen jede Gesellschaft existiert. Wahrheit und Realität haben wenig Einfluss auf Meme. Für Dawkins **sind Meme nicht überprüfbare Überzeugungen, die mit anderen geteilt werden und ein unabhängiges Eigenleben entwickeln, das sie** buchstäblich für immer aufrechterhält. Meme erwecken bei denjenigen, die diese Überzeugung vertreten, den Anschein von Wahrheit, vor allem weil andere diese Überzeugung ebenfalls teilen. Als vorübergehende Träger dieser Überzeugung geben wir sie daher an andere weiter, und die Überzeugung wächst. Nach Dawkins ist ein Mem jede Form von kodierter Information, die die Kraft hat, ihre eigene Replikation zu beeinflussen.

So kann zum Beispiel ein Witz zu einem Mem werden. Die ersten vier Noten von Beethovens fünfter Symphonie sind zu einem Mem geworden. Auch Redewendungen, urbane Legenden, Manierismen, peinliche YouTube-Videos, die viral gegangen sind, und irritierende Ohrwürmer sind Meme. Das bedeutet, dass jedes einzelne von ihnen ein Leben hat.

Die zentrale Behauptung eines Mems ist, dass Meme wie Gene einer Art natürlicher Selektion unterliegen. Sie sind selbstreplizierend geworden. Die Meme, die sich in einer Kultur durchsetzen, sind diejenigen, die zufällig oder absichtlich Eigenschaften aufweisen, die ihre Chancen auf Dominanz erhöhen. Diese Meme haben Eigenschaften, die es wahrscheinlicher machen, dass sie die Aufmerksamkeit der Menschen auf sich ziehen. Meme sind alles, was sich selbst reproduziert, außer physischen Objekten oder lebenden Pflanzen oder Tieren. Es sind Ideen,

Gedanken, Überzeugungen, Sätze, visuelle Eindrücke, Verhaltensweisen, Lieder oder Konzepte, die mit größerer Wahrscheinlichkeit in den Köpfen der Menschen bleiben. Sie sind alles, was von anderen kopiert oder reproduziert werden kann.

Memes werden nicht unbedingt ausgewählt, weil wir sie mögen; Ohrwürmer sind mimetisch erfolgreich, auch wenn sie uns oft zutiefst missfallen. Versuchen Sie einmal, das Lied "It's a Small World, After All" aus dem Kopf zu bekommen, nachdem Sie mit dem Kinderkarussell Magic Kingdom in Disney World gefahren sind. Es dauert viele Monate, bis man das verdammte Lied aus dem Kopf hat, obwohl man es wirklich mag. Sie können sich also vorstellen, wie schwer es ist, ein Meme aus dem Kopf zu bekommen, wenn Sie es wirklich wollen. Deshalb glauben wir an ein Leben nach dem Tod, denn das ist etwas, was wir uns alle wünschen. Wahrheit und Realität haben wenig mit einem akzeptierten Mem zu tun. Es ist wichtig, immer daran zu denken, dass das Mem um seiner selbst willen existiert und dass die Wahrheit für diesen Glauben irrelevant ist.

Meme werden von uns nicht unbedingt deshalb ausgewählt, weil sie für uns nützlich sind. Das Mem des Tabakrauchens hat viele Jahrhunderte überlebt, obwohl es dazu neigt, seinen Wirt zu töten, und obwohl es nicht wirklich viel Freude bereitet. Ein Mem kann ausgewählt werden, weil es nützlich ist, aber es muss nicht nützlich sein, um ausgewählt zu werden. Es reicht aus, dass es Eigenschaften hat, die es innerhalb einer Kultur im Umlauf halten. Rauchen verschaffte den Kindern einen Status. Einmal süchtig, war es schmerzhafter, sich zu weigern, als weiter zu rauchen.

Wendet man den memetischen Ansatz auf religiöse Überzeugungen an, um die Frage zu beantworten, warum wir an ein Leben nach dem Tod glauben, kann man leicht zu dem Schluss kommen, dass unsere religiösen Überzeugungen das Produkt einer natürlichen Selektion sind, die sich aus der kulturellen Evolution und nicht aus der darwinistischen biologischen Evolution ergibt, und dass nicht alle religiösen Überzeugungen, die lebendig bleiben und im Umlauf sind, notwendigerweise für den Einzelnen von Vorteil sind, vor allem wenn sie einer Mem-Gruppe zugute kommen. Einige könnten sogar auf unsere

Kosten gehen. Versuchen Sie einmal, einen islamischen Fundamentalisten davon zu überzeugen, warum er kein Selbstmordattentäter sein sollte, indem Sie ihm sagen, es gäbe kein Leben nach dem Tod.

Wichtig ist, dass der memetische Ansatz die anderen Theorien über die Ursprünge solcher Überzeugungen nicht unbedingt verdrängt. Was er jedoch bietet, ist ein nützlicher allgemeiner Rahmen für die Integration der Wahrheit oder des Zwecks jeder dieser anderen Theorien, warum ein Glaube existiert, in ein kohärentes Gesamtbild. Sie bindet buchstäblich alles zusammen und zeigt uns, wie dieser Begriff überlebt hat.

Für jede der oben genannten Theorien in unserer Liste der Gründe für unseren Glauben an ein haben ihre Befürworter einen psychologischen oder kulturellen Selektionsdruck identifiziert, der innerhalb einer religiösen Tradition wirkt. Diese sind:

(1) eine Auswahl von Überzeugungen, die uns oder den Menschen, die uns wichtig sind, Trost spenden.

(2) Auswahl von Personen, die den sozialen Zusammenhalt oder "sozialen Klebstoff" fördern.

(3) eine Auswahl von Überzeugungen, die uns helfen, das Verhalten anderer Menschen zu deren Gunsten zu manipulieren,

(4) eine Auswahl von Überzeugungen, die die Welt um uns herum erklären oder zumindest den Anschein erwecken, sie zu erklären.

Zweifellos gibt es noch andere. Dies sind nur die naheliegendsten, die für mich einen Sinn ergeben.

Hier geraten unsere Fähigkeit, die aus unserer biologischen Evolution abgeleitete Logik zu nutzen, und die natürliche Selektion des memetischen Drucks in direkten Konflikt und ziehen uns in unterschiedliche Richtungen.

Es kann sein, dass wir etwas glauben wollen, weil es uns tröstet, aber wir können es nicht tun, weil es zu sehr mit den Beweisen, die wir sehen, kollidieren würde.

Das legt nahe, dass eine erfolgreiche Art von memetischem Glauben ein Glaube wäre, der Trost und Trost verspricht, der im nicht allzu leicht zu falsifizieren ist, weil er kulturell akzeptiert ist. Dazu gehören natürlich auch unsere Vorstellungen von den Formen des Lebens nach dem Tod, die wir als Individuen für akzeptabel halten. Wir wollen, wir sehen keine Beweise dafür, also ist es schwierig, es logisch zu akzeptieren, aber es gibt keine Möglichkeit dazu. Daher akzeptieren wir das Mem im "blinden Glauben". Da es gesellschaftlich inakzeptabel ist, einen Glauben zu hinterfragen, hat dieser Glaube nun dauerhaft ein kulturell geschütztes Leben.

Mit anderen Worten: Die Menschen neigen dazu zu glauben, dass es wahr ist, und wir begegnen im Alltag nur wenigen Dingen, die dem ausdrücklich widersprechen. Nicht nur das, sondern der Glaube macht auch für einige unserer Lebenserfahrungen Sinn. Meme können Nebenprodukte entwickelter psychologischer Tendenzen des Denkens sein. Mit anderen Worten: Serien von mentalen Übertragungen auf andere, die sich mit verwandten Themen befassen. Die Meme, die am besten zu folgenden Themen passen

Die Wahrscheinlichkeit, dass sich Trends durchsetzen und verbreiten, ist größer. Der aktuelle Begriff unserer Enkelkinder für dieses Phänomen ist "viral gehen". Ein solches Mem ist geschützt, wenn es mit anderen Memen oder Überzeugungen verbunden ist, die bereits kulturell akzeptiert sind. beschreibt dieser Ansatz das Umfeld, für das religiöse Meme, wie auch alle anderen Meme, am besten geeignet sind. Man muss das Mem oder das Mem nicht mögen, man kann es nur nicht loswerden.

Dawkins verbreitete die Ansicht, dass die natürliche Auslese nicht im Interesse der Art, der Gruppe oder gar des Einzelnen erfolgt. Darwin zeigte, dass die natürliche Auslese nur im Interesse der Gene selbst agiert. Die Selektion findet auf individueller Ebene statt, aber die Gene sind die wahren Replikatoren, und es ist ihre Kompetenz, die die

Evolution des biologischen Designs antreibt. Das ist die Zauberformel dessen, was Darwin entdeckt hat. Alles Leben im Universum existiert aufgrund des Überlebens von sich selbst reproduzierenden Replikatoren. Wir sind lediglich der vorübergehende Wirt des Gens. Aus der Sicht des Universums ist der Zweck des Lebens das Überleben der Gene. Als vorübergehender Wirt und als Individuum werden wir, was die Evolution betrifft, schließlich irrelevant und sterben als Individuum, während unsere Gene weiterleben.

Darüber hinaus haben wir entdeckt, dass sich diese Replikatoren oft automatisch zusammenschließen, um Systeme oder Maschinen zu schaffen, die sie tragen und ihre weitere Replikation unterstützen. Mit anderen Worten: Menschen, mein Hund und die Kohlköpfe, die wir essen, existieren in erster Linie, um die Replikatoren zu schützen. Die Replikatoren sind die Gene, die in uns existieren. Darwins Theorie der Evolution durch natürliche Auslese beruht auf den Genen für unsere biologische Existenz. Dawkins sagt, dass dies auch bei Memen der Fall ist. Was wir glauben, verstehen und am leichtesten für wahr halten, zumindest für uns selbst, ist ein sich selbst reproduzierender Glaube. Wir sind nur das Mittel, um es an andere weiterzugeben.

Meme sind eine ähnliche Einheit zur Vervielfältigung von Gedanken, die in den menschlichen Gehirnen gespeichert sind wie unsere Gene in jeder Zelle unseres Körpers. Meme werden durch Vervielfältigung in den Gehirnen anderer Menschen weitergegeben. Unsere Überzeugungen, aber auch Melodien, die wir nicht so leicht wieder loswerden, Ideen, Schlagworte, Kleidungsmoden, Töpfertechniken - all das sind Meme. Ein Mensch erschafft. andere lernen und folgen durch Nachahmung und geben das Mem dann an andere weiter. In diesem Prozess kann der Wirt das Mem ergänzen oder verfeinern, während es von Gehirn zu Gehirn übertragen wird. So entwickelt es sich weiter und wird besser an die jeweilige Kultur angepasst.

Die Evolution eines Mems wächst oder verfällt nach einem einfachen Algorithmus, sie entwickeln sich nicht linear. Entweder vermehren sie sich schnell und entwickeln schließlich ein dauerhaftes Leben, diejenigen, die sich nicht anderen kulturell akzeptierten Memen angeschlossen haben oder sich nicht von angepasst haben, zerfallen schnell und hören schließlich auf zu existieren. Unser Gehirn empfängt jeden Millionen von Reizen. Nur wenige von denen, die wir speichern, überleben und entwickeln ihre eigene Existenz unabhängig von uns als Wirt. Wenn sie Leben entwickeln, springen sie wie ein Virus von Gehirn zu Gehirn. Memetische Evolution findet unabhängig von ihren Auswirkungen auf die biologischen Gene statt.

Dan Dennett vertritt die Auffassung, dass jede Form der Evolution ein sinnloser natürlicher Prozess ist, der, wenn er durchgeführt wird, zu einem Ergebnis führen muss. Er behauptet, dass die drei Elemente, die notwendig sind, um Evolution hervorzubringen, Vererbung, Variation und Selektion sind. Die Evolution wird durch ein Gen im biologischen Sinne oder ein Mem im Sinne einer Überzeugung oder eines Gedankens ausgelöst, der zum Replikator wird. Millionen von Varianten werden täglich von Millionen von Menschen gezählt. Nur einige wenige werden von anderen Menschen weitergegeben. Noch weniger werden zu lebendigen, klassischen Memen. Wissenschaftliche Artikel vermehren sich, aber nur wenige erhalten lange Listen in Zitationsverzeichnissen. Nur wenige meiner brillanten Ideen wurden tatsächlich gehört, geschweige denn von irgendjemandem gewürdigt, und wahrscheinlich hat keine davon das Niveau eines Mems erreicht. Aber ich versuche es weiter. Wir können uns fragen, warum einige überleben und andere aussterben.

Dawkins führte den Begriff komplexe ko-adaptive Meme ein, um zu erklären, dass Meme am besten überleben, wenn sie sich mit anderen Memen in Gruppen verbinden, die komplexe Beziehungen bilden. So gedeihen Gruppen von Überzeugungen in der Gegenwart der anderen, von denen jede für sich allein aussterben könnte. Science-Fiction mag ein Beispiel dafür sein, aber auch die Bereiche Mathematik, Wissenschaft und Architektur, ganz zu schweigen von Recht und Medizin. Computer schaffen alle Möglichkeiten zur Übertragung von Memen. Sie haben sogar ihre eigene Form von Viren. Zu unseren Lebzeiten haben diese Viren eine eigene neue Industrie zu ihrer Bekämpfung geschaffen.

Die erfolgreichsten memetisch komplexen Gruppen haben einige Meme, die als Köder dienen, um Anhänger zu gewinnen. Sie haben auch Haken, um Anhänger anzuziehen, sobald die Gruppe ihre

Aufmerksamkeit hat. Oft haben diese Komplexe Meme, die als Bedrohung für die Gäste wirken, die sich entscheiden, die Gruppe zu verlassen, und Meme des Immunsystems, die diejenigen, die in der Gruppe bleiben, vor dieser Bedrohung schützen. Auf diese Weise wird die Gruppe zu einem in sich geschlossenen System, das unabhängig von seiner Beziehung zur Wahrheit oder Realität ewig existieren kann. Fakten können das System nicht durchdringen und die Wahrheit kann es ganz sicher nicht besiegen. Das Gruppensystem ist vollkommen selbstschützend. Deshalb fürchten die Menschen die Konsequenzen, wenn sie nicht glauben, und geben die Sicherheit ihres Glaubens nur selten auf. Das ist der Kitt, der die Menschen an ihrem religiösen Glauben festhält.

Wie sind wir zu dem gekommen, was wir heute glauben?

Wir wissen jetzt, dass Donald Johanssons Lucy vor vier Millionen Jahren lebte, was, wie Sie sich vielleicht erinnern, das Bindeglied in der menschlichen Evolution von der Amöbe zum Affen . Unser letzter Evolutionssprung fand in jüngerer Zeit statt, vor fünfzig- bis einhunderttausend Jahren. Das wissen wir, weil andere Lebensformen auf der Ebene des Menschen ausgestorben sind und nur wir, der Homo sapiens, übrig geblieben sind; und weil wir als Menschen auf dieser letzten Evolutionsstufe unserer gegenwärtigen Existenz eine bedeutende Verhaltensänderung erfahren haben.

Dies könnte auf die evolutionäre Vergrößerung unseres Gehirns zurückzuführen sein, die uns plötzlich die Fähigkeit verlieh, über uns selbst hinaus zu denken. Die Menschen begannen, die Wände ihrer Höhlen zu bemalen und dabei ihre Sicht auf die Welt um sie herum zu bewahren. Das hatte es vorher nicht gegeben. Das Verhalten der Menschen auf der Erde bewegte sich also plötzlich auf einer höheren Ebene.

Unsere religiösen Überzeugungen, d. h. unsere abstrakten Antworten auf unsere Sicht der Gründe für unser Leben, haben sich ebenfalls entwickelt. Dies geschah über Tausende von Jahren durch die Schaffung von "Haken" in Form eines Pull-Glaubens, die unsere religiösen Überzeugungen fördern, indem sie nur behaupten sie den Schlüssel zum Himmel besitzen, aber den Schlüssel nur denen geben werden, die ihren

Glauben akzeptieren. Diese Kontroll-Leute bieten ein begleitendes Mem in Form einer "Bedrohung" an, wie z.B. in Form der "Hölle" für diejenigen, die ihrem Glauben ausgesetzt waren und ihn dann nicht akzeptieren. Vergebung" für diejenigen, die zurückkehren und Buße tun, und "Immunität" vor der "Hölle" für diejenigen, die sich an den Glauben der Kontrollpersonen halten.

Die eigentliche Frage ist, wie viel "Kontrolle" Sie tolerieren können, ohne zu einer Marionette zu werden.

Dies erklärt, warum diejenigen, die vor dem Alter der Vernunft indoktriniert wurden und während ihrer Entwicklungsjahre in dieser Gesellschaft behütet wurden, in der Regel für den Rest ihres Lebens "süchtig" sind und Angst davor haben, zu leugnen, dass ihr "blinder Glaube" für sie die Wahrheit spricht, unabhängig von der Menge ihrer späteren Bildung. Wenn solche Überzeugungen gültig sind, warum haben sie sich dann nicht auf natürliche Weise weiterentwickelt und sind so zum akzeptierten Glauben aller Menschen geworden? Könnte es nur daran liegen, dass solche Überzeugungen ein bloßes "Kontrollinstrument" sind, und nicht daran, dass sie in Wirklichkeit die Wahrheit sind? Schauen Sie sich die vielen kulturellen Religionen an, die es heute in der Welt gibt, und die großen Unterschiede zwischen ihren Glaubensvorstellungen. Jede nimmt für sich in Anspruch, "die wahre" zu sein.

Glauben Sie, dass sie alle von Menschen gemacht sind? Sie erfüllen die notwendige Funktion, unseren "sozialen Klebstoff" zu liefern und unsere Gesellschaft aufrechtzuerhalten, die im Großen und Ganzen weiterhin hauptsächlich auf den Ebenen der hohen Sicherheit und der niedrigen sozialen existiert. Wir leben als Gesellschaft immer noch primitiv. Sich aus diesem Sumpf zu erheben, ist mühsam, aber wenn man erst einmal die Fähigkeit hat, das Leben aus einer höheren Perspektive zu sehen, kann man leicht verstehen, welche Auswirkungen die Kontrollmenschen auf das eigene Leben haben, und man wird viel kritischer in Bezug auf den Grad der Kontrolle, den man bereit ist, für sich selbst zu akzeptieren. Wenn einer von ihnen in Wirklichkeit "die Wahrheit" wäre, warum hat sich dieser Glaube nicht allgemein bei uns allen durchgesetzt?

Unsere verschiedenen Religionen sind ein hervorragendes Beispiel für Meme, die ihre eigene Wahrheit schaffen. Auch wenn dies eine grobe Vereinfachung ist, könnte der wahre Zweck der Religionen darin bestehen, die Gruppe zu schützen oder den sozialen Kitt zu liefern, der unsere Gesellschaft zusammenhält. Da es sich um ein autonomes System handelt, das sich im Laufe der Reifung unserer Kultur anpasst, ist die Wahrheit eines einzelnen Teils davon für sein Überleben nicht relevant, und die Wahrheit kann es sicherlich nicht besiegen. Ich würde auch nicht dafür plädieren, dass sie es tun sollte, denn es gibt derzeit nichts, was ihre Rolle in unserer Gesellschaft ersetzen könnte, um die Menschen, die der sozialen Ebene nicht entwachsen sind, zusammenzuhalten. Viele Religionen, in einigen ihrer Formen, sind zu einem zentralen Bestandteil der Aufrechterhaltung unserer Gesellschaft geworden. Das gilt aber auch für das Rechtswesen, die Buchhaltung und die Medizin. Die Berufe sind in unserer Gesellschaft durch Gesetze geregelt. Die meisten Religionen stützen sich auf den Glauben an ein Leben nach dem Tod.

Der springende Punkt ist, dass wir universelle Überzeugungen haben, nicht weil sie mit der Realität zu tun haben, sondern weil sie miteinander in derselben Gruppierung verbunden sind, die ein unabhängiges Eigenleben entwickelt hat. Wir akzeptieren sie, weil sie Teil von uns geworden sind. Und das kulturelle Tabu, die Religion in Frage zu stellen, sichert ihre fortwährende Existenz. Die Religion wird sich verändern, um ihre Kritiker zu absorbieren. Als Kultur sind wir süchtig. Religiöse Überzeugungen aufzugeben ist schmerzhafter als sie aufrechtzuerhalten. Daher überleben sie trotz jeder faktischen Grundlage für den Glauben.

Ein Autor namens Aaron Lynch weist darauf hin, dass viele religiöse Meme erfolgreich sind, wenn sie von den Eltern an die Kinder weitergegeben werden, weil sie mit einem "göttlichen Ursprung" versehen sind. Wenn das Kind denken würde, dass das, was ihm präsentiert wird, von seinen Eltern stammt, würden es zumindest die Teenager viel eher ablehnen. Daher überwiegt der "Gruppeneffekt", und dieses Mem trägt zum Überleben der Gruppe bei, weil es unter der "Autorität Gottes" weitergegeben wird. Ein neuer Gedanke. Vielleicht ist sein Überleben aber auch darauf zurückzuführen, dass die Kinder den Glauben angenommen haben, bevor sie das Alter der Vernunft erreichten. Deshalb klammern sie sich an das Mem, und die meisten fürchten seine Bedrohung für den Rest ihres Lebens, weil sie mit den Emotionen unserer Kindheit zum Zeitpunkt der Entstehung des Mems ausgestattet sind, und unsere Gefühle überwiegen die Logik. Daher glauben selbst viele Wissenschaftler, die sich mit diesem Thema beschäftigen Die Materie kann weiterhin an ihrer Tradition alsihrer teilhaben, auch wenn ihre Logik im Widerspruch dazu stehen mag.

Stellen Sie sich vor, was passieren würde, wenn Roboter lernen würden, ohne menschliches Zutun Informationen von einem Roboter-Computergehirn auf ein anderes Roboter-Computergehirn zu übertragen. Sobald sie in der Lage wären, vollständig mobil und autark zu sein, hätten wir ein wirklich ernstes Problem, das weit über das von den Wissenschaftsautoren beschriebene Drama hinausgehen würde. Ich würde gerne Isaac Asimovs Meinung zu diesem Ergebnis und seinen Auswirkungen auf unsere menschliche Zukunft hören.

Wie auch immer sich das Mem vom Leben nach unserem Tod entwickelt hat, unsere menschliche Intelligenz hatte einen Nebeneffekt. Sie ermöglichte uns ein unter allen anderen Tierformen einzigartiges Verständnis dafür, dass wir eines Tages aufwachen und es das letzte Mal sein wird, dass wir dies tun. Jeder von uns weiß, dass wir irgendwann sterben werden. So hat die Evolution der Intelligenz einen erheblichen psychologischen Selektionsdruck für Überzeugungen geschaffen, die unsere Sorge um den Tod zerstreuen würden. Der Glaube, dass das Leben nach uns weitergeht, hat sich offensichtlich durchgesetzt, weil er eine gute Nachricht für Lebewesen ist, die sich in der Notlage befinden, den Willen zum Überleben zu haben, aber auch mit der kognitiven Fähigkeit, die eigene Sterblichkeit zu erkennen, dazu verdammt sind.

Die Menschen haben ihre Toten schon viele Jahrtausende vor dem Entstehen der Zivilisationen begraben. Aus der Archäologie wissen wir auch, dass die Bestattungen unserer frühesten von komplexen und kostspieligen Ritualen und Opfergaben begleitet waren. Dies deutet darauf hin, dass schon unsere paläolithischen Vorfahren eine gewisse Vorstellung von einem hatten. Mit anderen Worten: Der Glaube an ein Leben nach dem Tod ist viel älter als zehntausende von Jahren.

Der nächste große Sprung in der kulturellen Entwicklung unseres Glaubens an ein Leben nach dem Tod kam mit der Entwicklung der Landwirtschaft. Sobald die Menschen begannen, Pflanzen und Tiere zu domestizieren, begannen sie in viel größeren und dichteren Gruppen zu leben. Aus der Sicht des E.O.- Referenzpunkts. Sobald die Menschen begannen, Pflanzen und Tiere zu domestizieren, lebten sie in viel größeren und dichteren Gruppen. Sobald die Gruppen viel größer wurden, begann auch der soziale Zusammenhalt. und schließlich könnten sich Gruppen auflösen, wenn nicht kulturelle Institutionen geschaffen werden, die den Zusammenhalt der Gemeinschaft künstlich fördern. So schuf die Landwirtschaft einen kulturellen Selektionsdruck für Meme, die zum Erhalt des sozialen Zusammenhalts beitrugen. So wurden unsere Religionen formalisiert.

Die Gruppen, denen es gelang, Meme zu schaffen, die all diese Bedürfnisse erfüllten, wuchsen und brachten Nachfolgegruppen hervor. Diejenigen, die solche kulturellen Anpassungen nicht schafften, überlebten nicht. Meme waren notwendig, um eine Gesellschaft zu schaffen, und unser Glaube an das Leben nach dem Tod ist ein wichtiger Teil davon. Sie waren bereits im menschlichen Glauben vorhanden, weil sie bereits von den Vorgängerkulturen akzeptiert worden waren. Daher war die Grundlage für die Annahme einer neuen Sichtweise dieser Überzeugungen bereits vorhanden.

Die Landwirtschaft hat dieses Denken einfach intensiviert und auf weitere Gesellschaften ausgedehnt. Meme passen sich an das gewachsene Design des Geistes an. Sie passen sich auch an, selbst wenn sie konkurrieren. Sie funktionieren ähnlich wie ein Virus, das sich anpasst, um unseren medizinischen Waffen zu entgehen, so dass unsere Impfstoffe und Antibiotika unwirksam werden. Wir können Meme also nicht töten. Sie verändern sich einfach, um sich an ihre Umstände anzupassen.

Meme, die von einer Kultur übernommen wurden, haben die Gesellschaft als ihren eigenen Schutz. Warum ist es Ihrer Meinung nach kulturell inakzeptabel, religiöse Überzeugungen in Frage zu stellen? Dies ist eines unserer stärksten kulturellen Tabus. Diese Vorstellung wurde von den Priestern als denjenigen, die die Kontrolle über die religiösen

Überzeugungen haben, gefördert, aber sie wurde von der Öffentlichkeit leicht akzeptiert, weil sie sich auf diese Überzeugungen verlassen, um ihr Sicherheitsbedürfnis zu befriedigen. Jemanden auf der Ebene der Sicherheit zu bedrohen, führt oft zu Gewalt.

Geschichte des Glaubens an ein Leben nach dem Tod

Die frühesten aufgezeichneten Vorstellungen vom Leben nach dem Tod zeigen eine Existenz, um die uns unsere heutigen modernen Vorstellungen nicht beneiden müssen. Die griechische und sibirische "Unterwelt" war kein perfektes Paradies. Es war eine trostlose und verarmte Existenz. Das Gleiche gilt für die "mesopotamische Unterwelt", und das Konzept der "Unterwelt" ist kein perfektes Paradies. des "Scheol" der frühen Hebräer als Aufenthaltsort der Toten in Erwartung des Endes der Tage, wenn die Juden den Himmel erreichen würden.

Einer der Gründe für seinen Erfolg ist, dass das Christentum einen zugänglichen Himmel schuf, der sowohl durchweg positiv war als auch das Konzept, dass er unendlich wunderbar ist, und seine eigene Definition der Hölle, die unendlich schrecklich ist, erweiterte. Warum in der Scheol warten, wenn man nach dem Tod in den Himmel kommen kann, indem man einfach glaubt? Einige Autoritäten schreiben die Erschaffung Christi dem Apostel Paulus zu, indem sie die Geschichte über das Leben eines Juden namens Jesus verwenden, an die Christen heute glauben.

Obwohl die Essener täglich nach einem Messias suchten, damit die Juden am "Ende der Tage" in den Himmel aufsteigen konnten, deutet das Fehlen jeglicher Erwähnung Jesu in den Schriftrollen vom Toten Meer darauf hin, dass unser heutiger "Christus" möglicherweise nicht der wahre Jesus Israels war. Dies ist die Behauptung von Bischof John Shelby Spong von der Episkopalkirche. Für Bischof Spong ist der heutige Christus eine akzeptierte Erweiterung des Lebens, das Jesus führte. Wenn man die Ansicht von Bischof Spong akzeptiert, ist der Jesus, der gelebt hat, auch heute noch relevant. Memetiker würden sagen, dass er aufgrund der kulturellen Bedürfnisse seiner Zeit entstanden ist, und er bietet sicherlich auch heute noch Vorteile für unsere Gesellschaft. Der Grund dafür ist, dass sich das Christentum weiterentwickelt hat, um unseren heutigen kulturellen Bedürfnissen zu entsprechen. Die historische Wahrheit des Mythos ist für die meisten Menschen nicht so wichtig wie die Wirkung dessen, was die Symbole für jeden einzelnen von uns bedeuten, da jeder von uns heute sein eigenes spirituelles Leben führt. Daher kann die Entdeckung der Wahrheit der tatsächlichen historischen Fakten nicht die Bedürfnisse zerstören, die die religiösen Symbole, die wir heute verwenden, in jedem von uns erfüllen. Und ich glaube auch nicht, dass sie das jemals tun sollten. Die Traditionen, die wir bereit sind zu akzeptieren, drücken für jeden von uns Symbole aus, die auf Bedürfnisse antworten, die wir auf keine andere Weise effektiv befriedigen können, was auch immer unsere persönlichen Bedürfnisse sein mögen.

Unser Verständnis der Fakten, die unsere religiösen Ansichten stützen, hat sich im Laufe der Geschichte verändert. Die Schriftrollen vom Meer zeigen dies deutlich. Sie wurden zwischen 250 v. Chr. und 67 n. Chr. geschrieben, die Geschichte hat sie also nicht berührt. Der Vergleich zwischen den Worten, die damals geschrieben wurden, und unseren heutigen kulturellen Überzeugungen ist anschaulich. Sie beweisen, dass unser heutiger kultureller Glaube von damals stark geprägt worden ist. im Laufe der Zeit durch wohlmeinende Kontrolleure. Diese Entwicklung zeigt sich sowohl in den heutigen Konflikten zwischen den Religionen, insbesondere in bewaffneten Konflikten zwischen verschiedenen Religionen, als auch darin, dass ihre Verfechter den Einsatz erhöhen, um Anhänger zu gewinnen und eine Form der Kontrolle über ihre Mitglieder aufrechtzuerhalten, wie wir es bei den Taliban oder bei ISIS sehen.

Ein weniger gewalttätiges Beispiel ist, dass der Himmel im Laufe der Zeit besser und die Hölle schlechter geworden ist, als sich unsere religiösen Überzeugungen entwickelt haben. Dies ist in der Tat ein Beispiel für ein memetisches Wettrüsten der Iosas, vergleichbar mit dem Wettrüsten, das wir in der biologischen Evolution gesehen haben, um mit unserem kulturellen und wissenschaftlichen Fortschritt Schritt zu halten.

Der Vorteil der von Richard Dawkins beschriebenen Memetik besteht darin, dass ein Glaube, um zu gedeihen, dem Gläubigen nicht nützlich sein muss. Er muss nur für sich selbst nützlich sein. Diese Erkenntnis von Dawkins kann uns dazu bringen, wichtige neue Fragen über die Natur all unserer Überzeugungen zu stellen. Das Aufgeben einer angenommenen Überzeugung verursacht anfänglich ein gewisses Unbehagen, ähnlich wie beim Raucherentzug. Sobald eine Person mit dem Rauchen aufhört, kann sich ihre Lebensqualität verbessern und sie wird hoffentlich zu einem glühenden Verfechter des elften Gebots: "Du sollst nicht rauchen".

Es ist jedoch die Angst vor den negativen Auswirkungen einer Sucht, die die meisten Menschen dazu bringt, weiter zu rauchen, obwohl sie wissen, dass es ihrem Körper schadet. Selbst bei denjenigen, die sich jetzt in einem Konflikt befinden, ändert sich ihr Verhalten in der Regel nicht von allein. Oft ist eine Art von Intervention erforderlich, um die Aufmerksamkeit der Person zu gewinnen. Das Ergebnis ist jedoch, dass ihre Kinder, die die Auswirkungen auf ihre Eltern gesehen haben, vielleicht nie eine Zigarette anfassen. Es ist für jeden schmerzhaft, ein Mem aufzugeben, das wir als Teil von uns selbst akzeptiert haben.

Wie funktionieren Meme?

Ein Meme, das es bekanntlich schon seit über 700 Jahren gibt, ist das Gedicht "Ring around the Rosy. Die Tasche voller Sträuße. Asche, Asche, alles. Warum lehren wir unsere Kinder etwas über eine Seuche in England, die im Jahr 1300 Zehntausende von Menschen tötete?

Liegt es daran, dass er kurz und einfach zu sagen ist und einen Handlungsschritt enthält? Vielleicht ist es das. Aber warum machen wir weiter? Der Punkt ist, dass wir Erwachsenen es unseren Kindern nicht beibringen. Er lebt, weil Kinder ihn anderen Kindern beibringen. hat sie ein Eigenleben. Und die Wahrheit kann es nicht. Wir Erwachsenen müssen uns nicht an ihr beteiligen, damit sie weiter existiert. Kinder haben keine Ahnung von ihrer Bedeutung, aber sie mögen den Rhythmus und das Tempo der Handlung. Kinder amüsieren sich darüber. Das hat ausgereicht, um das Gedicht sieben Jahrhunderte lang von Gehirn zu Gehirn weiterzugeben, nur dass Kinder es auf andere übertragen, bevor sie das Alter der Vernunft erreicht haben; und wir Erwachsenen können das nicht. Das ist ein wirklich gutes Beispiel für ein Gedicht. Das ist ein wirklich gutes Beispiel für ein Mem und wie es heute noch existiert.

Die meisten Humanisten sind in einem traditionellen religiösen Umfeld aufgewachsen. Einige halten aus familiären oder sozialen Gründen noch immer an der Kirchenzugehörigkeit ihrer Kindheit fest. Niemand sollte etwas dagegen haben, wenn sie dies tun möchten. Im Humanismus geht es darum, dass jeder Mensch die Freiheit hat, sein eigenes Leben in vollen Zügen zu leben, wie auch immer er oder sie es wählt. Andere haben den Glauben ihrer Kindheit aufgegeben, der, gelinde gesagt, kontrollierend oder hemmend wirkt. Einige haben keine Religion. Andere haben eine neue, weniger bedrohliche Heimat gefunden. Viele sind Unitarier geworden.

In der katholischen Kirche sind viele Menschen exkommuniziert worden, als Reaktion ihrer Religion auf die Leugnung eines von der Kirche akzeptierten Glaubens. Das kann für manche bedrohlich sein oder von denen, die in ihrem Selbstbewusstsein stärker sind, einfach als irrelevant ignoriert werden. Es wird uns oft gesagt, dass die meisten Menschen, die die Umklammerung durch den Katholizismus überwinden, von einer großen Last befreit sind, ähnlich wie jemand, der einen Entzug von einer Sucht durchläuft, wenn er sich endlich frei fühlt, sein eigenes Leben so zu leben, wie er es möchte, und nicht mehr kontrolliert zu werden.

Der Punkt ist, dass der Übergang vom eigenen religiösen Erbe ein traumatisches Ereignis sein kann. Diejenigen, die einen Punkt erreichen, an dem sie eine Freiheit erleben, die es ihnen ermöglicht, ihr Leben selbst in die Hand zu nehmen, sagen alle, dass sich der Übergang gelohnt hat. Jeder von uns muss sein Bestes tun, um das Beste aus seinem Leben zu machen, solange er hier ist, in dem, was richtig ist. Lasst uns hoffen, dass Es braucht nicht erst das Trauma der Ablehnung ihrer Kindheitsüberzeugungen, um an diesen Punkt zu gelangen. Wenn das geschehen ist, ist das irgendwie mit Schmerzen verbunden. Glücklicherweise hatten meine Eltern nichts dagegen, und die Kluft zwischen meinem frühen Glauben und meinem heutigen Leben ist nicht sehr groß. Jemand, der die Kontrolle über bestimmte Überzeugungen aufgibt, muss mit großen Problemen rechnen, wie etwa der Ablehnung durch Menschen, die ihm wichtig sind.

Es gibt viele Möglichkeiten für jeden von uns, seine Überzeugungen zu erweitern, um seine Symbole zu erhalten, indem er sie in einem neuen Kontext relevant macht. So kann zum Beispiel die Vorstellung eines Kindes von Gott mit der Angst verbunden sein, wahrgenommen zu werden. In der Zeit, in der es in der Lage ist, selbst zu denken, aber bevor es normalerweise in der Lage ist, abstrakt zu denken, ist ein elterliches Konzept von Gott in der Regel angemessener. Ein gebildeter Mensch wird in der Regel feststellen, dass ein abstrakter Gottesbegriff mehr Sinn macht. Es ermöglicht ihm eine Verwendung des Begriffs und erspart ihm die Emotionen, die er erleiden würde, wenn er Gott ablehnen würde, da er seine kindlichen Gefühle in die Verwendung des Begriffs investiert hat.

Als ich vier Jahre alt war, hatte ich Angst, weil meine Mutter mir , dass Jesus alles sehen kann, was ich tue. Das machte mir wirklich Angst: Wenn "Big Brother" mich wirklich beobachtet, wo könnte ich dann sicher sein? Das veränderte meine ganze Sichtweise auf die Religion für den Rest meines Lebens.

Je älter wir werden und je mehr sich unser Leben auf die soziale Ebene konzentriert, desto akzeptabler kann das Konzept von Gott, dem Vater, werden. Auf der aktualisierten Ebene kann ein abstraktes Konzept akzeptabler sein. Wenn wir erwachsen werden und die Bedeutung unserer Symbole ändern, bleiben sie für uns relevant, ohne dass wir sie ablehnen müssen. Ihre Auffassung von Religion kann mit Ihnen reifen, so dass die Symbole, die Sie gelernt haben, weiterhin einen Wert für Ihr Leben darstellen, solange Sie die Kontrolle über Ihre Überzeugungen behalten und sie weiterhin für Sie bedeutungsvoll machen, ohne dass Ihre Symbole Sie kontrollieren, wer Sie sind. Es gibt einen Unterschied.

Die Auswirkungen des Glaubens an ein Leben nach dem Tod

Dies ist nur eine Überzeugung. Alle unsere Überzeugungen können auf dieselbe geprüft werden. Betrachten Sie dieses Beispiel, bevor Sie eine Überzeugung für falsch erklären absolute Wahrheit zu jedem Thema. Viele kommen an einen Punkt, an dem sie ein Leben nach dem Tod gar nicht mehr wollen, weil es die Qualität dieses Lebens schmälern würde. Sie sagen: "Was würde das bringen? Dieses Leben ist an sich schon genug. Das sagt auch Dr. Janet Jepson. Die ewige Existenz würde dieses Leben sinnlos machen und unserem eigenen Leben, das wir heute leben, den Sinn nehmen. Um Reverend Martin Luther King zu zitieren: Diejenigen, die diese Ansicht vertreten, sind "endlich frei" und wissen diese Freiheit zu schätzen.

Anstatt zu sagen, dass es kein Leben nach dem Tod gibt, und damit einen Konflikt mit denjenigen zu verursachen, glauben, könnten Sie das Leben nach dem Tod neu definieren und sagen, dass die Arbeit, die Sie in diesem Leben geleistet haben und die nach Ihnen weiterlebt, Ihre eigene Unsterblichkeit nach Ihrem Tod ist. Dann haben Sie einem uralten Konzept eine reifere Definition gegeben, um es für Sie auf eine Weise relevant zu halten, die keinen Konflikt mit denjenigen verursacht, die nicht über ihre kindlichen Überzeugungen hinausgewachsen sind. Ich behaupte nicht, dass Sie unehrlich sind, wenn sie darüber diskutieren wollen, was das bedeutet. Allerdings müssen Sie ihre Überzeugungen nicht verleugnen, solange sie nicht die Fähigkeit und den Wunsch haben, durch nicht bedrohliche Erziehung für sich selbst erwachsen zu werden. Wenn sie danach fragen, zeigt Ihnen das, dass sie die Tür zum Lernen geöffnet haben.

Daher verwenden Humanisten ihre Energie nicht auf die Suche nach einem Ticket ins Jenseits, das sie von dieser Last befreit, so dass die Wirkung ihres Lebens auf andere an sich die einzige Form der Unsterblichkeit ist, von der sie mit Sicherheit wissen, dass sie existiert. Humanisten glauben oft, dass ihr eigenes Leben nur insofern wichtig ist, als die Welt besser ist, weil sie hier waren. Es gibt keine Fakten, die Seiten bestätigen, um "die Wahrheit" zu bestimmen. Die Logik führt zu der Schlussfolgerung, dass es ein physisches Leben nach dem Tod einfach nicht gibt. Alle physischen Beweise, die diejenigen unterstützen, die an ein Leben nach dem Tod glauben wollen, wurden von Wissenschaftlern dupliziert und erklärt.

Eine ähnliche Analyse gilt für fast alle anderen Überzeugungen, die jeder von uns hat, wobei wir Überzeugungen vorläufig akzeptieren müssen, ohne die Beziehung dieser Überzeugung zu dem zu prüfen, was wir zuvor als akzeptable Wahrheit angesehen haben. Ein solcher Prozess gilt auch für das meiste, was wir wir akzeptieren einfach das

Alltägliche als einigermaßen wahr, um voranzukommen und Fragen von allgemeinem Interesse zu behandeln. Ein besserer Ansatz wäre es, das meiste, was uns gesagt wird, von einem skeptischen Standpunkt aus zu betrachten und das zu nutzen, was für uns jetzt vorläufig am besten funktioniert, aber in dem Bewusstsein, dass wir uns nicht auf dieselben Informationen verlassen können, um in Zukunft Entscheidungen zu treffen.

Bei der Analyse jeder Situation ziehen wir es vielleicht vor zu beurteilen, was uns vernünftigen Ziel näher bringt, ohne jemanden zu verletzen oder etwas zu tun, das im Widerspruch zu dem steht, was wir für richtig oder das Beste für alle Beteiligten halten. Andernfalls laufen wir Gefahr, unseren Fortschritt zu lähmen, weil wir befürchten, nicht immer Recht zu haben. Der ethische Ansatz ist auf lange Sicht vielleicht der beste, da er im Allgemeinen die wenigsten Konflikte hervorruft und für die meisten Menschen das beste Ergebnis bringt. Im Anhang finden Sie ein Beispiel für meine persönliche ethische Philosophie, die Sie berücksichtigen sollten.

Humanisten schaffen für sich selbst ein stärkeres ethisches Wertesystem, weil es für sie richtig ist. Es ist das Richtige zu tun. Mein Beispiel mag für Sie nicht gültig sein. Da jeder seine eigenen Werte schafft, sind unsere viel stärker und werden von einem Humanisten eher befolgt als die, die uns von den Kontrollmenschen auferlegt werden.

Zum Beispiel ist die Vorstellung von Beichte und Reue mit kirchlicher Vergebung für viele Humanisten inakzeptabel. Die meisten denken, dass das Ziel derjenigen, die zur Beichte gehen, nur darin besteht, Gott zu besänftigen. Die meisten Humanisten können auf diese Weise nicht leben. Humanisten akzeptieren, dass sie für sich selbst verantwortlich sind, da dies in erster Linie notwendig ist, um ihr Glaubenssystem aufrechtzuerhalten. Für andere mag der Glaube, dass die Beichte sie von Schuld befreit, wesentlich sein, da dieser Glaube ihnen als Kind auferlegt wurde und sie ihn nun als einen wertvollen Teil ihrer selbst akzeptieren. Aber wenn man für sich selbst verantwortlich ist, muss man auch die Verantwortung für sein eigenes Handeln übernehmen. Man kann sich nicht einfach selbst verzeihen und die Folgen seines Handelns abschreiben. Man muss aus seinen eigenen Fehlern lernen.

Der Unterschied liegt in dem Blickwinkel, von dem aus wir unsere religiöse Tradition betrachten; und für jemanden, der in einem autoritären Umfeld aufgewachsen ist, ist sein Blick getrübt und er kann den Vorteil, endlich frei zu sein, nicht erkennen. Die Traditionen anderer Menschen anzugreifen ist jedoch nicht angemessenes humanistisches Verhalten. Wenn wir die Definitionen unserer Symbole untersuchen, können wir ihnen mehr Bedeutung verleihen. Diese religiösen Traditionen sind lediglich Symbole, die wir verwenden, um gültige menschliche Anliegen anzusprechen. Das Bedürfnis, sich mit Schuld auseinanderzusetzen, gilt für jeden. Die Beichte ist nur eine Methode. Für einen Katholiken ist sie leicht zu akzeptieren und bereichert sein Leben. Ein Humanist ist stolz darauf, die Verantwortung für sich selbst zu übernehmen. Beides ist nicht falsch. Es sind einfach verschiedene Wege, um das gleiche Problem zu lösen.

Kapitel XIV
Mythen des Glaubens, die Rolle der Religion variiert in unserer Kultur

Ich habe darauf hingewiesen, dass E. O. Wilson überzeugend dargelegt hat, warum Religion der soziale Klebstoff der westlichen Welt ist, und dass dieses Buch aus dieser Sicht geschrieben ist. Aber aus Fairness gegenüber den Akademikern sollte ich, bevor ich fortfahre, darauf hinweisen, dass nicht alle Kulturen durch denselben Klebstoff zusammengehalten werden, denselben . Dies ist eine eher akademische Frage, die den Rahmen dieses Buches sprengen würde. Aber um der Argumentation willen: China verlässt sich nicht in ähnlicher Weise auf die Religion, um die Sicherheit und die niedrigen sozialen Standards seiner Gesellschaft zu erfüllen. Es gibt dort mehrere Religionen. Zum Beispiel könnten die meisten Humanisten gute chinesische Buddhisten sein. Die typische chinesische Familie wendet ihre eigene Religion jedoch hauptsächlich nur zu besonderen Anlässen an, aber nicht regelmäßig während des ganzen Jahres. Ähnlich wie die Christen, die zu Weihnachten und Ostern auftauchen und sich als "gute Christen" sehen, aber ihr religiöser "Glaube" leitet ihr Verhalten nicht.

Der vorherrschende soziale Klebstoff in China ist "den Schein wahren" gegenüber denen, denen man vertraut, oder denen, die einem vertrauen. Das Gesicht zu verlieren ist eine kulturelle Sünde der schlimmsten Art. Das ist der soziale Klebstoff, von dem ihr Rechtssystem abhängt. Die amerikanische Anwaltskammer schickte mich nach China, um ihr Rechtssystem zu studieren. Damals wurden dort erst seit zehn Jahren Anwälte ausgebildet. Ich fand heraus, dass der Oberste Richter des chinesischen Obersten Gerichtshofs ein Eisenbahningenieur war. Er wusste nichts über das Recht und es war ihm völlig egal. Er sprach für die Kommunistische Partei. Anwälte in China arbeiten oft unter dem Gesichtspunkt, dass ihr öffentliches Image der Grund ist, um Veränderungen zu bewirken.

Die Öffentlichkeit akzeptiert, dass die Wahrung des Anscheins gegenüber denjenigen, die ihm vertrauen, den normalen Frieden in einem Land bewahrt, dessen Bevölkerung fünfmal so groß ist wie die der USA, und das auf einer Fläche, die zwei Drittel der Größe der Vereinigten Staaten ausmacht. Natürlich trägt auch die Angst vor einer Polizei, die größer ist als die Armee von zwei Millionen Soldaten, zur Wahrung des Friedens bei.

Es gibt nicht viele Verbrechen, weil diejenigen, die erwischt werden, selbst bei geringfügigen Vergehen, nie wieder etwas von sich hören lassen können. Sie stecken dich ins Gefängnis oder schlimmer, bis du deine Unschuld bewiesen hast. Das scheint für sie zu funktionieren, obwohl es nicht mit unserer Verfassung vereinbar ist, die glücklicherweise unsere Rechte schützt. Aber für diejenigen unter uns, deren sozialer Klebstoff die Religion ist, sollten wir das Christentum erst einmal etwas genauer unter die Lupe nehmen.

Christlicher Glaube

Eine wichtige Überlegung für uns alle ist, inwieweit wir der Wahrheit und der Realität als Grundlage für die Akzeptanz unserer letzten Überzeugungen im Leben vertrauen. Wo wir die Grenze zwischen Wahrheit und Glauben ziehen, ist eine der wichtigsten Entscheidungen, die wir für uns selbst treffen können. Der Glaube ist akzeptabel und eine wichtige Überlegung bei der Entscheidung, wem vertrauen, wenn er auf dem beruht, was wir überprüfen oder logisch aus unseren anderen Überzeugungen ableiten können. Oder wir erkennen, dass wir etwas nur vorübergehend akzeptieren, um ein unmittelbares Bedürfnis zu befriedigen. Der Grund dafür ist, dass wir nicht alles wissen können. In den Bereichen, in denen wir nicht die nötige Zeit oder Energie aufgewandt haben, um die Fakten zu studieren und zu untersuchen, die hinter einigen der Dinge stehen, die wir bereit sind zu akzeptieren, um unser tägliches Leben zu leben, müssen wir im Glauben handeln. Ohne ein gewisses Maß an Glauben wären wir dazu nicht in der Lage. Als Beispiel habe ich bereits erwähnt, dass ich daran glaube, dass die Saat, die ich pflanze, aufgehen wird, was sich bestätigt, wenn sie aufgeht. Dieser Glaube ist deshalb gültig, weil er sich logisch aus meinen bisherigen Erfahrungen ergibt.

Blindes Vertrauen bedeutet, dass Menschen ihre Fähigkeit zu persönlichem Wachstum einschränken, weil sie anderen erlauben, die Kontrolle über ihr Leben zu übernehmen. Blindes Vertrauen bedeutet, dass man sich nur auf den Zufall und den Wunsch verlässt, dass die Person, der man vertraut, richtig liegt. Für viele, die das nicht tun

Wenn sie das Ergebnis erhalten, täuschen sie sich selbst und denken, dass das Ergebnis Gottes Wunsch war, also ist es auch mein Wunsch. Diese Art des Denkens hätten wir in unserer Kindheit aufgeben sollen. Die meisten Menschen akzeptieren jedoch ihren blinden Glauben aufgrund der Kontrolle, die sie in ihr Leben gelassen haben; in der Regel, bevor sie in der Lage waren, für sich selbst zu denken, oder weil ihre Eltern oder vertraute Personen sie damit vertraut gemacht haben. Klingt das so, als könnten Sie dazu gehören? Weil dieser Weg vertraut ist, wird er für viele bevorzugt, und sie wachsen nie über diesen Punkt hinaus. Sie schränken sich selbst in ihrer Fähigkeit ein, ihr eigenes Leben vollständig zu leben.

Abraham Maslow zeigt uns, warum dies ein ernstes Problem darstellt, wenn wir das Beste aus unserem eigenen Leben machen wollen. Blindes Glaubensdenken kann eine Barriere in Form eines Eschatoms verursachen, die nur durch eine sinnvolle Bildung überwunden werden kann. Ihr Problem ist dann, ob Sie diese Bildung anstreben oder ob Sie ein Leben akzeptieren, das Ihre Fähigkeit zu wachsen einschränkt. Eines der Ziele dieses Buches ist es, Sie auf einen Wachstumspfad zu bringen, der Ihnen genügend Bildung vermittelt, um zu erkennen, was für einen Unterschied es für Sie machen kann, wenn Sie sich erlauben, weiter zu wachsen, um Ihr eigenes Leben zu verwirklichen.

Die Religion ist das perfekte Beispiel dafür, denn sie spielt im Leben der meisten Menschen eine wichtige Rolle. Wie ich schon gesagt habe, um Ihnen klar zu machen, wie sehr sie Ihre Existenz einschränken kann, erfüllt die Religion die Sicherheitsebene und die niedrige soziale Ebene der Bedürfnisse der meisten Menschen, wie sie in Maslowschen Bedürfnishierarchie beschrieben sind, zumindest für diejenigen, die die Ich-Ebene des Selbstbewusstseins nicht überschritten haben. Viele stützen sich auf ihre Religion als Basis für ihre Bemühungen, die über die Ebene der Sicherheit hinausgehen. Das liegt daran, dass die Religion für viele Menschen eine Bestätigung dafür ist, wer sie sind. Daher ist die Religion heute ein notwendiges Element in unserer Gesellschaft.

Ich stelle nicht die Religion an sich in Frage. Ich stelle nur diejenigen in Frage, die die Kontrolle über ihr eigenes Leben aufgeben. Die berechtigte Frage ist, ob wir unserer Religion vertrauen, weil sie uns tatsächlich Gutes bringt, oder ob wir aus Gewohnheit daran teilnehmen oder aus Angst vor den Alternativen - oder der Schuld, nicht zu gehorchen -, wenn sie uns von den Kontroll-Leuten auferlegt wird. Werden Sie von der Angst vor Repressalien gegen Ihre Der Tod, die Ewigkeit in der Hölle zu verbringen, oder die Angst, nicht zu tun, was Gott von uns erwartet? Das kann alles verzehrend sein.

Niemand will "für immer in der Hölle schmoren". Anders zu denken wäre dumm. Aber haben Sie schon einmal darüber nachgedacht, dass es absolut keinen Beweis für die Existenz eines solchen Ortes gibt? Es gibt jede Menge Beweise dafür, dass sie lediglich ein Kontrollinstrument sind, um Macht über Sie zu erhalten. Da diese Keime schon früh in Ihrem Leben gepflanzt wurden, bevor Sie selbst denken konnten, und da sie von denjenigen vermittelt oder zumindest bekräftigt wurden, von denen Sie völlig abhängig waren, wie z. B. Ihren Eltern, haben Sie ihre Gültigkeit wahrscheinlich nie in Frage gestellt. Die Akzeptanz dieser Überzeugungen wurde zu einem festen Bestandteil dessen, was Sie heute sind. Diejenigen, die kontrolliert werden, sind zu Marionetten geworden und leben einfach das Leben eines Schafes. Schauen Sie sich um und beantworten Sie die Frage: Von wem lassen Sie sich beherrschen?

Fundamentalisten, also diejenigen, die die Bibel wörtlich nehmen, lassen sich leicht verführen, doch die meisten haben wenig Verständnis für ihre Bibel, obwohl sie sie fleißig lesen. Sie sind darauf konditioniert, sie als das "Wort Gottes" zu akzeptieren, so dass sie sie nie logisch betrachten. Lassen Sie uns dieses Thema ein wenig näher beleuchten, um meinen Standpunkt zu verdeutlichen.

Die Bibel ist das Grundlagendokument für einen großen Teil unserer heutigen westlichen Bevölkerung. Jesus war ein Jude. Er hatte nicht die Absicht, etwas anderes zu sein. Es waren diejenigen, die Jesus folgten, die ihn zum Christus des Christentums machten. Im frühen Christentum gab es viele Versionen des Lebens Jesu nach seiner Kreuzigung, die alle sehr unterschiedliche Ansichten vertraten. Unsere Bibel ist diejenige, die Konstantins Konzil von Nizäa im Jahr 325 n. Chr. überlebt hat. Ihre Annahme war das Ergebnis der am besten organisierten Volkskontrolle. Das Ergebnis war die katholische Version, weil sie eine Universalität besaß, die anderen Glaubensrichtungen fehlte. Die Mehrheit setzte sich durch. Das Wort "katholisch" bedeutet "universell", und so kontrollierten sie eine große Anzahl von Teilnehmern.

Doch schauen wir uns einige der Fakten an, die in den ersten vier Kapiteln des Neuen Testaments, den so genannten "Evangelien", die das Leben Jesu wiedergeben, enthalten sind. Es sei darauf hingewiesen, dass andere Evangelien als das auf dem Konzil von Nizäa angenommene vorgeschlagen wurden. Aber für unser

Betrachten wir zunächst nur diese vier verschiedenen Ansichten und vergleichen sie mit unseren derzeitigen Überzeugungen. Als Nächstes wollen wir uns die Realität als Beispiel ansehen, um eine Vorstellung davon zu bekommen, wie unsere kulturellen Ansichten von der Wahrheit abweichen können. Anhand eines kleinen Beispiels können wir vielleicht erkennen, dass die meisten unserer Überzeugungen wenig mit der Wahrheit zu tun haben. Diese Überzeugungen mögen Ihnen ein gutes Leben ermöglichen, was kümmert es uns also? Was wirklich zählt, ist, dass Sie, wenn Sie sich nur auf das konzentrieren, was in Ihrer Komfortzone liegt, nie wissen werden, was Sie verpassen, was Ihnen noch mehr Möglichkeiten bieten würde, das Beste aus Ihrem Leben zu machen. Lassen Sie uns Ihr Denken ein wenig erweitern.

Die meisten Menschen in Amerika begnügen sich heute damit, auf der sozialen Ebene zu leben und von Zeit zu Zeit die Ebene des Ego-Selbstbewusstseins der Maslow'schen Bedürfnishierarchie zu testen, um sich selbst zu bestätigen, ohne jedoch zu erkennen, dass die darüber liegende Ebene einer vollständigen Existenz, die die verwirklichte Ebene umfasst, existiert. Und mehr noch, sobald sie diese Ebene erreicht haben, könnten sie darüber hinausgehen und zu vollwertigen Personen werden, um in unserer gegenwärtigen Welt tatsächlich Gutes zu tun, was zu ihrer eigenen Unsterblichkeit in einer Form führen würde, wir sie tatsächlich existiert.

Wenn Sie unsere Welt als ein besserer Ort verlassen, weil Sie hier waren, gibt dasIhrem Leben einen echten, dauerhaften Wert und nicht nur ein Leben, das Spaß gemacht hat und in dem es nur wenige interessiert, ob Sie gelebt haben oder nicht, wenn Sie . Versuchen Sie, einen echten und dauerhaften Unterschied im Leben anderer zu machen, von denen die meisten Sie nie kennen werden. Das wird Ihnen einen inneren Frieden geben, den sich die meisten Menschen nicht vorstellen können. Später werde ich Ihnen ein Beispiel von meinem Enkel geben. Eine Entscheidung, die er als Studienanfänger getroffen hat, hat dazu geführt, dass mehr als 30.000 Menschen in einem fernen Land in Uganda, die sich nicht an ihn erinnern und seinen Namen nie erfahren werden, dauerhaft Gutes getan wird. Jetzt hat er also eine Form der Unsterblichkeit, von der wir wissen, dass sie real ist. Stellen Sie sich das auch als Ziel für sich selbst vor. Mal sehen, wie Sie es erreichen können. Lesen Sie weiter.

Lassen Sie uns zunächst den Glauben des Christentums etwas eingehender als bisher betrachten. Damit die Bedeutung des Lebens Jesu überleben konnte, musste er mehr sein als ein bloßer Prophet; es gab viele andere mit diesem Anspruch. Die Geschichte seiner Auferstehung machte das Leben Jesu zu einem Christus. Die eigentliche Frage ist: Hat seine Auferstehung wirklich stattgefunden? Wir waren nicht dabei, und es gibt wirklich wenige Beweise. Könnte es nur ein blinder Glaube sein?

Der Grund, warum ich diese Frage stelle, ist die berechtigte Sorge, wie der Glaube an die Auferstehung Jesu die Tatsache überwinden kann, dass die Essener, die von 250 v. Chr. bis 67 n. Chr. in Qumran, nur 12 Flugmeilen von Jerusalem entfernt, lebten, von diesem Ereignis keine Notiz nahmen. Die Essener warteten mehr als 300 Jahre lang täglich auf die Ankunft eines Messias. Sie glaubten, dass das Kommen eines Messias als Vorläufer des "Endes der Tage" notwendig sei, wenn alle Juden auf einmal in den Himmel aufsteigen würden. Sie alle erwarteten dies für die nächste Woche. Doch sie erkannten Jesus nicht als den Messias an. Warum? Noch wichtiger ist, dass sie seine Auferstehung nicht aufzeichneten. Das ist ein Ereignis, von dem man annehmen sollte, dass es jemandem aufgefallen wäre. Wenn es wahr ist, müsste es bemerkt worden sein, damit wir wissen. Wenn nicht, wie könnten wir dann heute davon wissen? Jeder, der es gesehen hat, würde es erzählen. Es ist schwer zu glauben, dass nur 12 Meilen entfernt niemand davon gehört hat. Wenn doch, dann hätten sie darüber geschrieben. Sie suchten jeden Tag verzweifelt nach einem Messias.

Die Essener warteten auf ein wichtiges Ereignis und schrieben während des gesamten Lebens Jesu täglich auf ihre Schriftrollen. Ihre Schriftrollen wurden zwischen n. Chr. in Höhlen aufbewahrt und erst 1947 gefunden, so dass die Geschichte sie nicht berührt hat. Aber haben sie es versäumt, über ein so wichtiges Ereignis wie die Auferstehung eines Menschen von den Toten zu berichten? Ergibt das einen Sinn, oder war die Auferstehungsgeschichte einfach ein Mittel wohlmeinender Menschen, die 40 Jahre nach Jesu Tod schrieben, um sein Leben in der jüdischen Gemeinschaft bekannt zu machen, weil sie wollten, dass Jesus die alttestamentlichen Prophezeiungen erfüllte, damit sein Leben für die Juden ebenso wichtig war wie für den Schreiber. Natürlich trägt auch die Tatsache, dass Paulus ihn als "Sohn Gottes" bezeichnet, viel zu seiner Glaubwürdigkeit bei. Niemand sollte Gott in Frage stellen. Aber sind sie nur ein Mittel zur Vermarktung Jesu durch Anhänger, die unbedingt seine Akzeptanz durch die allgemeine jüdische Bevölkerung wollten? Es ist mehr als zweifelhaft, dass es überhaupt eine Auferstehung gab.

Vieles deutet darauf hin, dass es der heilige Paulus war, der den Christus schuf, indem er das Leben Jesu verewigte. Er war ein Zöllner gewesen, kein sehr aufregendes Leben. Die Predigt über das Leben Jesu gab ihm ein Leben, in dem andere seine Bedürfnisse unterstützten. Er sagte den Juden, dass sie, wenn sie an Jesus glaubten, nicht auf das Ende der Tage warten müssten, um in den Himmel zu kommen. Wenn sie Jesus annahmen, bekamen sie ein sofortiges Ticket in den Himmel. Das war ein gutes Marketinginstrument. Kein Wunder, dass andere bereit waren, ihn zu beherbergen, zu ernähren und zu bekleiden.

Eine weitere Frage, die wir uns stellen müssen, ist, woher die Chronisten des Neuen Testaments die Informationen hatten, über die sie schrieben. Und es stellt sich auch die Frage, warum wir überhaupt zwei Abteilungen der Bibel haben. Hätte man das Alte Testament nicht dem jüdischen Glauben überlassen können, und das Christentum hätte einfach ein eigenes Buch geschaffen? Oder hätten diejenigen, die über Jesus schrieben, einfach ein neues Kapitel zum Alten Testament schreiben können? Oder ist das Neue Testament entstanden, weil die Verknüpfung des Neuen Testaments mit dem Alten Testament ein wichtiger Beweis dafür ist, dass Jesus nur versuchte, Jude zu sein, und dass sein Leben eine neue Botschaft vermitteln sollte? Die meisten Gelehrten sind sich einig, dass das Schreiben über Jesus in einem Neuen Testament die Glaubwürdigkeit erhöht, indem es ihn mit dem Alten Testament, der historischen jüdischen Bibel, verbindet. Damit sollte Jesus für die Juden relevant gemacht werden. Stattdessen wurde damit ein neuer Glaube begründet. Bischof Spong geht noch einen Schritt weiter. Er weist darauf hin, dass die wichtigsten Ereignisse im Leben Jesu im Neuen Testament genau mit den wichtigsten Ereignissen des Alten Testaments übereinstimmen.

Denken Sie daran, dass nichts vor 40 Jahren nach Jesu Tod geschrieben wurde. Daher konnten diejenigen, die die Kapitel des Neuen Testaments schrieben, Jesus nicht persönlich gekannt haben. Sie konnten nur berichten, was andere ihnen hatten. Haben Sie schon einmal das Spiel ausprobiert, bei dem man in einem Kreis von mehr als einem Dutzend Personen sitzt und eine komplexe Botschaft an einem Ende beginnt, dann jede Person die Geschichte, die sie gerade gehört hat, der nächsten Person erzählen lässt und dann zusieht, wie sich die letzte Geschichte entwickelt? Wenn die Geschichte mehr als drei Sätze lang ist, werden Sie sie nicht wiedererkennen, wenn sie bei der letzten Person ankommt. Es ist wahr, dass diese Schriften die Namen von vier frühen Evangelien von denjenigen übernommen haben, die Jesus gekannt haben, aber wenn diese vier Jünger diese Kapitel wirklich geschrieben haben, warum so bedeutend. Unterscheiden sie sich? Diejenigen, die diese Frage mit der Behauptung beantworten, dass Gott diese Kapitel inspiriert hat, sollten meinen, dass Gott zumindest konsequent gewesen wäre.

Schauen wir uns einige dieser Beispiele an, um meinen Standpunkt zu verdeutlichen. Matthäus sagt, dass Jesus ein Aristokrat war, ein Nachkomme Davids, in der Linie, König zu werden. Vielleicht lag dem der jüdische Glaube zugrunde, dass es zwei Messiasse geben würde: einen königlichen Messias und einen priesterlichen Messias. Manche sagen, dass die Geschichte von Jesus, der die Geldwechsler aus dem Tempel vertreibt, beweisen soll, dass Jesus beides war. Er stammte aus dem Geschlecht Davids und hatte die gleiche Macht wie die Priester.

Ein interessanter Gedanke, nicht wahr? Lukas stimmt teilweise mit Matthäus überein, aber dieses Evangelium reduziert Jesus auf eine niedrigere Klasse.

Markus geht noch weiter und zeigt Jesus als Nachkomme eines armen Zimmermanns. Wenn Sie heute Nazareth besuchen, können Sie in den Boden gegrabene Höhlen sehen, in denen Menschen lebten, von denen Archäologen glauben, dass alle Menschen in dieser Gemeinde vor 2.000 Jahren so lebten. Das ist wahrscheinlich . Wenn man sich heute in Nazareth umschaut, sieht man nur wenige Bäume in der Gegend, aus denen man Holzhäuser bauen könnte. Ohne Holz ist es schwierig, ein Zimmermann zu sein. Vielleicht war Joseph ein Steinschmied? Matthäus legt jedoch nahe, dass Jesus in einem Haus lebte. Wenn Sie Kapernaum besuchen, wo Petrus herkam, können Sie leicht erkennen, dass Petrus wahrscheinlich in dem Steinhaus wohnte, das jetzt auf seinen alten Fundamenten wieder aufgebaut wird.

Wenn Sie heute Israel besuchen, sagen Sie mir, wie Sie sich vorstellen können, dass jemand eine Frau, die kurz vor der Geburt eines Kindes steht, die 120 Meilen von Nazareth ins heutige Bethlehem bringen könnte, bevor es modernere Transportmittel gab. So wie beschrieben könnte das nicht geschehen. Das heutige Bethlehem liegt sechs Meilen südlich von Jerusalem. Nazareth liegt über 100 Meilen nördlich. Selbst wenn man einen Esel hätte, auf dem Maria reiten könnte, würde man die Reise nicht in zehn Tagen schaffen. Eine solch ereignisreiche Reise hätte leicht zu einer Geburt auf dem Weg führen können. Vielleicht gab es damals ein Bethlehem, das weniger als eine Tagesreise entfernt war, denn viele der kleinen antiken Gemeinden in dieser Gegend gibt es heute nicht mehr.

Aber auch wenn die Geburt Jesu in so weiter Ferne keinen Sinn ergibt und der Versuch, sie damit zu rechtfertigen, dass in der Heimat eine Steuer gezahlt werden musste Gemeinschaft seines Vorfahren, entbehrt jeglicher Glaubwürdigkeit. Diese Ausrede muss von einer eifrigen Person geschrieben worden sein, die versucht, ihre Botschaft zu rechtfertigen.

Die Erfahrung, das eigentliche Bethlehem zu besuchen, ist jedoch sehr interessant. Der Ort, an dem Jesus geboren worden sein soll, ist heute eine Höhle. Sie existierte sicherlich schon vor 2.000 Jahren. Sie entspricht kaum dem Bild, das wir von einem Holzstall haben. Ich war schon zweimal in der Höhle. Sie befindet sich unter einer griechisch-orthodoxen Kirche, die von den Kreuzrittern gebaut wurde. Eine neuere katholische Kirche befindet sich senkrecht zur griechisch-orthodoxen Kirche, mit einem Verbindungsgang, aber mehr als 30 Meter von ihr entfernt. Die Höhle ist vielleicht sechs bis sieben Meter lang, acht bis zehn Meter hoch und etwa vier Meter breit. Als ich die Höhle das erste Mal besuchte, fand ich in einem Brunnen links vom Hintereingang der Höhle einen Stern auf dem Boden, wo angeblich die Krippe stand. Fünfundzwanzig Jahre später befand sich der Stern rechts vom Eingang. Jemand muss den orthodoxen Priestern erklärt haben, wozu eine Grube in einem Stall gut sein soll.

Der Punkt ist, dass sie keinen hölzernen Stall hatten, in dem Jesus heute angeblich geboren wurde. Holz war rar. Sie hatten nur weidenartige Zypressen oder . Niemand würde einen Olivenbaum wegen des Holzes fällen; Oliven waren viel wertvoller. Jede Zypresse am Horizont musste gefällt werden, um ein Haus zu bauen. Ich bin geneigt zu glauben, dass unsere heutigen religiösen Überzeugungen wenig mit den Tatsachen zu tun haben. Ich , wenn ich zu Weihnachten einen Holzstall sehe.

Viele unserer kulturellen Traditionen haben wenig mit der Realität zu tun. Wir übernehmen sie aus emotionalen Gründen, die nichts mit der Wahrheit oder der Realität zu tun haben mögen.

Abgesehen von Leuten wie den Essenern in Qumran, die täglich schrieben, konnten die meisten Menschen zu jener Zeit weder lesen noch schreiben, so dass die schriftliche Bewahrung des wirklichen Lebens Jesu durch Menschen, die ihn kannten, nicht stattfand. Damals machte sich niemand, der Jesus kannte, die Mühe, seine Geschichte aufzuschreiben, denn entweder wussten sie nicht, wie man schreibt, oder sie hielten es nicht für nötig, weil sie "wussten", dass das "Ende der Tage", an dem alle in den Himmel kommen würden, unmittelbar bevorstand. Welchen Grund gab es also für sie, es aufzuschreiben? Ihr Denken war ein wenig primitiv.

Etwa vierzig Jahre nach dem Tod Jesu wurde das erste

Markusevangelium geschrieben. Die Evangelien nach Matthäus und Lukas wurden um 80 , also zehn Jahre später, geschrieben. Das Johannesevangelium wurde zwanzig Jahre später verfasst. Da es das letzte Evangelium war, unterschied es sich drastisch von den anderen. Welches war richtig, oder ist eines der Evangelien richtig? Die ersten Gläubigen taten ihr Bestes, um Jesus für ein jüdisches Publikum relevant zu machen. Sie wurden auf Griechisch verfasst. Die wenigen, wenn überhaupt vorhandenen Autoritäten waren auf Aramäisch verfasst. Das Alte Testament war in hebräischer Sprache verfasst.

Später werden wir uns mit der Arbeit des bischöflichen Priesters John Shelby Spong befassen, der kürzlich als Bischof von Newark in den Ruhestand getreten ist und uns sagt, dass es den Verfassern des Neuen Testaments vor allem darum gingJesus für die Juden relevant zu machen. Das ist wahrscheinlich so. Nach den Verfassern der Evangelien zogen die Anhänger Jesu einen Schlussstrich unter die Geschichte, indem sie eine eigene Religion schufen. Viele denken, dass Paulus den Christus geschaffen hat, indem er erklärte, Jesus sei der "Sohn Gottes". Er hat Jesus nie gekannt.

Nehmen wir uns einen Moment Zeit, um ein wenig tiefer in das einzutauchen, was die Evangelien tatsächlich aussagen, bevor wir uns darauf beschränken, sie als das "Wort Gottes" oder als die Wahrheit über eine Zeit in unserer Religionsgeschichte zu betrachten, die unseren eigenen Glauben heute unterstützt. Wir müssen wissen, wovon wir sprechen, bevor wir die Evangelien als Grund für die Ablehnung anderer Lebensauffassungen benutzen. Wenn die vier Evangelien zusammen gelesen werden, stimmen sie in einem Punkt überein: Es gab einen Mann, den sie Jesus nannten.

Wir haben erkannt, dass es einen guten Grund dafür gab, ein Neues Testament zu schaffen und es dem Alten Testament beizufügen, denn es bot den Christen die besten Möglichkeiten, Jesus zu erhöhen und zu zeigen, dass er die Prophezeiungen des Alten Testaments erfüllte. Das war notwendig, um Jesus als den Messias zu zeigen, den die jüdische Bibel vorausgesagt hatte. Die Christen hätten auch andere Mittel einsetzen können, um sich von der Eroberung oder ihrer jüdischen Vergangenheit abzugrenzen, aber das war nicht ihr Ziel, sondern die Schaffung des

Neuen Testaments festigte ihre Botschaft. Und als Sahnehäubchen wurde Jesus durch seine Auferstehung zum Christus. Denken Sie nur an die Macht über Ihr Leben, die Vorstellung eines Lebens nach dem Tod den Priestern verleiht

Bedenken Sie, dass bis zur Entwicklung des Buchdrucks um 1400 die Priester zu den wenigen gehörten, die lesen und schreiben konnten oder überhaupt Zugang zur Bibel hatten. Die Evangelien wurden für die Elite geschrieben. Die Religion war die Spitze der Regierung. Die Macht Gottes, dargestellt durch die Priester, salbte die Könige. Die Macht zum Regieren kam von Gott, und die Priester waren Gottes Vertreter. Sie hatten die Macht und waren meist die Einzigen, die lesen konnten, was Gott sagte. Bis zur Renaissance hatten die Massen also keinen konkurrierenden Anspruch auf die Wahrheit, außer dem, was die Kirche diktierte. Lassen Sie uns das, was Gott gesagt hat, ein wenig genauer untersuchen.

Matthäus, der von Jesus spricht, sagt uns: "Sein Blut komme über uns und über unsere Kinder". Mit dieser biblischen Aussage haben die Christen zweitausend Jahre lang die Tötung der Juden gerechtfertigt. Wollte Gott wirklich, dass "sein Volk" getötet wird? Nach der Veröffentlichung der Matthäus-Botschaft hatten die Priester eine perfekte Botschaft für die Juden, und sie verbreitete sich rasch in der römischen Zivilisation. Sie hat die westliche Welt zweitausend Jahre lang beherrscht. Nimmt man noch den kulturellen Schutz hinzu, dass es ein Tabu ist, und auch heute noch ist es gesellschaftlich inakzeptabel, die Religion eines anderen in Frage zu stellen, dann hat man eine ewige Existenz.

Könnte die Kirche überleben, wenn sie jedes Mittel einsetzen müsste, um die Wahrheit an der Realität zu messen? Ich weiß es nicht. Was ich jedoch weiß, ist, dass sie für einen Teil der Gesellschaft eine wichtige und notwendige Rolle spielt, indem sie die Sicherheit und das niedrige Niveau der sozialen Bedürfnisse der meisten Amerikaner heute erfüllt. Laut E. O. ist unser "sozialer Klebstoff". 1 Ich sehe keinen öffentlichen Nutzen darin, die Religion an sich anzugreifen. Ich sehe einen Nutzen darin, den Menschen zu helfen, besser zu erkennen, wann sie kontrolliert werden, so dass sie selbst beurteilen können, wann es akzeptabel ist, kontrolliert zu werden, und wann sie die Kontrolle über ihr eigenes Leben behalten müssen. Ich denke, das ist eine wesentliche Voraussetzung dafür, dass sie ihre eigene Existenz verwirklichen können. Man kann sein eigenes Leben nicht verwirklichen, wenn man durch Angst, Schuldgefühle oder Kontrollmechanismen blockiert ist, die einem vor dem Alter der Vernunft auf der Sicherheits- und der sozialen Ebene eingeimpft wurden und die einem den Blick auf die Realität verstellen. Solange Sie keine Brücke um Ihr Skatom herum bauen, werden Sie nie in der Lage sein, sich wesentlich über die soziale Ebene Ihres Lebens zu erheben. Ihr seid auf eurer derzeitigen Ebene durch "blinde Glaubenssätze" blockiert, die euch beherrschen und jede weitere Vision verhindern.

Wenn man die Evangelien liest, könnte man meinen, dass die Verfasser Jesus persönlich kannten. Ist Ihnen jemals aufgefallen, wenn Sie bei Matthäus oder Lukas über die Versuchung Jesu in der Wüste lesen, dass Jesus allein in der Wüste war und nirgendwo erwähnt wird, dass er etwas darüber gesagt hat? Woher haben die Evangelienschreiber also ihre Informationen? Ein weiteres Beispiel: Die Evangelienschreiber zitieren das Gebet Jesu in Gethsemane, nachdem er gesagt hat, dass er Petrus, Jakobus und Johannes "einen Steinwurf entfernt" zurückgelassen hat. Wenn er allein war, woher weiß der Schreiber, was er sagte? Er starb, bevor er es zu jemandem sagen konnte. Als Jesus vom Beten zurückkehrte, fand er die Jünger schlafend vor und wurde verhaftet und dann gekreuzigt, ohne dass er mit jemandem gesprochen hätte. Und doch werden uns alle Einzelheiten mitgeteilt. Wie ist das? Man könnte sagen, dass es das Wort Gottes ist, aber welches Evangelium hat Gott denn nun geschrieben, da sie sich alle unterscheiden?

Die Evangelien berichten von der Flucht der Jünger nach ihrer Verhaftung. Aber alle vier Evangelien geben eine andere Version Geschehens wieder. Woher weiß einer der Evangelienschreiber wirklich, was passiert ist? Wer hat es ihnen erzählt? Doch sie erzählen, was die römischen Soldaten, Pilatus und Simon Petrus getan oder gesagt haben. Woher haben sie diese Informationen? Wie ich bereits sagte, ist die Geburt Jesu verwirrend. Selbst wenn wir bis zur Jugend Jesu zurückgehen, stimmen die Evangelien nicht überein. Wir haben jedoch eine einzige, kohärente Version, die die meisten Christen heute als kulturelle Tradition akzeptieren. Ein Besuch in Israel stellt viele unserer tief verwurzelten Überzeugungen in Frage.

Vorhin haben wir uns den Geburtsort von Jesus angesehen. Jetzt wollen wir uns Kalvaria ansehen. In Amerika haben wir die Vorstellung, dass Kalvaria ein grasbewachsener Hügel ist und dass Jesus das Kreuz trug. Beides ist nicht wahr. Wenn Sie in Jerusalem sind und sich umsehen, gibt es keine grasbewachsenen Hügel. Sie befinden sich am Rande einer Wüste. Wahr ist, dass es einen Felsen gibt, der etwa 15 Fuß hoch ist und eine relativ flache Spitze hat, die etwa 50 Fuß breit ist, und der zur Zeit seiner Kreuzigung direkt außerhalb der Mauer von Jerusalem lag. Heute befindet sich der Felsen unter einer griechisch-orthodoxen Kirche, und die alte Stadtmauer umgibt diesen Bereich. Dieser Felsen hat drei Pfostenlöcher in oben. Ich habe in diese Pfostenlöcher gegriffen. Die Priester dieser Kirche werden Ihnen sagen, dass der Felsen "Golgatha" genannt wird, was "Schädel" bedeutet und seine Form beschreibt. Sie verwenden nicht den Begriff "Kalvarienberg". Jesus trug das Kreuz nicht, weil die Stangen fest waren. Jesus trug den Kreuzesbalken, weil er so auf den festen Pfahl gesetzt wurde. Jesus starb auf einem "T", nicht an einem Kreuz.

Der Grund, warum die Römer ihre Kreuzigungen in Jerusalem oben auf dem Felsen durchführten, ist, dass nur ein Soldat benötigt wurde, um den Gekreuzigten davor zu schützen, von irgendjemandem befreit zu werden, denn jeder, der versuchte, ihn zu retten, würde von dem Soldaten aufgespießt werden, bevor er die Spitze erreichen konnte. Außerdem war es nicht koscher, jemanden innerhalb der Stadtmauern zu töten. Der Felsen lag zwar neben der Stadtmauer, aber außerhalb . Er war jedoch nahe genug, dass die Menschen innerhalb der Mauer den Gekreuzigten sehen konnten. Das war ein Mehrwert, denn der Anblick des Gekreuzigten steuerte ihr Verhalten. Das macht sehr viel Sinn, wenn man es sieht.

Was keinen Sinn macht, ist das unter Golgatha, für dessen Besichtigung die Priester Geld verlangen. Niemand würde jemandem, den er nicht persönlich kennt, ein teures Mausoleum schenken, in dem nur eine Leiche liegt. Selbst der große runde Stein, der in der Nähe lag, hatte keine Verbindung zu diesem Grab. Es ergab keinen Sinn, als man ihn sah, aber die Leute warfen sich auf einer Marmorplatte in der Nähe nieder, weil man ihnen gesagt hatte, dass dort der Leichnam Jesu präpariert worden war. Das ist eine Touristenfalle. Die Öffentlichkeit ist bei fast jedem Thema ziemlich leichtgläubig.

Als ich das erste Mal dort war, sagte unser Führer, nachdem er den Wahrheitsgehalt der Aussagen der orthodoxen Priester in Frage gestellt hatte, dass er damit einverstanden sei. Er führte uns dann mehrere Treppen hinunter zu einem Bereich im Untergeschoss, wo sich eine in die Wand gehauene Höhle befand, in deren Innenwand ein Dutzend oder mehr Nischen eingemeißelt waren. Damals war es jüdischer Brauch, solche Höhlen in den Felsen zu schlagen, den Leichnam in eine von ihnen zu legen und sie ein Jahr lang mit Schlamm zu versiegeln, dann zu öffnen und die Knochen zu entnehmen, wenn der Leichnam verwest war. Die Knochen wurden abgelegt, und die Familie, der die Höhle gehörte, konnte dieselbe Nische für die Bestattung nutzen. die nächste Person. Das macht viel mehr Sinn für die Art und Weise, wie Jesus begraben wurde, und der Ort, den wir besuchten, könnte durchaus sein tatsächliches Grab gewesen sein. Wenn Sie dorthin gehen, fragen Sie, ob Sie die Grabstätte sehen können. Sie werden die Geschichte viel glaubwürdiger finden.

Der eigentliche Zweck dieses Kapitels besteht darin, Ihnen klar zu machen, dass die Geschichten, die Ihnen seit Ihrer frühesten Kindheit erzählt wurden, nichts als Geschichten sind. Ihr Wahrheitsgehalt ist irrelevant. Es sind Symbole, die Ihnen in der Regel vor dem Alter der Vernunft gegeben wurden und die Ihnen einen abstrakten "Glauben" vermitteln, auf den Sie sich verlassen können. Der Grund für die Teilnahme an Ihrer Glaubensgemeinschaft, der Kirche, der Synagoge, dem Tempel oder der Moschee, ist im Wesentlichen die Befriedigung Ihres Bedürfnisses nach Sicherheit und geringer Sozialisierung. Sie tun dies, indem sie Ihnen ein Gefühl der Zugehörigkeit vermitteln und Ihren niedrigen sozialen Status befriedigen, indem sie Ihnen eine Selbsthilfegruppe bieten, die Sie als akzeptabel empfinden. Sie legen für Sie fest, wer Sie sind.

Der zentrale Mythos ist nicht das, was für Sie wichtig ist. Was für Sie wichtig ist, ist die religiöse Gesellschaft, an der Sie teilnehmen. Es ist die kulturelle Gesellschaft, nicht der Mythos, die Ihr Verhalten regelt. Der Mythos liefert Ihnen nur das Wertesystem, das Sie kollektiv nutzen, um in der heutigen Gesellschaft ein zivilisiertes Leben zu führen.

Sie gehören zu einer kleinen Gruppe, die Sie kennt. Also verhalten Sie sich so, wie es von Ihnen erwartet wird. Das funktioniert ähnlich wie das Gefühl der Identifikation, das man in der High School hat. Du feuerst deine Mannschaft an, weil du "weißt, dass sie die Besten sind". Oder zumindest wünscht man sich, dass sie es wären. Aber man gehört zu dieser Gruppe, und diese Zugehörigkeit reguliert das eigene Verhalten. Der Hauptunterschied besteht darin, dass die religiöse Identifikation bei den meisten Menschen ein Leben lang anhält. Die Wahrheit ist für dieses Gefühl der Zugehörigkeit irrelevant. Die Tatsache, dass ihr religiöser Mythos vielleicht nicht wahr ist, spielt eigentlich keine Rolle. Wie wir später noch genauer besprechen werden, ist die Zugehörigkeit zu dieser kleineren Gesellschaft der soziale Kitt, der unsere Gesellschaft in der westlichen Welt auch heute noch zusammenhält.

Der Zweck dieses Kapitels sollte Ihnen klar gemacht haben, dass es wichtig ist, wo Sie die Grenze für die Akzeptanz dessen ziehen, was Sie aus blindem Glauben zu glauben bereit sind. Den blinden Glauben zur alleinigen Grundlage der Wahrheit zu machen, die Ihr Leben leitet, kann kulturell akzeptabel, weil alle anderen es auch tun. Aber es kann, wenn es nicht korrigiert wird, bevor es zu einem Skatom wird, verhindern, dass man wächst.

Wenn du anfängst, etwas für wahr zu halten, weil du willst, dass es wahr , oder weil jemand, dem du vertraust, dir gesagt hat, dass es wahr ist, halte inne und denke nach. Du könntest damit ein Hindernis für dein zukünftiges Wachstum errichten. Der beste Weg, um zu wachsen, ist zu erkennen, dass die Akzeptanz eines Glaubens nur vorübergehend ist. Wenn der Glaube für Sie wichtig ist, muss er ständig überprüft werden. Der beste Weg ist, neuen Ideen gegenüber skeptisch zu bleiben.

— oder von anderen Menschen, die Ihnen sagen, was Sie glauben sollen — ohne diese Informationen auf der Grundlage dessen zu verarbeiten, was Sie zuvor für sich selbst als wahr erkannt haben. Überprüfen Sie auch dann die Gültigkeit mit allen verfügbaren Fakten.

Wenn sie dann immer noch akzeptieren wollen, bleiben Sie offen, damit zusätzliche Informationen, die Sie in der erhalten, Ihren Glauben ändern können. Denken Sie immer daran, dass es keine absoluten Fakten gibt, außer der Tatsache, dass auch Sie eines Tages sterben werden. In der Zwischenzeit sollten Sie bestrebt sein, sich ständig weiterzuentwickeln und das Beste aus diesem Leben zu machen. Es ist das einzige, von dem wir mit Gewissheit wissen, dass es wirklich existiert.

Wenn man in der Lage ist, in erster Linie auf den höheren Ebenen der Maslowschen Hierarchie zu leben, kann man über das Bedürfnis hinauswachsen, an einer organisierten Religion teilzunehmen, weil man nur wenig Zeit auf der Ebene der Sicherheit oder der sozialen Ebene verbringt. Dies geschieht in der Regel bei denjenigen, die oberhalb der Ego-Ebene leben können. Aber der größte Teil unserer Gesellschaft wird nie dorthin gelangen. Laut Maslow haben weniger als sechs Prozent der amerikanischen Gesellschaft jemals ihr eigenes Leben verwirklicht. Noch weniger leben oberhalb ihrer Gipfelerfahrung. Ich wäre überrascht, wenn es mehr als ein Prozent wären. Vielleicht braucht eine fortschrittlichere Kultur in der Zukunft diesen sozialen Klebstoff nicht mehr. Aber davon sind wir heute noch weit entfernt. Unsere Gesellschaft ist noch recht primitiv.

Kapitel XV
Wie geht es weiter?

Da Humanisten nicht glauben, dass der Wert des Lebens durch das Erreichen der Existenz einer unsterblichen Seele entsteht, die aller Wahrscheinlichkeit nach nicht existiert, sind sie der Meinung, dass jeder sein eigenes Leben in der Gegenwart voll ausleben sollte. Humanisten glauben, dass wir alle das Beste aus jedem Tag machen sollten, solange wir auf der Erde leben, und auf keinen Fall dieses Leben für ein Ticket in ein opfern sollten, das es vielleicht gar nicht gibt. Wenn es ein , sollte jeder, der ein anständiges Leben führt, Anspruch auf die Belohnungen haben, die es zu diesem Zeitpunkt gibt. Die Kontrolleure haben weder das Recht, unser Verhalten durch Drohungen mit der Verdammnis zu beeinflussen, noch zu behaupten, dass sie allein die Eintrittskarte für unsere Unsterblichkeit besitzen. Selbst wenn wir an ein Leben nach dem Tod glauben und unsere Eintrittskarte suchen wollen, dürfen wir nicht die Gelegenheit verpassen, dieses Leben nach besten Kräften zu leben.

Es mag ein , aber da wir keinen stichhaltigen Beweis dafür haben, dass es existiert, ignorieren Humanisten diesen Glauben einfach und sind sehr erleichtert, dass sie diese Möglichkeit nicht in Betracht ziehen müssen. Das macht dieses Leben für sie viel sinnvoller. Die Wissenschaft zeigt uns, dass die Vorstellung von der Trennung von Körper und Seele nicht fundiert ist. Wenn wir an ein Leben nach dem Tod glauben, haben wir nur eine Hoffnung, die auf "blindem Glauben" beruht. sollten wir also unser Leben auf der Erde für die alleinige Hoffnung auf ein Leben nach dem Tod opfern wollen, vor allem, wenn uns dadurch die Möglichkeit genommen wird, unser eigenes Leben hier und jetzt in vollen Zügen zu genießen? Die Einschränkung unserer Fähigkeit, dieses Leben zu leben, nur durch die Kontrollpersonen, ohne weitere Beweise als ihre Behauptung der Autorität, lässt uns keine andere Möglichkeit, ihre Behauptung zu bestätigen, als ihre Autorität in "blindem Glauben" zu akzeptieren.

Das macht keinen logischen Sinn, auch wenn wir das alle glauben wollen. Wir entdecken, dass unser Leben reicher und viel wertvoller ist, wenn wir glauben, dass es kein Leben nach unserem Tod gibt.

Der Glaube an ein Leben nach dem Tod ist oft auf eine Konditionierung zurückzuführen, die vor unserem Lebensalter stattfindet. Es geschieht aus emotionalen Gründen, indem ein intensiver Wunsch entsteht, einer bestimmten Glaubensgemeinschaft anzugehören und die vorgeschriebenen Bedingungen für die Aufnahme in diese Glaubensgemeinschaft anzunehmen, die schließlich zu unserem Glauben werden. Es geschieht aus emotionalen Gründen. Fakten und Wahrheit haben wenig Einfluss auf die religiösen Überzeugungen der meisten Menschen.

Der Wunsch, ein Selbstmordattentäter zu werden, ergibt zum Beispiel keinen logischen Sinn, außer für den Terroristen. Für einen Humanisten ist eine solche Person krank. Eine solche Person dazu zu verleiten, gegen ihr Eigeninteresse zu handeln, um das Leben auf der Erde so weit wie möglich auszuschöpfen, und ihr dabei "vestalische Jungfrauen im Himmel" zu versprechen, ist lächerlich und ein Betrug am einzelnen Gläubigen, vor allem wenn es im Jenseits keinen Himmel gibt. Selbst wenn es ein Leben im Jenseits gibt, warum sollte ein Gott, der es wert ist, von Ihnen akzeptiert zu werden, so unvernünftig verlangen, seine eigenen Geschöpfe zu töten? Ein solcher Gedanke kann nur von einer Person der Kontrolle hervorgebracht werden. Wenn das Ergebnis eines solchen Verhaltens gültig ist, warum sind es dann nicht die Menschen der Kontrolle, die es tun?

Das Bestreben, unsere begrenzten Möglichkeiten, auf der Erde zu leben, zu maximieren, kann zu erheblichen inneren Konflikten führen. Es gibt Menschen in Kontrollpositionen, die Autorität beanspruchen und sehr mächtige Kontrollinstrumente einsetzen, wie z. B. die Behauptung, dass nur diejenigen in den Himmel kommen, die an ihren speziellen Glauben "glauben". Diese Vorstellung ist nicht nur absurd, sondern warum sollte jemand mit einem Gott zusammenarbeiten wollen, der so unvernünftige Forderungen stellt, vor allem, wenn das Ergebnis ist, dass der Mehrheit der Menschen auf der Welt, die ansonsten ein gutes Leben auf der Erde führen, das ewige Leben verwehrt bleibt? Ein solcher Glaube hat schwerwiegende Folgen für diejenigen, die das Gefühl haben, ihre begrenzte Zeit und ihre Ressourcen auf der Erde für ein Ticket ausgeben zu müssen, für das jeder religiöse Glaube behauptet, die einzige Quelle zu sein. Auch wenn es kaum Sinn macht, wenn eine solche Vorstellung zu einem Skatom in der Kindheit wird, werden intelligente Menschen Angst haben, einen anderen Weg zu gehen.

Die Forderung, dass man "Glauben haben" muss, ist das, was viele religiöse Menschen zur Kontrolle befähigt. Wie wir oben erörtert haben, ist eine solche Die Forderung einer Kontrollperson nach Glauben ist "blind", weil es für die meisten ihrer Behauptungen keine Beweise gibt, insbesondere wenn sie behaupten, die einzige Eintrittskarte in den Himmel zu besitzen. Die meisten Humanisten finden das inakzeptabel,

Manche Kontrollmenschen benutzen auch heute noch Angst und Schuldgefühle als ihre wichtigsten Werkzeuge. Es spielt keine Rolle, ob es sich um Ihre Eltern, den , den Polizisten, den Feuerwehrmann, den Geistlichen, Ihren Arzt oder irgendjemand anderen handelt, der meint, die aktuelle Situation kontrollieren zu müssen, was bedeutet, dass ein Bedürfnis danach hat. Ein Test, wie Sie reagieren sollten, besteht darin, sich zu fragen: "Was ist ihr Motiv? Wenn Sie zu dem Schluss kommen, dass ihr Motiv stichhaltig sein könnte, sollten Sie zuhören.

Die meisten Humanisten akzeptieren, dass diejenigen, die an ein Leben nach dem Tod glauben, jedes Recht auf ihre eigene Vorstellung von Wahrheit haben, mit Ausnahme derjenigen, die darauf bestehen, dass es ihre religiöse Pflicht ist, dafür zu sorgen, dass andere ihrem eigenen Rezept folgen, um ihr Ticket zu bekommen. Dann wird es anstößig, ja, dieses Denken verursacht Kriege.

Unsere Gesellschaft lebt immer noch auf den unteren Stufen der Maslow'schen Hierarchie; und wir haben auch heute noch Kreuzfahrer. Einige Religionen behaupten sogar, dass es für Gott akzeptabel ist, diejenigen zu töten, die ihren jeweiligen Glauben nicht akzeptieren. Warum sollte Gott etwas so Unvernünftiges verlangen? Unwissenheit ist in unserer Gesellschaft weit verbreitet. Der Punkt ist, dass viele Aspekte unseres Lebens bedrohlich sein können, sogar für unsere eigene Existenz, aber leider ist die Religion eine der Hauptquellen für solche Bedrohungen, und zwar seit die kulturelle Organisation der menschlichen Zivilisation die Religion als unseren "sozialen Klebstoff" geschaffen hat.

Alte Zivilisationen brachten Menschenopfer dar. Noch im 14. Jahrhundert brachten die Maya in Mexiko und Mittelamerika ihren Göttern Menschenopfer dar, um die Überlebenden zu schützen. Im Jahr 1917 die Cuna-Indianer auf den San-Blas-Inseln vor Panama weiße Männer, die nach Einbruch der Dunkelheit auf ihren Inseln blieben. Selbst wenn sie sich bedroht fühlten, war das menschliche Leben für ihre Gesellschaft nicht heilig.

Einige Kulturen tun dies auch heute noch im Namen ihres eigenen Gottes, aber auf eine organisiertere und weniger persönliche Weise. Wir tun es heute in Form von Kriegen. Viele Kriege sind auch heute noch durch religiöse Konflikte motiviert. In vielerlei Hinsicht ist unsere Existenz auf der Erde als menschliche Wesen noch recht primitiv. Die Wissenschaft hat Fortschritte gemacht, die weit über das hinausgehen, was unsere Zivilisation tatsächlich erreichen kann. sind wir derzeit von unserer eigenen Vernichtung bedroht. Und unser Leben ist von einer nuklearen Vernichtung allen menschlichen Lebens auf der Erde bedroht, die durch die Religion herbeigeführt werden könnte. Wir werden uns wegen unserer eigenen primitiven Überzeugungen in den Kopf geschossen haben.

Die Wirkung unserer eigenen Religionszugehörigkeit

Unsere eigene Reaktion auf die Religion, mit der wir uns identifizieren, wird zur Grundlage des Wertesystems unseres Lebens. Unsere Überzeugungen haben einen erheblichen Einfluss auf unser Verhalten und die Qualität unseres Lebens. So kann ein gebildetes Mitglied des islamischen Glaubens zur Selbstzerstörung fähig sein, ohne überhaupt zu hinterfragen, was dies für ihn bedeutet. Ein solches Verhalten wird von ihnen erwartet, und ihre Zugehörigkeit ist ein Bedürfnis der unteren Sicherheitsebene und viel stärker als ihre Bedürfnisse auf der Ego-Ebene. Auf dieser Ebene können sie handeln, aber sie müssen nicht unbedingt selbst denken, wenn das Gruppendenken ihr Leben beherrscht. So haben wir heute intelligente Selbstmordattentäter.

Viele Menschen erleben ein Trauma, wenn sie versuchen, aus den kulturellen Zwängen ihrer frühen Kindheit auszubrechen, die sie vor dem Alter der Vernunft erworben haben. Viele erleben Schuldgefühle, Angst oder Entfremdung von der Gesellschaft, weil sie ihre eigenen religiösen Traditionen in Frage stellen. Sie können dies vor allem von ihren eigenen Eltern erfahren - selbst wenn diese verstorben sind -, vor allem, wenn sie den Glauben in Frage stellen, der ihnen beigebracht wurde, bevor sie das Alter erreicht haben, in dem sie selbständig denken können. Logik und höhere Ebenen des Denkens setzen sich nicht über emotionale Überzeugungen hinweg.

Da die erste Pflicht jeder lebenden Person oder Institution darin besteht, zu erhalten, errichten die Religionen viele kulturelle Hindernisse für das Wachstum, um ihre eigenen Anhänger an der Flucht zu hindern. Christen und Juden können auch heute noch negative Bezeichnungen für Menschen verwenden, die einen anderen Glauben haben. Immerhin, Wer möchte schon "Heide", "Ketzer" oder "Sünder" genannt werden? In der Grundschule lernt man, dass es Folgen hat, wenn man eine andere Person mit einem schlechten Namen beschimpft.

Auch wenn sich die meisten Humanisten als frei von solchen kulturellen und religiösen Barrieren betrachten, so gibt es doch für jeden welche. Das Leben ist nicht einfach. So schwierig es auch war, sich von den Zwängen unserer kulturellen Traditionen zu befreien, so finden doch die meisten Humanisten, dass es weitaus anregender und mehr als genug ist, sich ausschließlich auf dieses Leben zu konzentrieren, anstatt sich um ein Leben nach dem Tod zu sorgen. Wenn wir über die religiösen Überzeugungen unserer Kindheit hinausblicken und nur in der Gegenwart leben, vermeiden wir die Schuldgefühle, die wir andernfalls empfinden könnten, wenn wir die Überzeugungen verleugnen, die uns unsere Eltern ursprünglich beigebracht haben. Wir blicken nur in die Zukunft. Lassen Sie uns einen Moment darüber nachdenken, warum wir Kinder haben. Vielleicht, weil sie das beste Mittel sind, um den Sinn unseres eigenen Lebens zu erweitern. Vielleicht sind sie das beste Mittel, wenn auch sicher nicht das einzige, um unsere eigene Unsterblichkeit zu erlangen.

Das Maß unseres eigenen Lebens

Für die meisten Humanisten wird unsere Existenzberechtigung nur daran gemessen, wie wir dieses Leben heute leben. Selbst wenn es etwas jenseits dieses Lebens gibt, sollte unsere Wirkung auf die Menschen, die uns folgen, unser eigenes Mittel sein, um die Qualität unseres eigenen Lebens zu messen. **Die Unsterblichkeit,** die von den meisten Humanisten akzeptiert wird, **ist der Unterschied, den wir in dieser Welt gemacht haben, indem wir hier waren.** Aufgrund der Qualität des Lebens, das wir gelebt haben, sollten wir mehr als gleichberechtigt Anspruch auf die Belohnungen haben, die auf dieses Leben folgen, wenn überhaupt. Die meisten Humanisten begnügen sich mit der Gewissheit, dass ihre gute Arbeit auf der Erde und deren Wirkung auf die Menschen, die sie überleben, eine ausreichende Form ihrer eigenen Unsterblichkeit ist. Mehr ist nicht nötig, damit das Leben eines Humanisten einen Wert hat. Vor allem, wenn sie durch das, was sie geschaffen, verbessert oder verändert haben, die Lebensqualität von Menschen verbessert haben, die vor ihrem Tod noch gar nicht geboren waren.

Die Erkenntnis, dass wir uns von unserem Verstand täuschen lassen können, ist wichtig, um besser zu verstehen, wie sich unsere Erfolgschancen verbessern lassen.

Die Erfahrung des Lebens kann stark eingeschränkt sein. Jeder orientiert sich im Leben nach seinen eigenen Wahrnehmungen. Unsere Erfahrungen prägen die Art und Weise, wie wir neue Informationen aufnehmen. In der Psychologie wird die konditionierte Orientierung (unsere eigene Einstellung oder Erwartung gegenüber der Aufnahme neuer Reize) als "vorbereitendes Set" bezeichnet. Eine vorbereitende Einstellung legt den Rahmen dafür fest, wie neue Informationen aufgenommen werden. Ein und derselbe Reiz kann von einer Person völlig akzeptiert und von einer anderen völlig abgelehnt werden, je nach ihrer eigenen vorbestehenden Orientierung.

Skatome

Da Sie nun wissen, wie ernst sie sind, sollten Sie sich die Zeit nehmen, darüber nachzudenken, was ein Skatom für Sie wirklich bedeutet, basierend auf dem, was Sie bereits gelernt haben. Lassen Sie uns also noch einmal im Detail über Skatome sprechen. Es ist wichtig, sich mit den eigenen Skatomen zu befassen, wenn Sie an Ihren eigenen Barrieren wachsen wollen, denn wenn ein Reiz, eine Vorstellung oder eine Position unter Ausschluss aller anderen akzeptiert wird, dann werden wir in unserem eigenen Glauben fixiert. Die Skatome blockieren unser Wachstum. Wir haben dann das Gefühl, dass dies die einzige akzeptable Überzeugung ist, weil dies das Mittel ist, das ein Skatom benutzt, um zu wachsen. Erinnern Sie sich daran, dass, wenn eine Vorstellung unter Ausschluss aller anderen Informationen bewertet wird und zu einem "Skatom" wird, sie sich ähnlich wie ein Computer-Spam-Blocker verhält. Denn sie blockieren jede Information, die unserer aktuellen Überzeugung zuwiderläuft, sei sie nun vorteilhaft oder nachteilig, um überhaupt gesehen zu werden. Die Skatome sind der Punkt, an dem wir nicht mehr in der Lage sind, einen gegenteiligen Gedanken zu akzeptieren, unser Verstand schaltet sich ab und ein weiterer Dialog ist sinnlos. sind wir darauf konditioniert, für den Rest unseres Lebens blind für die Realität in dieser speziellen Frage zu sein. Unsere eigenen Skatome werden zu unserer eigenen Realität, unabhängig davon, ob dieser Glaube richtig oder falsch ist.

Nicht alle Skatome sind schlecht. Das Skatom um denjenigen, den wir lieben, ist notwendig, um unsere Ehe zu schützen. In manchen Bereichen brauchen wir Skatome, weil sie uns helfen, Informationen zu filtern, damit wir nützliche, kohärente Daten erhalten und die riesige Menge an nutzlosen Informationen, die uns ständig bombardieren, zurückweisen können. Sie schaden uns aber auch, weil sie uns die weitere Annahme der Wahrheit in diesem Bereich verwehren. der Besorgnis. Deshalb müssen Sie lernen, Brücken über Ihre Skotome zu bauen, damit Sie in den Bereichen, die Sie erforschen möchten, weiter wachsen können, um Wege zu Ihrer eigenen Erfüllung im Leben zu finden - damit Sie wirklich voll lebendig werden können.

Sie wissen nun, dass wir Vorstellungen, die wir verinnerlicht haben oder die wir für uns als wahr akzeptieren, selbst dann hoch bewerten können, wenn sie mit unseren eigenen Interessen unvereinbar sind, oder selbst dann, wenn sie vom Rest der Welt als völlig falsch erkannt werden, wenn wir sie mit der Realität vergleichen. Ein gutes Beispiel sind diejenigen, die auch heute noch glauben, dass die Welt flach ist und dass wir, wenn wir weit genug reisen, . Die meisten Menschen sind an Skatome gebunden, die die Welt, in der sie leben, einschränken, ihnen aber ein Gefühl von Selbstvertrauen geben. Viele Menschen mit sehr einschränkenden Skatomen können sich sicher sein, dass ihre Lieben oder diejenigen, für die sie Gefühle haben, ebenfalls an ihre kleine, sichere Welt gebunden sind. Die Vorstellung, dass sie aus ihrem Schneckenhaus herauskommen und ein wenig weiter leben könnten, ist ihnen zu unheimlich. Wir müssen uns also vielleicht sogar an die nächste Generation wenden, wenn wir unsere heutige Welt dauerhaft verändern wollen.

Wir alle haben einige Skatome, denn unsere Lebensaufgabe besteht darin, die enorme Menge an Reizen, die wir ständig empfangen, so zu verarbeiten, dass wir diejenigen Überzeugungen auswählen können, die für unser eigenes Überleben förderlich sind, und diejenigen ablehnen, die schädlich sein könnten. Wenn wir uns zum Beispiel für einen Lebenspartner entschieden haben, sollte danach keine andere Person mehr so wichtig sein. Dieses Skatom ist für die Aufrechterhaltung einer gesunden Ehe von Vorteil. Es zwingt uns auch, ihre Fehler zu akzeptieren, weil wir sie nicht mehr akzeptieren können (es sei denn, Sie sind meine Frau). können wir jetzt, da wir wissen, was , lernen, den Unterschied zwischen guten Skatomen zu erkennen, die uns in eine positive Richtung führen, und solchen, die unser weiteres Wachstum blockieren. Eine positive Einstellung und ein offener Geist sind unerlässlich, um unser Wachstum aufrechtzuerhalten. Kontinuierliches Wachstum sollte unser Ziel sein. Jetzt müssen wir lernenunsere eigenen Brücken zu bauen.

Das Problem, das wir jetzt verstehen, ist, dass wir unsere eigenen Skatome nicht sehen können. Das liegt daran, dass sie uns daran hindern, inkohärente Informationen zu sehen, da ihr Hauptzweck darin besteht, uns zu schützen. von unnötigen Informationen. Wir wissen jetzt, dass wir am besten wissen, dass wir ein Skatom haben, wenn wir emotional oder defensiv werden, wenn wir auf eine gegenteilige Überzeugung stoßen. Das ist der beste Beweis für unser Scatoma. Sie wissen jetzt, dass Sie ein Skatom nicht frontal angreifen können, da sonst Ihre negative Reaktion nur noch schlimmer wird. Sie wissen auch, dass Sie Ihr Skatom nur überbrücken oder umfahren können, wenn Sie sich in die Richtung bewegen wollen, in der Sie die Qualität Ihres Lebens verbessern wollen. Sie wissen jetzt, dass Sie dies nur durch eine nicht bedrohliche Erziehung erreichen können. Das ist zweifellos einer der Hauptvorteile eines Universitätsstudiums. Vielleicht ist es auch einer der Gründe, warum Sie dieses Buch lesen.

Um die Qualität unseres eigenen Lebens zu verbessern, müssen wir uns immer des Nutzens und der Einschränkung bewusst sein, dass unsere derzeitigen Überzeugungen uns möglicherweise blockieren, dass wir nicht über sie hinaussehen können. Unser oberstes Ziel sollte immer sein, zu wachsen. Da siebzig Prozent aller Amerikaner sich nicht über die soziale Ebene erheben können, um auch nur die obersten drei Ebenen zu sehen, sie können ihr eigenes Skatom nicht überwinden, müssen wir in Betracht ziehen, dass wir tatsächlich einer von sein können. Da ihr Skatom nicht frontal getroffen werden kann, verstärkt es nur das drohende Skatom, wenn man der Person, der man helfen will, sagt, sie solle "darüber hinwegkommen" oder dass sie im Unrecht sei. Das Gleiche passiert mit Ihnen, wenn Sie eine negative Einstellung zu einer Sache haben.

Wenn Sie versuchen, jemandem zu helfen, müssen Sie sich der Person, der Sie helfen wollen, sich zu ändern, langsam und indirekt nähern, indem Sie ihr neue Informationen geben, die ihr helfen, ihren Weg aus ihrer derzeitigen Überzeugung zu finden. Es ist leichter, für andere Alternativen zu sehen als für sich selbst. Das ist einer der Hauptgründe, warum Sie dieses Buch lesen und warum Sie jetzt Informationen haben, die Sie vorher nicht hatten.

Dieses Buch hat Sie dazu gebracht, über den Kontrast zu Ihren derzeitigen Überzeugungen nachzudenken. Wenn Sie immer noch nicht akzeptieren wollen, dass Jesus nicht in einem Gefängnis gestorben ist, lesen Sie das Kapitel noch einmal, denn Sie haben es jetzt mit einem Skatom zu tun. Oder gehen Sie nach Israel und überzeugen Sie sich selbst, damit Ihr Glaube wächst. Ich war schon dort, und jedes Mal ist mein Glaube gewachsen. Erfahrung. Die Reise nach China und der große Unterschied zwischen dem Leben der Menschen dort und dem in den Vereinigten Staaten hat mir in vielerlei Hinsicht die Augen geöffnet und mich über die Sicherheit hinausgeführt, die ich in meiner bisherigen

Lebensauffassung empfand. Mit anderen Worten: Es war eindeutig eine Erfahrung. Überlegen Sie, was Sie tun könnten, um Ihr eigenes Leben zu verbessern.

Da es unser Ziel ist, weiter zu wachsen, ist es eine ständige Anstrengung, negative Barrieren zu erkennen und zu beseitigen, bevor sie zu Skatomen werden, und neue Informationen zu akzeptieren, die unser Leben voranbringen. Das Gesunde daran ist, dass wir nicht zulassen, dass diese psychologischen Werkzeuge zu dauerhaften Hindernissen für unser Wachstum werden. Indem wir erkennen, wie unsere Erfahrungen zu unbegründeten Erwartungen führen können, können wir viele der Hindernisse, die unserem eigenen Wachstum im Wege stehen, abbauen. Wenn wir eine positive Einstellung beibehalten, um aus allen Gelegenheiten, die sich uns durch neue Erfahrungen bieten, etwas Wertvolles zu gewinnen, wird dies einen großen Unterschied in unserer Fähigkeit zu wachsen machen. Wachstum muss ein lebenslanges Ziel sein, um den Wert unseres eigenen Lebens zu steigern. Dies gelingt uns am besten, wenn wir aufgeschlossen bleiben und stets nach neuen Informationen und Betrachtungsweisen für das, was wir sehen und tun, suchen. Wir müssen immer einen neuen Weg ausprobieren, wenn sich die Gelegenheit dazu bietet. Auf diese Weise wachsen wir.

Wir können unseren Kindern helfen zu wachsen, indem wir sie immer wieder neuen Erfahrungen aussetzen, die verhindern, dass ihre Überzeugungen in Stein gemeißelt werden. Stellen Sie ihnen Fragen, die sie zum Nachdenken anregen, anstatt ihnen zu sagen, was sie glauben sollen.

Wie soll mein eigener Glaube wachsen?

Eine Person, die von Kindesbeinen an in einer bestimmten Überzeugung erzogen wurde, hat Werte und Emotionen in diese Überzeugung investiert. Wenn sie aufgefordert wird, eine gegenteilige Idee zu akzeptieren, wird sie emotional reagieren. Das liegt daran, dass das Gefühl, das man in dem Moment empfindet, in dem man eine Überzeugung annimmt, in der Regel von dem Moment an mit ihr verbunden ist, in dem man sie zum ersten Mal erwirbt. Es wird für den Rest des Lebens mit dieser Überzeugung verbunden bleiben, es sei denn, es absichtlich durch spätere Erziehung verändert. Dies ist

Dies gilt vor allem für Überzeugungen, die in jungen Jahren erworben werden, bevor man die Fähigkeit entwickelt hat, selbst zu denken. Das ist der Grund, warum die religiösen Überzeugungen der meisten Menschen so stark sind und warum sie sich im Erwachsenenalter so schwer tun, selbst wenn sie es wollen. Wenn Sie sehen wollen, wie Skatome funktionieren, versuchen Sie, einer anderen Person zu erklären, warum ihre tief verwurzelten Überzeugungen falsch sind, und Sie werden sehen, wie heftig sie reagiert. Ihr Verhalten zeigt, wie leicht ihr Skatom jede andere widersprüchliche Sichtweise blockiert. Das ist genau der Grund, warum der einzige Weg, über ein Skatom hinauszuwachsen, in einer nicht bedrohlichen Erziehung liegt.

Denn die Gefühle, die man mit einem Glauben verbindet, wenn man ihn zum ersten Mal annimmt, werden oft für immer Teil davon. Das ist der Grund, warum unser religiöses Erbe eine so starke Wirkung auf uns hat. Das erklärt, warum die Fakten nicht relevant sind, wenn es darum geht, warum wir diese Ansicht weiterhin vertreten. Wenn man in einem Glauben aufgewachsen ist, kann man seine eigenen religiösen Überzeugungen nicht einfach ignorieren, ohne negative psychologische Auswirkungen zu erleiden. Wenn man als Erwachsener die Überzeugungen aus der Kindheit, die wöchentlich bekräftigt wurden, hinter sich lassen will, bedarf es einer umfassenden Ausbildung. Eine solche Veränderung kann ein Leben lang dauern. Deshalb sehen die meisten Menschen keinen Grund, sich zu ändern. Das ist bedauerlich. Wir müssen unser ganzes Leben lang in allen unseren Aktivitäten wachsen. Das bedeutet nicht, die Religion aufzugeben. Es bedeutet, dass Ihre Religion mit Ihnen wachsen muss.

Unsere emotionale Verbindung zu unserer eigenen Familie ist das Ergebnis des gleichen mentalen und emotionalen Prozesses. Wir müssen jedoch nach Gelegenheiten suchen, um alle Prozesse wachsen zu lassen, damit sie frisch und sinnvoll bleiben. Wenn Sie sich darin üben, Ihre Meinung oder Ihre Einstellung zu etwas Neuem zu ändern, wird diese Anstrengung bald wie ein Spaß aussehen. Es wird die Auswirkungen Ihres Skatoms minimieren und Ihnen helfen zu wachsen. Ihre Fähigkeit, auf neue Weise zu wachsen, wird bald zu Ihrem Ziel.

Da wir natürlich alle Überzeugungen mit den Emotionen verbinden, die bei ihrer Entstehung vorhanden waren, und da wir keinen Aspekt unseres Lebens ohne weiteres von ihnen trennen können, sind Alternativen zu unseren eigenen Skatomen nicht nur inakzeptabel, sondern können auch bedrohlich sein, und zwar so sehr, dass Menschen bereit sind, ihr Leben zu riskieren, um ihre derzeitige Vorstellung von dem, was sie für richtig halten, zu verteidigen, wenn sie direkt in Frage gestellt wird.

Wir wissen aus dem heutigen Phänomen, dass ansonsten intelligente Menschen im Namen ihres religiösen Glaubens zu Selbstmordattentätern werden, dass ihre Tat nichts mit der Wahrheit zu tun hat. Ein logisches Argument kann eine emotionale Überzeugung nicht überwinden. Um eine Verhaltensänderung herbeizuführen, bedarf es einer sinnvollen, nicht bedrohlichen Aufklärung. Im Nahen Osten bleibt nicht genug Zeit für die Aufklärung der Bevölkerung. Das Ergebnis ist, dass wir uns heute im Nahen Osten wegen ihrer Skatome im Krieg befinden.

Die reife Art und Weise, die Überzeugungen der Kindheit in der Welt der Erwachsenen unterzubringen, besteht darin, jedes Konzept oder jede Überzeugung immer wieder neu zu definieren, um die Aktualität ihrer Überzeugungen zu erhalten. Die Menschen klammern sich an ihre eigenen Überzeugungen. Aber auch unsere religiösen Überzeugungen müssen reifen, wie jede andere Vorstellung, die unser Denken beeinflusst. Ein Konzept der "Gottesfurcht" ist in der Kindheit normal, ein Konzept "Gott der Vater" ist für einen Gymnasiasten glaubwürdiger, aber wenn wir erwachsen werden, ist eine reifere, abstraktere Art, Gott zu definieren, viel effektiver. Dennoch glauben manche, dass sie sich auch als Erwachsene vor Gott fürchten. Warum? Weil ihr Verstand in ihrer Kindheit verschlossen war. Das hat dazu geführt, dass sie nicht mehr aus ihren eigenen Lebenserfahrungen gelernt haben.

Wie bereits mehrfach gesagt wurde, wollen wir damit sagen, dass derselbe mentale Prozess die Art und Weise ist, wie Sie selbst als Kind mit dem Mythos des Weihnachtsmanns umgegangen sind. Dieser Glaube wird von allen Kindern akzeptiert, die in der amerikanischen Tradition einer christlichen Familie aufwachsen. Das hält jedoch nur ein paar Jahre an, denn schließlich wird der Weihnachtsmann von der

Realität untergraben. Alle Kinder sind am Boden zerstört. Wie sie dann reagieren, ist wichtig. Diejenigen, die ihre kindliche Vorstellung vom Weihnachtsmann als "ihrem Gabenbringer" nicht durch das Schenken an andere ersetzen, sind enttäuscht. Diejenigen, die in der Lage sind, eine gesunde Wahrnehmungsverschiebung zu entwickeln und den Weihnachtsmann aus der Perspektive ihrer Eltern zu betrachten, können den Weihnachtsmann für den Rest ihres Lebens weiterhin als Symbol des Schenkens feiern. Die Art und Weise, wie wir uns unseren eigenen religiösen Ansichten nähern und von ihnen beeinflusst werden, ist genau dieselbe.

Unser Ziel im Leben sollte es sein, weiter zu wachsen. Wenn sich unsere Überzeugungen auf gesunde Weise entwickeln, bis zu dem Punkt, an dem wir durch kontinuierliches Wachstum und Entwicklung in der Lage sind, in der vollen Bandbreite unserer Bedürfnisse zu leben, wird uns das zu uns auf einen Weg bringen, auf dem wir mit der Zeit einen Höhepunkt erreichen können. Unser Ziel sollte es sein, unser individuelles Leben immer reicher, voller und erfüllter zu gestalten. Die spezifischen Ziele, die unser individuelles Leben erfüllen, sind zwar einzigartig, aber das Verständnis des universellen Prozesses für menschliches Wachstum erleichtert die Reise.

Kapitel 16
Was ist mit der Religion?

Menschen, die hauptsächlich auf oder unter dem sozialen Niveau leben, leben auf einem fruchtbaren Boden für Religion. Organisierte religiöse Einrichtungen bieten ein kleines kulturelles System der gegenseitigen Unterstützung, das für viele Menschen lebenswichtig ist, vor allem für diejenigen, die auf der Ebene der hohen Sicherheit/ mittleren sozialen Bedürftigkeit leben. Für unsere Gesellschaft ist dies der Hauptzweck einer Kirche. Viele Menschen gehören ihr nur aus Gründen der sozialen Unterstützung an. Ihre Teilnahme hat wenig mit der Theologie oder dem Mythos ihres jeweiligen Glaubens zu tun. Das sind nur die Fäden, die ihre Mitglieder zusammenhalten. Ihre Kirche wird zu ihrer Sicherheit und für viele zu ihrem wichtigsten sozialen Unterstützungssystem.

Obwohl es in allen Religionen Mitglieder gibt, die auf allen Ebenen der Maslowschen Bedürfnishierarchie leben, und Humanisten in allen Konfessionen zu finden sind, soll der Humanismus kein Ersatz für die Religion sein. Der Humanismus verfügt nicht über die Struktur, um die sozialen und Sicherheitsbedürfnisse von Mitgliedern religiöser Kirchen zu befriedigen, die ihre kirchliche Erfahrung als Erste ansehen, was diese Bedürfnisse befriedigt. Für die meisten Menschen, die in unserer Gesellschaft leben, ist es leicht, sich mit der sozialen Struktur einer Kirche zu identifizieren und in ihr akzeptiert zu werden. Menschen, die hauptsächlich auf einer hohen oder mittleren sozialen Stufe leben, passen leicht in ihren Glauben, der eng mit dem Leben seiner Mitglieder verwoben ist und ihnen gleichzeitig eine soziale Struktur bietet. Ihr aktueller religiöser Glaube ist oft die Art und Weise, wie sie sich selbst identifizieren. Darüber hinaus gibt ihre Kirche Antworten auf die Frage, wie sie ihr Leben leben sollen, die dem Leben derjenigen, die sich damit zufrieden geben, in einer strukturierten Gesellschaft zu leben, einen Mehrwert verleihen. Für diejenigen, die niemandem sonst schaden, wenn sie sich damit zufrieden geben, innerhalb ihres derzeitigen

Bedarfsniveaus zu leben, für den Rest.

Warum sollte jemand das Leben dieser Person stören wollen? Dassollte niemand. Der Humanismus allein kann diese Bedürfnisse nicht befriedigen.

Humanisten, die die Religion ihrer Kindheit aufgegeben und nicht ersetzt haben, haben ihre Sicherheits- und sozialen Bedürfnisse auf andere Weise befriedigt. Oder sie ignorieren diese Bedürfnisse einfach, weil sie so wenig Zeit ihres Lebens auf diesen Ebenen verbringen. Andere befriedigen diese Bedürfnisse selbst durch andere Beziehungen, zu denen auch die Teilnahme an einer Kirche oder einem Glauben gehören kann. Oder sie werden Unitarier. Unitarier haben keine Glaubenskomponente. Die Identifikation mit anderen, die ihre Überzeugungen bestätigen, ist wichtig.

Alle Menschen haben ein starkes soziales Bedürfnis, das ihnen das Gefühl gibt, irgendwo "dazuzugehören". Denken Sie nur an die Einstellung von Schülern und Studenten, ja sogar von vielen Hochschulabsolventen, gegenüber "ihrem eigenen Team". Sie haben vielleicht nicht die Fähigkeit, selbst Fußball zu spielen. Aber es ist "ihre Mannschaft", und sie teilen aggressiv ihre Meinung darüber mit, was im Spiel der letzten Woche falsch gelaufen ist. Achten Sie auf die Haltung eines US-Marines, vor allem wenn Sie die Person vor ihrer Einberufung kannten. Ihre selbstbewusste Haltung lässt sich allein durch ihre physische Präsenz erkennen. Denken Sie an Ihre eigene Einstellung einer beschreibenden Identifizierung Ihrer Person, wie z. B. "Amerikaner" zu sein, wenn Sie sich in einem anderen Land befinden. Wir alle haben das Bedürfnis, irgendwo dazuzugehören. Es ist ein Bedürfnis auf der Ebene der Sicherheit. Die Akzeptanz durch irgendeine Struktur begründet oder bestätigt unsere persönliche Identität, die in sozialen Organisationen befriedigt werden kann. Insofern befriedigt die Identifikation ein Sicherheitsbedürfnis.

Viele Menschen haben nur wenige Möglichkeiten, diese Bedürfnisse zu befriedigen. Religiöse Organisationen erfüllen diese Bedürfnisse ohne weiteres. Sie sind als die wichtigsten sozialen Unterstützungssysteme für einen Großteil unserer Gesellschaft anerkannt. Auf diese Weise liefern sie ihren "sozialen Klebstoff". Obwohl jede dieser Organisationen ihren eigenen kollektiven Mythos oder ihre eigene Sichtweise bestimmter historischer Ereignisse als verbindende symbolische Botschaft hat, ist ihr Mythos nicht der Grund für die Teilnahme der Kirchenmitglieder. Die Zugehörigkeit zu ihrer eigenen Religion ist für viele ein notwendiges Unterstützungssystem, das auf die Ursprünge der menschlichen Gesellschaft zurückgeht und das der Humanismus allein nicht erfüllen kann. für alle, die nicht die von Maslow beschriebene hohe Ich-/niedrige Verwirklichungsebene des Lebens erreicht haben.

Für viele Menschen, die in erster Linie auf der untersten Stufe der Bedürftigkeit leben, gibt es keine andere institutionelle Struktur in unserer Gesellschaft, die diese Bedürfnisse so effektiv erfüllt.

Die Kirchen werden von diesen Menschen in unserer Gesellschaft immer als notwendig, wenn nicht gar als unerlässlich angesehen werden. Der Humanismus ist keine akzeptable alternative Lebensauffassung für Menschen, die in erster Linie auf sozialer Ebene leben, und unsere Philosophie ist auch kein Trost für Menschen, die angesichts der Welt, in der wir heute leben, Antworten und keine Fragen suchen. Daher ist es für einen Humanisten nicht angemessen, die Religion eines anderen aus irgendeinem Grund in Frage zu stellen.

Anzuerkennen, dass die meisten Menschen in unserer Gesellschaft relativ zufrieden sind, wo sie in ihrem eigenen Leben stehen, und ihnen dann zu sagen, dass ihnen vielleicht etwas anderes im Leben fehlt, führt nur zu ungewollter Unzufriedenheit, wenn wir ihnen nicht gleichzeitig einen Weg der Erfüllung bieten. Als Humanisten sollten wir unsere Bemühungen darauf konzentrieren, dass die Kinder derer, die wir uns verpflichtet fühlen zu beeinflussen, und alle anderen Kinder zumindest erkennen können, dass es höhere Ebenen des Lebens gibt, die sie erreichen können. Es muss ihnen ein Weg aufgezeigt werden, der es ihnen ermöglicht, diese Ebenen zu erreichen. Maslow tut dies. Das hat nichts mit religiösen Glauben der Menschen zu tun. Wir sind es zumindest der nächsten Generation schuldig, sie dazu zu erziehen, über sich selbst hinaus zu sehen, motiviert zu sein und ihr eigenes Potenzial zu entwickeln. Jedes Kind muss ermutigt werden, nach Selbstverwirklichung zu streben. Maslow nannte dies "Selbstverwirklichung". Humanisten können dazu beitragen, indem sie die Öffentlichkeit über ihre Existenz aufklären.

Braucht jeder Mensch Religion?

Wie bereits erwähnt, weist der Harvard-Humanist E. O. Wilson darauf hin, dass alle Menschen ein "spirituelles Grundbedürfnis" haben, das uns mit der Natur und mit unserer eigenen Realität verbindet. Die Religion beansprucht daher eine spirituelle Haltung als zentral für ihre Existenz. Wilson weist darauf hin, dass selbst diejenigen, die ihre Sicherheits- und sozialen Bedürfnisse durch andere bedeutet, dass sie vielleicht nicht mehr das Bedürfnis nach dem Organisierten verspüren, aber sie haben immer noch ein spirituelles Bedürfnis. Es gibt nur wenige organisierte Einrichtungen, abgesehen von der Religion, in denen dieses Bedürfnis mit Hilfe anderer gestillt werden kann. Es gibt einige Kulturtechniken aus dem Fernen Osten, die diese Ergebnisse besser liefern als jede der Techniken, die wir heute haben. Yoga kommt Ergebnis ihrer wichtigsten Techniken vielleicht am nächsten. Einige Humanisten können ihr spirituelles Bedürfnis befriedigen, indem sie einen schönen Sonnenuntergang betrachten oder eine Gipfelerfahrung machen, während sie im Einklang mit ihrer natürlichen Umgebung sind. Viele Menschen brauchen mehr als das. Sie können das Ziel nicht aus eigener Kraft erreichen, vielleicht weil ihre tägliche Routine ihre Aufmerksamkeit bindet. Sie brauchen eine unterstützende Führung. Ihre Religion erfüllt diesen Zweck für sie.

Rabbi Sherwin Wine war der geistliche Leiter des Birmingham-Tempels in Detroit. Er gründete die Gesellschaft für Humanistisches Judentum, um diesen Bedürfnissen gerecht zu werden und dennoch innerhalb der jüdischen kulturellen Tradition und Symbolik zu bleiben. Als ich Rabbi Wine darauf hinwies, dass Humanisten keine religiöse Tradition oder einen Mythos anbieten, sagte er: "Wir Humanisten haben das beste religiöse Epos der Welt, das uns Charles Darwin mit seiner Feststellung der Evolution des Lebens gegeben hat. Und es kein ; es ist eine bewiesene Tatsache". Er erklärte weiter, dass "es keinen besseren Ausdruck gibt, um unserem eigenen Leben einen Sinn zu geben. Es ist der Grund, warum wir existieren". Sowohl die Gesellschaft für Humanistisches Judentum, die sich jüdischer Symbole und Traditionen bedient, als auch die Unitarian Universalist Church für Menschen, die aus christlichen Traditionen oder liberaleren Formen des Judentums stammen, befassen sich mit diesen Fragen. Sie bieten Alternativen, die innerhalb der kulturellen religiösen Traditionen unserer Kultur bleiben, als Mittel zur Befriedigung von Sicherheits- / Sozialbedürfnissen, und bieten wenig soziale Unterstützung. Was sie alle bieten, ist eine spirituelle Möglichkeit, die die Menschen über sich selbst hinausführt. Dies ist für Menschen, die das Leben aus einer humanistischen Perspektive betrachten, sehr effektiv. Mehr als die Hälfte der Mitglieder der Unitarian Universalist Church sind Humanisten. Viele Humanisten kamen, wie ich, aus einer christlichen oder jüdischen Familie dorthin.

Obwohl einige Humanisten ihre eigenen Bedürfnisse innerhalb der Philosophie des Humanismus befriedigen können und einige Humanisten sich in einem kirchlichen Rahmen zusammenschließen, um diese zu befriedigen, ist der organisierte Humanismus LEBENDIG Sie ist kein Ersatz für die Religion, und niemand in der religiösen Gemeinschaft sollte sie als Bedrohung betrachten, es sei denn, es handelt sich um religiöse Fanatiker, die ihre Herde missbrauchen, indem sie Angst und Schuldgefühle als Instrumente der Kontrolle einsetzen. Ich glaube, dass der organisierte Humanismus jedes Recht hat, seine Öffentlichkeit darüber aufzuklären, dass das, was er tut, diejenigen missbraucht, denen er dient. Humanisten werden diejenigen angreifen, die irgendjemandem das Recht absprechen, sein eigenes Leben in vollen Zügen zu leben, solange er hier auf der Erde ist, indem sie Angst oder Schuldgefühle als Mittel der Kontrolle einsetzen.

Wenn ein Mensch mehr braucht als eine Philosophie, wie er hier auf der Erde ein erfülltes Leben führen kann, können Angehörige jeder Religion ihren eigenen Glauben über die philosophische Lebensauffassung des Humanismus stellen. Humanisten sind vor allem darauf bedacht, die einmalige Gelegenheit für jeden von uns nicht zu verpassen, dieses Leben so vollständig wie möglich zu leben, solange wir hier auf der Erde sind. Religiöse Belange werden von denen, die darin einen Wert für sich sehen, leicht über unsere Philosophie gestellt.

In der Tat ist dies Teil des aktuellen Denkens religiöser Führer wie des Bischofs der Episkopalkirche John Shelby Spong, der innerhalb seiner eigenen Glaubensgemeinschaft eine humanistische Sicht der Realität übernommen hat, die sich nur auf nachweisbare historische religiöse Fakten stützt. Diese Technik könnte zu einem wichtigen Bestandteil der organisierten Religionen der Zukunft werden und die Kirche letztlich stützen, wenn unsere Kulturgesellschaft schließlich einen höheren Lebensstandard erreicht, der andernfalls zum Niedergang ihrer Mitglieder führen könnte.

Wie ich bereits sagte, bestehen Religionen aus "Memen", d. h. aus sich selbst reproduzierenden Überzeugungen, die von Mensch zu Mensch weitergegeben werden und nicht notwendigerweise eine Beziehung zur Wahrheit oder zur Realität außerhalb ihrer selbst haben. Viele wurden vor unserem Zeitalter der Vernunft erlernt und werden zu Symbolen, mit denen wir ernsthafte Fragen beantworten wollen, die die Wissenschaft bisher nicht beantworten konnte. Oder wenn , wurden diese Antworten von uns nicht akzeptiert. Unsere Überzeugungen sind der "soziale Klebstoff", der es uns ermöglicht, unsere Gesellschaft erfolgreich zu erhalten. Wir müssen die Religion nicht töten, nur weil die historischen Fakten ihres Mythos vielleicht nicht stimmen.

Viele Menschen befriedigen ihre Sicherheits- und niederen sozialen Bedürfnisse durch Religion. Auf unserer Ebene der Sicherheit geben sie uns einen Sinn und eine äußere Kraft, die wir zu unserem eigenen Schutz beeinflussen können.

Die Vorstellung von einem Leben nach dem Tod entspringt dieser Sichtweise. In sozialer Hinsicht verschafft sie uns eine Identifikation mit anderen in unserem Netzwerk der gegenseitigen Unterstützung, die unsere Sicherheit erhöht, weil wir dann zu Gleichgesinnten "gehören", die unser Glaubenssystem stärken. Mit anderen Worten: Es gibt in unserer organisierten Gesellschaft kein anderes System, das diese Bedürfnisse so gut befriedigt. Ohne Religion könnte unsere Gesellschaft in Anarchie verfallen. Bis die Gesellschaft einen Lebensstandard für die meisten Menschen erreicht hat, der über dem gesellschaftlichen Niveau liegt, müssen wir daher alle diejenigen religiösen Überzeugungen unterstützen, die den Menschen nutzen, aber nicht schaden.

Meme passen sich an, um jede kulturelle Herausforderung zu absorbieren. Vielleicht kann der organisierte Humanismus dazu beitragen, jene Religionen zu erheben, deren Kontrolle derzeit auf Angst und Schuld beruht. Ein Mittel könnte darin bestehen, anzuerkennen, was Bischof Spong gesagt hat, und ihre religiösen Symbole relevant, aber nicht schädlich für die Menschen , denen sie angeblich dienen. Sie würden dann ihren Mitgliedern dienen, anstatt in erster Linie den Menschen der Kontrolle zu dienen, die sie derzeit missbrauchen könnten. Hoffentlich werden die meisten das nicht tun. Aber es ist offensichtlich, dass einige es tun.

Kapitel siebzehn
Was ist die Antwort Gottes?

Die Menschen haben seit Tausenden von Jahren Kräfte in der Natur ausgemacht, die jenseits unseres gegenwärtigen Verständnisses oder Verstehens liegen. Solche Kräfte wurden historisch als "Gott" bezeichnet. Viele frühe Völker glaubten, dass die Sonne oder die Elemente des Wetters oder sogar das Meer Götter seien. Die Menschen beteten oder opferten diesen Göttern für ihre eigene Sicherheit.

Vor Abraham wurden viele Götter akzeptiert. Als die Religion jedoch die Akzeptanz eines einzigen Gottes verlangte, wurde die Verwendung des Begriffs komplexer. Als die Wissenschaft die Geheimnisse erklärte, die einst mit primitiveren "Göttern" verbunden waren, wurde die Definition abstrakter. Dies ist der Fall. **"Gott" ist ein universeller Begriff, der von den meisten Menschen verwendet wird, um alles zu bezeichnen, was über unser persönliches Wissen hinausgeht und das wir als Individuen fürchten oder verehren.** Für einige ist Gott das Wort, das sie verwenden, um die Naturkräfte zu bezeichnen, die es unserem Universum ermöglichen, zu existieren und Leben zu erhalten, das sie derzeit nicht verstehen.

Jeder von uns hat seine eigene Definition von "Gott". In jeder Gemeinde könnte es zu ernsthaften Meinungsverschiedenheiten kommen, wenn von allen Mitgliedern verlangt würde, dass sie dasselbe Konzept von Gott akzeptieren. Versuchen Sie einmal, eine beliebige Gemeinde zu bitten, zu erklären, was der Begriff "Gott" bedeutet, und Sie werden eine ernsthafte Diskussion führen, es sei denn, die Mitglieder werden von ihren Kontrollpersonen so streng kontrolliert, dass sie nicht in der Lage sind, selbst zu denken. Die meisten akzeptieren einfach die Antworten des Gruppendenkens. Für andere, die nicht so streng kontrolliert werden, erklären viele Geistliche "Gott", indem sie Allgemeinplätze oder Adjektive verwenden, die universell oder nicht bedrohlich sind und die Auswirkungen des "Gottes" auf eine Weise beschreiben, die nicht so sehr eine Bedrohung darstellt. von Gott, anstatt zu definieren, was der Begriff "Gott" eigentlich bedeutet. Dadurch wird ein Konflikt vermieden.

Die Aussage "Gott ist der Schöpfer" zum Beispiel sagt wenig aus, impliziert aber viel. Der Begriff "Schöpfer" könnte ein Synonym für "Gott ist Natur" sein. Wenn die Natur seine Definition wäre, wäre die Aussage (Gott ist der Schöpfer) natürlich wahr, wenn das Universum nicht schon immer existiert hat, was wir heute für sehr wahrscheinlich halten. Die Schöpfung könnte auf unser individuelles Leben beschränkt werden, wenn der Begriff "Schöpfer" verwendet wird, um das logische Dilemma zu vermeiden: "Was hat Gott geschaffen?" Die Vorstellung, dass Gott der Schöpfer ist, impliziert jedoch weder einen liebenden Gott, noch erklärt sie die Existenz des Bösen. Auch erklärt diese Art von Gott nichts über unseren Lebenszweck, außer dass wir geschaffen wurden und dieses Leben auf der Erde leben müssen. Abgesehen davon, dass sie die Frage aufwirft, ob hinter unserem heutigen Dasein ein intelligenter Gedanke steckt, ist eine solche Definition von geringem Nutzen.

Die eigentliche Frage ist, ob Sie Gott mit "übernatürlichen" Eigenschaften ausstatten müssen, damit Ihr eigener Gott für Sie einen Sinn ergibt. Wenn Sie das tun, wird kein Humanist mit Ihnen übereinstimmen. Sie haben sich dann selbst zu einer Marionette gemacht. Der Begriff des Theismus, des Deismus, ist eine neuere Ergänzung unserer modernen Religionen, die Humanisten als Kontrollinstrument betrachten, und wir sehen weder einen stichhaltigen Beweis dafür, dass eine solche Entität existiert, noch einen stichhaltigen Grund, warum sie existieren sollte. Es nimmt Ihnen die Verantwortung für Ihr Leben ab und gibt sie an die Kontrollpersonen ab. Warum sollten Sie das tun wollen?

Die Gültigkeit der Fragen "warum

Aristoteles erweiterte das Studium der Philosophie und führte die Vorstellung ein, dass eine zentrale philosophische Frage lautet: "Warum geschieht etwas?". Unsere heutigen religiösen Ansichten haben sich aus dieser Perspektive entwickelt. Wir haben jetzt eine kulturelle Dichotomie. Die Wissenschaft erklärt uns das "Wie", die Religion gibt vor, uns das "Warum" zu erklären. Der Humanismus akzeptiert, dass es vielleicht keinen Grund gibt, "warum" wir leben. Das Einzige, was wir mit Sicherheit wissen, ist, dass unser Leben existiert. Wir wissen auch wir wissen, dass wir Teil der Natur sind. Da das "Warum" jedoch eine zentrale Frage in den meisten Religionen ist, können wir die Frage nicht einfach ignorieren.

Die meisten Humanisten wissen, dass wir nicht nach dem "Warum" fragen müssen. Wir können akzeptieren, dass es vielleicht kein "Warum" gibt. Stattdessen begnügen wir uns damit, die Antwort auf die Frage zu suchen, "wie" die Dinge in unserem Universum geschehen. Solche Fragen fallen in den Bereich der Wissenschaft und damit in den Bereich des akzeptablen Wissens. Sie können getestet werden, um die Wahrheit zu ermitteln. Humanisten sehen keinen Grund, nach Lösungen zu suchen, die über unsere derzeitige Wissenschaft hinausgehen. Wir akzeptieren bereitwillig, dass die Frage nach dem "Warum" keine gültige Frage ist, weil es derzeit keine Fakten gibt, die wahrheitsgemäße Antworten auf alle "Warum"-Fragen ermöglichen. Vielleicht liegt die Antwort auf eine "Warum"-Frage, die unsere eigene Existenz betrifft, nur darin, was jeder von uns bereit ist, an sich selbst zu glauben.

Wenn man glaubt, dass es einen unabhängigen intelligenten Grund für das Leben gab, einen großen Designer, den wir vielleicht "Gott" nennen, könnte man daraus schließen, dass es einen göttlichen Zweck für unser individuelles Leben geben könnte. Glaubt man jedoch, dass Darwin Recht hatte und dass sich alle Lebensformen durch natürliche Selektion zu komplexeren Arten entwickelt haben, ist es logischer zu akzeptieren, dass wir einfach als Teil dieses Prozesses hier sind. Wir existieren als Ergebnis des aktuellen Stands der Evolution. Aus dieser Sicht muss es keinen Grund für unsere Existenz in der Natur geben. Wir könnten fragen: "Warum gibt es gerade diese Ameise?", um dann festzustellen, wie absurd diese Frage ist. Deshalb legt die Wissenschaft nahe, dass die Frage, warum wir existieren, wahrscheinlich ungültig ist. Für einen Humanisten müssen wir unser eigenes "Warum" schaffen, wenn es eine wichtige Frage für uns ist. Einige mögen aus Bequemlichkeit religiöse Antworten übernehmen. Die meisten Humanisten ignorieren die Frage einfach.

Weil Humanisten auf der Grundlage der Wissenschaft akzeptieren können, dass der Mensch nur ein Teil der natürlichen Evolution des Lebens ist und dass die Entstehung des Menschen rein zufällig war. Diese Theorie ist logischer als die Vorstellung, dass es einen unbekannten Impulsgeber gab. Wer oder was hat den Impulsgeber geschaffen? Wenn man sagen kann, dass das Universum schon immer existiert hat, dann könnte auch die Natur schon immer existiert haben. Es gäbe keine Notwendigkeit für einen Primärmotor oder einen Schöpfergott. Wenn Sie das als wahr akzeptieren Ein solcher Gott hat immer existiert, ein solcher Schöpfergott kann kein logisches Konzept sein, es sei denn, man sagt, dass Gott und Natur ein und dasselbe sind.

Die Tatsache, dass wir Humanisten glauben, dass die Wissenschaft der Wahrheit derzeit am nächsten kommt, führt dazu, dass wir zu anderen Schlussfolgerungen kommen als viele unserer derzeit akzeptierten historischen religiösen Traditionen.

Es muss keinen Grund geben, warum wir heute existieren. Wir sind einfach ein Teil des evolutionären Prozesses. Es ist spannend, darüber nachzudenken, wie sich unsere Gene in der Zukunft entwickeln werden, aber es ist unmöglich, dies vorherzusagen. Unsere Gene sehen keinen Grund, ihre Ziele mit uns zu teilen, wenn sie denn welche haben. Die Wissenschaft sagt, dass der Prozess nicht zufällig ist, sondern durch die Eigenschaften bestimmt wird, die für unsere aktuelle Umgebung am besten geeignet sind.

Diejenigen, die bereit sind, die Hypothese zu akzeptieren, dass Gott uns nach einem Plan erschaffen hat, indem sie diese Vorstellung durch "blinden Glauben" akzeptieren, können alle möglichen Gründe für die Interpretation des Plans ihres Gottes hervorzaubern. Eine solche Schlussfolgerung kann nur durch "blinden Glauben" erreicht werden, der so etwas wie ein . Andere hingegen erkennen an, dass die von der Wissenschaft geprüften und bewiesenen Fakten eine offensichtlichere Wahrheit stützen, die weitaus glaubwürdiger ist, ohne dass ein "Glaube" an etwas Esoterisches erforderlich ist, das die Logik einfach nicht unterstützen kann.

Die Behauptung, dass es einen "Schöpfergott" gibt, drückt letztlich das Postulat aus, dass es im Universum Kräfte gibt, die größer sind als wir selbst. Das sollte offensichtlich sein. Menschen, die sagen, dass "Gott der Schöpfer ist", beschreiben damit vielleicht nur die Natur. Die meisten Menschen würden nicht zur Natur beten. Mit einer natürlichen Sicht des Lebens könnten wir immer noch beten oder meditieren, um uns auf unsere eigene Realität einzustimmen. Die Vorstellung, von der Natur eine sofortige Antwort zu erwarten, würde jedoch nicht den Bedürfnissen derjenigen entsprechen, die das Gebet für sich selbst als notwendig erachten. Ihr "Gott" muss mehr sein als die Kräfte, die unser Universum für ihre Zwecke geschaffen haben. Die meisten Humanisten sehen dafür keinen triftigen Grund.

Kapitel XVIII
Was ist mit denen, die behaupten, Atheisten zu sein?

Wie bereits erwähnt, weist Abraham Maslow darauf hin, dass die tatsächliche Vorstellung der Menschen von Gott je nach der Ebene, auf der sie überwiegend leben, variiert. Die wichtigste Rolle der Religion in unserer Kultur besteht darin, die Bedürfnisse der Menschen auf den Ebenen der Sicherheit und der niedrigen sozialen Schichten zu erfüllen. Viele sind auf die Religion angewiesen, um diese Bedürfnisse zu befriedigen, damit sie den Mut und die Stabilität haben, zu versuchen, sie zu überwinden oder auf diesen Ebenen bequem zu leben.

Auf der grundlegenden Ebene haben die Menschen oft eine Vorstellung von einem "gottesfürchtigen Gott", damit Gott erkannt werden kann. Auf der Ebene der Sicherheit ist ein "Versorger-Gott" angemessener. Auf der sozialen Ebene entwickeln viele eine Vorstellung von Gott als "Gottvater". Auf der Ebene des Selbstbewusstseins des Ichs kann ein "Schöpfergott" als angemessener angesehen werden. Wenn die Menschen die Ebene der Verwirklichung erreichen, ist ihre Vorstellung von Gott gewöhnlich abstrakt geworden. Sie können dann ihren "Gott" als Synonym für die Natur oder für ihre "letzte Sorge" oder für das, was sie fürchten oder verehren, betrachten. Wenn das passiert und Ihre Vorstellung von Gott abstrakt ist, wie können Sie dann ein Atheist sein? Atheismus funktioniert nur auf einer niedrigeren sozialen Ebene oder unterhalb des Glaubens an das, was das Wort "Gott" für Sie bedeutet.

Daher ist es einfach falsch, wenn Atheisten Ihnen das Recht absprechen, den Begriff "Gott" zu verwenden. Was Atheisten wirklich ablehnen, ist die Existenz eines primitiveren Konzepts oder eines "übernatürlichen Gottes", bei dem Gott versucht, Ihr Leben zu kontrollieren. Wenn sie einen solchen "Gott" ablehnen, würden die meisten vernünftigen Menschen ihnen zustimmen. Anstatt zu sagen: "Gott existiert nicht", würden die meisten vernünftigen Menschen zustimmen, wenn sie ihre Botschaft ändern und sagen würden: "Ein übernatürlicher Gott nicht".

Humanisten und viele Kleriker würden ihnen zustimmen, und die Öffentlichkeit würde ihren Glauben nicht so anstößig finden. Ihr Problem ist, dass sie eine primitive Vorstellung von einem Gott auf einer sozialen oder niedrigeren Ebene haben müssen, um die Existenz Gottes zu leugnen. Wie können sie die Existenz der Natur leugnen?

Der Begriff "Atheist" hat eine so negative kulturelle Wirkung auf die heutige Öffentlichkeit, weil er einen direkten Angriff auf das kulturelle Mem der Religion selbst darstellt.

Ein besseres Mittel, um eine wirklich atheistische Botschaft zu vermitteln, wäre es daher, dieses Wort nicht mehr zu verwenden und auf die Frage nach der Religion lieber mit "keine" zu antworten. Diese Antwort ist heute bei der jüngeren Generation vorherrschend, die wenig Wert darauf legt, ihre Überzeugungen zu nennen. Auf diese Weise könnten Atheisten ihren sehr berechtigten Angriff auf die Definition von Gott richten, anstatt sich selbst zum Blitzableiter für öffentliche Angriffe zu machen, wenn sie behaupten, "Atheisten" zu sein. Vielleicht geht es vielen, die sich als Atheisten bezeichnen, in Wirklichkeit um die persönliche Anerkennung, die sie als Gegner erhalten, und nicht darum, ihre Suche nach der Wahrheit zu vertreten? Sie sind stolz darauf, dass sie keinen religiösen Glauben haben. Humanisten sind stolz darauf, dass ihr Glaube nicht "blind" ist.

Abgesehen von denjenigen, die darauf bestehen, den Glauben anderer zu leugnen, oder die weiterhin mit ihrer eigenen kindlichen, nicht ausgereiften Vorstellung von Gott kämpfen, ist der Begriff "Gott" für die meisten Menschen nützlich. Das Wort bezeichnet etwas sehr Persönliches und wird kulturell verwendet, um das auszudrücken, was wir nicht erkennen können, oder das, was wir zutiefst verehren oder fürchten.

Für diejenigen, die dem Begriff "Gott" nichts abgewinnen können und sich dennoch gezwungen sehen, das Recht aller anderen, diesen Begriff zu verwenden, in Frage zu stellen, wäre es am sinnvollsten, sich auf die primitiveren Definitionen des Begriffs "Gott" zu beschränken oder, noch besser, die Übernatürlichkeit anzugreifen.

Da sich ihr Einwand am ehesten gegen diejenigen richtet, die übernatürliche Eigenschaften in der Definition Gottes fordern, würden die meisten Mainstream Theologen heute den Atheisten zustimmen, die behaupten, dass Theismus (Gott mit übernatürlichen Eigenschaften auszustatten) ist nicht mehr relevant, aber die meisten dieser Theologen akzeptieren den Deismus immer noch als gültig. Der Unterschied besteht darin, dass ein deistischer Gott zwar das Universum, einschließlich uns, geschaffen hat, danach aber nicht in die Manipulation des Universums eingreift oder versucht, unser tägliches Leben zu kontrollieren. Der deistische Gott könnte der "Große Designer" sein; das stimmt mit denen überein, die ein abstraktes Konzept für Gott akzeptieren, wie etwa die Natur. Oder der Begriff "Gott" könnte einfach ein abstraktes Wort für das sein, was wir fürchten oder verehren und nicht anders auszudrücken vermögen.

Die meisten der amerikanischen Gründerväter waren "Deisten", aber sicher keine "Theisten". Der Theismus war noch nicht weit verbreitet. Thomas Jefferson schnitt sogar die Teile aus der Bibel heraus, die er für anstößig hielt, und erstellte seine eigene Version der Bibel. Diejenigen, die glauben, dass Amerika auf der Grundlage der Religion gegründet wurde, liegen einfach falsch. Viele unserer ersten Bürger kamen an unsere Küste, um sich von der Unterdrückung durch die europäische Religion zu befreien. Unsere Verfassung basierte auf dem Konzept der "Religionsfreiheit". Unsere Verfassung war nicht dazu gedacht, der Religion die Oberhand über uns zu geben, indem sie Menschen mit religiösen Überzeugungen erlaubt, unsere Regierung als Werkzeug zu benutzen, um ihre Überzeugungen denen aufzuzwingen, die frei von Religion sein wollten. Die Familien unserer Gründerväter kamen nach Amerika, um sich von der Unterdrückung durch die europäische Religion zu befreien.

Für diese Theologen, die den Deismus akzeptieren, leben wir alle nach den Regeln der Natur. Die Natur macht nicht unsere Freiwürfe für uns, mit dem Ergebnis, dass die andere Mannschaft verliert. Aus einer intelligenten Perspektive würde kein Gott, der es wert ist, akzeptiert zu werden, dies tun. Humanisten sehen keine Notwendigkeit für Übernatürliches, und es gibt keinen anderen Weg dorthin als den des "blinden Glaubens". Humanisten sind nicht bereit, "blind" zu sein und dorthin gelangen.

Der wichtigste Punkt ist, dass Atheisten wenig davon haben, wenn sie anderen das Recht absprechen, den Begriff "Gott" so zu verwenden, wie sie es wünschen. Für viele andere Menschen hat der Begriff "Gott" einen großen emotionalen Sicherheitswert, weil sie keine bessere Möglichkeit haben, ihre Sorgen auszudrücken, ihr Staunen über das Universum zu erklären oder Antworten auf das Unbekannte zu erhalten. Es gibt Kräfte im Universum, die größer sind als wir. Wenn das Ihre Verwendung des Begriffs "Gott" ist, warum dann der Einwand?

Da die Kirchen in erster Linie auf der Ebene der hohen Sicherheit und der sozialen Mitte existieren, ist Gott für viele Menschen ein Glaube der Sicherheitsebene. Wenn man etwas auf der sozialen oder Sicherheitsstufe angreift, führt das meist zu einer gewalttätigen Reaktion. Alle Menschen werden ein soziales oder Sicherheitsniveau gewaltsam verteidigen. Eine nicht bedrohliche Aufklärung ist das beste und wahrscheinlich einzige Mittel, um Überzeugungen auf diesen Ebenen in Frage zu stellen. Wenn es das Ziel eines Atheisten ist, den Glauben einer anderen Person zu reformieren, sollte er oder sie übernatürliche Definitionen in Frage stellen und nicht ein Wort, das zu Recht eine aktualisierte Definition haben kann. Schon der Versuch, dies zu tun, führt die atheistische Position ad absurdum.

Im Laufe der Jahrhunderte hat es immer wieder Kriege gegeben, weil weiß, "dass seine eigenen Überzeugungen wahr sind". Daher glauben die meisten fest daran, dass die widersprüchlichen Überzeugungen der anderen "falsch" sein müssen. Es gibt vielleicht "keine Wahrheit" für irgendeinen religiösen Glauben. Die Wahrheit liegt vielleicht nur "im Auge des Betrachters".

Christen und Juden streiten noch heute darüber, ob Christus der verheißene Messias war. Muslime und Christen streiten darüber, ob Mohammed ein später von Gott gesandter Prophet war. Muslime und Juden streiten immer noch darüber, wessen Abstammung die legitimen Nachkommen Abrahams sind, die auf dem Altar geopfert werden sollen. Wer ist wirklich "Gottes auserwähltes Volk"?

Muslime glauben, dass sie von Ismael, Abrahams erstgeborenem Sohn, abstammen. Er wurde außerehelich mit Abrahams Magd Hagar geboren, und sie sind empört darüber, dass Hagar und Ismael Abrahams Stamm ablehnten und nach Abrahams Tod von Sarah in die Wüste geschickt wurden, um für sich selbst zu sorgen, und werden den Juden und ihren Nachkommen offenbar nie vergeben. Die Juden und damit auch die Christen glauben, dass sie Nachkommen von Isaak sind, dem Erstgeborenen aus der Ehe zwischen Sarah und Abraham, weil Gott an die Unantastbarkeit der Ehe glaubt. Welche Abstammung wurde von Gott auserwählt? Was würde mit ihrer Ausrede für einen Krieg passieren, wenn sie beide erkennen würden, dass "Gott sich nicht wirklich kümmert"?

Doch selbst unter den Mitgliedern der großen Konfessionen gibt es weiterhin Uneinigkeit und Zwietracht. So herrscht selbst unter den islamischen Gläubigen große Uneinigkeit darüber, wer Gott repräsentiert: Muss es ein direkter Nachkomme Mohammeds (Schiiten) sein, der Wert auf spirituelle Erfahrung legt, oder kann er auch von Menschen gewählt werden, die sich mehr auf die Heilige Schrift, den Koran und andere Schriften konzentrieren (Sunniten)? Dies sind relativ kleine Details. Sie führen jedoch dazu, dass sich die Menschen im Nahen Osten gegenseitig umbringen, um ihre eigene Wahrheit zu verteidigen. Die irakische Verfassung ist ein Test für einen Kompromiss zwischen drei radikal unterschiedlichen Ansichten innerhalb desselben islamischen Glaubens.

In den Vereinigten Staaten fordern evangelikale Christen alle anderen Christen heraus, wobei jeder seinen Standpunkt auf seine Sicht der historischen Fakten stützt, die seine Interpretation zur einzig gültigen Wahrheit macht, zumindest für ihn selbst. Jederstützt seine Position auf seine Sicht der historischen Fakten, die seine Interpretation zur einzig gültigen Wahrheit macht, zumindest für ihn selbst. Was ist, wenn sie beide falsch liegen? Warum können wir nicht alle akzeptieren, dass wir unsere eigenen Überzeugungen haben und dass jeder andere das Recht hat, die seinen zu haben?

Ebenso haben die Schriftrollen vom Toten Meer den Gelehrten gezeigt, dass die historischen "Fakten", auf die viele in unserer Kultur ihren "Glauben" gegründet haben, falsch sein müssen. Doch selbst wenn sie mit diesem Wissen konfrontiert werden, glauben die meisten weiterhin an das, was sie immer geglaubt haben, und verteidigen ihre Position bis zum Tod. Warum? Die Antwort findet sich in unserer früheren Diskussion. Die Psychologie hat uns gezeigt, wie unser Verstand funktioniert. Sobald wir eine hinreichende Antwort auf ein Anliegen haben, entwickeln wir in der Regel ein Skatom, das jede Infragestellung dieses Glaubens blockiert. Unsere eigene Wahrheit wird zu unserer eigenen Realität, unabhängig davon, was für andere wahr sein mag. Nur durch eine nicht bedrohliche Aufklärung können wir diese Sichtweise ändern.

Humanismus und Atheismus

Der Humanismus ist sicherlich nicht atheistisch, obwohl viele Atheisten auch Humanisten sein können. **Der Humanismus als Lebensphilosophie könnte möglicherweise als "agnostisch" eingestuft werden, weil die Verwendung des Begriffs Gott für den Humanismus nicht relevant ist.** Alle Menschen sollten anerkennen, dass einige Naturkräfte im Universum den anderen überlegen sind. ihre eigene Existenz; welchen Begriff sie dafür verwenden, bleibt jedem selbst überlassen. Atheisten können die Verwendung des Begriffs "Gott" in keiner Form akzeptieren. Atheismus drückt nur das aus, was der Befürworter ablehnt. Es bedeutet nur, dass sie generell gegen die Verwendung des Begriffs "Gott" für irgendeinen Zweck sind. Diese Haltung sagt jedoch nichts darüber aus, was die Person, die ihre Abneigung gegen die Verwendung des Wortes "Gott" in irgendeiner Form zum Ausdruck bringt, tatsächlich glaubt. Wir wissen, was sie nicht glauben. Die wichtigere Frage ist: Was glauben sie?

Die Befriedigung dieses Bedürfnisses ist der Grund, warum sich viele Atheisten mit dem Humanismus identifizieren. Der Humanismus ist eine positive Lebensphilosophie ohne jegliche Glaubenskomponente, ganz zu schweigen von der Forderung, Wahrheiten aufgrund eines "blinden Glaubens" zu akzeptieren. Die meisten Humanisten erkennen an, dass es nicht notwendig ist, eine Religion anzunehmen, um ein erfülltes, ethisches und erfolgreiches Leben hier auf der Erde zu führen.

Humanisten behalten sich das Recht vor, ihre Überzeugungen selbst zu definieren.

Manche Menschen bezeichnen sich selbst als Humanisten, haben aber auch einen persönlichen Glauben. Viele sind in irgendeiner Form religiös. Für einige Menschen geht dieser Aspekt ihres Lebens aus sozialen oder kulturellen Gründen, wie z. B. der Familientradition, über die humanistische Philosophie hinaus. Für andere haben ihre vor dem Zeitalter der Vernunft entstandenen Überzeugungen einen bedeutenden emotionalen Wert für sie. Weil es sich um emotionale Gründe handelt, geht der Humanismus einfach nicht auf diese Bedürfnisse ein. Diese Menschen haben persönliche Bedürfnisse, die der Humanismus befriedigen kann. Der Humanismus befasst sich nicht mit diesen Fragen, und der organisierte Humanismus nimmt auch nicht Stellung, außer zu sagen, dass es ein "unhumanistisches" Verhalten ist, wenn jemand absichtlich die Überzeugungen einer anderen Person angreift, aus welchem Grund auch immer, außer um sich selbst und diejenigen, für die er verantwortlich ist, vor persönlichen Angriffen zu schützen.

Humanisten greifen selten die Überzeugungen anderer Menschen an, denn der Humanismus befürwortet die persönliche Freiheit, das Leben so zu gestalten, wie man es für richtig hält. Das Beste, was Humanisten anbieten können, ist eine Erziehung, die es ermöglicht, die eigenen religiösen Ansichten realistischer zu gestalten. reifen. Wir sind der Meinung, dass wir dies in unserem positiven Bemühen tun müssen, den Menschen zu helfen, den Wert ihres eigenen Lebens in vollen Zügen zu leben, solange sie heute auf der Erde sind. Und dass ihr Leben nicht von anderen nicht ausschließlich von ihnen selbst kontrolliert wird.

Außer übernatürlichen Überzeugungen

Wie bereits erwähnt, können alle Humanisten berechtigte Einwände erheben, wenn "übernatürliche" Anforderungen als Voraussetzung für die Verwendung des Begriffs "Gott" erforderlich sind. Alle Humanisten lehnen ein "übernatürliches" Merkmal für Gott ab, weil es zu diesem Zeitpunkt keinen erkennbaren Beweis für Realität, Wahrheit oder Wahrhaftigkeit gibt. Es bleibt nur der subjektive Glaube, der auf "blindem Glauben" beruht. Humanisten sehen keinen triftigen Grund, unser Leben nur auf "blindem Glauben" zu gründen. Das würde das Risiko mit sich bringen, den Maßstab der Wahrheit auf die Ebene der Absurdität zu reduzieren. Wir mögen die Natur heute nicht vollständig verstehen, aber das bedeutet nicht, dass der Mensch sie nie verstehen wird. Jeder übernatürliche Glaube wird überflüssig. Humanisten glauben nicht, dass sie auf jede Frage eine Antwort haben müssen, um ein gutes Leben zu führen. Einige Fragen haben keine .

Was den "blinden Glauben" betrifft

Wichtiger für einen Humanisten ist, dass ein Leben auf der Grundlage von "blindem Glauben" in Wirklichkeit bedeutet, dass eine Person der Kontrolle die Kontrolle über Ihr Leben übernommen hat. Sie haben sich selbst erlaubt, ihre Marionette zu werden. Sie sind jetzt ein Schaf, und sie sind Ihr Hirte. Warum glauben Sie, dass es notwendig ist, die Kontrolle über Ihr eigenes Leben aufzugeben? Das macht für einen Humanisten keinen intelligenten Sinn. Tatsächlich werden die meisten Humanisten von Ihnen wegwollen. Wie eine Erkältung könnte sie ansteckend sein.

Kein Humanist kann das akzeptieren. Das Problem für einen Humanisten ist, dass es kein Denken erfordert. Es wird als vereinfachend empfunden, und das ergibt für einen Humanisten keinen Sinn. Das liegt daran, dass sie der Meinung sind, dass etwas, das für die eigene Existenz von zentraler Bedeutung ist, vollständig verstanden und überprüfbar sein muss, wenn man sein Leben diesem Glauben widmen will.

Es gibt viele weitere Aspekte des Verständnisses des Themas Gott, die den Rahmen dieser Diskussion sprengen würden. Wir wissen mit Sicherheit, dass wir derzeit nicht in der Lage sind, die Natur vollständig zu verstehen. Wichtig ist, dass unsere Annäherung an das Verständnis dieser Kräfte, die über uns hinausgehen, gegenwärtig sehr persönlich ist. Niemand hat bisher die "Wahrheit" des Lebens entdeckt, und die Verwendung des Begriffs "Gott" ist nicht klar definiert.

Aufgrund mangelnder Bildung, des Kontakts mit anderen alternativen oder anderen Lebensanschauungen oder aus anderen Gründen, die für sie wichtig sind, fühlen sich manche Menschen gezwungen, einige ihrer Glaubensfragen mit Mythen oder Traditionen . Eine Infragestellung ihres

Glaubens würde sie ohne ein alternatives Glaubenssystem zurücklassen. Daher liegt der eigentliche Schaden und sehr wenig Wert in einer unaufgeforderten Infragestellung der tief empfundenen Überzeugungen einer anderen Person. Die meisten Humanisten würden das Thema einfach meiden.

Das Ergebnis eines grundlosen Angriffs auf die tief verwurzelten Überzeugungen einer anderen Person kann nicht nur dem Gläubigen, sondern auch dem Angreifer irreparablen Schaden zufügen. Durch ein solches Verhalten wird sich im Allgemeinen niemand besser fühlen. Warum sollten Sie es also wollen? Die meisten Humanisten können die Auswirkungen eines solchen Verhaltens auf andere erkennen und würden es nicht absichtlich tun. Ein ethischer Humanist schadet anderen normalerweise nicht absichtlich.

Maslow erkannte, dass alle Menschen kulturellen und psychologischen Begrenzungen unterworfen sind. Wie wir gelernt haben, kann eine Vorstellung, die für eine Person akzeptabel ist, leicht einem einschränkenden Skatom . Wir können blind werden für die Auswirkungen unseres negativen Verhaltens gegenüber anderen, genauso wie wir alle Informationen ausblenden, die unsere tiefsten Überzeugungen in Frage stellen.

Er versucht, denjenigen, die immer noch gegen die Gottesvorstellung ihrer Eltern ankämpfen, zu sagen, dass "Atheismus irrelevant ist". Ihre Vorstellung von Gott ist auf einen schmalen Grat beschränkt, und wegen dieser Barriere müssen sie Energie aufwenden, um ihre Position zu verteidigen, weil sie immer noch gegen die Vorstellung ihrer Kindheit von "Gott" kämpfen. Man sollte meinen, dass sie einen einfacheren Weg gefunden hätten, sich von ihren Eltern zu emanzipieren, der anderen weniger schadet. Viele fühlen sich sogar berechtigt, in ihrem Eifer die Überzeugungen anderer zu verletzen.

Ihre Vorstellung von Gott reifte einfach nicht, als sie heranwuchsen, und zwang sie, ihre begrenzte Energie jetzt zu verschwenden, ähnlich wie Don Quijote gegen Windmühlen kämpfte.

Vielen Atheisten ist nicht bewusst oder es ist ihnen egal, dass sie sich gegen ihre eigene begrenzte Definition von "Gott" wenden und nicht gegen die derzeitige legitime kulturelle Praxis, eine Kraft außerhalb von uns "Gott" zu nennen, die wir derzeit nicht verstehen, aber dennoch verehren oder fürchten, was nichts mit Übernatürlichkeit zu tun hat. Atheisten mögen berechtigte Einwände gegen den Begriff der Übernatürlichkeit erheben, von dem sie fälschlicherweise annehmen, er sei für die Verwendung des Begriffs "Gott" notwendig. Sie machen jedoch keinen Unterschied. Da sie in der Verwendung des Begriffs keinen Nutzen sehen, sind sie der Meinung, dass es den Begriff einfach nicht geben sollte. Die meisten Menschen sind da anderer Meinung.

Ein konstruktiverer Ansatz für einen Atheisten wäre es, die Definition und die Schlussfolgerungen einer Person in Frage zu stellen, die gezwungen ist, den Begriff "Gott" zu verwenden, wenn der Atheist wirklich einen sinnvollen Dialog führen möchte. Das würde zumindest das Spielfeld verändern und die religiöse Gemeinschaft zwingen, den "Übernatürlichkeitsbegriff" zu verteidigen, eine Position, die viele Menschen innerhalb der Glaubensgemeinschaft bald als absurd erkennen würden. Atheisten können höchstens zeigen, dass wir heute nicht für alles eine gültige Antwort haben. Das heißt aber nicht, dass wir nie welche haben werden. Humanisten sind bereit, auf eine solche Antwort zu warten.

Die meisten Humanisten interessieren sich einfach nicht für diese Fragen. Ich bin absichtlich ins Fettnäpfchen getreten und habe Steven Weinberg, Stephen Hawkings Kollege und humanistischer Nobelpreisträger für theoretische Physik, , was er von Gott hält. Er antwortete: "Warum sollte ich mich um solche Dinge kümmern? Ein solcher Versuch ist trivial und für viele agnostische Humanisten von geringem Wert.

Wie unterscheiden sich Humanisten von Atheisten?

Die meisten Atheisten können den Humanismus als eine gültige Lebensauffassung akzeptieren, aber viele Humanisten akzeptieren nicht, dass der Atheismus dem Leben Bedeutung verleiht. Warum andere mit einem negativen Glauben beleidigen, wenn der Humanismus so viel positive Argumente, um dieses Leben zu unterstützen? Bildung ist der einzig gültige und gesellschaftlich akzeptable Ansatz, um die Meinung anderer zu ändern.

Das Glaubenssystem eines anderen Menschen negativ in Frage zu stellen, ist für die meisten Humanisten nicht akzeptabel.

In der Tat beleidigt ein solches Verhalten viele Humanisten und macht es schwierig, sich mit aktivistischen Atheisten zu verbinden oder mit ihnen identifiziert zu werden. Infolgedessen nehmen viele Mainstream-Humanisten nicht aktiv an organisierten humanistischen Veranstaltungen teil. Unverblümte" Typen sind beleidigend, und viele Humanisten meiden sie absichtlich. Den meisten Humanisten ist das Thema einfach egal, und viele wollen ihre Zeit nicht damit verschwenden, von denen konfrontiert zu werden, die ihre Feindseligkeit gegenüber "Gott" betonen, obwohl der Humanismus ohne diese unnötige Ablenkung so viel mehr in der Welt bewirken könnte.

Einige Atheisten schwenken stolz ihre Fahne und stellen ihre negative Sicht des Lebens zur Schau, als sei dies ein "Ehrenzeichen" und nicht etwa eine Widerspiegelung ihrer begrenzten Sicht des Lebens. Ein solches Verhalten ist für viele Mainstream-Humanisten bedauerlich, weil wir eigentlich gar nicht im selben Raum mit ihnen sein wollen. Menschen mit einer solch eingeschränkten Sicht der Realität sind für die etablierten Humanisten genauso lästig wie die Rechtsextremen für die etablierten Mitglieder der Republikanischen Partei. Beide können "in your face" Leute sein, und das ist für Mainstream-Humanisten genauso beleidigend, wie es für einen Christen ist, in der Kirchenbank zu furzen.

Wenn Atheisten die positive Seite der humanistischen Philosophie als Mehrwert für ihr Leben empfinden, sollten sie sich unter anderen Humanisten wie Humanisten verhalten und Überzeugungen und Gefühle anderer respektieren und ihr "in your face"-Verhalten zu Hause lassen, um es nur mit anderen zu teilen, die ebenfalls negativ denken. Sie sollten sich unter Humanisten von ihrer besten Seite zeigen, die im Allgemeinen der Meinung sind, dass jeder ein Recht auf die Überzeugungen hat, die seinen eigenen Wert erhöhen.

Dies ist das einzige Leben, von dem wir sicher wissen, dass wir es haben werden. Es ist jedoch nicht unsere Aufgabe, Menschen zu erziehen, die unsere Erziehung nicht wollen. Die meisten Humanisten fühlen sich gezwungen, respektvoll zu sein Wir sind der Meinung, dass jeder frei sein sollte, an das zu glauben, was seine eigene Existenz verbessert, wenn es schadet.

Daher würden gemäßigte oder liberale Humanisten von denjenigen, die diese Verantwortung für ihr persönliches Verhalten nicht übernehmen, lediglich verlangen, dass sie dieses respektlose Verhalten nicht im Namen des Humanismus oder der Humanisten auf den Gott der anderen übertragen. Die meisten Humanisten würden jedoch nichts dagegen einwenden, was sie im Rahmen von organisierten atheistischen Veranstaltungen tun, was sie zusätzlich, aber außerhalb der Grenzen ihres Atheismus-Humanismus tun können.

Das heißt, dass sie auch gemäßigte und liberale Humanisten respektieren, die der Meinung sind, dass die Beleidigung des Glaubens anderer einfach ein unhumanistisches Verhalten ist, und jeder sollte nicht wollen, dass sich diese gemäßigten oder liberalen Humanisten bei der Teilnahme an von Humanisten organisierten Veranstaltungen unwohl fühlen. Ich denke, die meisten Atheisten würden erkennen, dass man als Humanist nicht in den Vatikan gehen und rufen würde: "Gott existiert nicht, also kommt darüber hinweg". Es gibt für alles eine richtige Zeit und einen richtigen Ort. Auch wenn ein aktivistischer Atheist mit einem Transparent vor dem Vatikan steht und seinen Glauben verkündet, sollte er oder sie nicht erwarten, dass humanistische Organisationen sich an solchen Aktionen beteiligen, sie billigen oder unterstützen.

Kapitel XIX
Was ist die Rolle der Religion?

Die Religion entstand als menschliche Lösung, um soziale Kontrolle für eine Gemeinschaft von Menschen zu gewährleisten, die zu groß war, um die soziale Kontrolle aufrechtzuerhalten, die möglich war, wenn jeder in einer Gemeinschaft jeden kannte. E.O. Wilson, ein pensionierter Harvard-Professor, stellte fest, dass die gesellschaftliche Kontrolle bei etwa 150 Personen zusammenzubrechen beginnt. Größere Gemeinschaften brauchten daher ein gemeinsames Wertesystem und eine Struktur, um die Mitglieder der Gemeinschaft zur Einhaltung dieser Normen zu ermutigen oder zu zwingen. Diejenigen, die mit Gewalt dagegen verstießen, wurden mit Polizeigewalt empfangen. Diejenigen, die diese Normen einfach ignorierten, wurden von den Priestern herausgefordert und von den Teilnehmern gemieden.

E.O. Wilson wies auch darauf hin, dass ein Tyrann jeden anderen dominieren kann, um seine Bedürfnisse zu befriedigen. Eine altruistische Menge oder eine Gruppe von Menschen, die sich gegenseitig unterstützen, kann einen Tyrannen jedoch kontrollieren. Der Zwiespalt, der durch die Existenz beider verursacht wird, ist das, was unsere Gesellschaft wachsen lässt. Die dominante Person initiiert den sozialen Wandel. Die organisierte Sozialstruktur modifiziert den Konflikt zwischen der neuen und der bereits bestehenden Ordnung, um die Integration des Wandels in unserer Gesellschaft zu ermöglichen. Daher wächst unsere Gesellschaft und passt sich an. Wie bereits erwähnt, hat auch E.O. Wilson festgestellt, dass jeder Mensch ein spirituelles Bedürfnis hat. Das heißt, ein biologisches Bedürfnis, sich mit der Natur zu verbinden.

Die Soziobiologie ist die Studie, die den Bereich der Biologie mit der Soziologie verbindet. Wilson zufolge endet die Biologie nicht mit der Geburt, sondern die Untersuchung all dessen, was danach in unserem Leben geschieht, fällt ausschließlich in den Bereich der Soziologie. Wilson ist der Ansicht, dass viele unserer Institutionen, darunter auch das menschliche Bedürfnis, sich mit der Natur zu verbind die wir "Spiritualität" nennen, sind biologisch bedingt. Spiritualität in Form von Ehrfurcht vor dem Leben ist für jeden Menschen biologisch notwendig.

Alle gesunden Menschen haben eine natürliche spirituelle Ehrfurcht vor unserem Universum. Die Menschen können ihre Ehrfurcht vor dem Leben bezeichnen, wie sie wollen. Das Bedürfnis nach Spiritualität ist eine menschliche Eigenschaft. Das Bedürfnis eines jeden von uns nach einem Sinn für Spiritualität ist das, was die Religion begründet, wenn sie sich mit der Realität verbindet. Unser Bedürfnis nach Spiritualität ist jedoch nicht die ausschließliche Sache der Religion. Wie es erkannt wird, ist eine Frage, die jeder von uns biologisch für sich selbst klären muss. Spiritualität ist ein emotionales Gefühl der Verbundenheit mit der Natur und mit unserer eigenen Realität. Es ist für uns ein sehr wichtiges Bedürfnis, mit unseren eigenen Wurzeln und unserer eigenen Wirklichkeit verbunden zu sein. Deshalb haben die Religionen von Anfang an versucht, sie für sich zu vereinnahmen, und deshalb akzeptieren viele Menschen auch heute noch, dass der Bereich der Spiritualität die Domäne ihrer Religion ist.

Zum Glück sind sie im Unrecht. Spiritualität ist uns allen angeboren. Ich glaube, dass die beste Form der Spiritualität darin besteht, spirituelle Gefühle zu entwickeln, während man einen beobachtet, durch einen Wald spaziert, auf einem Berg sitzt und über die Welt nachdenkt, oder am Strand sitzt, während die Sonne hinter dem Horizont untergeht, oder sein neugeborenes Kind beobachtet, tief durchatmet und sein eigenes Leben genießt. Dann sind Sie im Einklang mit Ihrer Welt und erleben vielleicht sogar eine "Gipfelerfahrung".

In dem Bewusstsein, dass es keinen Sinn hat, die Überzeugungen anderer in Frage zu stellen, können Humanisten akzeptieren, dass jeder das Recht hat, sein eigenes Leben so zu leben, wie er es möchte, zumindest solange er nicht versucht, die Rechte anderer einzuschränken oder deren Überzeugungen in Frage zu stellen. Sowohl die religiöse extreme Rechte als auch die atheistische extreme Linke haben Unrecht, wenn sie mit einem "in your face"-Ansatz für ihren eigenen "Glauben" werben, obwohl die religiöse Rechte weitaus aggressiver ist, wenn sie versucht, das Gesetz als Instrument ihres Glaubens zu nutzen. Nicht nur, dass die historische Grundlage für jede ihrer Überzeugungen falsch ist, ihre Schlussfolgerung ist auch keine genaue Interpretation der vorhandenen Fakten. Ihre Herangehensweise führt nur dazu, dass die Menschen, die beide "Glaubensrichtungen" zu ändern hoffen, noch mehr Widerstand leisten.

Die einzige Möglichkeit, die Überzeugung einer anderen Person zu ändern, besteht darin, ihr auf nicht bedrohliche Weise die Möglichkeit zu geben, Beweise vorzulegen. so dass. dass die Lebensanschauung eines Menschen durch das Lernen neuer Informationen wachsen kann. Um die tief verwurzelten Überzeugungen eines Menschen zu verändern, müssen wir ihm helfen, eine neue Brücke über sein Skatom zu bauen, wenn die Veränderung für von dauerhaftem Wert sein soll. Nur eine nicht bedrohliche Bildung kann Sichtweise einer Person auf ihre eigene Wahrheit verändern, indem sie die neuen Informationen in ihre bereits bestehende Glaubensstruktur einfügt. Um wirksam zu sein, müssen die Menschen für eine andere Idee empfänglich sein, die sie bisher nicht in Betracht gezogen haben, zumindest von dem Standpunkt aus, der ihnen jetzt präsentiert wird. Unsere Haltung muss offen und aufnahmebereit sein, damit neue Ideen Fuß fassen können. Letztlich können neue Ideen nur dann akzeptiert werden, wenn sie angemessen und nicht bedrohlich präsentiert werden. Auf diese Weise erhalten die Studienanfänger, die zum Lernen da sind, einen Blick auf das Leben, der ihre erweitert. Das ist auch der Grund, warum viele Religionen Hochschulen haben, die ihre Schäfchen in ihrer Herde halten.

Eine zeitgenössische Sicht der Religion

Wir sind nun bereit, die oben genannten Informationen zusammenzufassen, um sie für die heutige Zeit relevant zu machen. Unser eigenes Leben wird durch die Brille gesehen, die wir benutzen. Der Humanismus ist nur eine Linse. Es gibt mehrere gültige Sichtweisen des Lebens. John Shelby Spong war ein pensionierter Bischof der bischöflichen Diözese von Newark, New Jersey. Bischof Spong war der Ansicht, dass der Theismus im Sterben liegt und durch eine deistische, relevantere Sichtweise von Gott ersetzt werden muss. Er sah keine Notwendigkeit für Übernatürliches. Das taten die Humanisten auch nicht. Bischof Spong knüpfte an das Denken des ehemaligen unitarischen

Universalisten Henry Nelson Wieman an, der in den 1970er Jahren in der amerikanischen Theologie einen theozentrischen Naturalismus und die empirische Methode entwickelte. Wieman sah seinen Gott als die "Lebenskraft". (Bischof Spong nimmt dieses Konzept in die christliche Tradition auf.

Bischof Spong behauptete, dass Jesus nur ein Mensch war, der wie alle anderen Menschen starb. Er wies darauf hin, dass es spätere Theologen waren, die die Vorstellung von der Auferstehung Jesu hinzugefügt haben. Die historischen Tatsachen dies. Der Apostel Paulus schuf den Christus, der heute unsere christliche Tradition ist, dank des Nizänums von Konstantin. Konferenz im Jahr 325 nach Christus. Die heutigen Beweise, einschließlich der Schriftrollen vom Toten Meer, erzählen eine andere Geschichte als unsere heutigen religiösen Traditionen.

Die Schriftrollen vom Toten Meer wurden zwischen 250 v. Chr. und 67 n. Chr. nur zwölf Flugmeilen von Jerusalem entfernt geschrieben. Man sollte meinen, dass ein historisches Ereignis wie die Auferstehung etwas wäre, worüber sie schreiben würden. Zumal die Essener während des Lebens Jesu und dreißig Jahre nach seiner Kreuzigung täglich an den Schriftrollen schrieben. Man sollte meinen, dass ein solches Ereignis zur Kenntnis genommen wird. Das ist ein guter Beweis dafür, dass es nicht stattgefunden hat. Es ist jetzt ein "Glaubenssatz". Der lebende Jesus war ein anderer Mensch. Der Apostel Paulus hat Jesus nicht persönlich gekannt, aber er hat seine Lehren vermarktbar gemacht.

Der heilige Paulus war früher ein Steuereintreiber, was bei weitem nicht der Lebensqualität eines Apostels Jesu entsprach, bei dem die Öffentlichkeit alle seine Bedürfnisse bediente. Er sagte den Juden, dass man nicht auf das "Ende der Tage" warten müsse, um in den Himmel aufgenommen zu werden, sondern dass man durch den Glauben an Jesus schon am nächsten Tag eintreten könne. Seine Botschaft fand Anklang, und Jesus wurde zum Christus.

Bischof Spong sagte uns, dass Jesus einfach ein lebender Jude war, der eine einzigartige Botschaft hatte. Bischof Spong sagte, dass die Geschichte von Jesus, die wir heute sehen, von Schriftstellern mehr als 40 Jahre nach seinem Tod erzählt wurde. Da das Leben Jesu für die

Verfasser der Evangelien so tiefgreifend war, hatten sie das Gefühl, dass sie seine Geschichte im Kontext des heutigen jüdischen Alten Testaments erzählen mussten, um Jesus zu einem relevanten Juden zu machen, der es wert ist, gefeiert zu werden. Bischof Spong stellte das Neue Testament in einzigartiger Weise über das Alte Testament, und es entstand eine Vision von Jesus, die sich von der unserer heutigen christlichen Traditionen unterscheidet. Die wichtigsten Ereignisse im Leben Jesu entsprechen den Feiern der wichtigsten jüdischen Traditionen.

Bischof Spong zufolge bestand der Zweck des Lebens Jesu darin, uns zu lehren, wie wir unser Leben hier auf der Erde in vollen Zügen genießen können. Die Botschaft Jesu bestand darin, dass wir ein gutes, moralisches und sinnvolles Leben führen sollten, um das höchste Maß an Erfüllung zu erreichen, das wir während unseres Lebens hier auf der Erde erreichen können. Für Bischof Spong ging es Jesus nur um unser Leben hier auf der Erde.

Erst das spätere Christentum veränderte die Botschaft, indem es Mythen hinzufügte, die über das Leben des lebenden Jesus hinausgingen. Einer Logik folgend Zusammenfassend lässt sich sagen, dass Bischof Spongs Vision vom Leben des existierenden Jesus Jesus zu einem Humanisten macht. Für Menschen, die eine starke Bindung an ihre frühchristlichen Symbole haben und von sich behaupten, Humanisten zu sein, kann eine solche Sicht des Christentums ihre eigene religiöse Erfahrung viel sinnvoller machen. Sie ist sicherlich näher an den historischen Tatsachen, wenn diese Tatsachen für Sie von Bedeutung sind.

Denken Sie daran, dass die Fakten keinen Einfluss auf die von uns gewählten Symbole haben. Wie ein Gemälde, das uns gefällt, bedeuten unsere Symbole viel mehr für uns als die Leinwand, auf der sie gemalt sind. Wir verwenden Symbole, weil wir keine besseren Mittel haben, um unsere eigentlichen Anliegen zu beschreiben oder auszudrücken. Da wir in der heutigen englischen Sprache nur wenige Worte haben, um diese Themen anzusprechen, sprechen wir gewöhnlich in einer symbolischen Sprache. Nach E. O.

Wilson haben wir alle spirituelle Bedürfnisse, die wir befriedigen müssen, und viele von uns tun dies mit der symbolischen Sprache, die wir vor unserem Alter der Vernunft gelernt haben. Da unser spirituelles Bedürfnis mit den Gefühlen verbunden ist, die wir zu der Zeit hatten, als wir diese Symbole akzeptierten, werden diese Gefühle auch zu einem dauerhaften Teil von uns selbst. Für die meisten Menschen befriedigt die Religion, die sie vor ihrem Alter der Vernunft angenommen haben, diese Bedürfnisse, und der Weg des geringsten Widerstands hält sie ihr ganzes Leben lang innerhalb der Grenzen ihrer eigenen Symbole. Viele bleiben auch dann noch dabei, wenn sie erkennen, dass sie eigentlich Humanisten sind.

Bischof Spong bietet eine Möglichkeit, christliche Symbole heute für diejenigen relevant zu machen, denen die Wahrheit ihrer Symbole am Herzen liegt und die ansonsten nicht einfach ihre eigenen Autoritäten akzeptieren können, wenn die einzige Bestätigung ihrer Wahrheit von einer anderen Autorität kommt. Sie tun dies aus emotionalen Gründen, die zwar berechtigt sind, aber nichts mit der Realität zu tun haben. Bischof Spong gewann daher zu Lebzeiten eine bedeutende Anhängerschaft in vielen christlichen Großkirchen. Seine Botschaft bleibt auch für viele religiöse Menschen außerhalb der

Episkopalkirche relevant. Sie ist auch für viele Humanisten von Bedeutung. So wurde er auf einer Jahrestagung American Humanist Association gewürdigt, als er eine Auszeichnung der Vereinigung entgegennahm. Bischof Spong sieht keinen Konflikt mit Humanismus. Auf die Frage nach seiner Meinung zum Thema antwortete Bischof Spong in einem Brief:

"Ich sehe das Christentum und den säkularen Humanismus nicht als Feinde, die sich gegenseitig ausschließende Werte vertreten. Tatsächlich glaube ich, dass das Ziel sowohl des Christentums als auch des Humanismus darin besteht, die Ausweitung des menschlichen Lebens anzustreben und zu fördern. Die Unterschiede liegen darin, was beide für notwendig halten, um dieses Ziel zu erreichen, und in der Definition des Ziels selbst. Im Kampf um die Humanisierung unserer Welt sind Christentum und Humanismus meiner Meinung nach Verbündete, nicht Feinde.

Säkulare Humanisten haben das Christentum jedoch als engstirnig, voreingenommen und imperialistisch erlebt. Christen haben den säkularen Humanismus als antireligiös und antichristlich erlebt. Ich glaube, dass beide Klischees falsch sind.

Ich blicke auf das 20. Jahrhundert, das in vielerlei Hinsicht ein säkulares, humanistisches Jahrhundert war, in dem der Einfluss und die Macht der organisierten Religion dramatisch zurückgingen. Doch in diesem Jahrhundert wurde auch die Emanzipation der Frau erreicht, die koloniale Herrschaft über die weniger entwickelten Länder der Dritten Welt weitgehend beendet, die Bürgerrechtsbewegung hat die Rassentrennung überwunden, und Homosexuelle haben begonnen, die Vorurteile zu überwinden, die sie daran gehindert haben, sich voll und ganz in die Gesellschaftsordnung einzugliedern und Gerechtigkeit zu erlangen. Jeder dieser Erfolge ist ein großer Erfolg. Eine Untersuchung der Geschichte dieses Jahrhunderts zeigt auch, dass der größte Teil der christlichen Welt, ausgedrückt durch die Führung des institutionellen Christentums, sich jeder dieser Veränderungen widersetzte. Diese Errungenschaften wurden im Großen und Ganzen durch die Arbeit säkularer humanistischer Kräfte erreicht. Dennoch scheint jede dieser Errungenschaften in vollem Einklang mit der christlichen Lehre zu stehen. Jesus wird mit den Worten zitiert, sein Ziel sei es, Leben in Fülle zu geben. Das ist genau das, was der Tod von Vorurteilen und negativen Stereotypen über Minderheiten, Frauen und Homosexuelle bewirkt. Markus und Lukas zitieren Jesus mit den Worten: "Wenn ihr nicht gegen mich seid, seid ihr für mich. Der säkulare Humanismus ist nicht mein Feind. Er ist mein Verbündeter im Kampf für Gerechtigkeit. In der Tat sehe ich den säkularen Humanismus als das Leuchten des Christentums, das übrig bleibt, wenn die Interpretationsmythen der Vergangenheit aufgegeben wurden. Er ist die Blüte der Rose, di bleibt, lange nachdem die Rose von ihren Wurzeln getrennt wurde. Ich sehe eine glänzende Zukunft der Zusammenarbeit; ich hoffe, Sie tun das auch.

Wäre es nicht interessant, wenn alle religiösen Traditionen irgendwann die Philosophie des Humanismus an ihre religiösen Symbole anpassen würden? Der Humanismus kann durch die historischen Symbole der meisten Religionen ausgedrückt werden. Es wäre eine Möglichkeit für die organisierten Religionen, weiter zu existieren und immer relevant zu bleiben, wenn unsere Wahrheiten sich weiter offenbaren und die Kultur der amerikanischen Öffentlichkeit schließlich über die gesellschaftliche hinausgeht.

Wenn ein gültiger Zweck der Religion darin besteht, das Bedürfnis nach Spiritualität zu befriedigen, wie E. O. erklärt, könnte dieses Bedürfnis durch den Humanismus ausgedrückt werden, ohne eines der Symbole der Religion zu zerstören. E. O. erklärt, dass dieses Bedürfnis durch den Humanismus ausgedrückt werden könnte, ohne eines der Symbole der Religion zu zerstören.

Neben vielen Unitarischen Kirchen ist auch die American Ethical Union, die sich auf die Ethische Kultur beruft, eine ähnliche Ausdrucksform der Betrachtung von Religion aus einer humanistischen Perspektive. Die Humanisten eint die Überzeugung, dass der Mensch für sich selbst Verantwortung übernehmen und nur Tatsachen akzeptieren muss, die als wahr nachgewiesen werden können. Wie ich bereits sagte, gibt es innerhalb der American Humanist Association für das Judentum die Society for Humanist Judaism. Es gibt auch die Fellowship of Religious Humanists, und die American Humanist Association hat die Humanist Society. Alle betrachten die spirituellen oder "religiösen" Bedürfnisse dieser Kulturen durch dieselbe Brille: eine Sicht der Realität, die auf überprüfbaren Fakten beruht. Alle haben eine Organisationsstruktur, die unserer kulturellen Tradition durch eine Versammlung gerecht wird.

Der Unterschied zwischen diesen Organisationen und den traditionelleren Religionen besteht darin, dass man in den meisten Religionen den Verstand an der Tür lassen und seinen Glauben "blind" akzeptieren soll. In den oben erwähnten Gesellschaften lassen Sie den "Übernatürlichen" an der Tür und kommen zusammen, um Überzeugungen zu konstruieren, die Sie allein auf der Grundlage der Vernunft und Ihrer Auffassung von dem, was Sie aufgrund Ihrer frühen emotionalen Lektionen im Leben als wahr oder bedeutsam für sich selbst anerkennen können, unter Verwendung der Mittel zur Wahrheitsfindung, die wir oben diskutiert haben, akzeptieren werden. Daher werden den Teilnehmern Themen vorgelegt, die sie berücksichtigen müssen, die aber nicht vorgegeben sind.... Antworten, von denen erwartet wird, dass sie von den Mitgliedern akzeptiert werden. Selbst wenn sie eine Antwort zu Diskussionszwecken einreichen, gibt es keine Ablehnung, wenn sie nicht einverstanden sind

Humanist Celebrants sind von der Humanist Society zertifiziert, um die Feierlichkeiten des Übergangs von der Anerkennung des neuen Lebens zur Heiligung der Ehe bis hin zur Feier des Sinns eines Lebens nach dem Tod eines geliebten Menschen durchzuführen. Humanistische Zelebranten sind heute in allen Bundesstaaten Amerikas als gesetzliche Trauzeugen anerkannt. Ich bin in allen 50 Staaten und Territorien Amerikas als Humanist Celebrant zugelassen, habe aber nie davon Gebrauch gemacht, weil es unitarische Geistliche gibt, die dafür bezahlt werden. Ich biete meine humanistischen Dienste unentgeltlich an. Im vergangenen hatte ich endlich die Gelegenheit, die Trauung einer Enkelin zu zelebrieren. Da die Hochzeit in Mexiko stattfand, musste ich die Gemeinde erst zum US-Territorium erklären, um sicherzugehen, dass sie legal verheiratet war. Ein texanischer Richter bestätigte, dass tatsächlich verheiratet .

Kapitel XX
Dieses Leben ist vielleicht unsere einzige Chance existieren

Da es keinen stichhaltigen Beweis dafür gibt, dass es ein Leben nach dem Tod gibt, ignorieren die Humanisten diese Frage einfach. Aber selbst wenn sie an ein Leben nach dem Tod glauben, sind nicht der Meinung, dass der Wert des Lebens darauf beschränkt ist, durch den Glauben die Existenz einer unsterblichen Seele zu erreichen. Humanisten glauben, dass wir alle das Beste aus jedem Tag machen sollten, solange wir auf der Erde leben, und auf keinen Fall dieses Leben für eine Eintrittskarte in ein Leben nach dem Tod opfern sollten, das vielleicht gar nicht existiert. Wenn es ein Leben nach dem Tod gibt, sollte jeder, der ein anständiges Leben führt, Anspruch auf die Belohnungen haben, die es zu diesem Zeitpunkt gibt. Die Kontrolleure haben weder das Recht, unser Verhalten durch Drohungen mit der Verdammnis zu beeinflussen, noch zu behaupten, dass sie allein die Eintrittskarte für unsere Unsterblichkeit besitzen. Die Behauptung eines solchen Anspruchs sollte ein gültiger Beweis für alle sein, dass ein solcher Anspruch nur ein Kontrollinstrument sein kann. Warum sollte ein akzeptabler Gott ein Leben nach dem Tod, wenn es denn existiert, auf so wenige Menschen beschränken, dass die meisten Menschen auf der Erde nicht daran teilnehmen können, weil sie anders denken als einige Priester? Das ergibt doch keinen intelligenten Sinn. Lasst uns von hier verschwinden, meine Freunde, und erkennen, dass euer Leben kontrolliert wird. Überlegen Sie, wer von dieser Kontrolle am meisten profitiert: Sind Sie ein Fisch, der an den Haken genommen wurde, oder ein Schaf, das einfach demjenigen folgt, der es führt? Wollen Sie wirklich Ihr Leben unter der einschränkenden Kontrolle von jemandem leben, der Ihnen Ihre Werte vorschreibt und Ihnen dann droht, wenn Sie davon abweichen? Selbst wenn wir an ein Leben nach dem Tod glauben wollen und nach einer Fahrkarte suchen, sollten wir uns nicht die Gelegenheit entgehen lassen, dieses Leben voll und ganz zu leben, das wir erreichen können, solange wir hier sind, basierend auf unsere eigene Bestimmung dessen, was wir als wahr beweisen können, und nicht nur das zu glauben, was andere für uns als wahr definieren. Es mag ein Leben nach dem Tod geben, aber wir haben keinen stichhaltigen Beweis dafür, dass es existiert. Die Wissenschaft zeigt uns, dass die Vorstellung einer Trennung von Körper und Seele unbegründet ist. Wissenschaftler sind zu dem Schluss gekommen, dass alle berichteten Nahtod-Erfahrungen von Menschen stammen, die keine Anzeichen des Todes zeigten. Wenn wir an glauben, haben wir nur eine Hoffnung, die auf blindem Glauben beruht. Daher könnten wir es leicht versäumen, unser Leben zu leben, während wir hier auf der Erde sind und uns nur von der Hoffnung leiten lassen, dass es ein Leben nach dem Tod gibt, vor allem, wenn wir dadurch auf die Möglichkeit verzichten müssen, ein Leben in vollen Zügen zu führen, das wir hier und heute erreichen können. .... Wenn wir unsere Fähigkeit, dies zu leben, nur durch die Kontrollpersonen einschränken, die außer ihrer Autoritätsbehauptung keine weiteren Beweise vorlegen können, bleibt uns keine andere Möglichkeit, ihre Behauptungen zu bestätigen, als ihre Autorität in "blindem Glauben" zu akzeptieren. Das macht keinen logischen Sinn, auch wenn wir das wirklich glauben wollen. Lassen Sie uns ein wenig genauer untersuchen, warum wir diesen Glauben haben. Unser Glaube an ein Leben nach dem Tod entsteht aufgrund Konditionierung, die oft vor dem Alter der Vernunft eintritt und ein intensives Verlangen nach Zugehörigkeit zu einer bestimmten Glaubensgemeinschaft hervorruft und dazu führt, dass wir einen vorgeschriebenen Glaubenssatz annehmen. Dies geschieht aus emotionalen Gründen. Fakten und Wahrheit haben wenig Einfluss auf die religiösen Überzeugungen der meisten Menschen. Ein interessantes Experiment Bitten Sie jemanden, eine Zahlenkolonne sehr schnell zu addieren, indem er jede Zahl an die Tafel schreibt und die Summe so schnell wie möglich laut ausspricht, eine Zahl nach der anderen. Beginnend mit der Zahl 1.000, gefolgt von den Zahlen 20, 1.000, 30, 1.000, 40 und 1.000, ist die Summe an dieser Stelle 4.090. Wenn wir dann gebeten werden, die Zahl 10 zu addieren, ist die häufigste Antwort 5.000 und nicht die richtige Antwort 4.100. Versuchen Sie es vor Publikum, und kluge Leute werden sich streiten und , dass die richtige Antwort 5.000 ist. Versuchen Sie es bei Ihrem Bankangestellten. Die Leute werden wütend, weil man nicht mit ihnen übereinstimmt. Dieses mathematische Problem ist jedoch nicht mit einer Emotion verbunden. Schreiben Sie jede Zahl auf und machen Sie eine kurze Pause, damit die Zuhörer die aktuelle Summe laut sagen können: Versuchen Sie es mit einer beliebigen Gruppe von Menschen. Die Geschwindigkeit, mit der Sie sie dazu bringen, die Antwort laut auszusprechen, wird Ihren Erfolg bei der Erzielung dieses Ergebnisses bestimmen. Ihr Ziel ist es, Ihren Zuhörern zu zeigen, wie ihr Verstand funktioniert und was ein "Vorbereitungssatz" ist. Bei der Zahl 10 müssen Sie von der 3. Spalte in die 2. Spalte wechseln. Da unser Gehirn Zahlen von äußeren Rändern her sieht, ist es einfacher, die Zahl 50, die Sie erwartet haben, zu vertauschen, als den internen Übergang zwischen den Spalten vorzunehmen Daher sagt Ihnen Ihr Gehirn, dass die Gesamtsumme 5.000 statt der korrekten Summe von 4.100 beträgt. Beispiel für ein Vorbereitungsset Die Menschen beantworten die Frage falsch, weil durch das Zusammenzählen der Zahlen ein Vorbereitungsspiel entstanden ist. Wir haben nacheinander 20, 30 und 40 addiert und haben daher eine unbewusste Erwartung, dass die Zahl 50 als nächstes kommen wird. Ihr "Vorbereitungssatz" ist die Vorwegnahme der Zahl 50. Das Gleiche tun wir in vielen anderen Zusammenhängen. Menschen, die jeden Tag dieselbe Strecke fahren, haben eine Erwartung, was hinter der nächsten Ecke kommt. Wenn sich ihre Erwartung ändert, sehen sie es vielleicht nicht, weil sie sich nicht darauf eingestellt haben. Das Ergebnis könnte ein schwerer Unfall sein. Vorbereitungsspiele sind überall um uns herum. Wenn wir statt der erwarteten Zahl 50 die Zahl 10 addieren sollen, müssen wir die inneren Zahlen aus der dritten Spalte in die zweite Spalte übertragen. Dies ist ein schwieriger mentaler Prozess, weil Menschen normalerweise numerische Informationen verarbeiten, indem sie die Zahlen an den äußeren Rändern einklammern, anstatt in der Mitte zu denken. Anstelle des schwierigeren mentalen Prozesses einer inneren Übertragung ersetzt der Verstand leicht die von uns erwartete Zahl 50, und wenn wir eine Spalte mit den äußeren Zahlen betrachten, sehen wir in unserem Kopf fälschlicherweise die Zahl 5.000 für die Summe von 4.090 und 10, die eigentlich 4.100 ist.

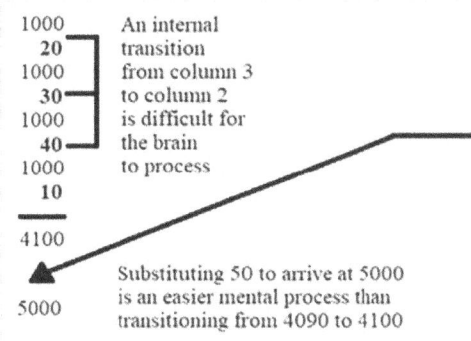

Warum das mathematische Problem? Dieses Beispiel soll Ihnen zeigen, dass unser eigener Verstand uns leicht täuschen kann. Aufgrund der Art und Weise, wie unser Gehirn Informationen verarbeitet, können wir von der Realität abweichen. Die Kombination dieser Anfälligkeit mit einem in unserer Jugend erworbenen Skotom verleiht den Kontrollierenden, die die Kontrolle über unser Leben behalten wollen, Macht. Das gilt besonders, wenn es um unsere religiösen Überzeugungen geht, für die es keine nachprüfbaren Beweise gibt. Diese Überzeugungen sind emotional untermauert, man kann ein Skotom nicht einfach abtöten. Die Wahrheit kann unsere Gefühle nicht außer Kraft setzen. Um die Kontrolle über ein Skatom zu überwinden, muss man zunächst anerkennen, dass es existiert. Dann müssen wir durch nicht bedrohliche Aufklärung eine Brücke um die Barriere herum bauen. Ein Skotom muss ersetzt werden, um zu lernen und weiter zu wachsen. Der Versuch, dies zu tun, ist vielleicht der Grund, warum Sie diesen Aufsatz lesen. Sich jeder Überzeugung aus einer neuen Perspektive zu nähern, ist der beste Weg, um die Entstehung eines Skotoms zu vermeiden. Auf diese Weise reift die Erfahrung an der Universität. Wie soll mein eigener Glaube wachsen? Dieses einfache mathematische Problem ist ein gutes Beispiel für die Wirkung von Vorbereitungsspielen und dafür, wie unser eigener Verstand, der nicht auf einer emotional aufgeladenen Grundlage beruht, wirken kann. Eine Person, die von frühester Kindheit an mit einer Überzeugung vertraut gemacht wurde, wird Wert und Gefühle in ihre eigene Überzeugung investieren. Wenn er aufgefordert wird, eine gegenteilige Vorstellung zu akzeptieren, wird er emotional reagieren. Das liegt daran, dass das Gefühl, das man bei der Annahme einer Überzeugung empfindet, in der Regel von dem Moment an mit der Überzeugung verbunden ist, in dem man sie zum ersten Mal erwirbt, und für den Rest des Lebens mit dieser Überzeugung verbunden bleibt, es sei denn, es wird durch spätere Erziehung absichtlich verändert. Dies gilt vor allem für Überzeugungen, die wir früh im Leben erworben haben, bevor wir die Fähigkeit entwickeln, für unsselbst zu denken. Dasist der Grund, warum unsere religiösen Ansichten so mächtig sind und warum es sehr schwierig ist, diese Überzeugungen später im Leben zu ändern, selbst wenn wir das wollen. Wir glauben, die Wahrheit zu kennen, so dass wir die Realität nicht mehr in Betracht ziehen. Wir sind süchtig, und vielleicht sind wir ein Schaf geworden, und wir merken vielleicht nie, was mit uns geschehen ist. Dieses mathematische Beispiel zeigt auch, wie unsere Skatome leicht alle anderen widersprüchlichen Ansichten blockieren. Die Emotionen, die mit einem Glauben verbunden sind, wenn er zum ersten Mal angenommen wird, werden oft für immer Teil davon. So hat unser religiöses Erbe eine starke Wirkung auf uns. Die Fakten sind für unsere weitere Unterstützung dieses Glaubens nicht relevant. Wenn man in einem bestimmten Glauben aufgewachsen ist, kann man seine eigenen religiösen Überzeugungen nicht einfach ignorieren, ohne negative psychologische Auswirkungen zu erleiden, es sei denn nicht bedrohliche Fortbildung, die eine Brücke unser Skotom baut. Die Abkehr von den Überzeugungen aus der Kindheit, die im Erwachsenenalter wöchentlich bekräftigt wurden, erfordert eine umfassende Ausbildung. Eine solche Veränderung kann ein Leben lang dauern. Deshalb sehen die meisten Menschen keinen Grund, sich zu ändern. Die Tatsache, dass Sie bis hierher gelesen haben, sagt eigentlich aus, dass Sie viel eher in der Lage sind, über Ihre kindlichen Beschränkungen hinauszuwachsen als achtzig Prozent der Gesellschaft, denn es zeigt auch, dass Sie über dem sozialen Niveau leben. Damit gehören Sie zu den besten zwanzig Prozent der heute lebenden Menschen. Lesen Sie weiter und überlegen Sie, was Sie erreichen können, um Ihre eigene Unsterblichkeit zu sichern. Da wir jede Überzeugung ganz natürlich mit den Emotionen verbinden, die bei ihrer Entstehung vorhanden waren, und da wir keinen Aspekt unseres Lebens ohne Weiteres aus diesem Kontext herauslösen können, sind Alternativen zu unseren eigenen Skatomen nicht nur inakzeptabel, sondern können auch bedrohlich sein, und zwar bis zu dem Punkt, an dem Menschen bereit sind, ihr Leben zu riskieren, um ihre derzeitige Auffassung zu verteidigen, dass das, was sie glauben, richtig ist. Aus dem aktuellen Phänomen, dass ansonsten intelligente Menschen im Namen ihrer religiösen Überzeugung zu Selbstmordattentätern werden, wissen wir, dass ihre Tat nichts mit Wahrheit zu tun hat. Ein logisches Argument kann eine emotionale Überzeugung nicht überwinden. Um eine Verhaltensänderung herbeizuführen, bedarf es einer sinnvollen, nicht bedrohlichen Aufklärung. Im Nahen Osten gibt es heute nicht genug Zeit für Bildung. Das Ergebnis ist, dass wir uns heute an vielen Fronten wegen der Skatome im Krieg befinden. Der reife Weg, um die Überzeugungen der Kindheit in der Welt der Erwachsenen in einer Weise unterzubringen, die mit der Realität übereinstimmt, besteht darin, jedes Konzept oder jede Überzeugung immer wieder neu zu definieren, um ihre Aktualität zu erhalten. Die Menschen klammern sich an ihre eigenen Überzeugungen. Aber auch unsere religiösen Überzeugungen müssen wie alle anderen Überzeugungen reifen. Vorstellung, die unser Leben beeinflusst. Das Konzept der "Gottesfurcht" ist in der Kindheit normal, aber wenn wir erwachsen werden, ist eine reifere, abstraktere Art, Gott zu definieren, viel effektiver. Atheisten existieren, weil sie mit einer kindlichen Vorstellung von Gott kämpfen, die nicht mit ihnen gewachsen ist, als sie reifer wurden. Maslow hat uns gezeigt, dass wir als Erwachsene eine abstrakte Definition für unser Gotteskonzept entwickelt haben sollten, wenn wir unser eigenes Leben verwirklicht haben. Wenn Ihr Gott die Natur ist, wie können Sie dann ein Atheist sein? Der Mythos des Weihnachtsmanns wird von Kindern, die in der amerikanischen Tradition aufgewachsen sind, akzeptiert. Dies gilt jedoch nur für einige Jahre, denn mit der Zeit wird der Weihnachtsmann von der Realität untergraben. Alle Kinder sind am Boden zerstört. Die Reaktion, die sie dann geben, ist sehr wichtig. Diejenigen, die ihre kindliche Vorstellung vom Weihnachtsmann als "ihrem Gabenbringer" nicht durch das Schenken an andere ersetzen, sind enttäuscht. Diejenigen, die in der Lage sind, eine gesunde Wahrnehmungsverschiebung zu entwickeln und den Weihnachtsmann aus der Perspektive ihrer Eltern zu betrachten, können den Weihnachtsmann für den Rest ihres Lebens weiterhin als Symbol des Schenkens feiern. Die Art und Weise, wie wir uns unseren eigenen religiösen Ansichten nähern und von ihnen beeinflusst werden, ist dieselbe. Das Ziel im Leben ist, dass wir weiter wachsen. Wenn sich unsere Überzeugungen auf gesunde Weise weiterentwickeln, bis zu dem Punkt, an dem wir durch kontinuierliches Wachstum und Entwicklung in der Lage sind, unsere Bedürfnisse in vollem Umfang zu erfüllen, sollten wir schließlich einen Höhepunkt erreichen. Unser Ziel sollte sein, dass unser individuelles Leben immer reicher, voller und befriedigender wird. Während die spezifischen Ziele, die unser individuelles Leben befriedigen, einzigartig sein werden, erleichtert das Verständnis des universellen Prozesses des menschlichen Wachstums den Weg.

Kapitel XXI
Wie begegnen wir unserem eigenen Tod?

Wir können akzeptieren, dass wir hier sind, um unsere eigene Reise durch dieses Leben zu erleben. Wenn unsere Reise abgeschlossen ist, ist unser Leben vollendet. Maslow kam zu dem Schluss, dass Menschen, die den Punkt der vollständigen Erfüllung erreicht haben, einen Geisteszustand erreichen, in dem sogar ihr eigener Tod nicht mehr bedrohlich ist. Wir müssen den Tod selbst nicht mehr fürchten. Wir fürchten nur noch, wie wir sterben könnten. Niemand wünscht sich einen schmerzhaften Tod.

Für die meisten Menschen war die Grundschule eine großartige Erfahrung während des ersten Lebensabschnitts, die uns auf die nächste Stufe unseres eigenen Wachstums vorbereitet hat. Nur wenige Erwachsene verspüren das Bedürfnis, diese Erfahrung zu wiederholen, obwohl wir uns immer noch daran erfreuen können, den Nutzen der frühen Schulerfahrung im Leben unserer Kinder und Enkelkinder zu sehen. Obwohl es eine gute Erfahrung für junge Kinder ist, sind die meisten Menschen erleichtert, wenn die Grundschule in ihren späteren Jahren nicht mehr wichtig für sie ist. Wir Erwachsenen sind mit diesem Teil unseres Lebens bereits zufrieden. Wir wollen nicht zurückgehen und von vorn anfangen (es gab ein sehr hübsches Mädchen im Kindergarten). Wenn ich mit meinem heutigen Wissen zurückgehen und noch einmal von vorn anfangen könnte, wer weiß, wo ich dann heute wäre? Wir alle haben unerfüllte Sehnsüchte, nicht wahr?)

In ähnlicher Weise brauchen wir den Tod nicht mehr zu fürchten, wenn wir unser eigenes Leben in seiner ganzen Fülle erfahren haben. Dann können wir erkennen, dass unser eigener Tod unvermeidlich ist: Er ist zwar kein Gegenstand der Sorge mehr, aber auch keine Bedrohung mehr. Wenn wir nichts anderes mehr erleben müssen, damit unser eigenes Leben voll ist, können wir den Tod als natürlichen Abschluss unseres Lebens akzeptieren. Wie Wenn unser Körper verfällt, kann es sogar legitim sein, den eigenen Tod anzustreben. Hospize vollbringen Wunder, um ihn schmerzlos zu machen.

Die meisten Humanisten würden argumentieren, dass sie das gleiche Recht haben sollten, über ihren eigenen Tod zu bestimmen, wie sie es für die primäre Kontrolle über ihr eigenes Leben behalten haben. Medizinisch unterstützter Suizid sollte für unheilbar Kranke und Menschen mit Schmerzen möglich sein. Ein enger Freund von mir, ein Humanist, war ein brillanter Kopf. Er war internationaler Präsident der Principal Financial Group, die er unter seiner Führung zu einem internationalen Unternehmen aufgebaut hatte. Er saß an einem Tisch in Hongkong und blickte über die Bucht auf ein Gebäude mit der Aufschrift "The Principle" in Neonschrift auf der Spitze eines Gebäudes. Des Moines war jetzt global. Ich fühlte mich wie zu Hause, obwohl ich es normalerweise vorziehe, meine Fischdärme entfernen zu lassen, bevor ich . Mein Freund litt an Demenz und stellte fest, dass die Krankheit schnell voranschritt. In Iowa ist unsere kulturelle Auffassung vom Leben immer noch von der Religion geprägt. Medizinische Hilfe bei Selbstmord ist nicht möglich. Also entschied er sich, vom Balkon seiner 22-stöckigen Wohnung zu springen, damit seine Frau nicht die Last der Pflege auf sich nehmen musste.

Stattdessen bescherte sie ihm eine noch schlimmere Erinnerung. Er war zum Supermarkt gegangen und fuhr zurück in die Garage seines Hauses, als die Polizei sein Auto anhielt und ihn fragte, ob er ein Anwohner sei und ob er ihnen helfen könne, eine Person zu identifizieren, die auf dem Bürgersteig lag. Sie können sich vorstellen, wie schockiert er war. Eine kultiviertere Gesellschaft würde ihr einen humaneren Tod ermöglichen, mit medizinischer Versorgung und umgeben von ihrer geliebten Familie. In Iowa behandeln wir unsere Haustiere besser, als wir uns selbst behandeln.

Corliss Lamont, der in den Anfangsjahren der American Humanist Association als "Dekan des Humanismus" galt, hat ein hohes Alter erreicht und das Leben in vollen Zügen genossen. Er hat bewiesen, dass er in Würde sterben kann, indem er ruhig in seinem Garten in den Hamptons saß und in aller Stille verstarb. Natürlich hat jeder, der in den Hamptons leben kann, wahrscheinlich ein gutes Leben gehabt.

Aus dieser Perspektive ist der Tod so natürlich wie das Leben, und die Vorstellung von einem Leben nach dem Tod ist nicht notwendig, damit unser Leben erfüllt ist.

Wenn wir unser Leben nicht mehr mit der Angst vor dem Tod verbringen, wird die Maximierung unserer Existenz, solange wir auf der Erde leben, der Schutz unserer Familie und die Bewahrung unserer Arbeit viel wichtiger und lohnender sein.

Mel Lipman war Präsident der American Humanist Association, als diese von Amherst, New York, an ihren heutigen Sitz in Washington, DC, umzog. Mel wurde ein Treuhänder und diente mit mir im Vorstand der Humanist Foundation. Mel ist kürzlich verstorben. Er hatte sich gerade einer vierfachen BypassOperation am Herzen unterzogen und erlitt dann einen schweren Schlaganfall. Seine Prognose war nicht gut und er litt sehr. Er bestand darauf, dass er keine lebenserhaltenden Maßnahmen und keine Ernährung wollte. Er wurde palliativmedizinisch versorgt. Er wollte bequem und friedlich sterben.

Seine Kinder sagen, er sei relativ glücklich gewesen, weil er das Gefühl hatte, sein Leben sei ausgefüllt gewesen. Seine Frau war ein paar Jahre zuvor gestorben. Seine Familie war gewachsen. Er hatte sich aus dem Anwaltsberuf zurückgezogen. Er hatte keine Berge mehr zu erklimmen, keine Verpflichtungen mehr, die nicht schon vor seiner Herzoperation gelöst worden waren. Er bedauerte also nichts und akzeptierte, wenn nicht sogar begrüßte, seinen eigenen Tod.

Ich fand es interessant, dass selbst unter den lebenslangen Humanisten viele waren, die ihr Bedauern ausdrückten. Vielleicht weil sie erkannten, dass ihre eigene Zeit näher rückte. Einige hielten es sogar für grausam, dass ich zum Ausdruck brachte, dass es zwar traurig sei, einen Freund und Kollegen zu verlieren, dass er sich aber dem Ende seines Lebens als echter Humanist nähere und dass wir nicht unseren eigenen Verlust betrauern sollten. Das wäre egoistisch. Im Gegenteil, in diesem Moment sollten wir Mels Leben feiern. In der Zukunft haben wir noch genügend Zeit, unseren eigenen Verlust zu betrauern.

Wenn man das Gefühl hat, dass das eigene Leben verwirklicht ist, braucht man den Tod nicht mehr zu fürchten, und es gibt auch keinen Grund, sich bedroht zu fühlen, wenn er scheinbar nahe ist. Ich erkannte, dass ich natürlich traurig war, dass ich einen Freund verloren hatte, aber ich war froh, dass er nicht mehr litt und mit sich selbst im Reinen war.

Wenn wir mit der Grundschule fertig sind, die in unserer Kindheit so wichtig war, und wir das Gefühl haben, dass unser Leben erfüllt ist, sehen wir keinen Grund mehr, etwas zu tun. aus Bedauern. Wir wollen nicht von vorne anfangen. Mels Kinder sagten, dass die Verleihung des Humanist Heritage Award der Humanistischen Stiftung die Krönung seines Lebensweges war, weil sie ihm sagte, dass er für andere in unserer Welt etwas bewirkt hat. Das und der AHA Humanist Year Award für sein Lebenswerk als Humanist sind der Beweis dafür, dass sein Leben für andere von Bedeutung war. Nichts anderes ist von Bedeutung, unsere **Unsterblichkeit kommt daher, dass unsere Welt ein besserer Ort ist, weil wir gelebt haben.**

Ich erklärte, dass wir nicht unseren Verlust betrauern sollten, egoistisch wäre, sondern uns freuen sollten, wenn wir uns an ihr Leben erinnern und daran, was es für jeden von uns bedeutet hat. Anstatt zu trauern, sollte jeder von uns diesen Moment nutzen, um darüber nachzudenken, was Mels Leben für uns bedeutet hat und wie es unser eigenes Leben verändert hat, ganz zu schweigen davon, wie seine Errungenschaften in den Jahren seiner Führung Leben von Millionen anderer buchstäblich für immer beeinflussen werden. Das ist es, worum es bei unserer Unsterblichkeit als Humanisten geht, und deshalb wollte ich diese Momente damit verbringen, dankbar dafür zu sein, dass ich Mel persönlich gekannt habe und dass er mein Freund war.

Der Tod zementiert lediglich unsere Erinnerung an die Bedeutung des Lebens dieser Person. Wir sind heute bessere Menschen, weil diese Person hier war und ihr Leben mit uns geteilt hat. Das ist der wahre Sinn unseres eigenen Lebens.

Kapitel 22
Wie sollten wir mit der Vielfalt umgehen?

Wenn wir unser Leben aus einer streng humanistischen Perspektive betrachten, sollten wir uns nicht in der sicheren Zone von Menschen aufhalten, die genauso sind wie wir, sondern die Vielfalt suchen, um unsere Sichtweise des Lebens zu erweitern. Wir lernen so viel mehr von Menschen, die anders sind als wir. Doch ein Großteil unserer heutigen Welt schränkt diese Möglichkeiten zum Wachstum ein. Vorurteile gibt es überall auf der Welt, weil die Menschen sich in ihrer Umgebung viel wohler fühlen, wenn sie so denken und handeln wie sie. Viele Menschen, die anders sind, stellen eine Bedrohung dar, entweder weil sie uns daran erinnern, dass unsere eigene Sicht der Realität falsch sein könnte, oder einfach, weil wir diejenigen, die anders sind als wir, nicht wirklich verstehen. Eine normale menschliche Reaktion auf einer Grund- oder Sicherheitsebene ist es, das Unbekannte zu fürchten. Das große Problem bei dieser Haltung ist, dass wir die Chance verpassen, unseren eigenen Horizont zu erweitern und dabei weiter zu wachsen. Dies gilt insbesondere für kulturübergreifende Unterschiede, die von der Ethnie über die Nationalität bis hin zu Unterschieden in unseren eigenen religiösen Ansichten reichen.

Dr. Milton Bennett, Direktor des Forschungsinstituts für interkulturelle Entwicklung, entwickelte die heute allgemein als "Bennett-Skala" bezeichnete Skala, um zu analysieren, wo wir als Individuen in unserer Fähigkeit stehen, von der Vielfalt zu profitieren, indem er angibt, wie wir auf Menschen reagieren, die anders sind als wir. Dr. Bennett sagt uns, dass wir uns mit zunehmender Reife typischerweise von:

1. Verleugnung von Unterschieden, wobei wir unsere eigene Kultur als die einzig "richtige" erleben. Andere Kulturen werden nicht wahrgenommen oder nur als undifferenziert und vereinfachend verstanden. Auf dieser Ebene meiden die Menschen diejenigen, die

anders sind als sie selbst. Wenn sie herausgefordert werden, werden sie aggressiv und versuchen, Unterschiede zu vermeiden oder zu beseitigen. Schließlich sind sie das Zentrum ihrer eigenen Realität.

2. Abwehr von Unterschieden, wobei die eigene Kultur die "am weitesten entwickelte" oder die beste Art zu leben ist. Ihr Denken ist dualistisch, es ist "wir gegen sie", begleitet von offenkundig negativen Stereotypen. Diese Menschen setzen die Unterschiede zwischen ihrer und einer anderen Kultur offen herab und verunglimpfen Ethnie, Geschlecht, Überzeugungen oder andere Indikatoren für Unterschiede. Sie fühlen sich durch kulturelle Unterschiede offen bedroht und gehen eher aggressiv dagegen vor.

3. Minimierung der Unterschiede, wobei die Erfahrung der Ähnlichkeit die Erfahrung der Unterschiede überwiegt. Diese Menschen erkennen vielleicht oberflächliche kulturelle Unterschiede in Bezug auf Essen und Bräuche, betonen aber die menschliche Ähnlichkeit in Bezug auf die physische Struktur, psychologische Bedürfnisse und Werte. Sie neigen dazu, ihre eigene Toleranz zu überschätzen und die Wirkung ihrer eigenen Kultur zu unterschätzen. Sie glauben vielleicht, dass sie "so denken wie ich".

4. Akzeptanz von Unterschieden, wobei die eigene Kultur als eine von mehreren gleich komplexen Weltanschauungen betrachtet wird. Sie erkennen unterschiedliche Sichtweisen an, auch wenn sie mit anderen Sichtweisen vielleicht nicht einverstanden sind oder sie sogar mögen. Sie sind oft begierig darauf, zu lernen und Menschen mit anderen Weltanschauungen zu treffen. Ihre Sichtweisen sind nichts für sie.

5. Anpassung an Unterschiede, wobei der Einzelne seine eigene Weltanschauung erweitert, um andere Kulturen genau zu verstehen und sich im Umgang mit Menschen, deren Ansichten von den eigenen abweichen, kulturell angemessen zu verhalten. Im Wesentlichen versuchen sie, "den Weg zu gehen".

6. Integration von Unterschieden, wobei die Erfahrung unseres eigenen Selbst so erweitert wird, dass wir uns in verschiedene kulturelle Weltanschauungen hinein- und herausbewegen können. Unser

Selbstverständnis ist nicht mehr auf eine bestimmte Kultur festgelegt. So werden wir innerhalb unseres aktuellen Umfelds beweglich.

Leider zeigen die Leute, die "in your face" sind, ob muslimische Dschihadisten, evangelikale Christen oder Hardcore-Atheisten, durch ihr aggressives Verhalten, dass sie Stufe zwei nicht überschritten haben. Das Ziel eines Humanisten sollte es sein, die fünfte Stufe zu erreichen, auch wenn viele die sechste Stufe erreichen, auf der wir mit allen Unterschieden fließend umgehen können, während wir uns bemühen, das Beste allen Menschen, denen wir begegnen, zu machen, während wir unser eigenes Leben leben.

Humanistisches Verhalten sollte tolerant sein und danach streben, die Standpunkte anderer zu verstehen und davon zu profitieren. In dem Maße, in dem wir uns von einer anderen unterscheiden, müssen wir zunächst die Gründe für unsere Unterschiede anerkennen, in unserer Diskussion offen sein, indem wir unsere Unterschiede taktvoll zum Ausdruck bringen, und dann beiden erlauben, von dieser Erfahrung zu profitieren. Um in unserer Beziehung zu dieser Person effektiv zu bleiben, müssen wir das Recht des anderen, anders zu sein, tolerieren, selbst wenn unser aufrichtiger Versuch, zu erziehen, erfolglos bleibt. Nur auf diese Weise können wir wachsen und gleichzeitig unsere Beziehung zueinander nicht verlieren.

Dies ist das akzeptabelste Verhalten für einen Humanisten.

Kapitel XXIII
Warum brauchen wir ?

Der Mensch ist nicht autark. Von Geburt an sind wir auf andere angewiesen. Es ist unmöglich, ohne die Unterstützung anderer ein gesunder und voll funktionsfähiger Mensch zu werden. Da wir wissen, dass wir andere brauchen, um gesund zu leben, stellt sich die Frage: *Wie sieht die ideale Beziehung aus, die wir zu anderen suchen sollten?*

Martin Buber, ein bekannter jüdischer Theologe und Philosoph, erkannte, was wir gewinnen, wenn wir einen anderen Menschen so akzeptieren, wie er ist, ohne ihn zu beurteilen oder zu versuchen, ihn zu beeinflussen. Diese Beziehung ist notwendig, wenn wir die wahre Perspektive des anderen gewinnen wollen, die uns hilft, unser volles Potenzial zu erreichen. Der Nutzen, der sich aus einer gesunden Beziehung ergibt - mit einer anderen Person zu harmonieren, ohne zu versuchen, sie zu verändern - ist enorm. Buber bezeichnete diese Beziehung als das "Ich-Du".

Wir kennen die Tiefenperspektive, die wir erfahren, wenn wir mit beiden Augen auf der Autobahn fahren, im Gegensatz zum Fahren mit einem geschlossenen Auge. Wie der Vorteil, mit beiden Augen alle drei Dimensionen wahrzunehmen, gibt uns das volle Verständnis und die Akzeptanz eines anderen Menschen eine Perspektive, uns selbst zu verstehen. Ein gesundes Selbstbild wird nur dann erreicht, wenn man von einem anderen Menschen voll akzeptiert und verstanden wird. Das Gefühl, zu einer Gemeinschaft zu gehören oder von anderen geschätzt zu werden, ist wichtig für unser eigenes Wachstum. Daher sind gesunde Beziehungen zu anderen Menschen von großer Bedeutung und notwendig, damit unser eigenes Leben einen Sinn bekommt.

Ohne gesunde Beziehungen zu anderen unser Selbstbild Schutzschild und einem Hindernis für unsere Entfaltung. Wir wachsen nur alsgesunde Menschen durch unsere Beziehungen zu anderen. Je besser unsere Beziehungen zu anderen sind, desto gesünder werden wir. So wie beim Graben im Sand, je mehr wir graben, desto mehr Sand fällt zurück in Loch, so wachsen wir, je tiefer unsere Beziehungen zu anderen sind.

Ein bischöflicher Priester hat mir einmal gezeigt, dass wir nicht in der Lage sindanderen genug von uns selbst zu geben. Er verbrachte sein ganzes Leben damit, alles zu geben, sich um seine Gemeindemitglieder und alle anderen, denen er begegnete, zu kümmern, ohne sich um seine eigenen Bedürfnisse zu kümmern. Dennoch fehlte es ihm nie an etwas, auch wenn er die Quelle der Befriedigung seiner Bedürfnisse nicht voraussehen konnte. In der Tat lebte er ein Leben im Überfluss. Er lebte das Leben des Epikur. Je mehr wir uns anderen zur Verfügung stellen, desto mehr Zufriedenheit erhalten wir auf unvorhersehbare Weise. Jeder profitiert davon. Das Leben ist so viel aufregender, wenn wir alles tun, wenn wir uns liebevoll und selbstlos zum Wohle anderer hingeben können.

Menschen brauchen während ihres gesamten Lebens enge Beziehungen zu anderen, um sich wirklich erfüllt zu fühlen. Die Anerkennung der gegenseitigen Abhängigkeit bei der Befriedigung von Bedürfnissen, die zwischen zwei oder mehr Menschen besteht, zu denen wir ohne unser Zutun beitragen, ist das, was wir als "Liebe" bezeichnen. Der Charakter der Liebe ändert sich wie alle anderen Lebensorientierungen, wenn der Einzelne verschiedene Bedürfnisebenen durchläuft. Auf der grundlegenden Ebene wird Liebe für die Bedürfnisse empfunden, die die stärksten Emotionen hervorrufen, wobei Überleben und Sex die stärksten Triebe sind. Auf der sozialen Ebene ist die Wärme des Teilens offensichtlich. Auf der aktualisierten Ebene kann die Liebe zwischen Seelenverwandten stattfinden, deren Leben wirklich integriert ist. Um am effektivsten zu sein, muss unsere Liebe in einer "Ich-Du"-Beziehung geteilt werden.

Ein Nutzen für andere, während jeder von uns seine eigenen Ziele verfolgt.

Kein Mensch hat die angeborene Fähigkeit, in allen Bereichen des Lebens zu brillieren. Wir müssen uns auf andere verlassen, um unsere Schwächen . Jemand sagte mir einmal, dass wir alle mit zehn Säulen und hundert Murmeln geboren werden. Diese Murmeln sind bei jedem Menschen unterschiedlich verteilt (die Murmeln symbolisieren unsere Fähigkeiten oder Talente).

Zu viele Murmeln bedeuten, dass einer anderen Säule vielleicht einige Murmeln fehlen. Einer der Vorteile einer Beziehung zu einer anderen Person besteht darin, dass Ihre Stärken die Schwächen der anderen Person verstärken. Besonders vorteilhaft ist es, wenn sie auch Ihre eigenen ergänzen können. Gemeinsam sind sie viel stärker, als es einer von ihnen allein sein könnte. Die Daseinsberechtigung eines Vorstands in jeder Organisation besteht darin, dass die Schwäche der Führungskraft nicht zur Schwäche der Institution wird. Eine gute Führungspersönlichkeit umgibt sich mit Menschen, deren Fähigkeiten in Bereichen, in denen sie selbst schwach ist, ihre eigenen übertreffen.

Die Höhe unserer individuellen Säulen kann durch unsere Bildung, unsere Erfahrung und die Kultur und Umgebung, in der wir leben, erhöht werden. Wenn wir älter werden, können wir Säulen entwickeln, die sogar mehr als die uns zugeteilten Murmeln aufnehmen können. Mit erheblichen Anstrengungen können wir zusätzliche Murmeln erwerben. Unser Wachstum würde durch die Zusammenarbeit mit anderen, die über Talente verfügen, die unsere Bemühungen verstärken, erheblich gefördert werden. Die einfachste Lösung besteht darin, Beziehungen zu pflegen, die den eigenen Bedürfnissen entsprechen.

Es gehört also zu unserer natürlichen Entwicklung im Leben, dass jeder von uns von den Beziehungen zu anderen und unserem ständigen Bemühen profitiert, im Laufe des Lebens zu wachsen, um jede Aufgabe zu bewältigen, sei es unter dem Gesichtspunkt des Überlebens oder innerhalb unserer eigenen Organisation oder Firma. Ein zusätzlicher Vorteil ist, dass enge Beziehungen es uns ermöglichen, die Stufen der Maslowschen Bedürfnishierarchie zu durchlaufen und uns leichter zu verwirklichen, indem wir auf die Talente anderer zugreifen und so Hindernisse überwinden können, die unserem eigenen Wachstum im Wege stehen.

Zu erkennen, wo unsere Säulen am schwächsten sind, so dass wir lernen, uns auf andere zu verlassen, wo dieser Bereich ihre Stärke sein könnte, ist für unsere eigene Sicherheit ebenso wichtig wie für unser eigenes Wachstum. Es ist für jeden von uns ebenso wichtig, die eigenen Schwächen zu erkennen, wie es für uns wichtig ist, unsere Stärken zu entwickeln, um die Verwirklichung unseres eigenen Lebens zu erleichtern, denn wenn wir die Abhängigkeit von denen, denen wir vertrauen, nicht ersetzen, um uns vor unserer eigenen Schwäche zu schützen, wird sie zu einem ernsthaften Hindernis für unsere eigene Entwicklung, ähnlich wie ein Skatom, das eine Barriere für unsere eigene Vision bildet. Die wirksamste Brücke zu einer eigenen Schwäche Talente hängen von anderen ab. Die Brücke zu unseren eigenen Skatomen Bildung. Und wir lernen am besten mit der Hilfe von anderen.

Es stimmt, dass man sich auf eine Schwäche konzentrieren kann, und es mag möglich sein, sich selbst zu trainieren, um die Schwäche zu überwinden, ohne sich auf andere zu verlassen, aber die Menge an Energie, die das erfordert, nimmt die Energie weg, die für Ihr eigenes Wachstum zur Verfügung steht. Denken Sie an die Mühe, die es kostet, zu lernen, Ihren Namen mit der anderen Hand leserlich zu schreiben. Die vielen Stunden, die man zum Üben braucht, könnte man besser damit verbringen, etwas Neues zu lernen.

So profitieren wir von einer gesunden Beziehung zu anderen, da jeder von uns versucht, sein Ziel der Verwirklichung seiner eigenen Existenz zu erreichen. Die Qualität unserer Beziehung hängt jedoch davon ab, wie wir die andere Person behandeln. Dale Carnegie schrieb in seinem klassischen Buch How to Win Friends and Influence People, dass die erste Regel lautet, ni**emals zu kritisieren, zu verurteilen oder sich zu beschweren".** Wenn wir eine gesunde Beziehung zu einem anderen Menschen haben wollen, müssen wir uns immer an diese erste Regel erinnern. Die Art und Weise, wie Sie alles ausdrücken, was Sie zu einer anderen Person sagenEinfluss darauf, wie Ihre Botschaft ankommt. Was Sie von einer anderen Person erhalten, wird in hohem Maße davon beeinflusst, was Sie projizieren.

Eines der ersten Dinge, die ich tat, als ich anfing, als Jurist zu arbeiten, war die Gründung eines Frühstücksclubs, in dem nur eine Person aus jedem Beruf vertreten war. Ich wollte eine Bruderschaft für die Geschäftswelt schaffen. Anstatt die Mitglieder unter dem Gesichtspunkt

"Was habe ich von diesem Club?" zu betrachten, schuf ich die Kultur des Clubs auf der Grundlage einer Lektion, die ich in der Company Commander's Army gelernt hatte. Die ursprüngliche Kultur des Clubs basierte auf der Philosophie des bischöflichen Priesters, der meiner Kompanie der Nationalgarde als Kaplan zugeteilt war. Sein ganzes Leben lang hat er sich für andere aufgeopfert und nur gefragt: "Was kann ich tun, um ihr Leben zu verbessern? Diesen Standpunkt vertrat er gegenüber jedem, den er traf. Er lehrte mich, dass man nie genug geben kann. Je mehr man von sich selbst gibt, desto mehr erhält man zurück, und zwar in einer Weise, die man nicht vorhersehen kann. Von jedem im Club wird erwartet, dass er zum Erfolg der anderen beiträgt. Das Ergebnis ist, dass ein Drittel meiner juristischen Tätigkeit auf diese Organisation zurückgeht. Und meine Klienten sind jetzt die Hälfte der Praxis meiner zwölfköpfigen Firma unterstützen. Wir wachsen so viel mehr, wenn wir versuchen, uns bei jeder Gelegenheit zu verausgaben, anstatt das Leben mit dem Gedanken zu betrachten: "Was ist für mich drin?

Unsere unterschiedlichen Lebensziele

Nach Maslow haben alle Menschen die gleiche hierarchische Bedürfnisstruktur, auch wenn jeder Mensch die Befriedigung seiner Bedürfnisse anders angeht. Der beste Weg, um zu verstehen, wie unterschiedlich die Menschen sind, ist die Gegenüberstellung unserer psychologischen Temperamentstypen. Seit Aristoteles ist bekannt, dass die Menschen hauptsächlich vier verschiedene Persönlichkeitstypen haben. Jeder Typus denkt und nähert sich dem Leben aus unterschiedlichen Blickwinkeln. Der eigene Temperamentstyp ist grundlegend für die eigene Existenz und bleibt ein Leben lang derselbe. Er kann nicht. Er ist die Linse, durch die Sie Ihr eigenes Leben sehen.

Hippokrates stellte diese Theorie 370 v. Chr. auf. Es gibt diejenigen unter uns, die innerhalb der kulturellen Parameter leben und für andere sorgen, und diejenigen, die kreativ außerhalb unserer sozialen Normen leben. Es gibt diejenigen, die ihre Welt verstehen und hohe Ziele anstreben, und es gibt diejenigen, die bei jedem Schritt den nötigen Halt suchen, um dorthin zu gelangen. Jeder bringt eine andere Perspektive auf das Leben mit.

Jeder Persönlichkeitstyp besteht aus einzigartigen Normen oder Werten, die die Anhänger bis zu einem gewissen Grad mit allen anderen des gleichen Temperamentstyps teilen. Es ist selten, wenn nicht sogar unmöglich, dass eine Person vollständig in mehr als einen dieser psychologischen Grundtypen passt.

Die meisten Menschen weisen einige sekundäre Merkmale einer anderen Art auf. Das sekundäre Merkmal dient jedoch nur als Modifikator des Denkstils des primären Temperaments eines jeden Individuums. Obwohl alle Menschen in der Lage sind, sich außerhalb der Zwänge ihres spezifischen Temperamentsstils zu verhalten, ist dies recht schwierig. Es muss in der Regel auf eine bestimmte Art und Weise erlernt werden, wie zum Beispiel das Schreiben des eigenen Namens mit die andere Hand. Das wird nicht natürlich sein. Jeder von uns bleibt sein ganzes Leben lang mit gleichen Art von Temperament ausgestattet.

In den frühen 1950er Jahren war Kathryn Briggs Psychologin. Ihre Tochter Isabel Meyers arbeitete in einem anderen Bereich, aber als ihre Mutter ihre Hilfe brauchte, entwickelten sie gemeinsam Kathryns Idee, einen einfachen Test zu entwickeln, der die alte psychologische Theorie des Temperamentstyps ergänzen würde. Ihr Fragebogen zur Bestimmung des Temperamentstyps hieß ursprünglich "Briggs-Meyers Psychologie". Ein nationales Testunternehmen kaufte die Rechte zur Vermarktung seines Tests. Deren Marketingdirektor fragte sich: "Wie soll ich die Öffentlichkeit fragen: 'Möchten Sie wirklich Ihren "BMTyp" kennen? Er änderte den Namen des Tests in "Meyers-Briggs-Test", und seitdem ist er unter diesem Namen bekannt.

Obwohl dieser Test derzeit der landesweit am häufigsten verwendete ist, hat er auch seine Nachteile. Die Testergebnisse sind möglicherweise nicht identisch, wenn Sie den Test Monate später ein zweites Mal machen. Dennoch ist der Test beliebt, weil die Ergebnisse nützlich und nicht bedrohlich sind. Meine Ehe nicht überlebt, wenn ich nicht von diesem Test gewusst hätte. Er hat mich gelehrt, dass wir nicht alle Informationen auf dieselbe Weise verarbeiten oder auf dieselbe Weise denken. Ich ging immer davon aus, dass jeder auf die gleiche Weise denkt, und wenn sie anderer Meinung waren, war es meine Pflicht, ihnen zu sagen, warum sie falsch lagen. Meine Ratschläge wurden von meiner Frau nicht immer gut aufgenommen.

David Keirsey - Autor eines ausgezeichneten Buches mit dem Titel "Please Understand Me II" - legt einen vollständigeren, wenn auch einfachen Test zur Bestimmung unseres persönlichen Temperamentstyps vor. Sein neuestes Werk erweitert die Erklärung von Meyers und Briggs zur Theorie der Temperamentstypen, indem er darauf hinweist, dass der Grundtyp eines jeden von uns bis zu einem gewissen Grad mit einem Schwerpunkt oder einer Perspektive modifiziert werden kann, um den Grundtyp einer Person als Referenz für einen der anderen Typen zu sehen. Nach einer detaillierten Beschreibung der einzelnen Persönlichkeitstypen zeigt Keirsey auf, wie die verschiedenen Typen zusammenwirken. Wenn Sie die Beschreibung Ihres eigenen Typs lesen, haben Sie das Gefühl, als sei Keirsey Ihr Bruder oder der Nachbar von nebenan, der Sie persönlich kennt. Auf ein paar Seiten lernen Sie nicht nur sich selbst kennen, sondern auch Ihre potenziellen Konfliktbereiche. und ergänzen Sie Ihren Lebenspartner oder Mitarbeiter. Der Kauf dieses Buches bei Barnes and Noble für 17 Dollar war mir ein Semester an der Universität wert - und was mich erwartete, war lediglich ein Test, bei dem es kein Richtig oder Falsch auf jede Frage gab - und dann sechs Seiten zu lesen, die mich besser beschrieben, als meine eigene Mutter ihr Leben hätte ändern können.

Psychologen behaupten, dass wir unser Leben auf der Erde nur dann maximieren und unser volles Potenzial ausschöpfen können, wenn wir einen Weg einschlagen, der mit unserem Persönlichkeitstyp übereinstimmt. Die Forderung nach einem Verhalten, das nicht mit dem eigenen Typ übereinstimmt, kann zu einer Neurose führen.

Wir können nicht in den Schuhen eines anderen Menschen laufen. Wir müssen unseren eigenen Weg finden. Doch dazu müssen wir zunächst uns selbst verstehen. Um uns in unseren Beziehungen mit anderen zu verwirklichen, ist es sehr hilfreich zu wissen, welchen Persönlichkeitstyp wir haben und was das für uns bedeutet. Noch effektiver ist es, wenn wir auch den Persönlichkeitstyp derjenigen verstehen, mit denen wir eng zusammenarbeiten.

Idealisten

Ich habe meinen eigenen Typ, wie er ursprünglich von Meyers und Briggs definiert wurde, als Idealist identifiziert. Es ist ein sehr seltener Typ, der bei weniger als zehn Prozent der Gesellschaft zu finden ist. Nach Keirsey bin ich außerdem ein Idealist-Idealist, den er "Berater" nennt, weil ich keine anderen modifizierenden sekundären Merkmale habe. Ich sehe mich selbst nur durch eine idealistische Linse. Dieser Typus ist sehr selten. Weniger als ein Prozent unserer Gesellschaft sieht die Welt, indem sie Informationen auf dieselbe Weise verarbeiten. Die von Keirsey beschriebenen sechzehn verschiedenen Typen zu verstehen, ist eine wichtige Hilfe, um andere zu verstehen.

Idealisten sind nicht in der Lage, sich selbst zu sehen. Wir verlangen Anerkennung von anderen, um unseren eigenen Selbstwert zu finden, und müssen ständig nach Bestätigung suchen, so dass wir gezwungen sind, unser Leben damit zu verbringen, anderen zu geben, um von uns selbst Anerkennung zu erhalten. Obwohl Idealisten die Probleme anderer Menschen relativ natürlich lösen können, sind sie in der Regel nicht in der Lage, ihre eigenen Probleme ohne die Hilfe zu lösen. Obwohl Idealisten nicht in der Lage sind

Idealisten sehen leicht das Gesamtbild anderer und können komplexe Sachverhalte sofort in die für sie richtige Perspektive rücken. Ein Idealist sollte jedoch nicht mit Details belästigt werden, da er oder sie schnell eine Lösung finden muss. Idealisten sind frustriert, wenn eine Person eine Situation erklären muss, indem sie jedes Detail aufzählt.

Rationalisten

Meine Frau ist das genaue psychologische Gegenteil von mir; sie ist eine Rationalistin. Sie sind sogar noch seltener, da sie zusammen nur sechs Prozent der Gesellschaft ausmachen. Für Rationalisten, die sich selbst von innen heraus bestätigen können, ist die Auferlegung einer Verpflichtung, anderen zu dienen, äußerst frustrierend. Rationalisten dienen anderen aus freien Stücken, aber sie teilen nicht das zwingende Bedürfnis der Idealisten, dies zu tun, um sich selbst zu bestätigen. Sie tun es nur, weil es das Richtige für sie ist. Dieser Unterschied sorgt für interessante Diskussionen in unserer Beziehung.

Meine Frau muss jeden Schritt eines Prozesses für sich selbst vollständig verstehen, bevor sie zum nächsten übergehen kann. Stattdessen ziehe ich voreilige Schlüsse. Ich würde ihren Denkprozess frustrierend finden, aber für sie ist er unerlässlich. Die Wahrheit ist für sie wichtiger. Sie kann die Wahrheit nur herausfinden, indem sie jede einzelne Tatsache betrachtet. Für meine Frau ist der Weg wichtiger und lohnender als das Ziel. Sie ist so vertieft in das, was sie auf der Reise sieht, dass sie vergessen kann, dass sie unterwegs ist. Ich bin mit meinen Gedanken schon dort, aber ich kann mich nicht an den Weg erinnern, den ich zurückgelegt habe.

Wie die verschiedenen Typen miteinander in Konflikt geraten können

Wir entdeckten unsere Differenzen, als wir zum ersten Mal eine Geburtstagskarte für einen Freund kauften. Ich fand sofort eine Karte mit einer passenden Botschaft für den Freund, mit einem akzeptablen Design. Ich war bereit, die Karte zu kaufen und mit meinem Leben weiterzumachen. Meine Frau war jedoch nicht bereit, eine Karte zu kaufen, bevor sie nicht jede einzelne geprüft hatte, um sicherzugehen, dass die von uns ausgewählte Karte die beste war, die es gab. Wir enttäuschten uns gegenseitig, als wir im Laden vor den anderen standen. unsere unterschiedlichen Persönlichkeitstypen. Hätten wir nicht die Meyers/Briggs-Theorie entdeckt, hätte unsere Beziehung sicherlich nicht überlebt. Das ist eine ernste Angelegenheit.

Jetzt haben wir eine Vereinbarung getroffen. Wenn ich eine Karte finde, die mir gefällt, kann ich sie mir aussuchen. In der Zwischenzeit sieht sich meine Frau die anderen an. Wenn sie eine bessere Karte findet, bevor ich bezahlt habe, werde ich ihre Karte anstelle meiner Karte kaufen, ohne mich zu beschweren. Wenn ich meine bereits bezahlt habe, erklärt sich meine Frau bereit, mit dem Gefühl zu gehen, dass sie zumindest ihr Bestes getan hat. Wir sind uns bewusst, dass diese Lösung nicht perfekt ist, aber für uns funktioniert sie. Zumindest schämen wir nicht mehr vor den anderen.

Andererseits haben wir auch unsere eigenen Erfahrungen erweitert, indem wir die Welt mit den Augen der anderen gesehen haben. Wenn wir uns Zeit nehmen, um die Natur zu genießen, bin ich mehr daran interessiert, wie das, was wir sehen, in die natürliche Welt integriert ist. Meine Frau sieht einen Hasen auf dem Weg, bleibt stehen, um an den Blumen am Wegesrand zu riechen, und taucht ganz in die Umgebung ein, während ich eher nach dem Ende des Weges suche und mich frage, wohin er führt. Wir haben entdeckt, dass keiner von uns "falsch" ist, sondern einfach anders.

Shakespeare drückt es gut aus: Nichts ist richtig oder falsch, aber der Gedanke macht es so. Das Leben ist so viel reicher, wenn man es aus der Perspektive des anderen betrachten kann. Dies kann jedoch nur durch eine "Ich-Du"-Beziehung erreicht werden, ohne zu versuchen, die andere Person zu verändern.

Wächter

Eine andere Perspektive auf das Leben ist die der Wächter. Sie bilden die größte Anzahl von Persönlichkeitstypen, die Meyers und Briggs in etwa fünfundvierzig Prozent der Gesellschaft gefunden haben. Torwächter erwarten, dass sich jeder an "die Regeln" hält, und setzen alles daran, dies zu gewährleisten. Wächter sind großartige Lehrer, Polizisten, Hausfrauen, Pfarrer, Krankenschwestern und Ärzte, Berufe, in denen Zuverlässigkeit und das Bedürfnis, anderen zu helfen, ihre Hauptmerkmale sind.

Hauptanliegen. Sie tun Dinge an Ort und Stelle, ohne zu fragen, weil sie sich dazu verpflichtet fühlen, weil es "das Richtige" ist. Im Gegenzug sorgen auch dafür, dass andere ihre Arbeit tun. Vormünder brauchen jedoch ständig Lob für ihre Dienste, sonst nehmen sie es ihnen übel, dass sie dienen müssen.

Kunsthandwerker

Der Rest der Gesellschaft kann als Handwerker eingestuft werden. Menschen mit diesem Persönlichkeitstyp können die Welt ohne Einschränkungen sehen. Künstler machen etwa neununddreißig Prozent der Bevölkerung aus. Sie mögen keine Routine und können soziale Normen ignorieren, weil sie nicht akzeptieren, "innerhalb der Box" zu leben. Kunsthandwerker sind offensichtlich große Künstler, aber sie sind oft auch gute Musiker, Schauspieler, Publizisten oder Politiker. Viele Kunsthandwerker sind jedoch auch unverbesserliche Kriminelle und soziale Abweichler. Handwerker können sehr frustrierend für die Wächter sein, die glauben, dass niemand die Regeln ignorieren sollte. Ein Rationalist hingegen kann einen Handwerker ignorieren, wenn er nicht dazu gezwungen wird. Ein Idealist mag die Kreativität Handwerkers zu schätzen wissen, wird aber wenig Toleranz für jede Abweichung aufbringen, die nicht einem positiven Ziel dient.

Wie die verschiedenen Typen effektiv zusammenarbeiten

Wenn zum Beispiel ein kirchliches Abendessen organisiert wird, ist es Aufgabe der Tutoren, dieses zu organisieren. Aber schreiben Sie ihre Namen nicht falsch in der Kirchenzeitung! Wenn die Kirche dies nicht anerkennt, merkt es der Rationalist vielleicht nicht, aber der Idealist würde nicht mehr teilnehmen. Der Wächter würde sich darüber ärgern, aber aus Pflichtgefühl zähneknirschend weiter dienen. In der Zwischenzeit wären die Wächter wütend auf den Idealisten, weil er aufhört. Der Rationalist würde weiterhin den Abwasch machen und alle anderen ignorieren, die die Arbeit machen, nur weil sie gemacht werden muss. Die Handwerker kämen vielleicht nicht, um das Abendessen vorzubereiten, und wenn doch, dann würden sie Tische dekorieren.

Warum muss ich das wissen?

Was hat das alles mit der Qualität unseres Lebens zu tun? Alles. Erfolg kann nur persönlich gemessen werden. Wenn wir unsere Selbsterkenntnis steigern, erhöhen sich auch unsere Chancen auf ein erfolgreiches Leben. Nicht zu wissen, wer wir sind, macht uns verletzlich. Wenn wir davon ausgehen, dass andere aus unserer Perspektive oder von unserem Persönlichkeitstyp her denken, kann das für jede Beziehung katastrophal sein. Deshalb ist es für unser eigenes Glück unerlässlich, dass wir zuerst uns selbst kennen. Wenn wir die Unterschiede der anderen verstehen und wertschätzen, verbessert sich unsere eigene Lebensqualität.

Wenn unser Begleiter zum Beispiel anhält, um Blumen zu betrachten, können Idealisten auf zwei Arten reagieren: Sie können irritiert und ungeduldig werden, um ihr Ziel zu erreichen, oder sie können eine Gelegenheit sehen, ihren eigenen Horizont zu erweitern. Der eine Ansatz schränkt sein Leben ein, der andere bereichert es. Alles beginnt mit der aktuellen Einstellung. Ist der Idealist offen für neue Entdeckungen, oder ist er verschlossen und verpasst dadurch die Chance zu wachsen? Das Verständnis der Unterschiede zwischen uns und anderen kann unsere Erfahrungen nur erweitern und das Leben weit über das hinaus bereichern, was jeder von uns individuell erreichen könnte.

Der Rationalist fordert den Idealisten, Handwerker oder Wächter auf, "innezuhalten und an den Rosen zu riechen". Der Idealist erweitert die Horizonte und Ziele der anderen. Der Wächter kann sich durch den Handwerker authentischer, durch den Handwerker inspiriert und durch den Rationalisten wirklich verstanden fühlen, wenn sie anderen fleißig dienen. Der Handwerker kann Kunstwerke und Schönheit schaffen, an denen sich alle erfreuen können, und es macht ihm nichts aus, sich anders zu verhalten als andere. Die Interaktion mit jedem Typus wird zu einem anderen Ergebnis führen. Die Kombination von Persönlichkeitstypen in einer Beziehung fördert beide, aber nur, wenn jeder den anderen so akzeptieren kann, wie er in einer "Ich-Du"-Beziehung ist.

In Erweiterung der Meyers/Briggs-Theorie stellte Keirsey fest, dass zwar jeder von uns nur einen primären Typus hat, die meisten von uns jedoch ein vorherrschendes sekundäres Merkmal aufweisen. Dieses Merkmal schließt eines der anderen ein, das unseren primären Typus modifiziert und einen gewissen Einfluss auf unseren primären Typus hat. Der beste Weg, Menschen zu verstehen, besteht also darin, zu erkennen, welcher der sechzehn Kategorien sie angehören.

Wenn wir die psychologischen Typen verstehen, können wir die Möglichkeit verringern, dass eine persönliche Schwäche dominant wird und in unseren Beziehungen zu anderen Hindernisse verursacht. Wenn wir die einzelnen Kategorien verstehen, können wir die Qualität eigenen Lebens noch effektiver steigern. Andere können uns dabei helfen, neue Wege zu finden, um unsere eigenen Hindernisse zu überwinden, und zwar besser, als wir es allein je könnten. Wir haben eine Barriere aus einem bestimmten Grund geschaffen. Es ist notwendig, dass andere uns mit neuen Informationen versorgen, damit wir unsere eigenen Barrieren überwinden oder umschiffen können.

Indem wir unsere individuellen Stärken optimal nutzen und unsere Schwächen mit den Stärken anderer verknüpfen, können wir sowohl unsere eigene Existenz als auch unsere Beziehungen verbessern. Der Effekt ist wie eine Spirale. Wir sind besser in der Lage, unser eigenes Leben zu verwirklichen, wenn wir unseren Weg mit anderen teilen. Indem wir teilen, wachsen wir. In dem Maße, wie wir wachsen, sind wir besser in der Lage, unsere eigene Existenz zu verwirklichen und anderen zu helfen, ihre zu maximieren, aber nur, wenn wir bereit sind, anderen zu erlauben, sie selbst zu sein. Ein erfolgreiches Leben ist also eine Spirale, die durch unsere Beziehung zu anderen ständig wächst. Aber auch das Gegenteil ist der Fall. Deshalb lohnt es sich für uns, zu verstehen, was das alles für unser eigenes Leben bedeutet. Ein paar Minuten Lektüre von Keirsey können die Qualität des eigenen Lebens wirklich verbessern.

Kapitel 24
Warum sollten wir unser Leben
sinnvoll gestalten?

Viele von uns konzentrieren sich in ihrem Leben auf ihre finanziellen Gewinne. Lester und Maria Mondale, die bereits in der Einleitung zu Kapitel eins erwähnt wurden, haben gezeigt, dass unser wahrer Reichtum viel umfassender ist. Er umfasst unsere persönliche Entwicklung, d. h. unsere körperliche und geistige Gesundheit, die Freude an den Beziehungen, die wir zu anderen aufbauen, die Beherrschung neuer Fähigkeiten, die wir im Laufe unseres Wachstums erlernen, die Unterstützung, die wir von der Gemeinschaft, in der wir leben, erhalten, die Begeisterung für neue Erfahrungen. Und, wenn wir reifer werden, die Zufriedenheit, die wir empfinden, wenn wir lernen, anderen etwas zurückzugeben. All dies hilft uns zu wachsen und führt zu einem ausgeglicheneren, erfüllteren und reichhaltigeren Leben. Es ist das, was uns dazu bringt, voll lebendig zu sein.

Nach jahrelangem Nachdenken habe ich persönlich entdeckt, dass letztlich nur zwei Aspekte des Lebens für mich von Bedeutung sind. Erstens **hat unser eigenes Leben in dem Maße Bedeutung, in dem wir unser Glück teilen.** Indem wir die von Maslow formulierte Erfüllung erreichen, können wir den Gipfel unserer eigenen Existenz erreichen. Dies allein kann jedoch dazu führen, dass man egoistisch wird und die größeren Werte des Lebens verliert, die sich aus dem Teilen unserer Existenz mit anderen ergeben. Daher ist das zweite wichtige Element ebenso notwendig. Das sind die Menschen, die dann "Fully Alive" sind.

Kurz gesagt, **unser Leben ist insofern von Bedeutung, als die Welt durch unser Leben zu einem besseren Ort wird.** Wir sind also nicht nur dafür verantwortlich, unsere eigene Existenz zu verwirklichen, sondern auch dafür, anderen zu helfen, die höchstmögliche Lebensqualität zu erreichen, sowohl jetzt als auch in Zukunft. Durch gemeinsames

Handeln können wir weit mehr erreichen, als jeder für sich allein erreichen könnte. **Der gesunde Mensch hält das Gleichgewicht zwischen diesen beiden Werten aufrecht.**

Mein philosophischer Ansatz für das Leben entspricht der Maslowschen Bedürfnishierarchie. **Das Leben in vollen Zügen zu leben, indem wir unsere Existenz verwirklichen, macht unser Leben sinnvoll.** Wenn wir unsere eigene Existenz erweitern, indem wir über uns selbst hinauswachsen, so dass wir einen **Beitrag zum Leben anderer leisten** können, **macht dies unser eigenes Leben** für uns selbst sinnvoll. Es verleiht uns selbst und, was noch wichtiger ist, dem Leben der anderen einen immensen Wert. Dies ist Maslows sechste Ebene des Lebens.

Wir können viel dazu beitragen, indem wir gemeinsam an der Verbesserung unserer Lebensbedingungen arbeiten. Indem wir unsere Aufmerksamkeit auf konstruktive Probleme richten und Lösungen anbieten, erhöhen wir unser Bewusstsein für Möglichkeiten, zu dienen. wir uns selbst zum Handeln motivieren und auch andere zum Handeln bewegen können, wenn sich die Gelegenheit bietet, etwas zu bewirken.

Wie können wir dies alles anwenden?

Ich kenne einen geistig behinderten Menschen, dessen Leben von Goodwill Industries abhängt. Gäbe es sie nicht, könnte er sich unter den Obdachlosen wiederfinden und auf der Straße herumirren, da er sein Unterstützungsnetz verloren hätte, oder er würde nicht überleben. Aus eigener Kraft könnte er nicht über die Maslow'sche Existenzgrundlage hinaus existieren. Selbst jetzt, mit der kontinuierlichen Hilfe anderer, lebt er kaum auf der untersten sozialen Stufe, obwohl er mindestens zwei Stufen über dem liegt, was er allein erreichen könnte. Macht das sein Leben unbedeutend oder nicht lebenswert? Für ihn nicht.

Für meinen Freund ist seine eigene Existenz vielleicht das Einzige, was zählt, aber er kümmert sich um andere. Er hat das Gefühl, eine gute Tat zu tun, wenn er lächelt und jeden begrüßt, den er trifft. Er kennt keine Fremden. Er hat es nicht nötig, ein Buch zu schreiben oder Klavier zu spielen, um seinem Leben einen Sinn zu geben. Vielleicht fällt es mir sogar leichter als jedem anderen, den ich kenne, seine eigene Existenz zu verwirklichen.

Obwohl er einige intellektuelle Barrieren hat, schafft er nicht viele psychologische Barrieren. Nichtbehinderte Menschen haben andere Barrieren, wir übernehmen kulturelle Einschränkungen und setzen uns künstliche Ziele, die mein Freund nicht unbedingt wahrnimmt.

Und weil mein Freund ein so gutes Herz hat, können die Pfleger erkennen, dass sie ihr eigenes Leben verbessern, indem sie ihm helfen. Das Bemühen des Betreuers, das Leben meines Freundes zu bereichern, gibt ihm oder ihr ein Gefühl der Sinnhaftigkeit. Der Idealist empfindet Befriedigung, wenn er im Vorstand von Goodwill mitarbeitet oder Spenden für die Organisation sammelt. Der Rationalist findet einen Wert, wenn er Produkte kauft oder spendet, die im Goodwill-Shop verkauft werden. Ein Handwerker hat wahrscheinlich die Broschüre entworfen, die dazu beigetragen hat, Geld für die Einrichtung zu sammeln.

Der eigentliche Zweck des Engagements jedes Einzelnen besteht nicht nur darin, meinem Freund zu dienen, sondern auch darin, seine eigenen Bedürfnisse oder Ziele durch diese Bemühungen zu befriedigen. Jeder ist ständig bestrebt, seine derzeitige Position im Leben zu verbessern, sozial und wirtschaftlich, und sein Selbstwertgefühl zu steigern. Keine Handlung ist völlig uneigennützig. Wir sind auch motiviert, meinem Freund zu helfen, etwas zu erreichen, jeder auf seine Weise. Als Nebeneffekt wissen wir alle, dass wir etwas Sinnvolles für einen guten Menschen tun, der unsere Hilfe braucht.

Kapitel 25

Was können wir gemeinsam tun?

Eines der Ziele der formalen Bildung sollte darin bestehen, die kulturellen Barrieren abzubauen, die ein normales Wachstum und eine normale Aktualisierung verhindern, wenn nicht für die breite Öffentlichkeit (mit der wir zu kommunizieren versuchen), dann zumindest für die besser informierten Menschen, die solche Barrieren leichter erkennen. Da die Massen oft gleichförmig, wenn nicht gar unwissend sind, kann der organisierte Humanismus helfen, indem er den Weg zur Verwirklichung so entwickelt, dass er für diejenigen zugänglich ist, die genug Weitblick haben, um sich dessen bewusst zu werden, und für diejenigen, die bereit sind zu wachsen.

Das ist vielleicht das Beste, was wir mit der derzeitigen Generation von Senioren erreichen können. Aber es ist sehr wichtig. Hoffentlich werden ihre Kinder mehr Weitblick haben. Wir müssen ihnen die Möglichkeit geben, zu lernen und die offensichtlichen kulturellen Barrieren zu beseitigen, damit sie ihr Potenzial voll ausschöpfen können, wenn sie es versuchen. Nur sehr wenige Eltern können ihren Kindern dies ermöglichen. Wir können es. Das sollte ein Hauptziel des organisierten Humanismus sein.

Wenn man die Möglichkeit hat - ohne physische, kulturelle oder selbst auferlegte Hindernisse -, neigen die Menschen dazu, sich in ihrem eigenen Tempo und auf eigene Weise weiterzubilden, je nach ihrer Persönlichkeit, ihren Bildungsmöglichkeiten und ihren besonderen Bedürfnissen. Wir können nicht die gesamte Gesellschaft verändern. Aber die Möglichkeit muss gegeben sein, und die kulturellen und umweltbedingten Hindernisse, die dem Wachstum im Wege stehen, müssen erkannt und beseitigt werden (zumindest für diejenigen, die dazu in der Lage sind), damit jeder auf höchstem Niveau leben kann. Wir müssen nicht alle unser Leben verbessern, um erfolgreich zu sein, aber eine erfolgreiche Gesellschaft muss jedem Menschen die Möglichkeit dazu geben.

Viele Menschen fühlen sich im Recht und sind nicht bereites sich zu verdienen.

Unsere verfassungsmäßige Regierungsform, die in der Unabhängigkeitserklärung verkündet wurde, besagt, dass wir ein "Recht" auf Leben, Freiheit und das Streben nach Glück haben, aber sie verlangt nicht, dass unsere Regierung uns die Mittel zur Verfügung stellt, um dies zu erreichen. In der Erklärung steht nicht, dass wir ein Recht auf Glück haben. Nur, dass wir das Recht haben, es selbst zu erreichen. Unsere Regierung muss unsere Rechte schützen und rechtliche und institutionelle Hindernisse für Chancen beseitigen. Die Regierung darf nicht die Mittel zur Verfügung stellen, sonst hat es keinen Wert mehr für uns und wird als Recht erwartet. Um einen Wert zu haben, müssen wir ihn uns durch unsere eigenen Anstrengungen verdienen.

Niemandem sollte Erfolg garantiert werden. Das wird nicht funktionieren, und der Versuch, von anderen zu verlangen, dass sie uns Erfolg bescheren, birgt die Gefahr, faule Menschen zu schaffen. Wir müssen uns den Erfolg selbst verdienen, wenn er in unserem Leben einen Wert haben soll. Humanisten sollten sich dafür einsetzen, dass die Regierung die Würde aller Menschen bekräftigt und unterstützt, indem sie ihre Wohlfahrts- und Bildungspolitik dazu nutzt, die Eigenverantwortung und das Wachstum des Einzelnen zu fördern, anstatt die Leistungsempfänger in eine Abhängigkeit zu treiben, die sie letztlich daran hindert, ihr eigenes Leben zu verwirklichen.

Persönlichkeit Temperamentstypen

Unser Bildungssystem sollte berücksichtigen, dass ein sehr wichtiges kulturelles Hindernis darin besteht, dass der Öffentlichkeit nicht bewusst ist, dass es verschiedene Persönlichkeitstypen gibt und welche Auswirkungen dies auf das Verständnis hat. Wie bereits kann das Verständnis unserer Unterschiede im Denken und in der Motivation die Lebensqualität für alle verbessern, indem Missverständnisse zwischen Menschen mit unterschiedlichen Lebensauffassungen verringert werden und die Möglichkeit besteht, die Vorteile ihrer Sichtweise kennen zu lernen. Die Akzeptanz der Vielfalt anderer hat einen großen persönlichen Wert. Unterschiede zwischen uns zu verstehen und zu akzeptieren, kann uns helfen zu wachsen.

Verstehen Sie die Auswirkungen von Menschen, die auf anderen Ebenen Maslowschen Bedürfnishierarchie leben.

Ein weiteres Hindernis ist die begrenzte Fähigkeit der meisten Menschen, eine Beziehung zu Menschen aufzubauen, die auf anderen psychologischen Bedürfnisebenen leben. Selbst Regierungen arbeiten auf verschiedenen Bedürfnisebenen der Maslowschen Skala. Es ist zum Beispiel unrealistisch zu erwarten, dass die russische Öffentlichkeit, von der viele auf der hohen Sicherheits-/sozialen Mittelebene leben, die kulturellen Belange der Amerikaner versteht, die eher auf der hohen/ niedrigen sozialen Ich-Ebene leben. Man kann auch nicht erwarten, dass der typische afghanische Bürger, der auf der Sicherheitsstufe lebt, unsere Lebensweise zu schätzen weiß.

Man muss den Menschen zunächst beibringen, diese verschiedenen Ebenen zu erkennen und dann effektiver mit denjenigen zu sprechen, mit denen wir kommunizieren wollen, indem wir zuerst auf deren Lebensebene sprechen. Wie Maslows Test für das Verstehen eines Witzes oder die Wertschätzung von Musik muss die Kommunikation auf der niedrigsten Bedürfnisebene der Menschen beginnen, mit denen wir kommunizieren. Wenn man den Zuhörern beibringt, die Bedürfnisse anderer zu erkennen und zu verstehen, kann dies einen wesentlichen Beitrag zu einer sinnvollen Kommunikation leisten.

Was ist mit unserem derzeitigen Bildungssystem?

Ein weiteres Hindernis liegt in unseren Erziehungsmethoden begründet. Diese können wirksam in Frage gestellt werden, ohne dass das Glaubenssystem von irgendjemandem in Frage gestellt wird. Frank Goble, Autor von The Third Force, einem Buch, das Maslovs humanistische Psychologie weiter ausführt, schlägt eine Bildungsphilosophie vor, die das menschliche Bewusstsein optimiert. Er schlägt vor, allen Menschen dabei zu helfen, ihre eigenen Entscheidungen und Ziele zu schaffen, zu entwickeln und zu kontrollieren, und schlägt Mittel und Wege vor, ein Bildungssystem zu schaffen, das es allen Kindern ermöglicht, das Maximum ihrer Entwicklungsfähigkeit zu erreichen, und damit unser derzeitiges System zu verbessern, das zumindest in den grundlegenden Fächern von "Größe" ausgeht.

Frank Goble vertritt die Auffassung, dass ein Verständnis der humanistischen Psychologie dazu beitragen kann, frühe Bildungsangebote zu schaffen, die auf die Bedürfnisse jedes einzelnen Kindes zugeschnitten sind, anstatt auf vorgefertigte Bildungsmuster zurückzugreifen, die mit den individuellen Bedürfnissen vieler Kinder unvereinbar sind. Bei der Gestaltung Wenn wir unsere pädagogischen Strategien so gestalten, dass sie dem jeweiligen Temperamentstyp gerecht werden, können wir das Lernen der Kinder verbessern. Alle in eine quadratische Schachtel zu pressen, ist nicht zielführend, um das Wachstum zu maximieren. Wenn Goble Recht hat, könnte diese Änderung in der Art und Weise, wie wir an die Bildung herangehen, die Chancen unserer Kinder, ihre eigene Existenz voll zu verwirklichen, dramatisch verbessern - jedes auf seine Weise.

Erschwerend kommt hinzu, dass unsere Gesellschaft kein angemessenes Verhalten mehr von unseren Schülern verlangt. Unser kulturelles Gefälle schützt den einzelnen Schüler, aber Schüler, denen es an ausreichender Disziplin mangelt, werden von der heutigen Gesellschaft geschützt, was zu inakzeptablem Verhalten führt, das die Entwicklung anderer untergräbt, und unsere Schulbehörden unterstützen unsere Lehrer nicht, indem sie ihnen die Macht geben, ihre eigenen Schüler zu kontrollieren. Das ist einfach nur dumm.

Das Problem beginnt zu Hause. Viele Eltern schützen ihre Kinder und fordern keine Disziplin für negatives Verhalten. Unsere Gesetze schützen das Individuum und nicht das Schulsystem, was dazu führt, dass die derzeitige Abschlussquote an vielen High Schools beklagenswert ist. Die Schulbehörden müssen die Disziplin unterstützen, wenn sie positive Ergebnisse erwarten. Das Militär hat gezeigt, dass Disziplin die Einstellung und das Selbstwertgefühl verbessert und die Leistungen steigert. Dies ist ein gutes Modell für die Verbesserung unserer jungen Menschen, von viele kein Selbstwertgefühl haben. Das Ergebnis ist, dass unsere Gesellschaft immer weiter verfällt.

Wie können wir in unserem eigenen Leben etwas bewirken?

Die Botschaft für jeden von uns lautet, dass wir ganz wir selbst werden sollen, aber zuerst müssen wir uns selbst kennen. Nur dann können wir authentisch werden und eine sinnvolle Selbstverwirklichung erreichen. Maslow trug dazu bei, indem er ein Mittel zum Verständnis des Prozesses bereitstellte, durch den jeder von uns zur Erfüllung gelangen kann. Wir müssen die Ziele oder den Weg für uns selbst festlegen. Wie wir unser Leben einsetzen, um die Welt zu verbessern und unserem persönlichen Leben einen Sinn zu geben, ist für jeden von uns einzigartig. Jeder von uns muss damit beginnen, sich selbst zu verwirklichen, indem er seine eigene Lebensaufgabe definiert. Andernfalls werden wir vom Alltag oder von anderen Menschen definiert, und aufgrund kultureller Einschränkungen könnten wir leicht die Gelegenheit verpassen, unser eigenes Leben selbst zu verwirklichen. Es ist nie zu viel zu spät, um in unserem eigenen Leben wirklich etwas zu bewirken. Wir müssen die Qualität unseres eigenen Lebens ständig verbessern, und sei es um es zu verwirklichen. Wir werden bald lernen, dass dies am besten geschieht, wenn wir anderen dienen.

Wenn wir unser Leben mit anderen teilen, erweitern sich unsere Möglichkeiten. Wir können jetzt verstehen, dass es die Unterschiede in jedem von uns sind, die unser eigenes Leben herausfordernd und aufregend machen. Die Welt wäre ein langweiliger Ort, wenn wir alle gleich wären. Es ist nie zu spät, im Leben eines anderen Menschen etwas zu bewirken. Das sollte ein tägliches Ziel für jeden von uns sein.

Glück ist das Gefühl der Zufriedenheit, das wir erfahren, wenn wir momentan am Knotenpunkt unserer Bedürfnisse leben, während wir dem Weg zu unserer eigenen vollständigen Erfüllung folgen. Wenn alle unsere Bedürfnisse zur Ruhe gekommen sind und wir unsere eigenen verwirklicht haben, werden wir ein Gefühl der Erfüllung haben. Im Moment einer Gipfelerfahrung werden wir ein berauschendes und möglicherweise erschreckendes Gefühl des totalen Bewusstseins haben: Wir werden einen seltenen Einblick in unser persönliches Universum gewinnen, in Harmonie und Resonanz mit unserer eigenen Realität. In solchen Momenten wissen wir, dass wir erfüllt sind und dass wir den Weg zur Verwirklichung unseres eigenen Lebens gefunden haben.

Jetzt, da wir wissen, welche Bedingungen unsere Fülle hervorgebracht haben, wird es leichter sein, diese Bedingungen im Alltag vernünftig zu bewahren, indem wir unser Leben und alle unsere Bedürfnisse im Gleichgewicht halten. Dieser ausgeglichene Zustand erhöht unsere Fähigkeit zu weiterem Wachstum. Unser eigenes Wachstum muss unser ständiges Ziel sein. Indem wir wachsen, steigern wir unsere Fähigkeit, noch mehr in unserem Leben zu erreichen und unser eigenes Leben für andere sinnvoll zu gestalten. Wenn wir lernen, anderen selbstlos zu helfen, erfüllt unser Leben den Zweck unserer eigenen Existenz. Unser Leben wird in dem Maße sinnvoll sein, in dem die Welt durch unsere Anwesenheit zu einem besseren Ort wird. In dem Maße, in dem unsere Errungenschaften über unsere Lebenszeit hinaus Bestand haben, werden wir das erreicht haben, was für einen Humanisten die einzig gültige Form unserer eigenen Unsterblichkeit ist, von der wir mit Sicherheit wissen, dass sie wirklich existiert. Ein gewiss gültiges und sogar wissenschaftlich nachweisbares Leben nach unserem eigenen Tod - das auch für einen Humanisten existiert - ist unsere Reflexion über die Wirkung, die wir auf diejenigen haben, die uns folgen, und ob wir unsere Welt durch unsere Anwesenheit zu einem besseren Ort für sie gemacht haben. Nichts anderes ist von Wert nach unserem Tod. 25

Kapitel 26
Welche Werte sind letztlich für mein Leben wichtig?

Nur Sie können diese beantworten. Da Sie jedoch überlegen, was in Ihrem eigenen Leben wichtig ist, möchte ich Ihnen ein Beispiel geben. Ich habe oben bereits gesagt, dass für mich als Meyers-Briggs-"Idealist" nur zwei Aspekte des Lebens relevant sind:

(1) Mein Leben hat in dem Maße einen Sinn, in dem ich mich selbst verwirklichen kann; und

(2) Mein Leben wird in dem Maße sinnvoll sein, in dem die Welt ein besserer Ort ist, weil ich hier gewesen bin.

Um gesund zu sein, muss ich beides im Gleichgewicht halten.

Angesichts dieser Werte, die nur zwei von vielen sind, die zu einem erfolgreichen Leben führen, werden andere auf dieselben Umstände sehr unterschiedlich reagieren. Die Reaktion auf weitere Werte wird ebenso unterschiedlich ausfallen; es gibt also mehrere Ansätze für ein erfolgreiches Leben. Um diesen Punkt zu veranschaulichen, nehmen wir nur diese beiden:

Als Kunsthandwerker könnten Sie sagen: *"Mein Leben ist in dem Maße sinnvoll, in dem ich mich kreativ betätige und in dem ich mich für die Möglichkeiten des Lebens begeistere. Mein Leben ist sinnvoll, wenn ich ein einzigartiges und kreatives Werk geschaffen habe, das wirklich mein eigenes ist und von anderen wirklich geschätzt wird"*.

Ein Mentor könnte sagen: *"Mein Leben ist sinnvoll, wenn ich von den Menschen akzeptiert werde, die mich akzeptieren, wenn ich weiß, dass meine Familie und meine Lieben sicher sind, und wenn meine Welt in Ordnung* *ist. Mein Leben ist sinnvoll, wenn ich für das, was ich tue, verantwortlich bin, und wenn ich von anderen für das, was ich tue, geschätzt werde".*

Ein Rationalist könnte sagen: *"Mein Leben ist sinnvoll, wenn es friedlich ist, wenn ich weiß, was wahr ist, und wenn ich in der Welt voll funktionsfähig bin, zumindest in dem Maße, in dem ich mich in meiner Rolle wohlfühle. Mein Leben ist sinnvoll, wenn ich das Gefühl habe, dass mein eigener Beitrag erfolgreicher war als meine früheren Bemühungen, und wenn ich weiß, dass meine Bemühungen richtig sind und dass das, was ich glaube, wahr ist.*

Diese Aussagen sind vielleicht nur für den Moment gültig und ändern sich im Allgemeinen, wenn wir reifer werden und unsere Lebensaufgabe und mehr ins Zentrum rückt. Der jüngere Rationalist zum Beispiel ist vielleicht eher daran interessiert zu verstehen, wie er eine bestimmte Aufgabe bewältigen kann. Mit zunehmendem Alter nimmt das Bedürfnis nach Wissen zu, und es kann sein, dass sie wissen wollen, wie alles funktioniert. Auch die Ziele der anderen Persönlichkeitstypen ändern sich. Nichts Menschliches ist in Stein gemeißelt, und das sollte es auch nicht , einschließlich unserer eigenen religiösen und philosophischen Ansichten. Wir müssen immer weiter wachsen und offen für neue Möglichkeiten sein, um unser Leben so erfolgreich wie möglich zu gestalten.

Obwohl der Schwerpunkt des Lebens eines jeden Menschen "verbunden" ist, ist das, was wir als Individuen zu einem Zeitpunkt für wichtig halten, nur vorübergehend. Alle Wahrheit ist vorübergehend. Nur die Methode, mit der wir Informationen verarbeiten, bleibt im Laufe unseres Lebens einigermaßen konstant. Das können wir nicht ändern. Unsere individuelle Methode der Informationsverarbeitung ist nur ähnlich wie die anderer Menschen mit demselben psychologischen Temperament. Die Mittel, die wir zur Umsetzung unserer Handlungen einsetzen, unterscheiden sich jedoch von denen anderer, selbst von denen desselben Typs. Das liegt in der Regel an unserem Entwicklungsstand, unserer Reife, unserem Bildungsniveau und unseren eigenen früheren Erfahrungen. So erscheinen wir alle unterschiedlich, obwohl diejenigen, die demselben Temperamentstyp angehören, Informationen immer auf dieselbe Weise verarbeiten.

Glücklicherweise gibt es keine allgemeingültige Wahrheit, die jeder akzeptieren muss, keine einzige Antwort auf den Sinn des Lebens. Dennoch werden die meisten von uns weiterhin davon ausgehen, dass alle anderen uns verstehen, dass sie mit uns übereinstimmen und deshalb so denken müssen wie wir. Zum Glück ist das nicht der Fall. Stellen Sie sich vor, wie langweilig die Welt wäre, wenn alle zustimmen müssten. Unsere persönliche Grundsatzerklärung gilt nur für uns selbst, aber auch das sollte sich mit zunehmender Reife ändern. Es gibt nur sehr wenige absolute Wahrheiten, denen wir alle zustimmen können. akzeptieren. Die Tatsache, dass jeder anders an seine Verwirklichung herangeht, ist gut für die Gesellschaft, denn diese Unterschiede verbessern die Lebensqualität für uns alle, indem sie unsere Sichtweise erweitern.

Kapitel siebenundzwanzig
Was kann ich jetzt tun, nachdem ich entdeckt habe: Bin ich ein Humanist?

Wenn Sie können, betrachten Sie das Leben jetzt aus der Perspektive, dass dieses Leben wahrscheinlich das einzige für Sie ist. Was Sie als nächstes tun, ist sehr wichtig. Wenn Sie erkennen, dass Ihre Unsterblichkeit von dem kommt, was Sie hinterlassen - die Beiträge für diejenigen, die Sie überleben oder Ihnen folgen und deshalb wegen Ihnen besser leben, oder von dem Produkt oder der Familie, die Sie hervorgebracht haben -, dann beginnen Sie, das Leben aus der Perspektive von Maslows verwirklichter Existenz zu sehen. Ihre Motive mögen immer noch etwas egoistisch sein, weil Sie wollen, dass Ihr Leben etwas bedeutet, aber das spielt nur eine untergeordnete Rolle. Ihre Handlungen werden altruistisch, weil Sie sich vorgenommen haben, in dem Leben, das Ihnen noch bleibt, das Beste für zu tun. Sie können dazu beitragen, unsere Welt zu einem besseren Ort zu machen, ganz gleich, wie Sie sich entscheiden. Auch Sie können in der Welt von heute etwas bewirken. Sie tun es, um etwas Bleibendes für andere zu tun, nicht um sich selbst zu nützen.

Wie ich bereits sagte, erklärte John Shelby Spong, ehemaliger Bischof der Episkopalkirche von New Jersey: "Ich betrachte das zwanzigste Jahrhundert, das in vielerlei Hinsicht ein säkulares humanistisches Jahrhundert war. In diesem Jahrhundert fand die Emanzipation der Frauen statt, die koloniale Herrschaft über die weniger entwickelten Nationen der Dritten Welt wurde weitgehend beendet, die Bürgerrechtsbewegung brach der Rassentrennung das Genick, und Homosexuelle begannen, die Vorurteile zu überwinden, die sie daran hinderten, volle Zugehörigkeit und Gerechtigkeit in der sozialen Ordnung zu erreichen. Jedes dieser Ereignisse ist ein großer Erfolg. Eine Studie über die Geschichte dieses Jahrhunderts

... zeigt, dass die Mehrheit der christlichen Welt, ausgedrückt durch die Führung des institutionellen Christentums, sich gegen jede der diese Veränderungen. Eine Untersuchung der Geschichte dieses Jahrhunderts zeigt auch, dass diese Errungenschaften weitgehend durch die Arbeit säkularer humanistischer Kräfte erreicht wurden". Die Vision und die Führungsrolle von Humanisten machen auch heute noch einen Unterschied in der Welt.

Die meisten dieser Veränderungen in unserer Gesellschaft begannen, weil ein Humanist einen unerfüllten Bedarf sah und sich für die Lösung dieses Problems begeisterte. Sie waren bereit, die Aufgabe zu übernehmen und die nötige Führung zu übernehmen, um sie zu verwirklichen. Der eigentliche Punkt ist, dass jeder von uns einen echten Unterschied in der Welt machen kann, und Humanisten zeigen immer wieder, wassie tun können. Alles, was Sie tun müssen, ist, offen und empfänglich für den Beitrag zu sein, den Sie persönlich zu leisten bereit sind, um ein Problem zu lösen, das andere betrifft, als Sie es sehen.

Ihre Vision von der Lösung eines Problems und eine positive Einstellung, die etwas zur Verbesserung des Problems, das Sie sehen, beitragen kann, sind alles, was nötig ist, um den Prozess in Gang zu setzen. Sobald Sie sich engagieren, werden andere Menschen, die für die Verwirklichung Ihrer Lösung benötigt werden, sich Ihnen anschließen, wenn Sie Ihr Ziel erklären und sie in angemessener Weise um ihre Hilfe bitten. Das Ergebnis ist, dass Sie einen echten Unterschied machen können, der Sie überleben wird. Das ist eine reale Form Ihrer eigenen Unsterblichkeit, von der wir wissen, dass sie wirklich existiert.

Einer meiner Enkel, Braeden Stanley, ist ein Humanist der dritten Generation. Braeden besuchte die Drake University als Studienanfänger im Herbst 2011. Am Ende seines ersten Studienjahres meldeten er und zwanzig andere Studenten sich für einen dreiwöchigen Sommer-Auslandskurs an. Dieser Kurs wurde von drei Professoren geleitet, von einer in der ländlichen Gemeinde Kikandwa, Uganda, im östlichen Zentralafrika, geboren wurde.

Der Lehrer brachte die Schüler dorthin, um das Leben aus einer anderen Perspektive zu erleben. Drake hat sich zum Ziel gesetzt, "ein außergewöhnliches Lernumfeld zu schaffen, das die Schüler auf ein sinnvolles persönliches Leben vorbereitet, das zu beruflichem Erfolg und verantwortungsbewusstem Handeln in der Welt führt". Die Universität erklärte sich bereit, den Studenten einen College-Kurs anzurechnen; ihr Ziel war es, zu sehen, wie sie durch ihre Reise etwas bewirken konnten, und dass jeder Student einen Aufsatz schreiben konnte, in dem er seine Sichtweise darüber darlegte, was anderen zugute kommen könnte. In früheren Kursen hatten die Studenten von Drake Folgendes vorgeschlagen einen eigenen Plan, aus dem hervorging, was die Gemeinde, die sie in diesem Jahr besuchten, tun könnte, um die Lebensqualität ihrer eigenen Bürger zu verbessern. All ihre Bemühungen waren theoretischer Natur, meist ohne Rücksicht auf die fehlenden Mittel der Gemeinde, um die vorgeschlagenen Pläne zu verwirklichen. Die Ältesten in dieser Gemeinde, die Braeden besuchte, sahen ihren Hauptbedarf in einer Art medizinischem Zentrum.

Niemand hatte zuvor daran gedacht, dass sich die Studenten persönlich um die Bedürfnisse der Gemeinde kümmern könnten. In der ländlichen Gegend um Kikandwa lebten mehr als 30 000 Menschen. Die ugandische Regierung stellte zwar einige Kliniken in Uganda zur Verfügung, doch diese waren korrupt, unterbesetzt und schlecht gewartet. Die nächstgelegene kompetente Klinik befand sich in einem viele Kilometer entfernten Ballungsgebiet, und die meisten Menschen mussten zu Fuß gehen. Für eine Person konnte die Reise drei Tage dauern. Selbst für diejenigen, die ein Fahrrad hatten, war es mehr als eine Tagesreise, wenn man fit genug war, um dorthin zu gelangen. Im Herzen des ländlichen Ugandas gab es keine leistungsfähigen kommerziellen Verkehrsmittel, und selbst wenn es sie gab, konnte sie sich niemand im ländlichen Uganda leisten.

Braeden war beeindruckt, dass die Menschen in Kikandwa sehr aufgeschlossen und freundlich waren. Sie luden die Studenten von Drake in ihre Häuser ein und teilten mit ihnen das Wenige, das sie hatten. Viele hatten noch nie Weiße gesehen, geschweige denn Amerikaner. Die Studenten erfuhren, dass ein Mann seine schwangere Frau in eine weit entfernte Klinik gebracht hatte. Weil sie keine fünf Dollar hatten, um ein Geburtsset bestehend aus Handschuhen und Scheren zu kaufen, wollte die Klinik seine Frau nicht aufnehmen. Sie musste allein auf der Straße entbinden. Sowohl seine Frau als auch sein Baby starben. Das war zu viel für Braeden. Er beschloss, "eine medizinische Klinik in Kikandwa zu bauen, und wenn es ihn den Rest seines Lebens kosten würde".

Nachdem Braeden erklärt hatte, dass er persönlich die Verantwortung für die Deckung dieses Bedarfs übernehmen würde, schlossen sich ihm andere Schüler freiwillig an, um an diesem Projekt teilzunehmen. Ihre Lehrer fühlten sich gezwungen, sich ihnen anzuschließen. Innerhalb von drei Wochen trafen sich die Schüler mit den Verantwortlichen der Gemeinde, suchten einen Standort und entwickelten einen Plan. Im darauf folgenden Herbst kehrten sie nach Drake zurück und Braeden übernahm persönlich die Verantwortung für die Beschaffung der Mittel, die für den Bau des medizinischen Zentrums benötigt wurden, während andere Studenten die Herausforderung annahmen, zu entscheiden, was sonst noch benötigt würde und wie dieser Bedarf gedeckt werden könnte.

Eine der Schülerinnen war die Tochter des Direktors von Character Counts in Iowa. Er ist sehr aktiv in Rotary und leitet den Internationalen Ausschuss seines Clubs. Der Club erklärte sich bereit, mit dem Projekt der Drake-Schüler zusammenzuarbeiten. Damit war der Erfolg der Schüler gesichert. Braeden und andere Schüler kehrten während ihrer Januarferien nach Uganda zurück. Sie nahmen Kontakt zu einem Rotary Club in Uganda auf, der sich bereit erklärte, den Bau zu beaufsichtigen, und der über ein Mitglied verfügte, das Architekt war und die Pläne für das medizinische Zentrum zeichnete, sowie über einen Bauunternehmer, der einen Kostenvoranschlag erstellte und in der Lage war, es zu bauen.

Nach ihrer Rückkehr nach Drake zum Frühjahrssemester schlossen sich ihnen andere Drake-Studenten an, die ebenfalls mit früheren Klassen nach Uganda gereist waren. Sie alle trafen sich während des Schuljahres wöchentlich, um den Betrieb ihrer Klinik zu planen. Braeden und seine Mitstreiter schafften es, die erforderlichen Mittel aufzubringen. Am Ende von Braedens zweitem Schuljahr machten sie den ersten Spatenstich und begannen mit dem Bau ihres medizinischen Zentrums. Am Ende von Braedens drittem Jahr war das Kikandwa Medical Centre fast fertig, aber es fehlte an Personal und Material. Die Studenten fanden einen Arzt, der bereit war, die medizinische Leitung des Zentrums zu übernehmen, und arrangierten sich mit einer örtlichen

Methodistenkirche in Uganda, um Personal für ihre Einrichtung zu finden.

Um medizinisches Zentrum zu schaffen, bedarf es vieler verschiedener Elemente. Wenn man sich jedoch auf ein Ziel konzentriert, sieht man Möglichkeiten, die man sonst nie in Betracht ziehen würde. Diese Menschen in dieser Region Ugandas wollten eine Klinik. Sie wussten nur nicht wie. Als Braeden die anfängliche Führung übernahm und sich alle auf die Aufgabe konzentrierten, eine Klinik zu errichten, waren viele Gemeindemitglieder bereit, ihren Beitrag leisten, auch wenn sie nicht über das nötige Vermögen verfügten, um den Bau der Klinik zu finanzieren. Es braucht eine Führungspersönlichkeit mit einer Erfolgsvision, um eine Dynamik zu erzeugen. Die Dynamik zieht andere für die Sache der Führungskraft an

Der Anstoß von Braeden hat sogar mich betroffen. Ich war der Anwalt des Iowa Great Ape Trust, der sechs der einhundertdreißig afrikanischen Bonobos beherbergt, die heute weltweit in Gefangenschaft leben. Diese Bonobos denken etwa in der elften Klasse. Die Bonobos in Des Moines haben ihr ganzes Leben mit Menschen verbracht, die vom Tag ihrer Geburt an Englisch mit ihnen gesprochen haben, so dass sie uns leicht verstehen, wenn wir sprechen. Da sie keinen Kehlkopf haben, mit dem sie antworten können, haben sie einfach eine symbolische Sprache entwickelt, um mit uns zu sprechen.

Da Des Moines nun der einzige Ort auf der Erde ist, an dem Menschen eine intelligente Unterhaltung auf Englisch mit einer anderen Lebensform führen können, ziehen diese Bonobos Menschen aus der ganzen Welt an. Über diese Organisation fand ich glücklicherweise einen anderen Anwalt aus Minnesota, der ein gemeinnütziges Unternehmen vertritt, das überschüssiges medizinisches Material und gebrauchte Geräte von Krankenhäusern und Arztpraxen annimmt. Dieses Unternehmen hat es sich zur Aufgabe gemacht, diese gebrauchten Geräte und überschüssigen Materialien an bedürftige Krankenhäuser in Ländern der Dritten Welt zu verteilen. Als ich mich auf das Projekt von Braeden und seinem Partner konzentrierte, wurde mir klar, was diese Organisation für ihre Bemühungen tun könnte.

Die Klinik in Uganda war kein Krankenhaus, aber sie war ganz in der Nähe und hatte die gleichen Bedürfnisse. Ich stellte die Drake-Klinik in Uganda dieser Anwältin aus Minnesota vor, die von dem Projekt der Drake-Studenten sehr beeindruckt war. Sie willigte ein zu helfen. Die Studenten präsentierten ihren Fall dem Vorstand ihrer Mandantin und konnten medizinische Geräte und Verbrauchsmaterialien im Wert von mehr als 375.000 Dollar kostenlos erwerben, wenn die Studenten innerhalb der nächsten zwei Wochen weitere 15.000 Dollar für die Verschiffung eines 40-Fuß-Sattelanhängers voller Verbrauchsmaterialien aufbringen konnten. Obwohl es schon spät im Semester war, arbeiteten die Studenten fleißig daran, dieses Ziel zu erreichen. . Auf diese Weise würde Kikandwa 30.000 Menschen medizinische Dienste zur Verfügung stellen, die vor Braeden und seinem Besuch noch nie in ihrer Geschichte solche Dienste in Anspruch genommen hatten.

Drake U n i ve r s it y Präsident David Maxwell verkündete auf einer von Braeden organisierten Spendenaktion: "Damit kann ich mich unter den Universitätspräsidenten brüsten". Diese Region Ugandas hat jetzt keine Die medizinische Versorgung wird nur einen kurzen Fußweg von ihrem Wohnort entfernt sein.

30.000 Menschen, aber dank des Mannes, der Braeden inspiriert hat, werden die für die Geburt benötigten Hilfsmittel für diejenigen, die sie sich nicht leisten können, kostenlos sein, so dass keine Frau ihr Leben oder ihr Baby riskiert, weil sie aus Mangel an fünf Dollar keine Behandlung erhält.

Diese Klinik muss nachhaltig sein, aber die Verantwortlichen der Gemeinde haben sich darauf geeinigt, dass die medizinische Versorgung in der Klinik nur nach Maßgabe der Zahlungsfähigkeit der Menschen abgerechnet wird. Dank der kostenlosen Versorgung entwickelt sich diese Klinik zu einer der besten und beliebtesten medizinischen Einrichtungen in der Region.

Das Kikandwa Medical Centre wird leicht zugänglich sein und den Bedürfnissen der Menschen dienen, die nicht über die persönlichen Mittel verfügen, um sich die private medizinische Versorgung zu leisten, die sonst nur in den Metropolen der Welt verfügbar ist. Tausende von

Menschen auf der ganzen Welt werden heute ein besseres Leben haben, weil ein Humanist sich um sie kümmerte und die Vision und den Mut hatte, sich dafür einzusetzen, einen Bedarf zu decken. Es braucht nur die Führung einer einzigen Person, um die Dynamik in Gang zu setzen, die nötig ist, um eine Aufgabe zu erfüllen. Auf diese Weise können alle Humanisten heute einen echten Unterschied in der Welt machen, jeder auf seine Weise. Alles, was es braucht, ist, sich für etwas zu begeistern, das über uns selbst hinausgeht.

Vor kurzem besuchte einer von Drakes Lehrern die Kikandwa-Klinik. Was er an Drake schrieb, sagte für mich alles:

"Grüße aus Uganda! von Dr. Deb Bishop, Associate Professor of Practice in Management an der Drake University, Direktorin (E-Mail-Nachricht vom 9. Juni 2015) Das Treffen mit Baby Rebecca heute Nachmittag hat sich gelohnt!!!!! Ich habe mich heute mit zwei Studenten mit Dr. Dickson in Mukono getroffen.

Auf dem Rückweg kommen wir durch Kikandwa. Wir betraten die Krankenstation, die drei Krankenhausbetten und ein winziges Babybett enthält. In diesem Bettchen schlief ein kleines Mädchen namens Rebecca, das erst ein paar Monate alt war. Sie schlief friedlich. Sie kam seit ein paar Tagen in das Gesundheitszentrum, am ersten Tag war sie schwer krank. Dank der Laborgeräte und -materialien wurde bei ihr Malaria und eine Lungenentzündung diagnostiziert. Alle

Tag hat ihre Mutter sie für den Tag an einen Tropf gehängt. Als wir dort standen, öffnete Rebecca ihre Augen, und mir kamen die Tränen in die Augen. Es war ein unglaublicher Anblick: ein wunderschönes kleines Leben gerettet und . Das allein war schon alles wert, was wir getan haben.

Es gibt noch viel zu tun. Die Elektrizität sollte diese Woche fertig werden. Sie haben im Moment keine Nachtbetreuung, und das wird eine große Hilfe sein. Bitte leiten Sie dies an alle weiter, die es wissen wollen. Vielen Dank, Dr. Deb Bishop.

Diese Nachricht hat mich beeindruckt, weil sie mir zwei Dinge sagte:

1. Die Wirkung, die Braeden erzielte, indem er erklärte, er werde "den Rest seines Lebens damit verbringen, dafür zu sorgen, dass diese Menschen eines Tages eine moderne medizinische Versorgung erhalten". Nachdem er diese Verpflichtung eingegangen war, erklärten sich andere Studenten und Dozenten von Drake, die die Reise sponserten, bereit, sich ihm anzuschließen. Bald schlossen sich auch andere, darunter Rotary Clubs, den Bemühungen an. Das machte sein Ziel möglich. Vier Jahre später wurde sein Traum Wirklichkeit, und er macht heute einen echten und ernsthaften Unterschied in der Welt.

2. Für die Ugander ist ihre Krankenstation das Wichtigste, was sie heute haben. Die Krankenstation war jedoch nur vorübergehend in Betrieb, hatte keinen Strom und verfügte möglicherweise nicht über einige der grundlegenden Ressourcen, die wir für selbstverständlich halten. Wir würden protestieren, wenn das Licht ausginge, wenn es kein Wasser gäbe oder wenn es keine Zahnpasta gäbe. Sie sind froh, dass sie sofortigen Zugang zu medizinischen Leistungen haben, die sie noch nie in ihrem Leben hatten. Vielleicht sollten wir unsere Prioritäten überdenken, wenn wir unser Leben mit dem der meisten anderen Menschen in unserer Welt vergleichen.

Obwohl ihre neue Klinik aus unserer Sicht noch nicht perfekt ist, ist sie für sie "wunderbar". Sie sind begeistert von dem, was sie heute haben, weil sich ein Drake-Student für ihre Bedürfnisse eingesetzt hat. Die kleine Rebecca, die wahrscheinlich nicht überlebt hätte, ist heute am Leben, weil Braeden sich um sie gekümmert hat. Als sie

Entscheidung hatte er die Beharrlichkeit, sein Ziel zu erreichen. **Einer der beiden Leitgedanken meines Lebens ist, dass unser Leben in dem Maße wichtig wird, in dem die Welt besser ist, weil wir hier waren.** Das ist eine akzeptable Form der Unsterblichkeit, selbst für einen Humanisten. Dafür wird Braeden ewig leben.

Braeden sah einen Bedarf und erklärte sich bereit, diesen als sein persönliches Ziel zu lösen. Zu diesem Zeitpunkt hatte er keine Ahnung, was er erreichen würde. Er wusste nur, dass er sein Leben diesem Ziel widmen würde. Sobald er diese Verpflichtung eingegangen war, sah und ergriff er jede Gelegenheit, die das Projekt bis zu seiner endgültigen Lösung voranbrachte. Er stellte einfach die Führung, um sein Ziel zu erreichen. Andere waren nötig, um es zu verwirklichen. Er konzentrierte sich auf das Ergebnis. Das öffnete ihm die Türen zu anderen, deren Fähigkeiten und Talente für die Verwirklichung seines Ziels benötigt wurden.

Braeden motivierte mich zu helfen, als ich die Möglichkeit sah, die für den Betrieb seiner Klinik erforderlichen medizinischen Geräte und Materialien bereitzustellen. Alles, was es braucht, ist eine Person, die die Vision und die Führung hat, um diese Dinge gemeinsam zu verwirklichen. Dank seines Engagements hat Braeden heute die Welt für mehr als 30 000 Menschen verändert, die seinen Namen nicht kennen, deren Leben sich aber durch seine Anwesenheit verbessert hat. Sie können das auch, wenn Sie die Augen öffnen, einen Bedarf sehen und sich engagieren. Aber um das zu tun, müssen Sie sich dazu verpflichten. Das ist es, was Humanisten tun, und deshalb ist unsere Welt heute ein besserer Ort, weil wir gelebt haben. Jeder von uns schafft sich seine eigene Unsterblichkeit. Das können auch Sie.

Wenn Sie das Leben aus einer humanistischen Perspektive betrachten, werden Ihnen die Augen geöffnet. Sie werden Möglichkeiten sehen, zum Leben anderer Menschen beizutragen, für die Sie sonst nur ungern Energie aufwenden würden. Der Glaube daran, dass dieses Leben alles ist, was es für Sie gibt, motiviert Sie, jeder Hinsicht das Beste daraus zu machen.

Ein weiteres Beispiel dafür, was ich tun könnte

Die Freimaurer-Bruderschaft ist die größte Bruderschaft der Welt. Derzeit gibt es vier Millionen aktive Freimaurer in der Welt, davon zwei Millionen in den Vereinigten Staaten. Die Bruderschaft ist auch die größte Philanthropie der Welt. Allein in den Vereinigten Staaten spenden die Freimaurer täglich zwischen zwei und drei Millionen Dollar für wohltätige Zwecke, ohne dass ein Freimaurer auch nur einen Pfennig beisteuern muss. Ich bin Freimaurer im 33. Grad, dem höchsten Grad der Freimaurerei. Ich aß bei einer freimaurerischen Veranstaltung mit dem

Potentaten (Präsidenten) unseres örtlichen Schreintempels zu Abend. Er erzählte mir, dass die 22 Kinderkrankenhäuser des Heiligtums heute ein ernstes Problem haben, weil die Krankenhausbevölkerung nicht mehr für den Unterhalt des Krankenhauses aufkommt.

Die Freimaurerei ist völlig ernst. Das Heiligtum ist eine Parodie der Freimaurerei. Die Freimaurerei ist über siebenhundert Jahre alt. Der Schrein wurde Mitte des neunzehnten Jahrhunderts in den Vereinigten Staaten gegründet, um den Freimaurern eine "Spaßorganisation" zu bieten. Nach vielen Jahren exzessiven Vergnügens auf ihren jährlichen Kongressen kamen sie überein, dass sie einen positiven Zweck verfolgen sollten, der unserer Gesellschaft zugute kommt. Vor einhundert Jahren bauten sie 22 Krankenhäuser im ganzen Land. Heute kümmern sie sich hauptsächlich um Kinder mit orthopädischen Problemen und schweren Verbrennungen. Abgesehen von ihrer Versicherungsdeckung wird den Familien der betreuten Kinder nichts für ihre Behandlung berechnet. Ich habe erfahren, dass sie allein im Jahr 2018 345.000 Kinder betreut haben.

Ich bin seit 50 Jahren ehrenamtlich in den Gremien von Krankenhäusern tätig, während meiner gesamten juristischen Laufbahn. Ich habe das Problem sofort erkannt. Das Sanctuary arbeitete nach einem 40 Jahre alten medizinischen Modell, das nicht mehr tragfähig war. Heute müssen 85 % der Kinder, die dort behandelt werden, ambulant behandelt werden. An einem bestimmten Tag müssen nur wenige der Kinder in jedem ihrer Krankenhäuser über Nacht stationär behandelt werden, selbst nach einer Operation. Je mehr ich über die Notlage des Sanktuariums nachdachte, desto mehr sah ich eine perfekte Lösung.

Nachdem ich die Zustimmung des Präsidenten des Blank Children's Hospital erhalten hatte, trug ich meine Idee dem Präsidenten des UnityPoint Hospital - Des Moines, wo ich seit vierundzwanzig Jahren in mindestens einem der Vorstände tätig bin. Dem Vorstand von UnityPoint gehören sechs Krankenhäuser in Zentral-Iowa, eines davon ist das Blank Children's Hospital. Blank ist das einzige Krankenhaus, das während des Zweiten Weltkriegs gebaut wurde, und es bedurfte eines persönlichen Akts von Präsident Roosevelt, damit es gebaut werden konnte. Ich war froh, dass es gebaut wurde. Als ich neun Jahre alt war, am Ende des Krieges, hat dieses Krankenhaus mein Leben gerettet. Ich war ihm etwas schuldig.

Ich erklärte, dass ich dem Heiligtum die Schaffung einer besseren Möglichkeit der Gesundheitsfürsorge anbieten wollte, indem ich die erste Heiligtums-Kinderklinik im Blank's Children's Hospital einrichten würde. Auf diese Weise würde das Heiligtum sehen, dass es seine Dienste für Kinder in bestehenden Gemeinschaftseinrichtungen, die näher an jedem seiner Heiligtümer liegen, besser anbieten kann.

Anstatt also 80 % seines Budgets für nicht mehr benötigte Gebäude auszugeben, könnte der Schrein den ungenutzten Teil seiner Krankenhäuser in freimaurerische Pflegeheime umwandeln, die seine derzeitigen Krankenhauseinrichtungen finanzieren würden. Der Präsident von UnityPoint Health System, dem Eigentümer des Blank Children's Hospital Systems, war von der Idee begeistert.

Anstatt also die Hierarchie des Sanktuariums von der lokalen Ebene aus zu durchlaufen und Hunderte von uninformierten Leuten von einer Entscheidung zu überzeugen, rief ich persönlich den Internationalen Kaiserlichen Potentaten ("Präsident") an und trug ihm meine Idee vor. Er dachte darüber nach, was ich sagte, und sagte: "Wissen Sie, das könnte funktionieren". Er stellte meine Idee seinem Vorstand vor, und sie waren sich einig, dass sie eine Überlegung wert war. Sie schickten fünf ihrer leitenden Mitarbeiter aus ihren warmen Büros in Südflorida während eines Schneesturms mitten im Januar 2019 nach Iowa (wenn in Iowa zu dieser alle in die andere Richtung fahren), und was sie sahen, gefiel ihnen.

Blank hat eine bemerkenswerte Geschichte zu erzählen. So konnte Blank beispielsweise die sieben McCaughey-Kinder retten, die zur gleichen Zeit von einer einzigen Frau geboren wurden, obwohl jedes von ihnen bei der Geburt nur ein halbes Kilo wog. Heute sind sie sieben gesunde Erwachsene. Das Sanktuarium arbeitete mit dem Personal des Blank-Krankenhauses zusammen, um diese neue Modell-Kinderklinik zu verwirklichen.

Dieses Modell hat sich als sehr erfolgreich erwiesen. Innerhalb der ersten zwei Jahre waren die Räumlichkeiten der Klinik überfüllt. Wäre das Shine klug, hätte es dieses Modell übernommen, und alle anderen Sanctuary-Einheiten hätten ihre eigene Mineral-Klinik, die ihnen sofort zur Verfügung stünde. Diese Kliniken ermöglichen den Zugang zu medizinischer Versorgung in einer Gemeinde in der Nähe der Kinderheime, anstatt das Problem zu haben, das die Schreinereinheit in Des Moines früher hatte, nämlich dass die Schreiner gezwungen waren, ein Kind zu Hause abzuholen und es in ein Krankenhaus in Minneapolis, Chicago oder St. Paul zu bringen. Und, wie ich schon sagte, könnte der Schrein den nicht ausgelasteten Teil seiner Krankenhäuser in Pflegeheime für Freimaurer umwandeln, die für die Instandhaltung der Ziegel und des Mörtels aufkommen würden, die vorher ihr Budget aufzehrten.

Mit den Geldern, die nicht mehr für den Unterhalt der Krankenhäuser benötigt werden, könnte das Sanktuarium dann alle Kinder versorgen, unabhängig von ihrem medizinischen Bedarf. Davon profitieren alle. Aber es sind die Kinder, die am meisten profitieren. Stattdessen kämpfen die lokalen Krankenhausvorstände des Heiligtums heute darum, ihre derzeitige Struktur beizubehalten, damit die Vorstandsmitglieder ihre Rolle spielen können, obwohl sie nicht in der Lage sind, ihre eigenen Haushaltsprobleme zu lösen. Ein Mangel an effektivem Wachstum ist jedoch die Folge eines Mangels an effektiver Führung. Organisationen, die einfach so weitermachen wie bisher, auch wenn sich die Zeiten ändern, weil die Gesellschaft sich weiterentwickelt, werden in der Folge immer schlechter.

Wenn sie richtig geführt wird, sollte die Des Moines Shrine Clinic in der Lage sein, das öffentliche Image des Heiligtums in der Gemeinde von Des Moines zu verbessern, was zu einem Anstieg der Mitgliederzahlen führen sollte, da mehr Menschen daran teilnehmen möchten. Und im Gegenzug wird der örtliche Schrein-Tempel mit Stolz für seine Klinik im Blank Children's Hospital werben, um sein Image in der Öffentlichkeit zu verbessern. Durch die Bereitstellung einer hochwertigen Versorgung für "ihre Kinder" in der BlankKlinik gewinnen alle, vor allem aber die Kinder, die von Shrine Children's Clinics betreut werden.

Warum hat kein anderer Heiliger daran gedacht, dies zu tun? Erstens, weil sie nicht den Hintergrund haben, um zu sehen, wie all die Teile des Puzzles, die zur Lösung dieses Problems benötigt werden, so reibungslos zusammenpassen. und zweitens, selbst wenn sie darüber nachdachten, wussten sie nicht, dass sie es tun konnten. Ich bin Mitglied des Sanctuary und war Mitglied des Verwaltungsrats von UnityPoint Health. Ich bin seit fünfzig Jahren ehrenamtlich in den Vorständen von Krankenhäusern tätig, und mir wurde klar, dass das Problem darin bestand, dass sie nach einem 40 Jahre alten medizinischen Modell arbeiteten. Und ich kannte die Leute persönlich, die das Problem lösen konnten. Mit anderen Worten: Ich konnte alle Teile dieses Puzzles sehen. Aber das alles geschah nur, weil ich bereit war, etwas zu tun, um das Problem zu lösen.

Ich verdiene meinen Lebensunterhalt damit, alle Teile des Puzzles zusammenzufügen, um Probleme zu lösen. Als Anwalt löse ich in meiner Praxis komplexe strukturelle, beziehungsbezogene und rechtliche Probleme für meine Geschäftskunden. Das Ergebnis ist, dass fünf meiner Klienten, denen ich bei der Gründung in ihrer Garage geholfen habe, heute weltweit führend in ihrem Bereich sind. Das liegt nicht daran, dass ich großartig bin. Sondern weil ich als "Idealist" in der Lage bin, mich darauf zu spezialisieren, wie ich meinen Kunden helfen kann, ihre Chancen zu maximieren. Da ich mich selbst jedoch nicht sehen kann, kann ich für mich selbst nicht das tun, was ich für meine eigenen Kunden erreichen kann. Deshalb spiele ich in den Sandkästen der anderen.

Nur um Ihnen ein weiteres Beispiel dafür zu geben, wie einfach es ist, Chancen zu finden. Ich erreiche mehr, wenn ich das Leben und die Möglichkeiten, die es um uns herum gibt, vom Standpunkt eines Humanisten aus betrachte, weil ich sie aktiv suche. Damit soll die Freimaurerei nicht falsch dargestellt werden, denn sie tut mehr Gutes als jede andere nichtreligiöse gemeinnützige Organisation in , sondern es soll gezeigt werden, wie wichtig eine effektive Führung für den Erfolg jeder Organisation ist. Ich vertrete seit Jahren den Freimaurerfriedhof von Des Moines. Da die Mitgliederzahlen der Freimaurer zurückgingen, gingen auch ihre Ressourcen und ihr Markt zurück. Die Instandhaltung des Friedhofs war aufgrund des sinkenden Cashflows und der steigenden Kosten gleich Null. Sie hatten nur einen

Vollzeit- und einen Teilzeitmitarbeiter, um die eine Quadratmeile große Rasenfläche zu mähen und alle Gräber zu öffnen und zu schließen. Ich habe dem Vorstand seit Jahren gesagt, dass sie das Eigentum an ihrem Friedhof an die Stadt Des Moines übertragen müssen, um ihn zu erhalten. Die Friedhofsverwaltung hat mich ignoriert. weil sie das kostenlose Abendessen und die Getränke vor den monatlichen Treffen sehr genossen haben.

Einige Jahre später, als der Löwenzahn auf dem Grab meiner Mutter so stark wuchs, dass ich nicht mehr in der Lage war, es zu reinigen, wurde ich schließlich wütend und schrieb einen bösen Brief an die Friedhofsverwaltung. Zu diesem Zeitpunkt kannte mich keines der Mitglieder, aber glücklicherweise brachten sie meinen Drohbrief zu den beiden Freimaurerlogen, denen der Friedhof gehörte, und die Leiter dieser Logen wussten, wer ich war, so dass sie dem Vorstand sagten, sie müssten tun, was ich sagte. Die Logen stimmten dafür, mir zu erlauben, den Friedhof der Stadt zu übergeben.

Ich wusste, wenn ich das Grünflächenamt angerufen hätte, das die städtischen Friedhöfe verwaltet, und ihnen gesagt hätte, was ich tun wollte, hätten sie einen Blick darauf geworfen und gesagt: "Zur Hölle, NEIN!", denn der Zustand des Friedhofs war bereits so schlimm. Stattdessen rief ich den Bürgermeister an und sagte ihm, dass die Stadt sich bald blamieren würde, wenn er mein Angebot, den Friedhof zu übernehmen, nicht annehmen würde. Er besichtigte ihn und akzeptierte. Dann bat ich ihn, eine Sitzung des Parkausschusses einzuberufen, um ihm mitzuteilen, dass ich möchte, dass sie den Friedhof behalten. Sie taten alles, was sie konnten, um den Bürgermeister schnell zufrieden zu stellen. Letztes Jahr übernahmen sie den Friedhof und heute gibt es keinen Löwenzahn mehr auf meinem Grab. Um dem Ganzen noch das Sahnehäubchen aufzusetzen, wollte die Stadt das Haus am Eingang des Friedhofs, das früher vom Friedhofsverwalter genutzt wurde, nicht haben. 75.000 Euro, die sie sonst nicht hätten, und sie laufen nicht mehr Gefahr, die Erneuerung von Friedhofswegen finanzieren zu müssen, die ihnen nicht mehr gehörten. Heute sind also alle mit diesem Ergebnis zufrieden. Ich will damit sagen, dass jeder von uns positive Veränderungen herbeiführen kann, wenn wir uns umschauen und bereit sind, zu handeln, wenn wir eine Gelegenheit sehen, so wie es Braeden in Uganda getan hat.

Dies geschah nicht, weil ich etwas Besonderes bin. Es geschah, weil ich eine Gelegenheit sah, ein Problem zu lösen, das anderen zu einem besseren Leben verhelfen wird, insbesondere denen, die nach mir leben werden. Der Humanismus unterscheidet mich davon, das Leben nur unter dem Gesichtspunkt zu betrachten, was gut für mich ist, ganz im Gegensatz zu den vielen Menschen, die heute ihr Leben nur unter dem Gesichtspunkt der Selbsterhaltung betrachten. Es geschah, weil mein

Meine Lebensperspektive befindet sich auf der Ebene der Maslowschen Hierarchie, wo die Gelegenheiten, die ich sehe, um etwas zu bewirken, vielleicht keinen persönlichen Nutzen haben. Bei Shrine Children's war ich in der einzigartigen Lage, alle Teile des Puzzles zu sehen, also habe ich gehandelt. Sie sind ein einzigartiger Mensch, und Sie werden Möglichkeiten sehen, die ich vielleicht nicht sehe. Der Unterschied zwischen uns liegt vielleicht darin, wie Sie reagieren.

Wenn sich Gelegenheiten ergeben, werden Sie erkennen, dass Sie etwas tun können, um das Problem, das Sie sehen, zu lösen, wenn Sie die Verantwortung übernehmen, um Veränderungen herbeizuführen. Hoffentlich sind Sie jetzt motiviert, die Welt wirklich zu verändern, wann immer sich Ihnen eine Gelegenheit bietet. Wenn Sie das tun, werden Sie einen großen Unterschied in Ihrem Leben machen und durch die Lösung dieses Problems Ihre Unsterblichkeit in einer Weise erhöhen, die weit über das hinausgeht, was Sie vor dem Lesen dieses Buches erreicht hätten.

Denken Sie an meine kleinen Beispiele. Was die Sanctuary Clinic im Blank Children's Hospital für Blank getan hat, ist, dass ihre Klinik Blank hilft, Kinder auf einem Niveau zu versorgen, das er sonst nicht in der Lage wäre. Vor der Hilfe von Sanctuary verfügte Blank nicht über die Erfahrung, die Ausrüstung oder das Talent, um Kinder mit schweren orthopädischen Problemen zu behandeln. Heute werden alle Kinder mit solchen Problemen betreut. Außerdem zahlt das Heiligtum für die Versorgung aller Kinder, so dass sich das Krankenhaus keine Sorgen um die Bezahlung machen muss. Der örtliche Tempel des Heiligtums wird Blank vermarkten, ohne dass dadurch Kosten für das Budget von Blank entstehen. Noch wichtiger ist, dass die Kinder in einer Einrichtung, die erfolgreich Dienstleistungen erbringen kann, gut versorgt werden, ohne dass sie zu Qualitätsärzten außerhalb des Staates reisen müssen, um ihre Bedürfnisse zu erfüllen. Es ist eindeutig eine Win-Win-Situation für alle.

Ich hoffe, dass die anderen vier Heiligtumstempel in Iowa nach diesem Erfolg ihre eigenen Beziehungen zu bestehenden medizinischen Zentren in ihrer Gemeinde aufbauen wollen, um ihre Kinder zu versorgen. Was ich wirklich gerne tun würde, ist, ein Feuer im ganzen Land zu entfachen, so dass wir in Zukunft Heiligtums-Kinderkliniken haben können, in denen Kinder mit allen medizinischen Bedürfnissen in der Nähe ihrer eigenen Familien betreut werden können und die allen örtlichen Heiligtumstempeln sofort zur Verfügung stehen. Das Heiligtum

Wir sind sehr stolz auf St. Jude, weil es unseren Kindern zugute kommt. Die Frage, wie man andere Menschen oder sogar lokale Gremien, die eine Einrichtung ohne nennenswerte betriebswirtschaftliche Kenntnisse leiten, übertreffen kann, ist ein fruchtbarer Boden für Sie, um etwas zu bewirken. Ein lokaler Kirchenvorstand nimmt vielleicht nur teil, weil er seine kostenlose Mahlzeit genießt, und erkennt erst dann den Nutzen, den eine Veränderung für die Einrichtung, der er dient, haben kann. Ihr Engagement kann sehr viel bewirken, indem Sie ihnen helfen, Probleme zu lösen, die sie nicht sehen. Mit dem, was Sie jetzt wissen, sollten Sie bereit sein, nach unseren eigenen Möglichkeiten zu suchen, etwas zu bewirken. Wenn Sie die Augen offen halten und eine aufgeschlossene Haltung einnehmen, wird sich eine solche Gelegenheit direkt vor Ihnen auftun. Sie haben nun die Perspektive und die Motivation zu handeln, wenn Sie eine Gelegenheit sehen, etwas zu verändern. Ich habe Ihnen gerade einige Beispiele genannt. Sie werden sehen, dass Sie selbst etwas in der Welt bewirken können, das Sie überdauern wird. Das ist eine Form der Unsterblichkeit für Sie, von der wir wissen, dass sie wirklich existiert.

Ich will damit sagen, dass jeder von uns einzigartige Fähigkeiten und Einblicke in etwas hat. Da Sie nun als Person motiviert sind und nach Möglichkeiten suchen, in Ihrem Leben etwas zu bewirken, werden Sie wissen, wann Sie eine Gelegenheit sehen, bei der Sie einen Mehrwert schaffen können. In dem Maße, in dem die Welt durch Ihre Anwesenheit zu einem besseren Ort wird, werden Sie Ihre eigene Unsterblichkeit erreicht haben. Wenn Sie motiviert sind, etwas zu tun, müssen Sie nur die Augen öffnen und nach Möglichkeiten Ausschau halten, wo auch Sie etwas bewirken können. Selbst wenn dies die einzige Form der Unsterblichkeit ist, wissen wir mit Sicherheit, dass es sie gibt. Die Suche nach Möglichkeiten, im Leben anderer etwas zu bewirken, kann für Sie zu einem unterhaltsamen Unterfangen werden. Es kann zu einer wichtigen Motivation für uns alle werden. Schauen Sie sich also um und überlegen Sie, was Sie zum Leben anderer beitragen können. Sie werden überrascht sein, wie viele Möglichkeiten sich Ihnen bieten, an die Sie vorher nicht gedacht hätten.

Selbst wenn Sie die gleiche Notlage schon einmal gesehen haben, haben Sie vielleicht nicht geglaubt, dass Sie sie selbst lösen können, weil Sie nicht gewohnt waren, diese Verantwortung zu übernehmen. Oder Sie dachten, Sie hätten nicht die Wenn Sie heute keine Zeit haben oder eine andere Ausrede haben, haben Sie eine Chance verpasst. Die meisten Menschen würden ein Problem, das nicht ihres ist, ignorieren und sich wünschen, dass jemand anderes es löst. Wenn Sie jedoch lernen, die Welt aus einer humanistischen Perspektive zu sehen, werden Sie bald bereit sein, das zu lösen, was Sie können, und die Führung zu übernehmen, um das Projekt zumindest zu initiieren, auch wenn Sie es nicht selbst tun können. Wenn Sie sich erst einmal dazu verpflichtet haben, das zu lösen, was Sie können, werden Sie Möglichkeiten sehen, wie andere helfen können, die vorher nie in den Sinn gekommen wären. Es ist, als würden Sie die Teile eines Puzzles Schritt für Schritt zusammensetzen. Schon bald werden Sie die Aufgabe, zu deren Lösung Sie sich verpflichtet haben, bewältigt haben. Das Gefühl des Stolzes und der Zufriedenheit, das Sie dann empfinden, wird Sie dazu motivieren, nach der nächsten Gelegenheit Ausschau zu halten. Ihr Leben wird erfüllter, wenn Sie Erfolg haben. Dadurch wird die Welt zu einem besseren Ort, weil Sie gelebt haben. Sie werden einen Punkt erreichen, an dem Sie das Gefühl haben, dass sich der Sinn Ihres eigenen Lebens erfüllt hat. Der Unterschied, den Sie in der Welt gemacht haben, wird zu Ihrer Unsterblichkeit, von der wir wissen, dass sie sonst nicht existieren würde.

Sehen Sie sich all die Hunderte von Menschen an, die heute stolz darauf sein können, zum Erfolg von Braedens Projekt in Uganda beigetragen zu haben, das er begonnen hat, bevor er überhaupt wusste, wie er sein Ziel erreichen kann. Es gibt nichts, was wir nicht gemeinsam erreichen können. Durch gemeinsames Handeln können wir alle heute etwas in unserer Welt bewirken, das Tausenden von Menschen zugute kommen könnte, die noch leben werden, wenn wir nicht mehr da sind. Das gibt unserem eigenen Leben einen Sinn, und das Ergebnis unserer Bemühungen macht unser eigenes Leben unsterblich, nicht unbedingt, weil man sich an Ihren Namen erinnert. Wie im Fall von Braeden wird das, was Sie zum Wohle anderer geschaffen haben, weiterleben. Und das ist das Einzige, was wirklich zählt. Es gibt keinen besseren Weg, um sicher zu sein, dass das eigene Leben sinnvoll war, als sich einer Aufgabe zu widmen, von der man weiß, dass sie das Leben derjenigen bereichert, die nach einem leben.

Wenn Sie jetzt in der Lage sind, das Leben aus der Sicht eines Humanisten zu sehen, es aber mit 96 Jahren eine große Aufgabe ist, aus dem Rollstuhl zu kommen, oder wenn Sie 98 Jahre alt und ans Bett gefesselt sind, gibt es immer noch viele Möglichkeiten, dafür zu sorgen, dass Ihr Leben das Leben anderer verbessert. Vielleicht gibt es ja Enkelkinder. Sie werden vielleicht eher auf Sie hören als auf ihre eigenen Eltern, vor allem, wenn sie noch keine 40 Jahre alt sind, sondern Teenager.

Wenn Sie Ihren Enkelkindern von Ihren Fehlern und deren Folgen erzählen, kann das für sehr bedeutsam sein. Sie werden sich für immer an alles erinnern, was Sie ihnen erzählen. Wahrscheinlich haben sie noch nie darüber nachgedacht, dass Ihr Leben so verlaufen sein könnte wie ihres, abgesehen von der schrecklichen Erkenntnis, dass Sie nicht mit zwitschernden Handys aufgewachsen sind und dass Sie wirklich hinschauen und mit Ihrem Date reden mussten. Wie haben Sie das gemacht? Dennoch haben Sie eine Menge Lebenserfahrung zu teilen. Das kann einen großen Einfluss auf ihr Leben haben, vor allem, wenn Sie diese Geschichten in ein normales Gespräch einflechten, damit es sich nicht wie ein Vortrag anfühlt. Noch besser funktioniert es, wenn Sie am Ende über sich selbst lachen können. Ihre Nachkommen werden sich immer an diese Momente erinnern. Sie bieten eine zusätzliche Form

Ihrer eigenen Unsterblichkeit. Alles, was Sie sagen, kann .

Ein weiterer Vorschlag ist, dass Sie etwas schreiben, das an alle in Ihrer Familie weitergegeben wird, so dass Ihre Enkelin im Teenageralter nicht den Eindruck hat, dass Sie sich nur auf sie konzentrieren. Ihre Gedanken können einen großen Unterschied machen, so wie der Großonkel von Tony Hileman das Leben seines Verwandten vier Generationen später verändert hat. Oder wie ich meinem Enkel geholfen habe, seine Einstellung zu sich selbst zu ändern, indem ich seine Ringkampffähigkeit deutlich verbessert habe, als er in der High School war. Mit anderen Worten: Es gibt viele Möglichkeiten für Sie, zu Lebzeiten etwas zu bewirken, unabhängig von Ihrem Alter, Ihrem Gesundheitszustand und Ihren Lebensumständen, wenn Sie nur Ihre Augen öffnen und sehen.

Es ist noch nicht zu spät, Ihre Nachlassplanung zu ändern. Anstatt den einfachen Weg zu gehen und alles Ihren Kindern zu hinterlassen und sie ihre eigenen Familienentscheidungen treffen zu lassen, was bedeutet, dass Ihre Kinder bis zum Tod ihrer Eltern warten müssen, um von Ihnen zu profitieren, sollten Sie in Erwägung ziehen, jedem Enkelkind etwas zu hinterlassen - typischerweise einen bestimmten Betrag, aber wenn es sich um einen großen Betrag handelt, ist ein Prozentsatz des Restvermögens sicherer. Wenn Sie das meiste Geld benötigen, haben bestimmte Beträge Vorrang vor einem prozentualen Anteil am Restvermögen, und wenn Sie fast Ihr gesamtes Vermögen benötigen, werden Sie kein Vermögen mehr haben, das Sie an Ihre eigenen Kinder verteilen können, wenn das spezifische Vermächtnis an die Enkelkinder Ihr gesamtes verbleibendes Geld benötigt.

Wenn jeder einen Anteil erhält, ist sichergestellt, dass jedem etwas geboten wird.

Mein bester Rat an meine Kunden ist, den Anteil eines jeden Begünstigten treuhänderisch zu verwalten. Es handelt sich nicht um hart verdientes Geld, so dass es einfacher ist, es auszugeben. Gewähren Sie jedem Begünstigten erst ab dem fünfundzwanzigsten Lebensjahr das Recht, auf das Kapital zuzugreifen. Wenn sie ein echtes Bedürfnis haben, z. B. den Kauf eines Hauses, kann der Treuhänder auf das

Kapital zugreifen und das Haus treuhänderisch für den Begünstigten besitzen. Die Gelder gehören dem Begünstigten, es besteht nur ein Unterschied darin, wer entscheidet, wie und wann sie ausgegeben werden können (ein impulsives Kind oder ein weiser Treuhänder, der sein Kind wie sein eigenes behandelt). Als Nachlassplaner habe ich eine Lebensversicherungsstatistik kennen gelernt, nach der ein 21-Jähriger durchschnittlich 90 % seines Erbes in elf Monaten ausgibt. Ich weiß nicht, ob das stimmt, aber ich weiß, dass ich dieses Ergebnis erlebt habe. Noch wichtiger ist, dass ich bei allen Kindern meiner Kunden erlebt habe, wie sich das Geld negativ auf das Leben der Begünstigten ausgewirkt hat. Ich hatte drei Kunden, die im Lotto gewonnen haben. Der Gewinn hat das Leben eines jeden von ihnen ruiniert, weil sie aufgehört haben, etwas zu ihrem eigenen Leben beizutragen, und in einem Fall führte er sogar zu einer Scheidung.

Ist ein Begünstigter über 25 Jahre alt, kann er zehn Prozent, aber nicht mehr als ein Drittel seines Anteils abheben. Der Rest bleibt treuhänderisch, mit dem Recht, die Hälfte des Restbetrags vielleicht fünf Jahre später und den gesamten Restbetrag zehn Jahre später abzuheben. Wenn Ihr Erbe im Treuhandvermögen verbleibt, können weder Ihre Gläubiger noch Ihr Ehepartner im Falle einer Scheidung an Ihre Anteile herankommen. Am wichtigsten ist, dass sie durch die Inanspruchnahme einer professionellen Treuhandgesellschaft lernen, wie sie Ihr Erbe anlegen und schützen können. Ihr Geld wird einen größeren Einfluss auf Ihr Leben haben, und wenn sie das Geld früher benötigen, z. B. um ein Haus zu kaufen, kann der Trust das Haus für sie kaufen und besitzen. Die meisten gut vorbereiteten Trusts geben dem Treuhänder einen Ermessensspielraum bei der Verteilung.

Sie könnten einige Ihrer Ressourcen nutzen und sie jetzt einsetzen, um einem Enkelkind bei seinem Berufseinstieg zu helfen. Die Tatsache, dass Sie Ihrem Enkel die Hand reichen, ist eine Erinnerung, die er oder sie nie vergessen wird. Ein Rat, den ich meinen Kunden oft gebe, ist, dass ihre Kinder 90 %, 80 % oder 70 % ihres Erbes so schnell ausgeben können, wie sie 100 % ausgeben können.

Wenn Sie 10, 20 oder 30 % an Wohltätigkeitsorganisationen spenden, die in Ihrem Leben einen Unterschied gemacht haben, wird dies in den kommenden Jahren eine viel größere Wirkung auf mehr Menschen haben und gleichzeitig dazu beitragen, die Zukunft dieser Organisation zu sichern. Wir unsere Kunden jedoch auch davor, ihrer Kirche große Geldbeträge direkt zu hinterlassen, da unser Kunde sonst den Haushalt für das nächste Jahr erfüllt und die Kongregation von ihrer Verpflichtung entbunden hat. Im darauffolgenden Jahr wird es dann unmöglich sein, die Mitglieder wieder auf ihr ursprüngliches Spendenniveau zu bringen. Wenn Ihr Ziel darin besteht, Ihre Kirche zu unterstützen, sollten Sie Ihre Gelder in einen zweckgebundenen Fonds einzahlen, um in der Zukunft ein nützliches Ziel zu erreichen.

Die Unsterblichkeit, die sich aus der Unterstützung einer Wohltätigkeitsorganisation ergibt, die Ihnen wichtig ist, überwiegt bei weitem das Ergebnis dessen, was Sie Ihren Kindern hinterlassen.

Eine noch bessere Idee ist es, einen bedeutenden Teil des von Ihnen angesammelten Vermögens einer Gemeinschaftsstiftung zu vermachen, in der Ihre Kinder und schließlich deren Kinder die spezifischen Wohltätigkeitsorganisationen bestimmen können, die von den Zuschüssen profitieren, die die Stiftung jährlich aus den Erträgen des von Ihnen geschaffenen Familienfonds vergibt. Dies gibt jedem Ihrer Nachkommen, der an der jährlichen Verteilungsentscheidung teilnimmt, ein einzigartiges Gefühl des Familienstolzes und der Identität, das sich meiner Meinung nach auf keine andere Weise wiederholen lässt.

Eine von der Humanistischen Stiftung angebotene Leistung, die bei älteren Mitgliedern, die von ihren begrenzten Einkommensquellen abhängig sind, sehr beliebt ist, ist die Umwandlung eines Teils ihrer Anlagen, die derzeit 2 oder 3 % in Anleihen oder Einlagenzertifikaten abwerfen, in eine Rente. Durch die Einzahlung von Kapital in die Humanistische Stiftung im Austausch gegen eine Rente kann eine Person in den Achtzigern eine Rente erhalten, die nicht weniger als 8 % pro Jahr abwirft, je nach der Wirtschaftslage im Monat der Einzahlung. Dieser Betrag wird für den Rest des Lebens des Spenders gezahlt. In den ersten zwölf Jahren sind bis zu drei Viertel der jährlichen Zahlung einkommensteuerfrei. Noch wichtiger für viele ist der sofortige Einkommensteuerabzug für den Teil der Spende, der letztlich an die Wohltätigkeitsorganisation geht bei Ihrem Tod zusammen mit den anderen steuerlichen Vorteilen bedeutet, dass fast die Hälfte Ihres Rentenbeitrags bereits im ersten Jahr zurückerstattet wird. Darüber hinaus wird Ihr Geschenk für immer Gutes bewirken. Eine akzeptable Form der Unsterblichkeit für einen Humanisten.

Ich habe mich oft gefragt, warum jemand, der versteht, was vor sich geht, überhaupt in Erwägung zieht, eine Leibrente von einer Lebensversicherungsgesellschaft zu kaufen, wenn er weiß, dass die Zinssätze, die die Versicherungsgesellschaften zu zahlen bereit sind, nicht weniger als die Hälfte des Wertes des Kaufpreises der gekauften Leibrente für die Lebensversicherungsgesellschaft übrig lassen. Aus diesem Grund zahlt die Versicherungsgesellschaft ihren Versicherungsvertretern eine so hohe Provision für den Verkauf ihrer Rentenversicherungen. In der Regel beträgt die Provision 20 % der Kosten, die Sie zahlen. Ein gut verwalteter Fonds überlässt nach Ihrem Tod oft 100 % der Rentenanlage der Lebensversicherungsgesellschaft. Warum sollten Sie eine Versicherungsgesellschaft begünstigen wollen? Wenn Sie eine Leibrente von einer nicht gemeinnützigen Gesellschaft kaufen, erhalten Sie auch keine Steuervorteile. Und Ihr Geld dient nicht dazu, den Sinn Ihres Lebens nach Ihrem Tod zu verlängern.

Nähere Informationen darüber, wie Sie davon profitieren können, erhalten Sie online oder telefonisch bei der American Humanist Association. Die Jahresrente der Humanistischen Stiftung bietet eine Form Unsterblichkeit, von der wir wissen, dass sie wirklich existiert. Ihre Kirche kann nicht einmal . 277

Kapitel 28
Wie kann ich meine eigene Reise beginnen?

Als Erstes könnten Sie in Erwägung ziehen, der American Humanist Association beizutreten, um mehr zu erfahren und zu sehen, wie Sie sich an ihren gemeinsamen Bemühungen beteiligen können, unsere Welt zu einem besseren Ort zu machen, weil Sie hier waren.

Ein Beispiel dafür, wie Partnerschaft etwas bewirken kann, ist, dass sich unsere Gesellschaft so weit von unserer natürlichen Umwelt entfernt hat, dass unsere Kultur nicht mehr in physischer und psychologischer Resonanz mit Welt um uns herum steht und sich langsam verschlechtert. Infolgedessen sind die Menschen nun in Gefahr, sich selbst zu zerstören. Denken Sie an unser Atomwaffenarsenal. Wir geben Pakistan jedes Jahr Milliarden von Dollar, und dennoch haben sie Osama bin Laden erlaubt, seinen Komplex weniger als eine Meile von ihrer Militärakademie entfernt zu bauen, obwohl sie wissen, dass er unser Hauptfeind ist. Warum tun wir das? Weil sie Atombomben haben und wir sie beschwichtigen. Man kann nur hoffen, dass es noch nicht zu spät ist, unseren negativen Weg zu erkennen und sich in Harmonie mit der Natur zu bewegen.

Dr. Donald Johansson war Direktor für wissenschaftliche Forschung am Cleveland Museum of Natural History, als er das Buch Lucy: The Beginnings of Humankind mitverfasste. In einem Interview mit U.S. News and World Report stellte er fest, dass sich der Mensch im Laufe von vier Millionen Jahren so entwickelt hat, dass er in seiner Umwelt überleben konnte. Diese Entwicklung spielte eine grundlegende Rolle bei der allgemeinen biologischen Beschaffenheit unseres menschlichen Verhaltens, das somit zu einem großen Teil genetisch bedingt ist. Dr. Johansson ist der Ansicht, dass der Verfall der Gesellschaft, wie z. B. Kriminalität und das Auseinanderbrechen von Familien, eine Folge der Tatsache ist, dass wir uns von unserer Umwelt abgekoppelt haben. natürliche Umwelt. Vielleicht ist dies der Grund, warum viele Menschen das Gefühl haben, dass verschiedene Aspekte unserer Kultur zu bröckeln beginnen. Wenn wir näher an unserer natürlichen Umgebung leben würden, wäre unser Leben gesünder und "normaler", da unsere Gesellschaft eine Beziehung zur Natur hat.

Unsere Mülldeponien und unsere Meere voller biologisch nicht abbaubarer Kunststoffe sind Beispiele . Wir haben Fische, die Plastik fressen, das wir nun wiederum selbst essen. Das kann nicht zu unserer Gesundheit beitragen. Ein Landwirt aus dem Mittleren Westen ist kürzlich in eine Gemeinde an der Pazifikküste gezogen. Er sah, was mit unserer Küste geschieht, und gründete ein Unternehmen, das Plastik aus dem Meer sammelt und nun mit Hilfe von 3DDruckern menschliche Prothesen aus diesem Plastik herstellt. Das ist ein typisches humanistisches Verhalten. Viele von uns sehen einen Bedarf und verwandeln ihn in eine Chance, indem sie kreativ sind und sich bessere Lösungen ausdenken.

Betrachten wir noch einmal das Leben von Lester und Maria Mondale. Sie waren im Einklang mit der Natur, und ihr Leben trug zur Entwicklung der humanistischen Philosophie bei, die zu dem Essay führte, den Sie gerade lesen. Ihr Leben war bedeutend. Und sie haben es verdient, unsterblich zu sein. Werden Sie es auch?

Selbst wenn wir die globale Erwärmung nicht beschleunigen, ist dies ein Problem, dem wir uns gemeinsam stellen müssen.

Der Widerwille unserer Gesellschaften, die globale Erwärmung und die Auswirkungen der Gletscher und schmelzenden Eisberge zu akzeptieren, die jetzt den Pegel unserer Ozeane anheben, so dass unsere Küstenstädte noch zu unseren Lebzeiten überflutet werden könnten, ist ernst. Dennoch verschenken wir Milliarden unserer Steuergelder an Nationen, die von uns abhängig geworden sind, um die Ruhe im Nahen Osten aufrechtzuerhalten, während sie unsere Terroristen züchten. Währenddessen verfallen unsere Autobahnen und Brücken. Das ergibt nicht viel Sinn, wenn man unsere Prioritäten ins rechte Licht rückt.

Überbelegung

Dr. Jonas Salk ist der bedeutende Forscher, der den Impfstoff gefunden hat, mit dem die Kinderlähmung in den meisten Teilen der Welt ausgerottet werden konnte. In seiner Dankesrede zur Verleihung des AHA-Preises für den Humanisten des Jahres 1976 faszinierte mich seine Sorge über die Auswirkungen der Überbevölkerung. Dr. Salk verglich das Verhalten der Menschen mit Experimenten mit Fruchtfliegen. Legt man eine kleine Population von Fruchtfliegen in ein Glas mit Zuckerwasser am Boden, vermehren sie sich träge, bis ihre Population das Glas füllt, bis ihnen die Nahrung ausgeht. Je mehr sie sich vermehren, desto hektischer wird ihr Verhalten. Er verglich das hektische Verhalten der Fruchtfliegen, die ihre Gläser füllen, mit der Bevölkerung, die derzeit in Manhattan lebt. Salk zeigte, dass die Zahl der Menschen wächst, bis sie die Ressourcen in ihrer Umgebung voll ausschöpfen, und so lange bleibt, bis sie aufgrund von Konflikten oder Ressourcenmangel zurückgeht. Dr. Salk glaubt, dass die Nahrungsmittelversorgung ein wichtiger Faktor ist, der das Wachstum der Weltbevölkerung kontrollieren wird.

Dr. Salk wies darauf hin, dass die negativen psychologischen Auswirkungen des Bevölkerungswachstums durch Beobachtung des Verhaltens der Bürger in unseren großen Ballungszentren vorhergesagt werden können. Viele Menschen, die auf engem Raum zusammengepfercht sind, werden neurotisch. Laut Dr. Salk ist dieses Verhalten dem von Fruchtfliegen in einem Behälter nicht unähnlich. Er stellte fest, dass die Anzahl der Fruchtfliegen, wenn sie genügend Nahrung erhalten, einen Behälter füllen und ein immer unruhigeres Verhalten zeigen, je sie überfüllt sind. Er erklärte, dass sich "Typ A"-Verhalten entwickelt, wenn Menschen, die in einer immer engeren Umgebung zusammengepfercht sind, in ihren Grundbedürfnissen immer abhängiger von anderen werden und sich daher immer weniger sicher fühlen.

Nach Ansicht von Dr. Salk haben die Neurosen, unter denen die Massen in den höher entwickelten Ländern leiden, ihren Ursprung im Bevölkerungswachstum. Wir können vorhersagen, dass der durch große abhängige Bevölkerungen verursachte Druck zu einer weiteren Verschlechterung des menschlichen Zustands führen könnte. Es ist daher klar, dass wir eine Stimme in der Gesellschaft brauchen, die die Menschheit vertritt. Eine Anstrengung, die eine Teillösung bieten könnte, die einen bedeutenden Unterschied machen würde, wäre, wenn alle Katholiken aufstehen und ihre Stimme erheben würden. und gemeinsam auf eine Änderung der Geburtenkontrollpolitik der katholischen Kirche zu drängen, da sie erkannt hat, dass ihre Politik wesentlich zu dem Problem beigetragen hat. Wenn wir die Öffentlichkeit kollektiv auf die Auswirkungen ihrer Politik aufmerksam machen, könnte dies im Laufe der Zeit einen Wandel bewirken. Dieser Wandel muss bei den Mitgliedern beginnen. Sie wird nicht bei den Geistlichen beginnen. Sie wollen, dass mehr Katholiken sich selbst unterstützen.

Was bringt Maslow in diese Debatte ein?

Abraham Maslow, den wir bereits als Begründer der humanistischen Psychologie vorgestellt haben, wurde 1967 von der American Humanist Association mit dem Humanist of the Year Award ausgezeichnet. In seiner Dankesrede wies Maslow darauf hin, dass der Zweck eines jeden Lebens darin besteht, immer menschlicher zu werden, d. h., dass jeder Mensch sein eigenes Dasein immer besser verwirklichen kann. Wenn wir nun erkennen, dass individuelle Bedürfnisse in mindestens sechs Kategorien unterteilt werden können, die jeweils unterschiedliche Verhaltensmerkmale aufweisen, können wir leicht alle möglichen Verzweigungen in unserem Verständnis der Welt, in der wir leben, erkennen. Die verschiedenen Bedürfnisebenen, auf denen eine Gesellschaft basiert, helfen uns, besser zu verstehen, warum wir heute globale Konflikte haben.

Die Humanistische Psychologie von Maslow und ihre Bedürfnishierarchie werden in der Bildung und im Personalmanagement weithin verwendet. Ihre Anwendbarkeit ist jedoch viel breiter angelegt, um Gesellschaften, Länder, Wirtschaft und Politik zu verstehen. Wie Individuen sind auch Institutionen und Regierungen polarisiert oder existieren je nach ihrer Entwicklung hauptsächlich auf verschiedenen Bedürfnisebenen. Zu verstehen, ob eine andere Gesellschaft auf einer Bedürfnisebene traumatisiert ist oder ob ihr Wachstum oder ihre Reifung unterdrückt wurde, ist von noch größerer Bedeutung für das Überleben unserer Gesellschaft selbst. Der einzige Weg, wie wir letztlich vor globalen Konflikten sicher sein können, ist die Erkenntnis, dass alle Kulturen einen Weg für ihr eigenes Wachstum haben.

Wie Maslow gezeigt hat, müssen zunächst die Grundbedürfnisse befriedigt werden, um sich als Mensch weiterzuentwickeln. Viele Länder wenden zwangsläufig ihre ganze Energie auf, um sich vor dem Hunger zu retten. Menschen, denen es an Nahrung, Schlaf, Wärme oder Unterkunft fehlt, handeln oft, um Die Notwendigkeit, diese Bedürfnisse zu befriedigen, und sei es, indem man sie denjenigen wegnimmt, die die Ressourcen haben. Die Überbevölkerung kann es für einige Menschen unmöglich machen, sich kollektiv über diesen Punkt hinaus zu entwickeln. Es ist denkbar, dass die Menschheit dazu verdammt ist, sich selbst zu strangulieren, bevor die Gesellschaften, die heute in unserer Welt leben, allgemein eine bessere Lebensweise erreichen können.

Maslow stellte fest, dass Individuen, Institutionen und Regierungen nach Möglichkeit nach der Befriedigung der Grundbedürfnisse nach Sicherheit streben. Wir "nisten uns ein", um die spätere Befriedigung dieser Bedürfnisse zu gewährleisten und uns vor der Gefahr zu schützen, andere sie uns wegnehmen. Wenn die Wirtschaft gut funktioniert, muss sie das Niveau der Grundbedürfnisse sicherstellen. Regierungen sind notwendig, um das Niveau der Sicherheit zu gewährleisten. Nur wenn wir sicher sind, können wir die soziale Ebene erreichen, die nach Maslow die vorherrschende Position oder Ebene in den heutigen Vereinigten Staaten ist. Diejenigen, die auf der sozialen Ebene leben, erkennen die Sinnlosigkeit eines einfachen Lebens. Wir können sagen, dass Krieg lächerlich ist und dass die Menschen sich anders verhalten sollten; solange der Lebensstandard jedoch nicht allgemein angehoben ist, können solche Überzeugungen nicht durchgesetzt werden.

Sobald die soziale Ebene befriedigt ist, können Individuen, aber auch Institutionen und Regierungen auf der Suche nach Anerkennung nach außen gehen, um ihre Ich-Ebene des Selbstbewusstseins zu befriedigen. Erst wenn eine angemessene Befriedigung ihrer Bedürfnisse von der Basis- bis zur Ich-Ebene des Selbstbewusstseins erreicht ist, können Individuen, Intuitionen und Gesellschaften voll funktionsfähig und im Einklang mit der Realität sein, ohne Angst vor negativem Verhalten. Nach Dr. Maslow haben bisher nur sechs Prozent der Menschen die

Ebene der Verwirklichung erreicht. Kein Land hat diesen utopischen Zustand der Verwirklichung erreicht, und nur sehr wenige Menschen verstehen heute seine Bedeutung. Das Erreichen dieses Verständnisses und die Verwirklichung dieses Ziels für alle ist ein Ziel, für das sich der organisierte Humanismus einsetzen sollte. Es ist ein Ziel, das alle anstreben würden, wenn sie sich seiner Existenz bewusst wären.

Obwohl nur wenige diese Ebene erreichen können, sollte jeder von uns die Möglichkeit haben, sein Leben zu verwirklichen. Maslow erinnert uns daran, dass der Zweck des Lebens für jeden von uns darin besteht dass wir voll funktionsfähige menschliche Wesen werden, die in Resonanz mit dem Universum, in dem wir leben, auf der höchsten Ebene leben, die wir erreichen können. Damit jeder Mensch Erfüllung finden kann, muss unsere Gesellschaft uns die Freiheit und die kulturell freien Möglichkeiten dazu geben. Aus diesem Grund sollte eines der Hauptanliegen des organisierten Humanismus darin bestehen, die Lebensqualität jedes Menschen hier auf der Erde zu verbessern. Es wäre ein guter Anfang, der Öffentlichkeit die Wirkung der Bedürfnishierarchie als natürlichen Teil ihres Wachstums bewusst zu machen.

Donald Johannsson wurde gefragt: "Wenn Verhalten eng mit der Genetik zusammenhängt und ein Großteil unseres Verhaltens vererbt wird, waren unsere Vorfahren dann blutrünstige, mörderische Affen oder waren sie kooperative, teilende Lebewesen? Er antwortete: "Die Antwort liegt in keinem der beiden Extreme; Menschen sind zu beiden Verhaltensweisen fähig". Kooperation spielte eine wichtige Rolle für den Erfolg und das Überleben der frühen Menschen, denn sie lebten in Gruppen und teilten sich die Verantwortung, aber wenn sie provoziert werden, können Menschen Dinge tun, die in der Tierwelt unübertroffen sind. Es gibt keine anderen Tiergruppen, die sich systematisch gegenseitig auslöschen, wie es die Menschen tun. E.

O. Wilson hat uns bei der Behandlung dieser Frage gezeigt, dass es ein Gleichgewicht geben muss zwischen denjenigen, die egoistisch sind, vor allem denjenigen, die auf einer niedrigeren Stufe der Bedürftigkeit leben, und denjenigen, die altruistisch werden, wenn sie zu ihrem gegenseitigen Schutz in größere Gruppen integriert werden.

In einer Gesellschaft, in der sich unsere Technologie schneller entwickelt hat als unsere Fähigkeit, ihre Auswirkungen auf unsere Gesellschaft zu erfassen, können Humanisten eine wichtige Ursache für das kulturelle Bewusstsein unserer Verantwortung für das Menschsein und für die Entwicklung der Werte sein, die für die Erhaltung der menschlichen Existenz notwendig sind. Ein Atomkrieg, der ausgelöst wird, weil unsere Wissenschaft unsere heutige Kultur überholt hat, könnte das Leben auf der Erde auslöschen.

Eine Reform des Strafvollzugs ist notwendig.

Im Laufe meines Lebens habe ich gesehen, wie sich unsere Gesellschaft stark verschlechtert hat. Ich suche nach Wegen, wie wir die Gesellschaft dabei unterstützen können, die Kontrolle über unsere kulturelle Entwicklung hin zu einer gewalttätigeren Gesellschaft zu übernehmen.

Umwelt, die dazu geführt hat, dass unsere Kinder heute nicht mehr in ihrer eigenen Nachbarschaft im Freien spielen oder allein zur Grundschule gehen dürfen, ist unsere Mühe wert. Wie wir diese Probleme lösen, kann enorme Auswirkungen auf alle Aspekte der Kontrolle unserer Gesellschaft haben. Die Reform des Strafvollzugs ist ein Bereich, der angegangen werden sollte. Eine Sorge, die ich in letzter Zeit entdeckt habe, ist, dass die Lebensqualität vieler Inhaftierter so eingeschränkt ist, dass eine Rehabilitation nicht ohne weiteres möglich ist. Die Überbelegung der Gefängnisse führt jedoch dazu, dass die Gefangenen noch gewalttätiger in die Gesellschaft zurückkehren, als sie ins Gefängnis gekommen sind. Dies ist nicht sinnvoll.

Viele derjenigen, die eine Straftat begangen haben, die schwer genug ist, um eine Haftstrafe zu verdienen, sind ein paar Jahre später nicht mehr dieselbe Person, aber unsere Gesellschaft betrachtet die Strafe für Straftaten wirklich aus einer "Weiß-oder"-Mentalität heraus, wenn unsere Gesetzgeber Mindesthaftstrafen festlegen. Das ist ein "Ein-Satz-für-alle"-Standard, dem es an realistischem Denken mangelt. Die Höchststrafe für jedes Verbrechen in Costa Rica beträgt dreißig Jahre, selbst für Mord.

mehr Menschen in den Vereinigten Staaten als in jedem anderen Land der Welt. Warum tun wir das? Wir behandeln diejenigen, bei denen ein Zusammenhang zwischen ihrer Straftat und ihrer geistigen Gesundheit besteht, aus einer völlig anderen Perspektive. Wir sperren sie nicht ein; wir weisen sie in eine psychiatrische Einrichtung ein, ohne dass sie verurteilt werden müssen. Stattdessen lassen wir zu, dass die Heilung dieser Person der entscheidende Faktor für Wiedereingliederung in die Gesellschaft ist. Sie werden unter dem Gesichtspunkt der Rehabilitation behandelt, im Gegensatz zu normalen Gefangenen, die unter dem Gesichtspunkt der Vergeltung behandelt werden. Diese Unterscheidung macht keinen Sinn.

Ich denke an einen Straftäter, der derzeit lebenslang im Gefängnis sitzt, weil er als Jugendlicher als Erwachsener verurteilt wurde. Er nahm an einem Raubüberfall mit einer älteren Person teil, die den jungen Mann kontrollierte und darauf bestand, dass er dem Erwachsenen bei einem Überfall auf ein Geschäft half, weil die ältere Person Geld für Drogen brauchte. er war die ältere Person bewaffnet. Unter dem Druck des Überfalls schoss der Erwachsene auf eine Person und tötete sie. Der Jugendliche, der nur aus Angst vor dem Erwachsenen dabei war, verbüßt nun ebenfalls eine lebenslange Haftstrafe aufgrund einer archaischen Rechtsvorschrift, nach der jeder, der an einer Straftat beteiligt ist, gleichermaßen schuldig ist, wenn kein Erwachsener an der Tat beteiligt ist.

Ein Mord findet statt, unabhängig davon, wer ihn begangen hat. Das macht nicht wirklich einen intelligenten Sinn, aber das ist der gegenwärtige Zustand unserer Gesetze. Es geschieht, weil diejenigen, die die Gesetze machen, nicht genug Wissen und Erfahrung haben, um die Auswirkungen der von ihnen geschaffenen Gesetze vollständig zu verstehen. Sie reagieren emotional, indem sie sagen: "Wir wollen sie nicht, also sperrt sie ein und schmeißt sie ", Dieses Denken hat zu mehr Kriminalität geführt.

Unser System ist vielleicht besser als das chinesische. Dort wird man, wenn man bei einem Verbrechen erwischt wird, eingesperrt, bis man seine Unschuld beweist. Dort wird man, wenn man bei einem Verbrechen erwischt wird, so lange eingesperrt, bis man seine Unschuld beweist. Wenn man einmal inhaftiert ist, hört man nie wieder etwas von einem. Da es nicht so viele sind, die die Regierung ernähren muss, raten Sie mal, was mit dem Rest passiert? Ist dieses System besser als unseres, in dem es in der South Side von Chicago besser ist, nachts nicht allein durch die Straßen zu gehen?

Für viele der derzeit in unserem Gefängnissystem Inhaftierten würde die Form der Rehabilitation, die psychisch Kranken angeboten wird, der Gesellschaft in vielerlei Hinsicht besser dienen. Sie würde die Zahl unserer Hochsicherheitsgefängnisse drastisch reduzieren. Hochsicherheitsgefängnisse sind sehr teuer, insbesondere jene, in denen Insassen der Todeszellen untergebracht sind. Eine solche Änderung unseres Gefängnissystems würde den Gefangenen eine Hoffnung auf Entlassung geben, die ihre Rehabilitation fördern würde. Unsere Gefängnisse wären dann nur noch für diejenigen da, die nicht in der Lage sind, gewalttätiges Verhalten zu überwinden, und die eine echte Bedrohung für die Gesellschaft darstellen.

Die Möglichkeit, in allen Gefängnissen ein Resozialisierungssystem einzurichten, wäre ein Anreiz für die in Behandlung befindlichen Personen, erfolgreich zu sein, anstatt dass der Gefangene sein ganzes Leben in ständiger Einzelhaft verbringt. Einzelhaft führt bei manchen Gefangenen zu animalischem Verhalten. Die Androhung von Einzelhaft ist nicht abschreckend genug, um ihre Existenz zu rechtfertigen. Sie ist eine reine Bestrafung und rehabilitiert kaum jemanden. Sie sollte heute als Mittel zur Rehabilitation abgeschafft werden. Selbst eine Elektrokrampftherapie wäre humaner. Auch wenn es für manche Menschen, bei denen keine Hoffnung auf Rehabilitation besteht, für unsere Gesellschaft vielleicht besser ist, sie wieder in ein Heim zu stecken.

Es gibt Menschen, die auf einem niedrigen Niveau der Grundsicherung leben und , aus Gründen , keine Chance haben, über das ihnen zustehende Niveau hinauszukommen dieser Ebene. Sie können nicht einmal in einem Gefängnis mit einer rehabilitativen Perspektive effektiv sozialisiert werden. Selbst wenn unser Ziel lediglich darin besteht, zu bestrafen, ist eine lebenslange Freiheitsstrafe sicherlich eine weitaus wirksamere Strafe als die Verbannung in den , die unsere Gesellschaft unnötigerweise Millionen für die Verwaltung des Berufungsverfahrens kostet, das eingerichtet wurde, um die Angst der Öffentlichkeit vor

Hinrichtung eines Unschuldigen zu lindern (was trotzdem geschieht).

Unsere Wissenschaft geht über unsere heutige Gesellschaft hinaus.

Unsere Zeit auf der Erde war kurz im Vergleich zum Alter des Universums. Heute könnten wir mit Staudämmen in unserer Lebenszeit den Grand Canyon beseitigen. Mit Kohlenwasserstoffdämpfen zerstören wir in einer Generation die Großen Pyramiden, die mehr als dreitausend Jahre überlebt haben. Mit mehreren Atombomben können wir das Leben auf der Erde auslöschen. In dieser kurzen Zeit hat der Mensch die Fähigkeit zu seiner eigenen Zerstörung entwickelt, ohne die Weisheit zu besitzen, diese Kräfte zu kontrollieren.

Der Mensch hat weder die Fähigkeit, Konflikte mit der Natur zu vermeiden, noch die Mittel, um Konflikte mit Ländern und Kulturen zu vermeiden, die noch auf der Basis- oder Sicherheitsebene existieren. Es ist vielleicht bedauerlich, dass viele Wissenschaftler auf der Ich-Ebene oder bei einigen sogar auf der aktualisierten Ebene arbeiten, denn die Ergebnisse ihrer Forschung liegen jenseits der Reife oder des psychologischen Niveaus der Masse der heute auf der Erde lebenden Menschen. Da unsere Gesellschaften weit verstreut sind und kollektiv auf mindestens drei verschiedenen psychologischen Ebenen leben, sind wir nicht nur mit der Natur nicht im Einklang, sondern auch unsere Regierungen sind nicht im Einklang mit der Realität, insbesondere in den höher entwickelten Ländern. Das schwerwiegendste Problem ist, dass die Massen nicht mit ihrer natürlichen Umgebung und ihrer eigenen psychologischen Lebensebene im Einklang sind. Als Gesellschaft sind wir unser eigener schlimmster Feind geworden. Humanisten können bei der Aufklärung der Öffentlichkeit die Führung übernehmen. Immerhin war es ein Humanist, der die Hierarchie unserer Bedürfnisse erkannt hat.

Was wird passieren, wenn uns die natürlichen Ressourcen ausgehen?

Wir verbrauchen die Ressourcen unseres Planeten in einem gefährlichen und unhaltbaren Tempo. Die Bevölkerung der Länder mit einem Grund- oder Basis-Sicherheitsniveau werden zu Recht angefeindet, weil ihr Leben im Gegensatz zu dem der Menschen in den großen Verbraucherländern steht. Niemand von uns kann das Überleben künftiger Generationen garantieren, indem er den Kopf in den Sand steckt. Wir müssen uns kümmern und zusammenarbeiten, unsere natürlichen Ressourcen bewahren und wieder auffüllen und im Einklang mit der Natur den Lebensstandard aller Völker unserer Welt anheben, wenn wir wirklich sicher sein wollen. Auf diese Weise können wir unser eigenes Leben heute verbessern und sicherstellen, dass unsere Urenkel die gleichen Chancen haben.

Wir müssen neue Methoden fördern, die den Einzelnen mit der natürlichen Umwelt verbinden und zusammenführen. Wenn wir überleben wollen, müssen wir die geistige und körperliche Gesundheit fördern und einen Geist der Zusammenarbeit unter der gesamten Menschheit entwickeln. Dies ist eine globale Anstrengung, die in der Reichweite der Humanisten liegt. Denn Humanisten gehören zu den wenigen Menschen, die die Perspektive haben, wirklich zu sehen und zu schätzen, was dies für unser Leben hier auf der bedeutet. Wenn jeder das Leben von Lester und Maria Mondale leben würde, die das Leben von Epikur gelebt haben - wenig zu brauchen und nichts anderes zu wollen, als jeden Moment wahrhaftig zu leben und zu schätzen, zu genießen, was jeder Tag ihnen brachte - dann könnte in der Lage sein, sein eigenes Leben zu verwirklichen. Stattdessen leben wir als Gesellschaft heute eher wie Al Capone und diejenigen, die sich kaum über die Sicherheitsstufe unserer Existenz erheben können.

Wie ich bereits erwähnt habe, habe ich das Haus von Lester und Rosemary Mondale besucht. Sie waren viele Male bei mir zu Hause. Der Humanismus, wie wir ihn heute kennen, war jung, als ich Ende der 1970er bis Mitte der 1980er Jahre Präsident der American Humanist Association war. Lester war ein unitarischer Geistlicher. Zu dieser Zeit war Lester einer der sieben der ursprünglich vierunddreißig Verfasser des Humanistischen Manifests I (1933), die noch lebten. Heute sind sie alle verstorben. In Wirklichkeit brauchten die Mondales die Gesellschaft nicht, um zu existieren. Aber die Gesellschaft brauchte . Sie waren auf ihre eigene Weise führend. Sie zeigten uns den Weg, nicht nur für das menschliche Überleben, sondern für die Verwirklichung unserer eigenen Existenz, unabhängig von unserem Reichtum.

Der Lebensstil der Mondales hat meine Wertvorstellungen erschüttert und mich dazu gebracht, Alternativen für ein gutes Leben zu überdenken. Die Mondales waren keine Einsiedler. Sie waren fürsorgliche Menschen und sie teilten ihr Leben mit viele in der ganzen Welt. Lester gründete die Society of Religious Humanists, die immer noch als Organisation innerhalb der American Humanist Association existiert, für jene Humanisten, die unsere Philosophie aus einer christlichreligiösen Perspektive betrachten wollen. Die wichtigste Lektion ist, dass sie nichts verschwendet haben. Sie wollten nichts und brauchten wenig. Sie stellten das wieder her, was sie der Natur entnommen hatten, und waren vollkommene Menschen, die in Harmonie mit ihrer Umwelt lebten. Sie waren ein Modell für ein humanistisches Leben, das es wert ist, im Auge behalten zu werden, wenn wir nach Wegen suchen, die menschliche Existenz auf der Erde für künftige Generationen zu retten, hoffentlich für immer.

Unsere humanistischen Werte unterscheiden sich von denen vieler religiöser Fundamentalisten. Wie können wir sie aus dem finsteren Mittelalter herausholen?

Humanisten sind gemeinsam eine der wenigen Stimmen, die selbstlos fragen: "Was geschieht heute mit dem Leben auf der Erde? Jeder von uns unterscheidet sich in seinem Ansatz und in seinen spezifischen Anliegen, denn Humanisten sind Individualisten. Aber aufgrund unserer Vereinigung können wir gemeinsam mit einer kollektiven Stimme sprechen, nicht nur um auf Schädlinge zu reagieren, die versuchen, unser Gut für ihre eigenen egoistischen Zwecke zu diffamieren, wie Jerry Falwell und Tim LaHaye es zu meiner Zeit taten, sondern auch auf diejenigen, wo auch immer sie sind, die den Menschen das Recht verweigern, ihr eigenes Leben so zu leben, wie sie es am besten können.

Reverend LaHaye war der fundamentalistische Pfarrer einer Kirche mit über 3.000 Mitgliedern in San Diego. Er schrieb ein schreckliches Buch, in dem er "säkulare Humanisten" verurteilt und im Wesentlichen behauptet, dass ein Leben, das nicht "von Gott kontrolliert" wird, unmoralisch ist. Im Namen des Humanismus forderte ich als Präsident unserer Vereinigung LaHaye zu einer zweistündigen Debatte heraus, die an einem Samstagnachmittag in den frühen 1980er Jahren live auf CBS in Südkalifornien übertragen wurde.

1 Ich setzte ein Mitglied meines AHA-Vorstands, Gerald LaRue, PhD, emeritierter Professor an der University of the South, dessen Spezialgebiet die biblische Archäologie ist, als Sprecher für den Humanismus ein, damit wir im Falle einer Auflösung von LaHayes Diskussion über die Bibel wirksam reagieren könnten. LaRue war einer der Archäologen, die an der die Ausgrabungsstätte Qumran in Israel, wo die Schriftrollen vom Toten Meer geschrieben wurden. Er wusste, wovon er sprach, als er seine Bibel aufschlug.

Zum Zeitpunkt der Debatte räumte Reverend LaHaye ein, dass er eine falsche Auffassung vom Humanismus habe. Carl Sagan beugte sich zu mir herüber und sagte: "Ich glaube, LaHaye hat kein Wort von dem gehört, was ich heute gesagt habe. Und er hatte Recht. Zwei Monate später verließ LaHaye seine dung der "Moralischen Mehrheit" zu helfen (die, wie Sie sich vielleicht erinnern, keine ist). Viele von uns dachten, LaHaye folge seinem "ultimativen Anliegen": Geld. Infolgedessen ermächtigten sie gemeinsam die weniger aufgeklärte Öffentlichkeit dazu, eine organisierte politische Kraft zu werden, die die Kontrolle über unsere Regierung übernehmen wollte, um ihre religiösen Werte durchzusetzen. Die Verfassung der Vereinigten Staaten sollte die Regierung vor der Religion schützen. Infolgedessen hat sich unsere Regierung zunehmend negativ polarisiert.

Kontrolle Menschen, die das Leben aus einer primitiven und engen Perspektive betrachten, sei es aus religiöser Sicht oder als verantwortungslose Bürger, stellen auch heute noch eine ernsthafte Bedrohung für die Fähigkeit unserer Gesellschaft dar, das öffentliche Bewusstsein auf einen höheren Lebensstandard zu heben. Ein Teil dieses Problems wird durch unser öffentliches Bildungssystem verursacht, das heute negatives Verhalten in unseren Klassenzimmern toleriert und es versäumt, unseren Kindern ein tiefes Verständnis für unsere Geschichte und die Werte zu vermitteln, auf denen unser Land gegründet wurde. Viele Menschen verfügen nicht mehr über die erzieherischen Grundlagen, um die Werte zu schaffen, die unsere Gesellschaft braucht, um im Einklang mit unserer Umwelt zu leben. Viele Menschen sehen das Leben heute aus einer egoistischen Perspektive und sind nicht bereit, das Allgemeinwohl zu berücksichtigen. Diejenigen von uns, die eine humanistische Perspektive haben, müssen sich mehr Gehör verschaffen.

Was ist der Vorteil von ?

Mit unserer kollektiven Stimme können wir jedem Einzelnen helfen, seine individuelle Verantwortung für die Verbesserung der Lebensqualität aller Menschen zu erkennen, um das Überleben der menschlichen Existenz zu sichern. Wie Ich habe bereits gesagt, dass ich die American Humanist Association als "die Maus, die gebrüllt hat" betrachte. Ohne eine Stimme in unseren staatlichen und kulturellen Entscheidungsinstitutionen, die sagt: "Wir müssen darauf achten, was das Beste für alle Menschen ist", könnten wir weiterhin von dem abweichen, was für den Menschen wirklich natürlich ist, und infolgedessen könnte das menschliche Leben auf der Erde nicht überleben. Die Folge könnte ein nuklearer Holocaust sein.

Ein gemeinsames Ziel, auf das sich alle Humanisten einigen können, unabhängig von ihrer Disziplin oder ihrem persönlichen Standpunkt, ist die Beseitigung von Hindernissen, die die Verwirklichung oder das Wachstum des Einzelnen, unserer Institutionen und sogar unserer Regierungen verhindern. Humanisten können alle Menschen ermutigen, allen Kulturen zu helfen, mit der Realität in Einklang zu kommen und im Einklang mit der Natur zu leben, wann immer wir eine kulturelle Abweichung beobachten. Neben dem, was wir kollektiv tun können, sind wir uns als Einzelne bewusst, dass wir daran arbeiten müssen, die Welt zu einem besseren Ort zu machen, weil wir hier waren.

Wir können gemeinsam spezifische Anliegen benennen, die unseren verwandten Disziplinen gemeinsam sind, und einen noch größeren Einfluss Bedingungen in der Welt haben. Unabhängig davon, ob eine religiöse oder persönliche Ethik unser individuelles Leben leitet, werden Humanisten weiterhin die Aufgabe haben, alle Menschen, denen wir begegnen, zu erziehen, bis alle Menschen als Teil ihrer Ethik die Erkenntnis akzeptieren, dass die Dinge "gut **sind, die die menschliche Situation verbessern, und dass die Dinge "schlecht" sind, die die Verbesserung der menschlichen Situation behindern oder die Fähigkeit eines verantwortungsbewussten Individuums zur Selbstverwirklichung**

behindern. Es wird weiterhin einen Platz für den Humanismus als eigenständige philosophische Lebensanschauung geben, die sich von anderen Glaubenssystemen unterscheidet, die das Leben der Masse der heute in unserer Welt lebenden Menschen bestimmen.

Mit Beispielen wie meinem Enkel, dessen Entscheidung dazu führte, dass 30.000 Menschen in Uganda, die nie eine solche Versorgung in Reichweite hatten, eine medizinische Klinik erhielten, kann jeder von uns heute einen bedeutenden Unterschied in unserer Welt machen. Auf diese Weise können wir unsere Welt und die Existenz unserer Nachkommen als menschliche Wesen retten.

Die American Humanist Association hat einen Caucus im Kongress der Vereinigten Staaten gegründet, um sicherzustellen, dass Fragen im Zusammenhang mit menschlichen Fähigkeiten im Kongress der Vereinigten Staaten behandelt werden.

eines jeden Menschen, sein Leben hier auf der Erde in vollem Umfang zu leben, angesprochen und in unsere Gesetze aufgenommen werden. Dieser Caucus wächst, und heute ist es wichtig, sich dem Druck von Konzernen und religiösen Organisationen entgegenzustellen, die die Rechte jedes Einzelnen verweigern wollen. Es ist sehr wichtig, eine Organisation zu haben, die die gesamte Gesetzgebung aus der Perspektive des Schutzes der Freiheit jedes Einzelnen betrachtet und es ihm ermöglicht, sein Leben hier auf der Erde in vollen Zügen zu genießen. Nur wenige betrachten alle Gesetze aus dieser Perspektive. Ihre Stimme muss geschützt und bewahrt werden. Sie können bei diesem Vorhaben helfen.

Kapitel 29
Zusammenfassend

All dies bedeutet, dass unsere Existenz für uns selbst von Bedeutung ist, auch wenn wir erkennen, dass wir letztendlich physisch zu Weltraumstaub werden. Sollen wir sagen, dass die Sonne heute keinen Wert hat, weil ihr Licht irgendwann erlöschen wird, obwohl sie seit Milliarden von existiert? Der Wert der Sonne besteht darin, dass sie uns ernährt, dass sie dazu beiträgt, dass die Erde Leben erhalten kann, und dass sie uns allen die Chance gibt, zu leben. Sie gibt uns die Möglichkeit, glücklich zu sein und unser Leben sinnvoll zu gestalten. Die Sonne muss nicht ewig existieren, um einen Wert zu haben, warum sollte es bei uns anders sein?

Die Wahrheit ist, dass wir nur sehr wenig über alles wissen. Noch weniger wissen wir, wie und warum unser eigenes Leben zustande gekommen ist. Wir können nur nach dem handeln, was wir wissen, oder was wir bereit sind zu glauben. Obwohl der Mensch nicht unsterblich ist, ist unser individuelles Leben für uns heute wertvoll. Die Existenz für eine beliebige Zeitspanne verlangt von uns, dass wir unseren Beitrag leisten, als ob es immer eine Zukunft gäbe. Das Leben ist an sich schon Rechtfertigung genug. Wir brauchen nichts anderes, um unserem eigenen Leben einen Sinn zu geben. Was immer wir sonst noch glauben wollen, kann unserem Leben nur einen zusätzlichen Sinn geben, wenn auch nur für uns selbst.

Anstatt das Gefühl zu haben, dass sie etwas Wertvolles aufgeben,

weiß mit Gewissheit, dass es ihn gibt. Im Gegenteil, Menschen mit dieser Sichtweise haben das Gefühl, dass sie sich in ihrem Leben auf der Erde noch mehr anstrengen müssen. Da dies vielleicht alles ist, was möglich ist, verspüren sie ein größeres Bedürfnis, Erfüllung zu finden und so den Zweck ihres eigenen Lebens zu erfüllen Alles, was wirklich überprüft werden kann, ist, dass wir heute unser eigenes

Leben für uns selbst, für die, die wir lieben, und für die, in deren Leben wir etwas bewirken, leben. Alles andere ist im Wesentlichen eine Frage des "blinden Glaubens", nicht der Fakten. Diejenigen, die glauben, dass es ein Leben nach dem Tod geben muss, wenn es denn eines gibt, profitieren jedoch besonders davon, dass sie ihr eigenes Leben hier auf der Erde erfüllen können. Sie können das Beste aus diesem und dem nächsten Leben erfahren. Niemand weiß das mit Sicherheit. Humanisten sehen keine Beweise dafür, dass es ein solches Leben nach dem Tod gibt, also machen sie sich einfach keine Gedanken darüber. Die meisten Humanisten erkennen, dass ihre eigene Unsterblichkeit nur aus ihren guten Werken zum Nutzen anderer und der nachfolgenden Nachkommenschaft erwachsen kann. Mehr braucht es nicht, damit unser eigenes Leben einen Wert hat. Wir mögen durch eine Laune der Natur hier sein, aber wir existieren. Der Mensch ist Teil der natürlichen Evolution Lebens. Es ist nicht möglich zu wissen, ob der Einzelne nur existiert, um die Evolution der menschlichen Spezies voranzutreiben, oder ob es vielleicht einen tieferen und spezifischeren Zweck für jeden von uns als Individuum gibt. Wir wissen nur, was uns richtig erscheint. Das Einzige, was wir mit Sicherheit wissen, ist, dass wir als Individuen nur eine einzige Chance zu leben haben. Unser unmittelbares Ziel sollte es sein, unser eigenes Leben heute in vollen Zügen zu leben, danach zu streben, das Beste zu sein, was wir als Individuen sein können, und alles zu tun, was wir können, um unserer Gesellschaft zu helfen, aus dem dunklen Zeitalter herauszukommen, in dem wir uns derzeit befinden.

Indem Maslow uns gezeigt hat, dass es höhere Ebenen des Lebens gibt, hat er uns geholfen zu verstehen, wie wir unser eigenes Leben bereichern können, indem er uns einen Weg zur Verwirklichung unserer eigenen Existenz aufzeigt. Indem wir Hindernisse aus dem Weg räumen und all unsere Bedürfnisse auf allen Ebenen des Lebens erfüllen, können wir unser eigenes Leben ausbauen und erweitern und es an unsere Nachkommen weitergeben. Dann werden wir durch sie weiterleben.

Wir wissen jetzt, dass jeder von uns seinen eigenen Weg finden muss. Wenn wir einen Höhepunkt erreichen, werden wir wissen, dass wir unser eigenes Leben verwirklicht haben, zumindest in diesem Moment. Wenn wir alles in unserer Macht Stehende getan haben, um anderen auf ihrer Reise zu helfen, wird unser Leben einen Sinn haben. Wenn wir unsere eigene Mission erfüllt haben, d. **h. "unser Leben ist für uns selbst und für andere sinnvoll", dann hat unser Leben seinen eigenen Zweck erfüllt.** Irgendwann ist der Tod unausweichlich. Für diejenigen, die glauben, dass sich Seele und Körper nach dem Tod trennen, sollte die Verwirklichung ihrer Existenz hier auf der Erde diese Möglichkeit nur verbessern. Indem sie ihre Existenz verwirklichen, wird ihr Leben nicht vergeudet, indem sie die Gelegenheit verpassen, in erster Linie für ein Leben nach dem Tod zu leben, das möglicherweise nicht existiert. Diese Lebensauffassung sollte nicht im Widerspruch zu einer intelligenten religiösen Auffassung stehen. Falls doch, sollte ein gebildeter Mensch den Wert einer solchen einschränkenden Sichtweise in Frage stellen, die ihm von denen vermittelt wird, die sein Leben kontrollieren. Inzwischen sollte er sich darüber im Klaren sein, dass er sich diese Überzeugungen nicht selbst angeeignet hat, so dass er sich zumindest bemüht hat, das Beste aus diesem Leben zu machen. Diejenigen, die an ein Leben nach dem Tod glauben, können durch die Verwirklichung ihrer Existenz hier auf der Erde noch mehr gewinnen, insbesondere wenn sie Recht haben. begnügen sich viele Menschen mit dem Glauben, dass dieses Leben alles ist, was es gibt. Niemand weiß das mit Sicherheit. Zum Glück für uns alle sollten wir durch die Verwirklichung unserer eigenen Existenz - und damit durch das Wissen, dass wir ein erfülltes Leben gelebt haben, solange wir hier sind - in der Lage sein, das Ende unseres eigenen Lebens friedlich zu akzeptieren, wenn die Zeit gekommen ist. Wir sollten nichts mehr brauchen, damit unser eigenes Leben Sinn und Zweck hat.

Wie es im Humanistischen Manifest im Anhang heißt: **"Die Verantwortung für unser Leben und die Art der Welt, in der wir leben, liegt bei uns und nur bei uns.** Die Herausforderung ist groß. Die Belohnung ist ein Stück humanistische Unsterblichkeit". Alle Humanisten werden zustimmen, dass es eine akzeptable Form der Unsterblichkeit ist, die Welt besser zu hinterlassen, als wir sie vorgefunden haben. Wie unsere Sonne oder eine Blume im Wald brauchen wir, wenn wir unser Leben voll ausgelebt haben, nichts mehr, um unser eigenes Leben als wichtig zu betrachten.

Zumindest für uns, wenn wir **ganz Mensch** sind und **ganz lebendig** geworden sind, hat unser Leben einen Sinn. Wenn wir den Sieg davontragen können, sicher nach Hause gleiten und rufen: **"Was für

ein Ritt!", dann wissen wir, dass unser eigenes Leben erfüllt war und dass wir **voll und ganz lebendig** waren.

Unsere Reise durch das Leben

Unsere Reise durch das Leben geht weit über
das hinaus, was manche vielleicht nicht
sehen. Mögen die Momente, die wir auf
unserem heiligen Boden verbracht haben,
für immer in unserem Wesen weiterleben.

Wenn Beispiele uns zu neuen
Höhen führen, wachsen wir
schneller. Wenn die Hindernisse
schwinden, gewinnen wir Einsicht
und passen uns der Realität an.

Unser Leben wird jeden Tag reicher
Wir erweitern unseren inneren
Wert...
Glücklicherweise haben wir diesen Weg bereits
hinter uns. Der nächstgelegene Ort zu einem
Himmel ist die Erde.

Die Erfahrungen, die hier gemacht werden,
führen zu Veränderungen, die sich auf die
gesamte Gesellschaft auswirken.
Diejenigen, die ihren zukünftigen
Aktionsradius erweitern, sind unsterblich.

Lyle L. Simpson, 1981 Präsident,
Amerikanischer Humanistischer Verband

Anhang

EINE ERKLÄRUNG ZUM HUMANISMUS
Eine humanistische Ethik

I .

Humanismus ist eine Philosophie oder ein Ansatz, dieses Leben auf der Erde in vollen Zügen zu leben. Er geht von der Prämisse aus, dass wir Teil der Natur sind und nur mit Sicherheit wissen, dass wir dieses Leben heute leben. Bestimmte Aspekte des Lebens haben einen Wert für ein gutes . Im Einklang mit dieser Philosophie glaube ich persönlich, dass ein gesunder Mensch die folgenden Phasen durchläuft, normalerweise in der folgenden Reihenfolge. Dies ist mein philosophischer und ethischer Ansatz, mein Leben zu leben:

1. **Das Dasein.** Mein Körper ist mein Lebenstempel, und Gesundheit ist für meine Existenz unerlässlich. Dieses Leben ist das Einzige, von dem ich mit Gewissheit sagen kann, dass ich es besitze.

2. **Verantwortung**. Ich muss die Hauptverantwortung für mein eigenes Leben übernehmen. Mein Verhalten liegt in meiner eigenen Hand. Ich kann meine Entscheidungen nur in dem Maße treffen, wie ich mir erlaube, in der Gegenwart zu leben. Meine persönliche Einstellung in jedem Moment liegt unter meiner Kontrolle. Eine positive Einstellung erhöht meine Erfolgschancen. Gleichzeitig kommt es mir zugute, wenn ich anderen innerhalb meiner Schutzmechanismen erlaube, bereit und in der Lage zu sein, Verantwortung für ihr Leben zu übernehmen. Das Gleichgewicht zwischen der Verantwortung für die Erfüllung 29 Die Bedürfnisse eines anderen mit unseren eigenen verbessert das Leben der .

3. **Sinn.** Mein Leben hat für mich in dem einen Sinn, wie ich meine eigenen Bedürfnisse befriedige und den homöostatischen Zustand des

Glücks erreiche. nicht ein universeller Zweck sein, damit mein Leben einen Sinn hat. Mein eigenes Leben hat so schon genug Sinn. Mein Ziel für mein eigenes Leben ist es, alles zu erreichen, was mir möglich erscheint.

4. **Sicherheit.** Ich muss für Gerechtigkeit für alle eintreten und die Entscheidungsfreiheit aller anderen respektieren, damit ich die Chance auf gleiche Gerechtigkeit erhalte. Gerechtigkeit ist eine fortschreitende Errungenschaft der Gleichheit, die nur durch die einzigartigen Beschränkungen jeder Person begrenzt wird. Gewalt sollte nur geduldet werden, um das zu unterdrücken, was andernfalls durch den ungerechtfertigten Willen des einen über den anderen verhängt werden würde. Ich muss jedoch dazu beitragen, unsere Lebensweise vor anderen zu schützen, die mich daran hindern würden, die gleiche Chance auf ein erfülltes Leben zu haben.

5. **Soziale Beziehungen.** Menschliche Interdependenz ist für meine Gesundheit und mein Wachstum unerlässlich. Ich muss offen sein für gegenseitigen Respekt und Vertrauen, um enge persönliche Beziehungen zu pflegen. Ich erkenne die wechselseitige Beziehung zu anderen als Liebe an. Ich erlaube denjenigen, die ich liebe, in meine Verteidigungsmechanismen einzutreten, damit wir unser Leben miteinander teilen können, um uns gegenseitig zu unterstützen. Ich muss anderen erlauben, sie selbst zu sein. Ich bemühe mich, Ich-Du-Beziehungen zu allen anderen zu pflegen, mit denen ich in Beziehung stehe.

6. **Lebenserfüllung.** Der Zweck meines Lebens ist es, die Freude am Leben zu erfahren und mein volles Potenzial als Mensch zu entwickeln, im Einklang mit meiner Verantwortung für andere und mit den mir zur Verfügung stehenden persönlichen, ökologischen und sozialen Ressourcen. Ich empfinde Ehrfurcht und spirituelle Verehrung für die Natur, da ich mein Leben als Teil des natürlichen Universums lebe, und erkenne, dass ich jeden Tag, während ich auf der Erde lebe, ein Verwalter ihrer Ressourcen bin. Alles Leben ist heilig. Ich lebe mein Leben auf der Erde nicht mit der Erwartung oder dem Bedürfnis nach einem Leben nach dem Tod.

7. **Engagement für andere.** Mein Leben bekommt einen Sinn, wenn ich anderen helfe, ihr eigenes Leben zu verwirklichen. Ich glaube, dass das Erreichen der höchsten Lebensqualität als gesunder und reifer Mensch bedeutet, den Sinn meines Lebens mit meiner Bedeutung für in Einklang zu bringen. Nur im Einklang und in Harmonie mit anderen wird mein eigenes Leben sein volles Potenzial erreichen.

8. **Wissen.** Ich glaube, dass es wichtig ist, die Bedingungen für freie Forschung und eine offene Gesellschaft aufrechtzuerhalten, um den Ausdruck aller Ideen zu fördern. Die Ausweitung und der Ausdruck allen Wissens kann letztlich zu den besten Optionen für das Wachstum aller führen. Ich bin ein Verfechter des Einsatzes aller verfügbaren Mittel zur Wahrheitsfindung und der Anwendung der gewonnenen Ergebnisse zur Verbesserung des Wohlergehens allen Lebens auf der Erde. Meine Werte und Normen sind relativ und formbar, da neue Erfahrungen und Informationen meine Weltanschauung prägen. Es gibt keine Absolutheit, außer dass auch ich eines Tages sterben werde.

9. **Soziale Einrichtunge**n. Im Rahmen meiner Möglichkeiten ich die Menschen, denen ich begegne, sowie Regierungen und andere Institutionen, alle Hindernisse für die persönliche Entwicklung abzubauen und zu beseitigen und optimale Bedingungen für die gesunde Entwicklung aller Menschen zu schaffen. Der demokratische Prozess gewährleistet die größten Chancen für die größte Anzahl von Menschen. Wir leben in einer globalen Wirtschaft. Die Weltregierungen müssen angesichts physischer Konflikte den Frieden für alle Menschen auf der Erde sichern.

10. **Interdependenz des Lebens.** Wir sind nur für einen sehr kurzen Zeitraum Verwalter dessen, was wir hier auf der Erde besitzen. Ich muss alles, was ich habe, zum Nutzen derer, die nach mir kommen, schützen, verbessern und bewahren. Ich bejahe das Wunder und die Schönheit der Natur als den schöpferischen Prozess, aus dem wir Menschen hervorgegangen sind; auf diese Weise erkenne ich die Einheit und gegenseitige Abhängigkeit allen Lebens auf der Erde an und habe Respekt davor.

Alle Menschen müssen mitverantwortlich sein für die Erhaltung der natürlichen Ordnung auf unserem Planeten. Alles Leben ist heilig. Allerdings kann die Überbevölkerung jeder Art die Chance auf ein gutes Leben für alle Arten bedrohen. Der Mensch bildet da keine Ausnahme. Die Natur versucht, ein gesundes Gleichgewicht zu erhalten. Alle Lebewesen auf der Erde müssen sich unsere Welt in Harmonie und Gleichgewicht teilen, wenn wir überleben und unser volles Potenzial ausschöpfen wollen.

II.

Andere Ausdrucksformen, wie die emotionale Bindung an eine religiöse Sichtweise, sind sehr persönlich. Sie ergeben sich aus früheren Erfahrungen, die unser individuelles Leben bestimmt haben. Jeder hat ein Recht auf seine eigene Meinung. Daher sollten wir unsere eigenen religiösen Lebensauffassungen anderen nicht .

Mein Ziel

Mein Ziel im Leben ist es, nichts zu wollen und wenig zu brauchen, und die Umgebung, in der ich mich gerade befinde, voll und ganz zu schätzen.

Dann werde ich wissen, dass ich ein **vollkommener Mensch** bin, der sein eigenes Leben verwirklicht hat, und wenn ich diese Welt als einen besseren Ort verlasse, weil ich hier war, werde **ich** erkennen, dass ich endlich **vollkommen lebendig bin.**

Wenn ich so viel wie möglich über der Ebene der Verwirklichung gelebt habe, dann war mein Leben für mich sinnvoll. Und wenn ich die Welt durch meine Bemühungen zu einem besseren Ort gemacht habe, wird mein Leben für andere von Bedeutung gewesen sein.

Lyle L. Simpson
1960

Humanistisches Manifest III

Im Jahr 1933 diskutierten vierunddreißig Personen, hauptsächlich unitarische Geistliche und Philosophen, über ihre einzigartige Lebensauffassung. Sie fassten ihre gemeinsamen Gedanken schriftlich zusammen und verabschiedeten das erste Humanistische Manifest, in dem sie die zentralen Punkte ihrer humanistischen Lebensphilosophie zum Ausdruck brachten. Dieses Dokument wurde mit der Verabschiedung einer zweiten Fassung im Jahr 1973 wieder aktuell. Dies ist die dritte Fassung, die 2003 von der American Humanist Association als aktuelle Konsenserklärung der philosophischen Grundsätze angenommen wurde, auf die sich die Mehrheit der Humanisten geeinigt hat:

Der Humanismus ist eine fortschrittliche Lebensphilosophie, die ohne Übernatürlichkeit unsere Fähigkeit und Verantwortung bekräftigt, ein ethisches Leben der Selbstverwirklichung zum Wohle der Menschheit zu führen.

Die Lebenseinstellung des Humanismus - geleitet von der Vernunft, inspiriert Mitgefühl und informiert durch Erfahrung - ermutigt uns, das Leben gut und vollständig zu leben. Sie hat sich im Laufe der Jahrhunderte herausgebildet und entwickelt sich weiter durch die Bemühungen nachdenklicher Menschen, die erkennen, dass Werte und Ideale, wie sorgfältig sie auch geschmiedet sein mögen, mit dem Fortschreiten unseres Wissens und Verständnisses einem Wandel unterliegen.

Dieses Dokument ist Teil der laufenden Bemühungen, die konzeptionellen Grenzen des Humanismus in klaren und positiven Worten darzulegen, nicht was wir glauben sollten, sondern einen Konsens darüber, was wir glauben. In diesem Sinne bekräftigen wir das Folgende:

Experimentieren und rationale Analyse. Humanisten halten die Wissenschaft für die beste Methode zur Ermittlung dieses Wissens sowie zur Lösung von Problemen und zur Entwicklung nützlicher Technologien. Auch sie den Wert neuer Tendenzen im Denken, in der Kunst und in der inneren Erfahrung zu erkennen, die jeweils der Analyse der kritischen Intelligenz unterliegen.

Der Mensch ist ein integraler Bestandteil der Natur, das Ergebnis eines ungesteuerten evolutionären Wandels. Humanisten erkennen an, dass die Natur um ihrer selbst willen existiert. Wir akzeptieren unser Leben als vollständig und ausreichend und unterscheiden die Dinge, wie sie sind, von denen, die wir uns wünschen oder vorstellen. Wir nehmen die Herausforderungen der Zukunft an und fühlen uns von dem, was wir noch nicht wissen, angezogen und lassen uns nicht entmutigen. Ethische Werte leiten sich aus menschlichen Bedürfnissen und Interessen ab, die durch Erfahrung geprüft werden. Humanisten gründen ihre Werte auf das menschliche Wohlergehen, das von menschlichen Umständen, Interessen und Anliegen geprägt ist und sich auf das globale Ökosystem und darüber hinaus erstreckt. Wir setzen uns dafür ein, dass jeder Mensch einen eigenen Wert und eine eigene Würde besitzt, und dass er in einem Kontext von Freiheit und Verantwortung fundierte Entscheidungen treffen kann.

Die Fülle des Lebens ergibt sich aus der individuellen Beteiligung am Dienst an den menschlichen Idealen. Wir streben nach unserer größtmöglichen Entfaltung und beseelen unser Leben mit einem tiefen Sinn für das , indem wir Staunen und Ehrfurcht in den Freuden und Schönheiten der menschlichen Existenz, ihren Herausforderungen und Tragödien und sogar in der Unvermeidlichkeit und Endgültigkeit des Todes finden. Humanisten schöpfen aus dem reichen Erbe der menschlichen Kultur und dem Lebenslauf des Humanismus, um in Zeiten der Not Trost und in Zeiten des Überflusses Ermutigung zu spenden.

Der Mensch ist von Natur aus sozial und findet seinen Sinn in Beziehungen.

Humanisten sehnen sich nach einer Welt der gegenseitigen Fürsorge und Sorge, frei von Grausamkeit und deren Folgen, in der Differenzen kooperativ und ohne Gewaltanwendung gelöst werden. Die Verbindung von Individualität und Interdependenz bereichert unser Leben, ermutigt uns, das Leben anderer zu bereichern, und weckt die Hoffnung auf Frieden, Gerechtigkeit und Chancen für alle.

Die Arbeit zum Wohle der Gesellschaft maximiert das Glück des Einzelnen. Fortschrittliche Kulturen haben daran gearbeitet, die Menschheit von den Grausamkeiten des bloßen Überlebens zu befreien und das Leiden zu verringern, die Gesellschaft zu verbessern und eine globale Gemeinschaft zu entwickeln. Wir bemühen uns, Ungleichheiten in Bezug auf Lebensumstände und Fähigkeiten zu minimieren, und unterstützen eine gerechte Verteilung der Ressourcen der Natur und der Früchte menschlicher Bemühungen, damit möglichst viele Menschen ein gutes Leben genießen können.

Humanisten kümmern sich um das Wohlergehen aller, sind der Vielfalt verpflichtet und respektieren diejenigen, die andere, aber humane Ansichten vertreten. Wir setzen uns für den gleichberechtigten Genuss der Menschenrechte und bürgerlichen Freiheiten in einer offenen und säkularen Gesellschaft ein und sind der Meinung, dass es eine Bürgerpflicht ist, am demokratischen Prozess teilzunehmen, und eine planetarische Pflicht, die Integrität, Vielfalt und Schönheit der Natur auf sichere und nachhaltige Weise zu schützen.

Dem Fluss des Lebens verpflichtet, streben wir diese Vision mit der begründeten Überzeugung an, dass die Menschheit auf dem Weg zu ihren höchsten Idealen voranschreiten kann. **Die Verantwortung für unser Leben und für die Art der Welt, in der wir leben, liegt allein bei uns.**

"Humanist Manifesto" ist ein eingetragenes Warenzeichen der American Humanist Association und sein Inhalt ist urheberrechtlich geschützt und wird hier mit Genehmigung wiedergegeben.

Maslows Hierarchie der Bedürfnisse

Die überarbeitete Maslowsche Bedürfnishierarchie erweitert die ursprünglichen fünf Stufen um eine sechste Stufe, die das Bedürfnis nach Selbsttranszendenz anspricht. Dies sind die sechs Stufen der aktualisierten Hierarchie:

1. Physiologische Bedürfnisse: Grundbedürfnisse für das Überleben, wie z. B. Nahrung, Wasser, Wärme und Ruhe.

2. Sicherheitsbedürfnisse: Schutz vor der Witterung, Sicherheit, Ordnung, Recht, Stabilität und Abwesenheit von Angst.

3. Bedürfnis nach Liebe und Zugehörigkeit: Intime Beziehungen, Freundschaften, Vertrauen und Akzeptanz, Zuneigung und Liebe empfangen und geben.

4. Wertschätzungsbedürfnisse: Selbstwertgefühl, Respekt, Status, Anerkennung, Stärke, Freiheit und Erfolgserlebnisse. 5. Selbstverwirklichungsbedürfnis: Ausschöpfen des eigenen Potenzials, einschließlich kreativer Aktivitäten, persönlicher Entwicklung und Selbstverbesserung.

6. Bedürfnisse nach Selbsttranszendenz: Verbindung zu etwas, das über einen selbst hinausgeht, wie Altruismus, Spiritualität und die Suche nach

einem höheren Sinn.

Diese Stufen stellen eine Entwicklung der menschlichen Motivation dar, die vom physiologischen Überleben bis zur Befriedigung höherer psychologischer Bedürfnisse und schließlich zur Selbsttranszendenz reicht.

www.ingramcontent.com/pod-product-compliance
Lightning Source LLC
Chambersburg PA
CBHW051132120626
46547CB00012B/775